工业化、城镇化和农业现代化协调发展研究丛书
总编◎李小建 仉建涛

中原农村发展研究·智库系列　　主编◎马　华

从"以农养工"
到"以工哺农"

以河南省为例

FROM "AGRICULTURE NURTURING INDUSTRY"
TO "INDUSTRY NURTURING AGRICULTURE"

An Example of Henan Province

高军峰◎著

社会科学文献出版社
SOCIAL SCIENCES ACADEMIC PRESS (CHINA)

总 序

中原经济区"三化"协调发展河南省协同创新中心(以下简称"中心")是河南省首批"2011计划"(高等学校创新能力提升计划)所设立的研究单位,2012年10月由河南省政府批准正式挂牌成立。中心以河南财经政法大学为牵头单位,由河南大学、河南农业大学、河南师范大学、河南工业大学、许昌学院、信阳师范学院、河南省委政策研究室、河南省政府发展研究中心、河南省工信厅、河南省住建厅等多所省内著名高校和政府机构为协同单位联合组建。

中心的使命是按照"河南急需、国内一流、制度先进、贡献重大"的建设目标,以河南省不以牺牲农业和粮食、生态和环境为代价的新型工业化、新型城镇化、新型农业现代化"三化"协调发展的重大战略需求为牵引,努力实现"三化"协调发展基础理论、政策研究与实践应用的紧密结合,支撑河南省新型工业化、新型城镇化和新型农业现代化建设走在全国前列,引领中原经济区和河南省成为打造中国经济升级版中的新经济增长极。

工业化、城镇化和农业现代化本身就是非常复杂的问题,三者相互协调更是一大难题。研究如此大系统的复杂问题,中心一方面展开大量的理论研究,另一方面展开广泛深入的调查。此外,还不断将理论应用于实践,目前已取得一定的阶段性成果。

为此,中心推出"工业化、城镇化和农业现代化协调发展研究丛书"。一方面,丛书可及时向政府和公众报告中心的研究进展,使中心的研究成果能够得到及时的关注和应用;另一方面,中心也可以从政府和公众的反馈中不断改进研究方法。我们深知所要研究的问题之艰难以及意义之重大,我们一定会持续努力,不辜负河南省政府及人民对我们的信任和寄托,做对人民有用的研究。

十分感谢社会科学文献出版社为丛书的出版所做的重要贡献。

李小建　伋建涛
2015年6月1日

目 录

第一章 导 言 …………………………………………………… 1

第二章 河南省工业优先发展阶段的工农业关系
　　　　（1952~1978年）………………………………………… 13
　第一节 制度安排："以农养工"趋向的生成机理 …………… 13
　第二节 "以农养工"：河南省工农业关系量化分析 ………… 45
　第三节 发展难题：河南省"以农养工"的定性分析 ………… 78

第三章 河南省工农业互动发展阶段的工农业关系
　　　　（1979~1992年）………………………………………… 95
　第一节 政策调整：河南省工农业发展体制的市场取向 …… 96
　第二节 工农互动发展：河南省工农业关系量化分析 ……… 114
　第三节 体制衍生结果：河南省工农业问题理论分析 ……… 140
　第四节 体制变迁临界：河南省工农业发展问题定性分析 … 153

第四章 河南省市场化发展阶段的工农业关系（1993~2008年）…… 165
　第一节 改变经济环境：河南省工农业市场化政策调整 …… 166
　第二节 工农业关系调整：河南省工农业市场化的发展 …… 187
　第三节 政策和制度困境：河南省工农业发展定量分析 …… 203

第五章 "以工哺农"的政策考察与国际经验 ……………………… 232
　第一节 "以工哺农"：以中央文件为主线的政策考察 ……… 233

  第二节 国际视野：发达国家或地区"以工哺农"的经验……… 245
  第三节 发达国家或地区"以工哺农"的异同……………… 269

第六章 理论视角：河南省"以工哺农"的整体推进……… 279
  第一节 "以工哺农"视野下的产权变革论……………… 280
  第二节 "以工哺农"指导下的体制改革论……………… 291
  第三节 "以工哺农"要求下的乡村治理论……………… 303
  第四节 "以工哺农"条件下的产业互动论……………… 315

第七章 河南省实施"以工哺农"的路径选择……………… 326
  第一节 实施"以工哺农"政策的内在机理……………… 326
  第二节 实施"以工哺农"政策的路径选择……………… 340
  第三节 实施"以工哺农"政策的阶段演进……………… 364

结 语 ……………………………………………………………… 380

参考文献 ……………………………………………………………… 389

后 记 ……………………………………………………………… 400

Contents

Chapter 1　Introduction　／ 1

Chapter 2　Relationship between Industry and Agriculture on the Stage of Industry Developing Firstly in Henan Province (1952 – 1978)　／ 13

1. Institutional Arrangement: Formation Mechanism of the Trend of "Agriculture Nurturing Industry"　／ 13
2. "Agriculture Nurturing Industry": The Quantitative Analysis of Relationship between Henan Industry and Agriculture　／ 45
3. Development Problems: Qualitative Analysis by "Agriculture Nurturing Industry" in Henan Province　／ 78

Chapter 3　Relationship between Industry and Agriculture on the Stage of Interactive Development of Them in Henan Province (1979 – 1992)　／ 95

1. Policy Changes: The Market Orientation of Henan Industry and Agriculture　／ 96
2. Interactive Development: The Quantitative Analysis of Relationship between Henan Industry and Agriculture　／ 114
3. System Derived Results: The Theoretical Analysis of Henan's Industrial and Agricultural Problems　／ 140
4. Critical System Change: Qualitative Analysis of Henan Industrial and Agricultural Development　／ 153

Chapter 4　Relationship between Industry and Agriculture on the Stage of Henan Market Development (1993 – 2008)　　/ 165

1. Change of Economic Environment: Adjustments of Market-oriented Policy in Henan Industry and Agriculture　　/ 166

2. Relationship between Industrial and Agricultural Adjustment: The Development of Henan Industrial and Agricultural Marketization　　/ 187

3. Policy and Institutional Predicament: The Quantitative Analysis of Henan Industrial and Agricultural Development　　/ 203

Chapter 5　Research and International Experience of "Industry Nurturing Agriculture" Policy　　/ 232

1. "Industry Nurturing Agriculture": The Investigation to the Central File as the Main Line of the Policy　　/ 233

2. International Perspective: Developed Countries and Regions in "Industry Nurturing Agriculture" Experience　　/ 245

3. Similarities and Differences for Developed Countries and Regions in "Industry Nurturing Agriculture"　　/ 269

Chapter 6　Theoretical Perspective: The Whole Advancement of Henan's "Industry Nurturing Agriculture"　　/ 279

1. Reform of Property Rights Theory under the Vision of "Industry Nurturing Agriculture"　　/ 280

2. Reform of the System Theory under the Guidance of "Industry Nurturing Agriculture"　　/ 291

3. Rural Governance Theory under the Requirement of "Industry Nurturing Agriculture"　　/ 303

4. Industrial Interaction with Agriculture Theory under the Condition of "Industry Nurturing Agriculture"　　/ 315

Chapter 7 The Choice of Path of Implementing "Industry Nurturing Agriculture" in Henan Province / 326
  1. The Internal Mechanism of Implementing "Industry Nurturing Agriculture" Policy / 326
  2. The Choice of Path of Implementing "Industry Nurturing Agriculture" Policy / 340
  3. The Stage Evolution of Implementing "Industry Nurturing Agriculture" Policy / 364

Conclusion / 380

References / 389

Postscript / 400

第一章
导　言

河南省工业化、城镇化和农业现代化协调发展的逻辑起点应是工农业实现协调发展。问题在于，在河南省现有的资源禀赋和制度环境下，工农业协调发展面临多方面的阻碍和困境，工农业协调发展的困境影响到新型城镇化的同步推进。因此，对河南省工农业协调发展面临的困境和阻碍进行理论探讨和学理分析，无疑将会深化对河南省工农业协调发展的认识，并提供理论上的借鉴和参考。

一　工农业关系：经济发展的内在逻辑及内涵

河南省工农业协调发展包含着两方面的内涵：一是工农业实现互动发展。即经济发展过程中既存在农业对工业的支持，又存在工业对农业的支持。在工农业互动发展过程中，农业生产要素资源向工业部门转移，农业部门产值份额和劳动力份额随着工业部门的上升而呈现同步下降的趋势。二是随着农业人口流向城市，农业部门实现生产结构和产业结构的变迁，农业人口下降与农业生产效率的提升以及农民向市民化身份的转变并行不悖。不过河南省工农业发展长期都呈现出"以农养工"的格局，工业发展的规模和速度远远超过农业部门的支撑能力。由此呈现出农业发展滞后的局面，农业发展滞后对工业发展形成制约，最后导致工农业经济发展的周期性经济波动和循环。[①] 这说明河南

---

① 胡鞍钢：《中国经济波动报告》，《中国管理导报》1995年第2期。

省工农业发展存在工业发展与农业发展之间的两难选择问题，即在保证工业发展依赖政府对资源的倾斜配置与农业发展依赖政府政策支持之间，没有实现一种良性的均衡关系。政府长期把工业化作为主要的经济发展目标，因为工业化建设不但能够增强河南省经济实力，同时工业部门也成为政府的主要收入来源。尽管政府也时刻关注农业部门的发展，关注的重点放在保证粮食安全和提高农民收入水平上。但是，工业发展始终是经济发展的主要目标，农业发展和农民增收更像是一种支持工业发展的手段。

在政府收益主要来源于工业收入的条件下，把资源倾斜配置于工业部门是增加财政收益的主要方式。[1] 在计划经济条件下，农业经营者不具有定价权或市场机制缺失的情况下，工业汲取农业部门剩余成为保证工业优先发展的有效途径。由此社会总产出的最大化主要依赖工业部门，而农业部门在集体化经营条件下，存在低效运营和内卷化的发展趋势。随着市场取向改革的推进，农民具有在市场比较收益较高部门投入更多劳动力和其他要素的条件，不过政府依然把非农业部门作为提高社会总产出和政府收益的主要渠道。政府很大程度上垄断着原材料、土地、资本和技术等生产要素资源的供给权，政府掌控下的国营工业企业在政府倾斜性配置资源的条件下，企业负债率呈现逐渐上升的趋势。[2] 具体表现为一方面是市场化竞争缺失带来的经营效益的低下，另一方面是政府把国有企业的垄断收益作为政府收益最大化的保证。国有企业低效运营与乡镇企业的高效运营对政府收益的结构产生影响。即国有企业效率低下与政府收益下降呈现同步趋势，这种局面生成政府对宏观经济环境实施改革的主要动力。而农业发展没有实现规模化经营的原因，与其说是市场机制作用下资源配置的不足，不如说农民从非农业部门获得主要收益格局强化了农业小农经营的发展格局。

政府政策导向是优先发展非农产业，在保证非农产业支撑社会总产出

---

[1] 1993～2008年，河南省对城市与农村固定资产的投资比例呈现总体上升的趋势，2005年比例为4.15，2006年比例为4.55，2007年比例为4.73，2008年比例为4.93。参见《河南统计年鉴2010》，中国统计出版社，2010，第161页。

[2] 2009年河南省各市规模以上国有控股工业企业资产总计9238.1亿元，负债总额达到6181.27亿元，负债率为66.91%。参见《河南统计年鉴2010》，中国统计出版社，2010，第438页。

最大化的同时也保证了政府收益最大化。政府在保证这两者收益最大化的同时，对农业部门产出和收益最大化目标的实现始终是不确定的。也就是说，政府收益的最大化与工农业部门社会总产出的最大化直接相关。依据相关程度的差异，政府收益最大化决定政府政策的导向和资源配置的倾斜领域。上升到宏观层面，市场中所有生产要素的流向与政府收益最大化和社会总产出最大化直接相关。由此可以得出结论：政府收益最大化和社会总产出最大化与非农业部门的发展呈现正相关关系；由于农业部门滞留大量剩余劳动力阻碍农业生产率的提高，因此农业部门产出最大化与农业劳动力的剩余量反相关。

同样，工农业部门生产率的提高也是以劳动力逐渐减少为前提的。随着工业化水平的提升，第三产业在工农业实现产业结构升级的过程中会成为市场收益和政府收益较大的部门。而在政府行政性垄断第三产业资源的条件下，第三产业又处于滞后于工业发展的局面。在第三产业发展严重滞后的市场中，农业剩余劳动力转移受到严重阻碍，即使存在劳动力转移的渠道，也多是城乡的非农业传统部门。由于城市无法完整地吸纳农业劳动力，对农业来说农民工又成为兼业小农。这种利益群体在强化城市传统工业部门的同时，也在强化小农的社会经济身份。在国内出口强劲和城市化建设的有力推动下，发达地区的劳动密集型产业转移与中部地区省份的廉价劳动力相辅相成，城市化建设的劳动力需求与政府掌控土地资源的配置互为因果。也就是说，在发达地区承接国际劳动密集型产业转移的同时，中部省份的劳动力"红利"增强了出口产品的竞争力，而政府用出让土地收益来投资基础设施建设又带来了农业劳动力的转移。[1] 由于处于垄断性的非农产业一方面依靠市场中的垄断地位获得垄断性收益，另一方面还受到政府政策的支持和保护而无法降低市场垄断价格。这种发展模式在扩大政府收益的同时，随着经济的增长必然带来劳动力和土地要素资源价格的上涨。结果是出口行业在劳动力价格上涨的同时开始把产业转移到劳动力价格更低的区域，而土地价格上涨带来政府高收益的同时也带来房地产的泡沫。[2] 如果出口出现相对萎缩必然会导致工业部门的消费不足。而政府

---

[1] 《专家称政府退出房地产利益链才能降低房价》，http://www.sina.com.cn.2008.3.14。
[2] 程靖：《中国房地产泡沫问题研究》，《现代经济信息》2012年第4期。

为了扩大内需，采取的方式主要是通过追加投资拉动消费，由于政府同时掌控土地资源的市场流动，地方政府在土地巨大收益的驱动下开始"造城"运动。市场主体的投资更倾向于投向收益较高的房地产行业，房地产行业的虚高带来非农产业结构的不平衡。而工业企业和某些服务型行业的国营垄断在占用大量市场资源的同时，随着资本有机构成的提升，并不能推动农业劳动力的转移，河南省城市化率发展滞后与非农行业的垄断直接相关。而农业劳动力转移的滞后一方面使农业发展面临困境，另一方面工业部门的市场收益也处于不稳定状态。

政府在对农业开始进行政策扶持的同时，也并没有中断对工业部门的政策支持。因为反哺农业是农业产业化、农村城镇化和农民市民化的过程，只有反哺农业才能提高农民收入和保证农业总产出。反哺农业的最终目的是要推动市场要素向农业部门倾斜配置，而市场资源向农业部门的倾斜性配置和流动态势并不明显。因为农村产权设置的模糊和无效，使农业生产者并不具有完全的市场主体地位，农村集体产权更多是由地方政府替代，进入农村和农业的市场主体更倾向于与基层政府谈判，与农村经济合作组织谈判并没有形成市场交易规范性行为选择。农业生产要素资源没有形成市场的"出租方"和"卖方"，农业资源的资本化就形成制度性障碍，即农业要素资源不是按照市场主体收益最大化的原则进行交易，而是政府按照财政收益最大化原则在替代推动。由此，政府掌控资源格局导致工农业发展依然无法实现均衡发展的目标。政府对市场资源的掌控是河南省工农业不能实现协调发展的根本原因。

二 河南省工农业协调发展的现实困境

在政府主导对市场要素资源配置和流动的条件下，工业化和新型城镇化必然由政府行政权力实施主导和推动。这种政府主导推动型的工业化和新型城镇化不利于资源的优化配置，必然带来产权不清晰，从而导致利益分配的不均衡和工农业协调发展的内源性动力的缺失。政府在追求收益和社会产出最大化的同时，必须关注利益分配的公平和均等化。而政府掌控资源配置的方向和领域，由此带来的行业收益和比较收益差异使河南省工农业协调发展面临诸多困境。

其一，政府发展工业以增强财政能力与反哺农业需要增加政府财政支出带来的困境。从河南省来看,整体上全省工农业发展水平已经具有反哺农业的能力。但是,从各地区来看,大部分地区的工农业经济发展并没有达到对农业实施反哺的能力。而经济条件落后伴随着社会资本市场力量的不足,因此落后地区往往陷入财政收支能力不足与市场主体活力不足的双重困境。国有企业产权"虚浮"导致所有权的虚化,结果是国有企业亏损无法实现内部消化或市场承载,反而是政府承载的自上而下的公权力赋予国企垄断地位。即使存在国有企业依靠市场垄断地位保持着相当强的竞争优势地位,国有企业对市场的过于垄断也影响同行业市场主体的活力,最终导致垄断条件下企业主体活力的缺失。[①] 同时,行业垄断容易造成政府"搭便车"和权力"寻租",形成行业资源配置的反市场优势和既得利益群体阶层,最终导致行业结构和制度变迁的阻力过大和成本过高。政府推动资源向工业部门配置或者是市场机制对资源实施配置,最终的结果是农业部门在市场资源的配置中处于不利地位。对于农业部门来说,这种增强政府财政能力的结果导致农业发展处于严重滞后于工业发展的局面。而政府主导资源向非农产业部门的流动,出于市场收益最大化和社会产出最大化的考虑,必然会选择效率较高和资本有机构成较高的产业,这种产业对劳动力的吸纳能力有限,同样会造成农业劳动力转移的滞后。而农业生产者在农业部门资源配置不利的境遇中,理论上会倾向于把生产要素资源向生产效率较高或收益较高的部门配置。这样城乡传统非农业部门会积压大量低效率生产的农业劳动力,农业持续发展问题依然无法得到有效的解决。

其二,地区工业化发展与政府推动城市化扩展的冲突带来的内在困境。政策导向保证了工业部门的资源配置的优越地位,这种资源配置的优越地位由于存在政府的政策保护在资本投入上受到金融机构的支持,即使国有工业企业出现亏损也存在政府"买单"的情况。与此相对应的是政府通过转让土地所得的市场收益存在较低的市场风险,出让土地带动市场主体从事房地产开发既能增加财政税收,又能带动建筑业原材料市场的活跃。而房地产开发行业由于存在市场上的刚性需求而与金融机构形成利益捆绑,即市场房产消费量的增长必然会带来金融机构收益的增加。由此带

---

① 毛昭晖:《惩防体系的软肋:国企腐败的制度依赖性透视》,《廉政文化研究》2010年第2期。

来城市新区的持续性扩张和房地产行业的"虚夸式"繁荣。实际上造成城市化扩张与工业发展争夺市场生产要素的局面。有些城市把房地产行业作为经济发展的支柱产业原因就在于政府和市场的高收益驱动。对于河南省来说,房地产行业的过度发展必然对工农业发展空间形成严重的市场挤压。由于地区存在房地产经营的"泡沫",带来土地成本和劳动力成本的提升,从而使区域生产要素价格优势荡然无存。① 城市化扩张如果没有产业支撑,只是在推进城市化建设过程中通过房地产行业的繁荣而增加政府收益,最终会使工农业发展的基础受到损害。当前在工农业经济发展没有达到一定水平的条件下推进农村城镇化,沿袭的还是这种城市化扩张以增加政府收益的思路。② 没有产业支撑的城市化扩张,都不能有效转移农业剩余劳动力。只要农业剩余劳动力没有实现有效转移,农村土地资源的规模化流转就会存在一定的障碍。同时,政府对农村城镇化的财政性支出动力主要在于农村土地流转带来的收益,在农村土地流转不能给政府带来预期收益的情况下,农村社区化建设必然会增加政府财政负担。③ 在地方政府财政收支能力有限的情况下,政府财政负担的增加必然影响对工农业发展的支持。

其三,农业现代化提高农民收入与推行农村新型城镇化冲突带来的困境。河南省农业现代化是农业部门充分吸纳和利用现代生产要素提升农业产业结构水平的过程。发达国家的农业现代化过程是政府政策保护和财政持续支持的结果,国家对农业的财政补贴成为农业生产者提高收入的主要来源。④ 为了推进农业现代化首先是调整农业生产结构以实现农业生产资源的集中;调整农业生产的产业结构,以推进农业内部第二、第三产业的发展,形成现代农业的生产经营和服务体系。⑤ 而实现农业产业结构调整的前提是农业人口的大幅度下降和农业劳动力的有效转移。当前河南省要

---

① 白天亮:《四问劳动力价格上涨》,《人民日报》2008年2月25日。
② 郭志勇、顾乃华:《土地财政、虚高城市化与土地粗放利用》,《产权评论》2012年第6期。
③ 司林波、孟卫东:《农村社区化进程中的"被城市化"现象及对策分析》,《城市发展研究》2011年第4期。
④ 朱立志、方静:《德国绿箱政策及相关农业补贴》,《世界农业》2004年第1期。
⑤ 顾瑞兰、杜辉:《美国、日本社会化服务体系的经验与启示》,《世界农业》2012年第7期。

推进农村城镇化，推动农业人口的聚居，但这不是有效转移农业劳动力的渠道，只能是为农业劳动力转移提供相应的条件。政府支撑农民社区聚居的成本将形成巨大的政府财政负担。当然以农村宅基地空置土地的流转带来的收益支付社区建设成本是一条有效的渠道，但前提是农村非农产业的发展对农村土地存在强烈的需求。同时农村实现社区化后是否对农业现代化存在有力地推进作用还是一个值得探讨的问题。即使农民实现聚居，不必然带来农业生产对现代生产要素的充分利用。① 即使社区实现农户土地的委托经营，在农业生产和产品流通方面实现市场化和规模化的交易，对于平原地区具有规模化土地委托经营的条件，对于山区丘陵地区这种规模化经营的条件并不具备。农村社区化或农村城镇化要求农业人口的集中，这两种因素的集中都需要城乡非农产业发展达到一定的水平。如果非农产业没有发展到一定的水平，即一方面政府没有足够的财政能力支付社区化后的公共产品供给，另一方面农业劳动力没有实现有效的转移。那么政府没有财政能力将无法推进农村社区化，农业劳动力没有实现足够转移将无法保证农业生产要素的集中和对现代生产要素资源的充分利用。

其四，公司下乡面临农民市场主体地位不完整的内在困境。改革开放之初，农业开展多元化经营，农村私营工业企业带动了农村工业的发展，同时农村的乡镇企业"最终哺育出了一个相对公平的工业市场"②。中部地区农村工业的发展要么是城市工业产业链条延伸到农村，要么是农村资源成为农村工业企业的市场切入点，基本上属于"外生型工业化"③。资本下乡随着工业企业的竞争加大，农村工业逐步向规模化和集约化发展。但更多是依托资源优势发展的原料和能源工业，在资本和技术生产要素的集约化程度方面都极为有限。与农村工业资本形成相对应的是涉农公司下乡，20世纪90年代形成"公司+农户"模式的涉农公司下乡面对的还是农业小农经营的局面。因为市场监管不到位，公司与农户的违约现象既损害了下乡公司带动农户的积极性，在很大程度上也损害了农户的利益。④ 由于

---

① 司林波：《农村社区建设中"被城市化"问题及其防止》，《理论探索》2011年第2期。
② 潘维：《农民与市场：中国基层政权与乡镇企业》，商务印书馆，2003，第167页。
③ 杜志雄、张兴华：《从国外农村工业化模式看中国农村工业化之路》，《经济研究参考》2006年第73期。
④ 长子中：《资本下乡需防止"公司替代农户"》，《红旗文稿》2012年第4期。

农村土地资源的集体产权不清晰，农村缺失生产要素资源的"卖方"，因此下乡公司与地方基层政府常出现利益捆绑的"合谋"，公司在占有农村土地生产资源的同时获得政府的财政补贴。时下出现的下乡公司对农村的暴力拆迁和非法侵占等法律失范行为，与地方政府的监管不力直接相关。[①]不过在实施土地流转方面，还是面临农民土地流转意愿的问题。下乡的涉农公司在实现土地集中方面往往要与农民直接谈判，或者在土地流转谈判中借助于基层政府和农村自治组织。公司如果与小农直接谈判成本较高，谈判也不一定成功。因为小农的市场主体地位不完整，在农业资源的集中方面也带来许多社会问题。比如失地农户对规模化经营农业的参与问题，土地租金的数量问题，征地过程中个别农户的意愿问题，涉农公司经营的经济收益与社会责任问题等。政府为了推动农业的产业化和规模化经营，对于农业发展的"龙头"企业给予较大力度的财政扶持和政策支持。但是，"政府扶持并没有直接带来所期望的龙头企业农业相关产出的增长，因而也就谈不上对当地农产品原料产销的带动作用。"[②]这种现象的滋生与农村小农的市场主体地位不充分直接相关，因为小农不是组织化和权利化的市场主体。

其五，农民经济合作组织面临市场化农业服务体系缺位的困境。农业家庭经营要与大市场实现对接，必须实现经济上的合作。离开农民经济合作，农民的市场谈判权和话语权就受到极大的限制。发达国家和地区农业经济合作社包括生产型合作社、流通型合作社、服务型合作社和信息咨询型合作社。[③]当前河南省内农村各地建立了各种类型的合作社，这些农业合作社主要是针对农业生产提供物资供应的合作社。比如农业种植业需要良种、薄膜、化肥、技术指导、产品销售和农药防治等生产要素，农业合作社主要是统一为农户采购上述物资，由于统一采购发放，农户相应降低了生产成本，农业合作社主要功能是实施农业技术服务引领。但是，这种合作社只是初级形态的合作社，一是政府对规模没有达到一定标准的合作

---

① 郑培杰：《暴力拆迁何时休？——透视河南省商丘市新天地广场暴力拆迁的法理人情》，《农村·农业·农民》2005年第5期。
② 林万龙、张莉琴：《农业产业化龙头企业政府财税补贴政策效率：基于农业上市公司的案例研究》，《中国农村经济》2004年第10期。
③ 何广文：《德国东部农业合作社发展的特征》，《德国研究》2001年第3期。

社没有实施财政上的相应补贴，只是在税收上给予免除；二是初级形态的合作社经营主体主要是以销售农业生产物资为主要驱动力，缺少服务意识和共同分担市场风险的尝试。依据农业合作社的相关法律，合作社是农户深入广泛参与运营和管理的组织，合作社不是市场盈利机构，而是农业经营的市场服务型组织，合作社要把收益的大部分份额回报农户。[①] 在具体的操作过程中，农民既缺乏资金投入的实质性参与，合作社本身又缺失现代的服务理念和合作意识。客观上造成当前河南省的众多农业合作社实际上承担着农业物资供应和产品流通的功能。[②] 主要原因在于市场中缺少承载农业经营服务行业的体系。依赖市场机制无法培育现代农业服务体系的主体，因为农业服务体系的性质是项目、机构和信息的非营利性。当前河南省的农业经济合作社提升了农业发展对市场资源的依赖程度，也大幅度提高了农副产品的商品化程度。但是，农业合作社职能的充分发挥还是依赖政府政策引导和财政的加大投入，单纯依靠农户自发性的组织和合作无法有效推进小农与大市场的有效对接。

三 河南省工农业协调发展的出路

河南省工业化、城镇化与农业现代化推进面临多重的现实困境，原因在于河南省在没有完成工业化进程的条件下，政府主导推动工业化的宏观经济目标与市场资源相对紧缺之间的矛盾所致，即政府的宏观经济目标是推动社会工农业总产出实现最大化以推动工农业协调发展，而市场的微观经济主体在追求市场收益最大化的驱动下倾向于把资源投向收益较高的非农业部门。也就是说，工业化推动现代非农产业部门的发展，而现代非农产业部门的发展并不必然对传统农业部门有利。[③] 因为市场资源的相对紧缺是永久性的。在市场资源有限的硬性约束下，工农业发展的"以农养工"趋向就不可避免。

政府突破工农业协调发展困境的主要切入点应是重点调整市场资源的

[①] 中华人民共和国主席令第五十七号《中华人民共和国农民专业合作社法》，中国网 2006.11.01。
[②] 苗焱：《河南省农民专业合作社规范化发展研究》，河南农业大学农村与区域发展专业 2009 年硕士论文。
[③] 〔美〕W.A. 刘易斯：《二元经济论》，北京经济学院出版社，1989，第 150 页。

配置方式，即在宏观经济发展目标与微观市场主体行为选择之间找到均衡点。这样的均衡点就是经济发展在保证工业化推进的同时，农业部门也能有足够的政策支持充分利用市场资源，实现农业的产业化和规模化经营。由此看来，解决工业发展提高财政收入与反哺农业增加对农业支持困境的出路在于工业部门具有本部门积累能力后，政府应倾向于扶持农业多元化的经营。反之，河南省在工业部门还没有具备充分的部门积累能力，政府应监管企业规范破产和资产重组，重点推动工业部门的发展。同时政府反哺农业不是对小农实施财政反哺，而是对农场化农业实施反哺。[①]

解决地区工业化发展与政府推动城市化扩展之间困境的出路在于政府应推动土地资源要素市场的建立和成熟发展，如果政府在土地产权国有的条件下充当土地的"出租方"和"卖方"，实际上是政府作为土地所有者进行土地资本化经营。如果政府延续市场土地资源流动的"卖方"，必然会带来市场资源配置的结构性矛盾。[②] 政府推动下的土地市场繁荣会挤压工农业发展的资源利用空间，因此政府应着手放弃对土地资源市场配置的主导和垄断。

解决农业现代化进程中提高农民收入与推行农村新型城镇化之间困境的出路，在于找到提高农民收入与扩大农业总产出之间的均衡点。农民从事非农行业可以提高收入，而在提高农业总产出方面是不确定的。或者说农业现代化经营可以提高农民收入，推行新型城镇化可以空置农村土地发展非农产业以提高农民收入，但在推行农业现代化与推行新型城镇化之间存在最优选择，即优先推动农业现代化还是优先推动新型城镇化？答案应是优先推动农业现代化，再推行农村新型城镇化。没有农业现代化支撑的农村城镇化也是没有产业支撑的城镇化，而农业现代化的推进在于农业内部产业之间的市场化分工，即从农业内部分离出来的非农产业对农业生产行业既是一种产业链条的延伸，[③] 又是对农业现代化本身的一种支持和保障。

---

① 邓宏图、周立群：《工业反哺农业、城乡协调发展战略：历史与现实的视角》，《改革》2005年第9期。

② 钱忠好、曲福田：《规范政府土地征用行为切实保障农民土地权益》，《中国农村经济》2004年第12期。

③ 李翔：《延长农业产业链条：农业现代化的破冰之履》，《农业经济》2006年第5期。

解决公司下乡面临农民市场主体地位不完整困境的出路，在于工业反哺农业的实现方式应是工业部门的生产要素资源向农业部门流动。由于在市场机制作用下无法实现这种对农业发展有利的资源配置，因此，政府应发挥政策导向的作用。为了有效实现下乡公司与农民的市场化对接，必须培育和发展农民的市场主体地位。在农村产权不清晰的条件下，农村资源缺少市场的"出租方"和"卖方"，农民要实现与下乡公司的市场化对接，必须首先实现农村资源的资本化，农村资源的资本化是农民市场主体地位培育发展的前提，不过农民市场主体地位的实现形式不是小农，而是实现权利化和组织化的大农。①

解决农民经济合作组织面临市场化农业服务体系缺位困境的出路在于打破河南省市场化条件下的第三产业行业垄断。只有第三产业发展实现市场化和社会化的运营，农业发展在生产经营、良种培育、科技研发、市场咨询、产品流通、农民医疗、农业创意、农业观光、农耕文化和农业产业链条延伸等方面具有社会化和市场化的服务体系。农业服务体系不是单纯链接农业生产与农产品增值的渠道，而是链接国际国内、农业非农业、城乡区域、省内省外等全方位互动沟通的网络化渠道。

河南省工农业协调发展的多重困境是相互关联的，突破这些困境的出路也是在充分把握这些相关性的前提下提出的。农村产权清晰和市场主体的培育是针对上述困境的综合性和系统性的理论和实践回应。农村产权清晰化和培育农村市场主体的内涵概括为农村集体产权归属清晰化和农民具有完全市场主体地位。农村集体产权必须在农民个体层面上得到展现，农民承载集体产权的方式是农民的经济合作组织和自治性民主管理组织。农民的组织化实现才能保证农民市场主体地位的完整性和参与乡村民主治理的权利化。② 只有农村产权清晰农民才会逐渐具有市场主体地位。农民没有对农村资源进行市场交易的话语权和谈判权，没有对农产品的定价权和高效农业的收益权，农民利益始终将无法得到保障。

无论是政府还是市场主体，对农村资源的市场化配置和流动必须由农

---

① 高强、高仁德等：《农民组织化与农业产业化联动发展机制研究——基于农业生产效率提升的视角》，《经济与管理评论》2012年第1期。
② 张晓忠、杨嵘均：《农民组织化水平的提高和乡村治理结构的改革》，《当代世界与社会主义》2007年第6期。

民承载农村资源的"出租方"和"卖方",而"出租方"和"卖方"必须以农民组织的形式,而不是以农民个体的形式。① 政府掌控资源市场交易"卖方"的路径依赖使工业化和城市化的推进以农村和农业资源的被侵占为前提,由此带来农村资源的大量流出和农业发展的严重滞后。反哺农业不只是财政对农业实施补贴,这种补贴在农民组织化程度不高的情况下容易造成结构不合理。② 农民不只是缺失与大市场对接的有效渠道,同样缺失利益表达和利益诉求实现的有效渠道,这有赖于农民组织化程度的提升和各级政府的政策推动和制度变革。时下各地出现下乡公司采取非法暴力手段对农民利益形成严重侵害,这在显示出农民组织化程度不足的同时也彰显农民利益缺失保障的制度供给不足。政府主导资源的市场交易根本原因在于产权不清晰,而产权不清晰带来行业垄断的优势地位和行业资源占有的不均衡。如果资源配置在市场机制的作用下实现流动,就不会出现政府推动型的城镇化,而是市场推动和社会因素推动的城镇化。农村城镇化应是市场推动下具有产业支撑的城镇化,而不是依赖农村单项土地资源市场化流转就能实现的城镇化。城镇化的前提是工农业协调发展下产业之间形成互动互利的发展关系。政府的主要功能是推动协调发展而满足制度供给的不足和实施市场监管服务,对于弱质性和价格弹性较差的农业部门推动市场化服务体系的构建和农业内部产业结构的协调发展。而这一切有赖于政府对产权设置的清晰和政府职能的转变。

---

① 黄韬:《和谐产权关系与农村集体产权制度分析》,《经济社会体制比较》2007年第2期。
② 丁文恩:《我国财政农业投入的理论阐释与政策优化》,《技术经济与管理研究》2011年第9期。

第二章
河南省工业优先发展阶段的工农业关系（1952～1978年）

河南省现在的行政区划和地域是1952年形成的。在新中国成立前夕，河南省在地域上有两个省，即河南省和平原省，平原省管辖河南豫北区域和山西、河北和山东的一些区域，由于平原省处在几个省的结合部，缺少中心城市，河南和山东也需要恢复原来的建制。为此1952年11月15日，中央人民政府调整建制，决定撤销平原省建制，将原来平原省管辖的新乡、濮阳和安阳等地划归河南省管辖。至此，河南省管辖10个专区，119个县，4个省辖市和焦作矿区。河南省在工业优先发展阶段，工农业关系表现为以下几个方面的特点：工业化建设服从国家优先发展重工业的战略；在计划经济条件下，农业部门为工业发展提供各方面支持；农业在支持工业部门发展的同时，由于统购统销、户籍制度、人民公社体制和计划管理体制，河南省农业和城市化率处于严重滞后工业部门发展的状态；工业化的发展造成农业和其他产业的严重滞后。在计划经济体制条件下，社会经济发展处于低利率、低物价和凭票供给状态；社会资源的配置方式主要是国家计划，市场机制逐渐消隐其作用。

第一节 制度安排："以农养工"趋向的生成机理

在工业化起步阶段，河南省作为我国中部地区的一个省份，在工农业发展的政策、制度安排、工业化战略的选择和工农业生产经营方式等方面，必然受到国家对全国经济发展情况所提出的理论、路线、方针和政策的指导和约束。因此，本书分析河南省工农业关系的结构关系和比例消长以及政策实施造成的后果，必然联系到国家处理全国工农业关系的各项政策措施和制度设计。国家工业化战略在中央和地方层面上，地方的自主权和决策权受到极大地限制。因此，河南省在工业化起步阶段，工业化战略的选择必须服从国家的选择，采取的是优先发展重工业的战略，在工农业关系层面上，河南省工业化起步阶段就是"以农养工"条件下的工业优先发展的阶段。全国的发展战略、政策设计和制度安排以及工农业发展方针是针对"以农养工"条件下的工业优先发展要求形成的。河南省作为地区省份，在工业优先发展的阶段，在政策、制度和发展方针层面与国家的指示精神是一致的。

一 发展战略选择：重工业优先发展战略的生成

在新民主主义革命时期，中国共产党在明确了新民主主义革命的任务、动力和目标后，在党的"七大"向全党宣布，新民主主义革命在取得民族独立建立新民主主义国家后，即实现了走向社会主义的政治条件，那么接下来的重要任务就是"中国人民及其政府必须采取切实的步骤，在若干年内逐步地建立重工业和轻工业，使中国由农业国变为工业国"[1]。早在1944年，毛泽东就指出，中国落后的原因，主要是没有新式工业，日本之所以干预侵略中国，就是因为中国没有强大的工业[2]。日本是基于中国的工业发展落后才敢于全面侵略中国。1949年，中国共产党面对全国即将胜利的局面，再次考虑新中国成立后经济建设任务的问题。毛泽东在七届二中全会二次会议上讲话指出，推翻国民党在全国的统治，"还没有解决建立独立的完整的工业体系的问题"，只有"由落后的农业国变成了先进的工业国，才算最后解决了这个问题"[3]。这显示出中国共产党在革命年代对实现国家的工业化问题，使中国从农业国变成工业国，就已经开始进行不断地思考。新中国成立前夕，在中国人民政治协商会议上，与会代表对新中国经济建设问题形成共识，在国民经济恢复方面，提出工业"应以有计

---

[1] 《论联合政府》，收录于《毛泽东选集》第3卷，人民出版社，1991，第1081页。
[2] 《毛泽东文集》第3卷，人民出版社，1996，第146~147页。
[3] 《在中国共产党第七届中央委员会第二次全体会议上的报告》，收录于《毛泽东选集》第1卷，第1433页。

第二章 河南省工业优先发展阶段的工农业关系（1952～1978年）

划有步骤地恢复和发展重工业为重点"，具体范围包括"矿业、钢铁业、动力工业、机器制造业、电器工业和主要化学工业等"，恢复和发展重工业的目的就是为创立国家工业化打下基础①。以重工业为工业部门的恢复和发展重点，即是新中国成立后恢复时期的指导方针，同时提出"创立国家工业化的基础"，而单靠恢复是不可能创立国家工业化基础的，这个指导方针只能是新中国成立后经济建设的方针。有学者认为，政治协商会议提出的"恢复和发展重工业为重点"的方针，只是"就恢复工业而言的，并非指国家工业化建设的方针"②。本书认为新中国成立前夕党领导召开的政治协商会议是新中国的筹备会议，也是制定建国方针的会议，政治协商会议提出的"恢复和发展重工业"就是新中国成立初期经济建设的指导方针。

政治协商会议提出恢复和发展重工业的指导方针有着一定的现实前提。新中国成立初期，我国工业经济基础非常薄弱。在经济落后条件下，要实现推进从农业国向工业国的转变，如果依据农业发展推动轻工业的发展，然后再发展重工业的发展路径，事实上依然无法改变落后的面貌。唯一的选择就是发展重工业。而重工业的发展有其固有的特征：一是建设周期长；二是需要重工业发展的技术和设备；三是需要大量的资金投入。这三个条件中主要是重工业发展所需要的资金，而中国当时在新中国成立初的国民收入情况也是非常低的。1949～1952年，我国国民收入结构如表2-1所示：

表2-1 1949～1952年全国工农业部门国民收入结构

单位：%

项目 年份	国民收入比重 （总量为100）		工农业产值（总量为100）份额		轻重工业（总量为100）结构		年度财政收入结构比较 （总量为100）其中三类		
	工业	农业	工业	农业	轻工业	重工业	工业收入	工商税	农业税
1949	12.6	68.4	30	70.0	73.6	26.4	6.8	36.2	29.3
1950	11.1	67.4	33.2	66.8	70.7	29.3	11.7	33.5	14.7
1951	16.9	63.6	43.1	56.9	67.8	32.2	19.1	36.1	9.6
1952	19.5	57.7	46.9	53.1	64.5	35.5	27.1	39.8	7.3

注：国民收入是各产业部门年度的增加额。参见《中国统计年鉴1985》，中国统计出版社，1985，第29、35、524页。

---

① 《建国以来重要文献选编》第一册，中央文献出版社，1992，第9页。
② 朱佳木：《由新民主主义向社会主义的提前过渡与优先发展重工业的战略抉择》，《当代中国史研究》2004年第5期，第13～24页。

从"以农养工"到"以工哺农"

从表2-1可以看出，1949～1952年国民经济恢复时期，农业产值所占份额是比较高的，即使到国民经济恢复结束的1952年，农业产值还占到工农业产值的53.1%，重工业占工业结构份额的35.5%；从1949年国民收入的结构看，工业部门所占比重只有12.6%，农业占68.4%；在轻重工业结构中，轻工业占73.6%，重工业占26.4%。毛泽东在党的七届二中全会上的报告中指出我国现代工业产值份额只有10%。到1950年5月，据统计，我国重工业生产总值总量仅有37亿元[①]。1950年，全国年度财政收入结构中农业税占14.7%，工业收入占11.7%，工商税占33.5%。从产业结构看，1952年，工业产值占工农业总产值的46.9%，其中轻工业占工业产值的64.5%，而以农产品为原料的轻工业产值占轻工业产值为87.5%[②]。1952年，手工业占工业产值的7.4%，现代制造业产值占工业产值的4.4%[③]；从工业产值的绝对量来看，1949年，工业总产值为140亿元，1952年为343亿元；1949年，工业净产值达45亿元，1952年，工业净产值为115亿元[④]。

上面的数据显示，我国工业化起步时的经济发展基础非常落后，与先起工业化国家比较，差距比较大。即使我国与同期进行工业化建设的后起工业化国家和地区比较，差距也是比较明显。在当时落后的社会经济条件下，在人均产值和人均国民收入水平均较低的情况下，单纯依靠本国的经济积累，实现工业化尤其是重工业的发展，在短期内是困难的。早在1944年，毛泽东对我国工业化起点问题就进行过思考，毛泽东在《论联合政府》中指出，发展工业需要大量的资本，资本从什么地方来，不外两个方面：一是依靠本国的积累；二是依靠外来援助[⑤]。1949年12月，毛泽东访问苏联。如何在落后条件下实施工业化建设，使中国转变成工业化国家，苏联工业化的经验和成就对新生的政权是重要的，而苏联经济援助更为重要，因为中国实施工业化建设最紧缺的是资金、技术、设备及工业化人

[①] 赵晓雷：《中国工业化思想及发展战略研究》，上海社会科学院出版社，1992，第96页。
[②] 武力主编《中华人民共和国经济史》上卷，中国经济出版社，1999，第204页。
[③] 国家统计局编《新中国50年（1949～1999）》，中国统计出版社，1999，第23页。
[④] 工业净产值即是工业部门年度增加值。参见《中国统计年鉴1985》，中国统计出版社，1985，第33、306页。
[⑤] 《论联合政府》收录于《毛泽东著作专题摘编》（上），中央文献出版社，2003，第829页。

第二章 河南省工业优先发展阶段的工农业关系（1952~1978年）

才。这些因素单纯依赖国内的经济积累必定要经历较长的时间，苏联的帮助是当务之急。毛泽东访问苏联在经济方面的成果就是新中国同苏联签订了《中苏关于贷款给中华人民共和国的协定》，苏联给中国3亿美元的贷款，帮助中国新建和改建50个工业企业，贷款的年息是1%，规定中国必须在1954年12月31日至1963年12月31日10年内分批还清①。这是苏联援助中国工业化建设的第一批贷款。苏联当时是唯一能够向中国提供援助的国家，1950~1953年中苏共签订技术成套设备进口合同68394万卢布，三年内合同完成额达68.7%；苏联向中国提供技术设备2828套；到中国的苏联专家1093人，帮助中国培养留学生等②。由此看出，中国巩固了中苏同盟关系，通过苏联援助，中国解决了工业化建设中所需的技术、设备和人才等问题，这就意味着中国共产党在获得政治优势的同时，依靠苏联援助为实施工业化战略准备了经济条件。

对于国家工业化建设的周期问题，毛泽东指出还需要一二十年的时间，由发展新民主主义经济过渡到社会主义③。早在1949年3月召开的七届二中全会上，毛泽东指出在革命胜利以后"使中国稳步地由农业国转变为工业国，把中国建设成一个伟大的社会主义国家"④。毛泽东在这里提到的工业化建设在时间准备上全党也形成共识。1949年12月，毛泽东在中央人民政府委员会第四次会议上乐观地估计在3~5年的时间内，我们的经济事业可以完全恢复；在8~10年的时间内，我们的经济就可以得到巨大的发展⑤。1951年2月，中共中央提出"三年准备，十年计划经济建设"的号召。5月，主管中央财经工作的陈云指出10年建设在工业方面要建设的重点是什么，要开发石油能源、农业生产的化肥、建设发电厂等等⑥。这显示，中央在设计我国大规模工业建设方面的重点是一些重工业的项目。随后，中共中央成立包括周恩来、陈云、薄一波、李富春、聂荣臻、

---

① 张柏春、姚芳等：《苏联技术向中国转移（1949~1966）》，山东教育出版社，2004，第70~71页；《建国以来重要文献选编》第一册，中央文献出版社，1992，第124页。
② 沈志华主编《中苏关系史纲》，新华出版社，2007，第123~125页。
③ 《毛泽东文集》第五卷，人民出版社，1996，第146页。
④ 《毛泽东选集》第四卷，人民出版社，1991，第1437页。
⑤ 《毛泽东文集》第六卷，人民出版社，1999，第24页。
⑥ 《建国以来重要文献选编》第二册，中央文献出版社，1992，第199~200页。

宋劭文在内的制定五年计划领导小组①。据薄一波回忆：把一个经济落后的农业大国逐步建设成为工业国，从何起步？这是编制计划之初苦苦思索的一个问题。经过对政治、经济、国际环境等诸多方面利弊得失的反复权衡和深入讨论之后，大家认为必须从发展原材料、能源、机械制造等重工业入手。②工业化建设要优先发展重工业成为中央制定五年计划的总指导方针。

当时中国现实国情也是如此，如果没有重工业为农业和轻工业提供机械设备，农业与轻工业的发展也只能停留在原来的水平上。优先发展重工业不但推进了我国的工业化水平，同时也能支持农业和轻工业发展，当时中共中央和毛泽东也是这样考虑的。1951年12月，毛泽东在对《中共中央关于实行精兵简政、增产节约、反对贪污、反对浪费和反对官僚主义的决定》进行修改时，加上了一段话，针对1952年的工作重点再次强调了"优先发展重工业"战略方针。毛泽东指出，经济建设计划的重点是建设重工业和国防工业，因此要挤出一切钱来，完成中国工业化，而在发展农业和轻工业的同时，首先要保证带动轻工业和农业向前发展的重工业和国防工业建设③。由此可以看出，优先发展重工业战略已成为新中国成立后工业化发展的战略选择。

但是，对于党和国家选择的优先发展重工业的战略，党内外的认识当时是存在差异的。1950年，刘少奇就恢复和发展经济的步骤谈到国家工业化的发展步骤，刘少奇明确指出首先是必须恢复一切有益于人民的经济事业；其次是主要发展农业和轻工业并发展一些必要的国防工业；再次是建立我国重工业基础并发展重工业；最后，就要在已经发展起来的重工业基础上，再发展轻工业和农业，并使农业生产实现机械化④。对于采取先农业和轻工业，再发展重工业步骤的原因，刘少奇指出，第一步发展农业和轻工业，原因是只有农业发展，才能为工业发展提供原料和粮食以及消费市场；只有轻工业发展才能为农业发展提供工业品，为工业发展提供资金积累；在此基础上，才能积累充分的资金来建设重工业；重工业发展起来

---

① 中央文献研究室编《陈云传》，中央文献出版社，2005，第873页。
② 薄一波：《若干重大决策与事件的回顾》上卷，中共中央党校出版社，1991，第290页。
③ 《建国以来毛泽东文稿》第2册，中央文献出版社，1988，第534页。
④ 《建国以来刘少奇文稿》第2册，中央文献出版社，2005，第4~5页。

后，再去带动农业和轻工业的发展①。刘少奇的认识不只是党内个别人的认识，因为在当时的经济条件下，是没有足够的资金和技术来发展重工业的，刘少奇指出在中国实施工业化，没有数百亿元的资金投资重工业是不可能的②。而在1951年，当时的中央财政收入只有100多亿元，并且相当一部分还是粮食等实物形式。1951年7月5日，刘少奇在一次报告中，再次强调了首先恢复农业及一切可能恢复的工业经济建设，其次发展少数必要的重工业，最后再发展重工业，在重工业发展基础上再发展农业和轻工业，因为重工业的发展要依靠农业和轻工业来积累资金③。刘少奇在新中国成立后一直强调先发展农业和轻工业再发展重工业的经济建设步骤。而在1951年4月中央指示编制"一五"计划时，毛泽东主张计划重点应以重工业为中心④。很显然在实施工业化发展步骤的问题上，党内领导人的意见是不一致的。那么，随后刘少奇又因何种原因同意"优先发展重工业"的步骤呢？刘少奇的依据是重工业的发展需要等待农业和轻工业的发展提供资金积累，这需要一段时期。而在1951年毛泽东在农业发展为工业化建设提供资金的问题上已有解决方式，即用农业集体化的方式来解决工业化的资金积累问题。工业化战略的实施与社会主义改造结合起来，以集中力量推进我国的工业化进程，由于毛泽东与刘少奇在工业化的实施步骤上存在分歧意见，因此在对山西省农业合作化的事情上党内展开了争论。

党内围绕山西老区农业合作社的争论实质是对何时对农业采取社会主义步骤的争论。当时刘少奇认为新民主主义社会要持续十几年的时间，在这期间否定私有基础，把农业生产互助组织提高到农业生产合作社，以此作为新因素，这是一种错误的、危险的、空想的农业社会主义思想。⑤ 而毛泽东认为对于山西老区农民自发走合作社的倾向应该鼓励，因而对山西农业合作化的尝试给予了支持。

毛泽东之所以支持山西农业互助组走向合作化经营方式，原因在于土

---

① 《建国以来刘少奇文稿》第2册，中央文献出版社，2005，第5页。
② 《建国以来刘少奇文稿》第2册，中央文献出版社，2005，第6页。
③ 《建国以来重要文献选编》第二册，中央文献出版社，1992，第368页。
④ 杨胜群、田松年主编《共和国重大决策的来龙去脉》，江苏人民出版社，1995，第103页。
⑤ 中共中央文献研究室编《刘少奇年谱（1898~1969）》下卷，中央文献出版社，1996，第283页。

地改革后，农业个体经营方式的方向就是集体化，新民主主义社会条件下包含着社会主义的因素，而新民主主义社会的过渡性特征意味着就是要不断鼓励社会主义因素的增长。因此，农民自发趋向社会主义的倾向应该受到支持和鼓励。据薄一波回忆，毛泽东由此批评了互助组不能生长为农业合作化的观点和现阶段不能动摇私有基础的观点。认为既然西方资本主义在其发展过程中有一个工场手工业阶段，即尚未采用蒸汽动力机械，而依靠工场分工以形成新生产力的阶段，则中国的合作社依靠统一经营形成新生产力，去动摇私有基础，也是可行的①。当时山西省委支持的在不改变农业私有基础条件下的合作社不失为向农业集体化过渡的一种可供选择的方式，问题是刘少奇等领导人认为农业集体化的前提是先实施工业化，奠定向社会主义过渡的经济基础，然后再搞集体化，即采取社会主义步骤。而毛泽东认为既然农业集体化是农民的选择同时又能提高农业生产力，这正说明社会主义农业集体化的优势。

1951年12月15日，《中共中央关于农业生产互助合作的决议（草案）》批评了消极对待农业互助合作的倾向，指出这种倾向看不出这是我党引导广大农民群众从小生产的个体经济逐渐走向大规模的使用机器耕种和收割的集体经济所必经的道路，否认现在业已出现的各种农业生产合作社是走向农业社会主义化的过渡的形式，否认它们带有社会主义的因素。这是右倾的错误思想，同时又批评了另一种对待农业合作化的急躁冒进态度，持这种态度的人认为，现在可以一蹴而就在农村完全到达社会主义。这些是"左"倾错误的思想。② 这项决议有力地推动了全国范围内农业互助合作化的开展，而中共中央的这项举措与七届二中全会的报告是一致的，报告针对农业的个体经济指出应逐步地而又积极地引导他们向着现代化和集体化的方向发展，任其自流的观点是错误的，单有国有经济而没有合作社经济，我们就不可能领导劳动人民的个体经济逐步地走向集体化，就不可能由新民主主义社会发展到将来的社会主义社会。③ 这说明毛泽东支持山西农业合作化的认识前提是为了从新民主主义转向社会主义做准备，而这种认识早在七届二中全会上就已经成

---

① 薄一波：《若干重大事件与决策的回顾》上卷，中共中央党校出版社，1991，第191页。
② 《建国以来重要文献选编》第二册，中央文献出版社，1992，第514~515页。
③ 《毛泽东选集》第四卷，人民出版社，1991，第1432页。

第二章　河南省工业优先发展阶段的工农业关系（1952~1978年）

为全党的统一认识。毛泽东对山西农业合作化的支持以及中共中央制定农业互助合作的草案意味着放弃了对于新民主主义社会条件下在经济发展一段时间后再向社会主义过渡的原有设想，同时也标志着放弃了新民主主义社会长期发展的观点。对于党内存在的巩固新民主主义社会秩序，先工业化后集体化，经过10~20年在向社会主义过渡的观点，毛泽东在1952年明确表明了态度。1952年夏秋之交，毛泽东明确指出，即从现在起就开始向社会主义过渡，而不是要等到10~15年以后才向社会主义过渡。[①] 这个结论反映出新中国成立前后所设想的从新民主主义向社会主义过渡的政治经济条件已经具备。

1952年，对于社会主义改造与工业化的关系，毛泽东指出，关于社会主义工业化和农业社会主义改造的相互关系问题，必须强调二者的紧密联系，而不可只强调前者，减弱后者。[②] 二者的紧密联系就是社会主义改造才能保证国家集中一切力量实施国家工业化建设。同时，朝鲜战争巩固了中苏同盟关系，斯大林对中国进行大规模的援助。1950~1952年，苏联向中国贷款共计41亿旧卢布；1952年3月，毛泽东向斯大林致信，商议谈判苏联追加海军装备贷款18亿旧卢布；同年9月，周恩来亲自向斯大林提出工业建设贷款40亿旧卢布，这些提议尽管斯大林因国内工业生产能力的限制没有完全应允，但是，新中国工业化建设的"156项工程"在技术和设备方面都是苏联援助的[③]。苏联的援助解决了新中国国家工业化的技术和设备等主要问题。

因为苏联的支持是一个随时都会发生变化的因素，苏联提供的技术、资金、人员和设备对工业化建设来说是发展的契机。1950年苏联援助了50个大型工业项目。1953年8月，苏联政府部长议会副主席米高扬与我国中财委主任李富春谈判，苏联援助的141个项目中主要是重工业、发电厂以及国防工业项目等[④]。由于当时朝鲜战争还没有结束，东南沿海还存在军事对峙，新政权急需要工业化成果予以巩固。自1951年，西方国家开始对

[①] 逄先知、金冲及：《毛泽东传（1949~1976）》（上），中央文献出版社，2003，第242页。
[②] 《建国以来毛泽东文稿》第五册，中央文献出版社，1991，第304页。
[③] 沈志华主编《中苏关系史纲》，新华出版社，2007，第137、140页。
[④] 〔苏〕廉·伊·科瓦利：《关于苏联援助中国进行第一个五年计划建设的会谈》，《中共党史研究》1990年第3期，第84~91页。

我国实施贸易禁运等制裁,而在当时的条件下,优先发展重工业的战略选择不可能单纯是党内某些领导的意图。根据薄一波回忆,当时客观因素决定选择重工业为重点的发展战略,"一五"计划必须采取优先发展重工业的指导方针①。

我国优先发展重工业战略的选择,与苏联实施这种战略的成功和我国对苏联工业化战略的认同有直接关系。新中国成立后在我国外交上的"一边倒"、对苏联工业化建设成就的向往、全国"向苏联学习"的宣传和苏联的直接援助等因素,决定我国不可能选择优先农业、轻工业发展,等待积累足够资金后再进行重工业的建设,因为这与当时的国内外形势要求不相符。中苏关系因素既推动了我国工业化建设,同时也使我国工业化建设形成严重的路径依赖。

1953年12月,中共中央发布的《关于党在过渡时期总路线的学习和宣传提纲》批判性地提出我国可以不以发展重工业为中心等错误思想②。在《宣传提纲》的指导和推动下,随着"一五"期间国家工业化战略的实施,标志着我国正式确立"优先发展重工业"战略。这种工业化战略选择是当时国内外形势的产物,也是中国共产党人一直追求的梦想和目标。这种战略尽管对我国的工农业关系产生诸多负面影响,从经济学的层面上有可供总结和评论之处。但是,从国家整体的发展需要来讲,如果没有优先发展重工业战略支撑,集中将全国的人力、物力和财力投入到工业化建设中,在随后发展的国际形势下,中国工业化实施也许会遇到更多的困难。

二 工农业发展方针:"以农养工"政策的目标导向

1949~1978年,全国范围实施重工业优先发展的战略,为了在实施"以农养工"的同时保证农业的正常发展,进而有效地实现对工业的支持,党对工农业发展方针进行了三次较大的调整。在政策导向上向工业部门严重倾斜,工业部门发展规模和速度远远超出农业部门所具备的支撑能力。从而导致全国范围工农业关系长期处于严重失调的状态,即农业发展严重滞后于工业部门的发展要求。河南省当时作为中部地区的农业大省,"一

---

① 薄一波:《若干重大决策与事件的回顾》上卷,中共中央党校出版社,1991,第290~291页。
② 《建国以来重要文献选编》第四册,中央文献出版社,1993,第712页。

五"期间，河南省郑州和洛阳地区又是工业项目的集中地，在工农业发展方针方面也必然受到中共中央政策导向的约束。

首先，确立"工业领导农业、农业支持工业"的工农业发展方针。新中国成立之初，遭受战争破坏的国民经济需要恢复和发展，为了快速有效地实施和完成社会经济发展任务，为以后的工业化建设提供有利的条件，1949年12月，政务院总理周恩来在对参加全国农业会议人员的讲话中，首次阐述了"城市领导乡村、工业领导农业"的方针，即必须在发展农业的基础上发展工业，在工业的领导下提高农业生产的水平[1]。周恩来说的"农业为基础"就是要重视农业的发展，同时又说到"工业领导农业"，实际上就是强调农业的发展为工业发展服务，或者说农业发展是工业发展的必要条件，工业发展是农业发展的目标和方向。1950年，中苏两国结盟，为了支持我国的工业化建设，苏联援助中国50个大型工业项目，我国由此开启了工业化建设的历程。当时我国经济条件异常薄弱，工业化建设所需的巨额资金只能靠内部积累，而能够提供积累的部门只有农业部门。1950年6月，时任中央财经委员会主任的陈云在党的七届三中全会上指出，中国是个农业国，工业化的投资不能不从农业上打主意；不从农业打主意，这批资金转不过来；但是，也决不能不照顾农业，必须首先发展农业，重工业建设必须有重点地进行[2]。陈云明确指出农业部门为工业化建设提供资金积累，因此必须首先发展农业。为了推动农业的发展，党的七届三中全会强调农村土地革命的重要性就是为工业化建设开辟道路。6月14日，国家副主席刘少奇在全国政协一届二次会议上再次谈到农村土改对工业化建设的意义，刘少奇指出，土地改革就是要废除封建土地所有制，实行农民的土地所有制，借以解放农村生产力，其目的就是发展农业生产，为新中国的工业化开辟道路[3]。23日，毛泽东在这次会议上指出土地改革的基本目的就是解放农村生产力、就是发展农业生产，为新中国的工业化开辟道路[4]。从上述三位党的领导人对工农业关系的阐述中可以看出，工业发展始终是全党追求的目标和努力的方向，农业发展要服务于工业部门的

---

[1] 《建国以来重要文献选编》第一册，中央文献出版社，1992，第78、80页。
[2] 《陈云文选》第二卷，人民出版社，1984，第97页。
[3] 《建国以来重要文献选编》第一册，中央文献出版社，1992，第291~292页。
[4] 《建国以来重要文献选编》第一册，中央文献出版社，1992，第293页。

发展。

中共中央在制定国民经济发展的第一个五年计划时,主要是以苏联援助的工业化建设项目为核心的,但是,经济建设计划从何处入手,产业部门发展的先后顺序,采取何种方式,当时中共中央对此经验不足,据当时出任中央财经委员会副主任的薄一波回忆,在编制"一五"计划之初,我们对工业建设应当先搞什么、后搞什么,怎样做到各部门之间的相互配合,还不大明白。[①] 第一个五年计划是在苏联专家的协助下并在与苏联多次商议的基础上制定的,面对空前规模的工业化建设,对于农业部门的供给能力中共中央是有考虑的。1952年12月,中共中央在指导编制"一五"计划时强调指出,集中力量保证重工业的建设,决不能理解为可以忽视轻工业的发展、农业和地方工业的发展[②]。中共中央尽管强调要重视农业和轻工业发展,但是没有改变工业优先发展的战略。当时党内存在着一切为了工业建设的倾向,党外民主人士对于实施大规模工业化建设对农业形成的挤压也存在异议,尤其是工业化建设需要的巨额资金需要农业去积累,这不可避免会影响到农业部门的发展。

1953年9月,毛泽东在中央政府第24次会议上谈到"施仁政"问题,毛泽东说,"施仁政"的重点应当放在建设重工业上,工业建设需要资金,所以人民的生活一时又不能改善很多[③]。为了统一全国对工业化建设的认识,1953年12月,中共中央发布《关于党在过渡时期总路线的学习和宣传提纲》,在强调指出工业优先发展不能忽视发展农业,必须重视农业和轻工业的发展,以满足人民群众的生产和生活需要。"一五"期间的工业化建设虽然注意农业和轻工业的发展,但是从计划到投资都采取了向重工业倾斜的方式,工业部门发展的规模和速度远远超过农业部门的发展水平。"一五"期间,全国基建总投资为427.4亿元,工业部门投资为248.5亿元,占总投资的58.2%,其中重工业投资占工业部门投资的88.8%;农业以及副业总产值计划年增长率为4.3%,工业总产值计划年增长率为14.7%[④]。新中国成立初期,农业生产条件落后,生产能力低下,实际上当时农业难以支

[①] 薄一波:《若干重大决策与事件的回顾》上卷,中共中央党校出版社,1991,第297页。
[②] 《建国以来重要文献选编》第三册,中央文献出版社,1992,第450页。
[③] 薄一波:《若干重大决策与事件的回顾》上卷,中共中央党校出版社,1991,第291页。
[④] 刘国光:《中国十个五年计划研究报告》,人民出版社,2006,第60~61页。

第二章 河南省工业优先发展阶段的工农业关系（1952~1978年）

撑如此规模的工业建设。1954年，在工业超额完成计划指标的情况下，农业没有完成计划指标。1954年6月，陈云向中共中央汇报计划编制时指出，计划中最薄弱的部分是农业生产，能否按计划完成，很难说；农业生产同工业建设相比较即使完成计划，也是很紧张的①。陈云明确指出农业发展水平不足以支撑工业化建设的需要。

1954年农业没有完成计划指标的状况，使中共中央降低了1955年工农业各项经济增长指标，但是当年农业部门依然没有完成降低后的指标。本来这种现象已经暴露出工农业关系的紧张局面，应该调整工农业发展的比例关系，但是工业化建设大量的项目已经全面铺开，不可能中途调整工业建设的规模和计划。只能是压缩对农业的投资，汲取更多的农业剩余作为工业建设的资金积累。而农业的剩余是有限的，积累过多，必然影响农业部门的积累和农民生活水平的提高。中共中央为了排除党内外的阻力，从1955年党的七届六中全会开始对经济建设中的所谓"右倾"保守思想进行批判。在批判"右倾"保守思想的过程中，农业合作化运动大幅度提速，1956年工业化建设各项指标都突破了原定计划。尽管批判"右倾"运动保证了1956年工业建设规模的扩大，但是对农业投入不足和挤压的结果导致农副产品市场供给紧张，工业建设规模已经超出了农业支撑的范围。为了避免工农业失调所引起的经济波动，周恩来、陈云采取"反冒进"措施，同时也开始思考工农业关系问题。

其次，"工农业并举"的方针。1956年春，毛泽东在召集国家34个部门负责人会议，座谈工业化建设问题，随后毛泽东根据座谈意见形成了国家经济建设的《论十大关系》。《论十大关系》提出发展重工业可以有两种方法：一种是少发展一些农业和轻工业，一种是多发展一些农业和轻工业；从长远观点来看，前一种办法几十年后算总账划不来；后一种办法会使重工业发展得多些和快些，而且由于保障了人民生活的需要，基础更加稳固②。可以看出，毛泽东是倾向于多发展农业和轻工业的方式，认为只有多发展农业，才能多发展工业，农业是工业发展的前提和基础。

1957年1月，毛泽东在省、自治区、直辖市党委书记会议上再次强调

---

① 《陈云文选》第二卷，人民出版社，1984，第235~238页。
② 《毛泽东文集》第七卷，人民出版社，1999，第24~25页。

指出，全党一定要重视农业，在一定的意义上可以说，农业就是工业。要说服工业部门面向农村，支援农业[①]。毛泽东提出"农业就是工业"的观点，实际上是把农业置于与工业同等的地位，据《杨尚昆日记》披露，毛泽东在这次会议上讲到农业首先关系到5亿人的吃饭问题；农业是工业的原料和市场，农产品可以出口换取外汇，农业是积累的重要来源；从这一点说，农业就是工业；毛泽东又结合苏联的经验教训指出斯大林对农业搞少了，工业搞多了，这对工业本身不利[②]。尽管毛泽东提出工农业平等的地位，但还是强调农业为工业部门提供积累的功能，没有谈到农业部门的自身积累发展问题，实际上强调的依然是农业的服从和辅助地位。1957年2月，毛泽东在《关于正确处理人民内部矛盾的问题》中明确提出"发展工业必须和发展农业同时并举"的方针，因为农业发展了，工业才有原料和市场，才有可能为建立强大的重工业积累较多的资金[③]。可以看出，毛泽东在认识上始终把农业发展作为工业发展的条件和方式。1957年4月，陈云在谈到经济建设经验教训时谈到工农业关系问题，陈云说到过去七年的经验教训首先是重工业多些，轻工业和农业就少些；农业比轻工业更重要，轻工业所需原料要靠农业；主要是重工业与农业的比重。陈云已经意识到农业发展对工业建设的约束，但在工业优先发展的政策导向下，工农业部门发展的比例实际上无法保证实现协调发展。

在"一五"计划即将完成，开始着手制订下一个五年计划时，1957年10月，毛泽东又谈到工农业关系，毛泽东首先讲到优先发展重工业毫不动摇；但是必须实行工业与农业同时并举，建设工业国其实也包括了农业的现代化[④]。1958年5月，党的八大二次会议尽管是启动工农业"大跃进"的动员会，刘少奇在工作报告中再次强调"工业和农业同时并举的原则"[⑤]。工农业关系问题引起了中共中央的高度重视。党的八大二次会议后，城乡掀起了群众性的大规模工农业建设运动，"工农业并举"的发展方针在实践中演化成工农业发展的"高指标"和"浮夸风"，演化成工农

[①] 《毛泽东文集》第七卷，人民出版社，1999，第199～200页。
[②] 《杨尚昆日记》（上），中央文献出版社，2001，第283～284页。
[③] 《毛泽东文集》第七卷，人民出版社，1999，第241页。
[④] 《毛泽东文集》第七卷，人民出版社，1999，第310页。
[⑤] 《建国以来重要文献选编》第十一册，中央文献出版社，1995，第300页。

业非常规发展的混乱局面，结果造成工农业各项比例关系趋于更加严重失调。1958年，新增国民收入162亿元，用于新增积累达146亿元；1959年，新增国民收入157亿元，用于新增积累达179亿元（挤占了上年积累22亿元）；这三年积累总额达到1438亿元，比"一五"时期全部积累还多44%[①]。同期，由于农业劳动力大量参与各种形式的工业建设，农业劳动力和农业投入严重不足，导致农业粮食产量大幅度下降，1958年，粮食产量2亿吨，国家征购4172.5万吨；1959年粮食产量1.7亿吨，征购了4756.5万吨；1960年粮食产量1.435亿吨，国家征购了3089.5万吨。1960年是全国粮食产量和人均粮食占有量最低的年份，全国农村共留存粮食1849亿斤，平均每个农民仅有粮食176公斤，比1957年降低了37.1%，而城市居民人均消费粮食193公斤，比1957年下降了1.5%[②]；到1960年下半年，全国工农业产品价格猛涨，粮食价格比国家计划价格高10~20倍，1斤粮食价格1~2元，一斤猪肉价格5元，一个鸡蛋价格0.5元，1961年，各种零售物价总指数比1960年上涨16.2%[③]。工业发展的规模过大和速度过高，导致对农业的挤压程度过大，农业剩余大量用于工业部门，农副产品的市场供给必然出现严重紧张的局面，引起严重的通货膨胀，影响到人民群众的最低生活需求，全国有些地方出现了饿死人的事件。"工农业并举"的工农业发展方针在实践中之所以会出现与预期目标相悖的结果，原因在于过于追求工业建设的高指标，导致工业发展规模和速度远远超出农业部门支撑能力。在工农业发展遭到严重破坏的情况下，中共中央号召全党积极开展调查研究，同时各级领导干部阅读苏联的《政治经济学教科书》等著作，探讨经济建设的规律。

再次，"农业为基础，工业为主导"的方针。1958年11月，在第一次郑州会议上，毛泽东号召从中央到地方的四级领导干部认真阅读学习《苏联社会主义经济问题》《马恩列斯论共产主义社会》和苏联的《政治经济学教科书》；要求联系我国的经济建设实际，成立读书小组展开讨论，读

[①] 柳随年、吴群敢：《"大跃进"和调整时期的国民经济》，黑龙江人民出版社，1984，第72~80页。

[②] 罗平汉：《1958~1962年粮食产销的几个问题》，《中共党史研究》2006年，第27~36页。

[③] 薛暮桥：《薛暮桥回忆录》，天津人民出版社，1996，第279页。

书讨论持续 2~3 个月。刘少奇根据毛泽东的建议，1958 年 11 月在北京主持中央政治局会议，学习和座谈斯大林著的《苏联社会主义经济问题》和《政治经济学教科书》；刘少奇分析了工农业关系问题，指出要注意农、轻、重的关系，要特别注意农业问题；多搞农业和轻工业，不会妨碍重工业，从长远看还会促进重工业的发展[①]。1959 年 6 月，毛泽东在中央政治局扩大会议上谈到工农业关系问题，指出重工业挤掉了农业和轻工业，要把农、轻、重的关系研究一下，把重工业放到第三位，"大跃进"的重要教训之一主要是没有搞好平衡，包括工农业的平衡[②]。在工农业关系方面，两位领导人都主张把农业放在首位，重工业放在最后，这种认识可以说是中共中央领导人对新中国成立以来工农业关系认识的进一步发展。

1959 年 12 月至 1960 年 2 月，毛泽东组织的读书小组在阅读和讨论苏联《政治经济学教科书》时，提出工农业并举；所谓并举，并不否认重工业优先增长，不否认工业发展快于农业；同时，并举也并不是要平均使用力量；在优先发展重工业的条件下，每一个并举中间，又有主导的方面。例如，工业与农业，以工业为主导[③]。毛泽东并没有超越以前对工农业关系的看法，不同的是表述方式的差异。毛泽东提到的以工业为主导还是延续了农业服从于工业和服务于工业发展的认识；至于并举，说的是不能忽视农业的发展，因为工业发展受制于农业的支撑能力。毛泽东并没有解决工农业发展失调的问题，既要把农业放在首位，又要保证重工业的优先发展，二者之间存在发展先后的矛盾。农业首先发展又要保证重工业优先发展，这实际上是不可能实现的目标。对此，薄一波在回忆中谈到经济发展"二、三、四比例"，即在国民收入中积累不低于 20%，财政比重不低于 30%，财政支出中基本建设不低于 40%[④]。薄一波提出的国民收入结构的各项比例标准是对"一五"期间工农业发展经验的总结。但是，在"大跃进"期间，经济建设并没有遵循这个标准，1958 年，国民收入的积累率为 33.9%，1959 年为 43.6%，1960 年为 39.6%[⑤]。国民收入的积累率过高必

---

① 《刘少奇传 1898~1969》下，中央文献出版社，2008，第 778 页。
② 《毛泽东文集》第八卷，人民出版社，1999，第 77~80 页。
③ 《毛泽东文集》第八卷，人民出版社，1999，第 121~122 页。
④ 薄一波：《若干重大决策与事件的回顾》上卷，中共中央党校出版社，1991，第 307 页。
⑤ 胡鞍钢：《胡鞍钢集》，黑龙江教育出版社，1995，第 204 页。

然压缩用于人民生活需要的消费率比例，消费率的压缩必然影响到农业和轻工业的投资，最后导致农业部门在生产条件和生产资料的供应方面出现紧张的局面，必然会导致农业部门发展速度下降，从而影响到农业对工业部门的支持。在农业部门不能为工业发展提供支撑其发展的原料和资金时，工业部门大规模和高速度的发展目标并没有因此调整。在这种情况下，工业部门的大量需求与农业部门有限的供给能力就形成矛盾，"大跃进"期间征收的"过头粮"造成灾难性的后果，就是工业部门发展严重超过农业部门支撑能力所致。在维系高速度和高积累的工业建设规模条件下，工农业发展比例严重失调是必然的结果。1960年底，中共中央在讨论1961年的国民经济计划时，当李富春谈到经济计划忽视农业发展时，毛泽东插话指出，不仅没有重视农业，而且是挤了农业，挤了农业的人力、物力，工业战线过长，面过广①。毛泽东说出了工农业发展失调的根本原因。

1961年1月，八届九中全会决议指出，1961年全国必须集中力量发展农业，以农业为基础，加强对农业的支持；应当适当地缩小重工业基本建设的规模，调整发展速度②。决议把"以农业为基础，以工业为主导"作为工农业发展的指导方针。对于工农业发展的新方针，周恩来指出，工业为主导是指社会主义国家的建设，当然是优先发展重工业，发展主导方面；但是要使工业发展，我们就要认识工农业关系和城乡关系，集中的一句话就是农村能够供应多少商品粮给城市，就能够办多大的工业。③ 经过这次中央全会，全党对于工农业关系问题有了清晰的认识，国家计委在改进计划的意见中指出，计划首先弄清农业生产条件和需要，然后正确安排各方面的比例关系④。国民经济调整时期，工业发展速度和规模兼顾农业发展的实际水平，工农业关系得到调整，但是，并没有改变工农业关系总体失调的局面。1961~1978年，我国工业化率从1961年的34.64%提高到1978年的49.4%，工业GDP份额从1961年的29.7%提高到1978年的44.3%，农业GDP份额从1961年的36.2%下降到1978年的28.1%。工业GDP份额的提高带来农业GDP份额的下降，在工业优先发展的条件下，农

---

① 薄一波：《若干重大决策与事件的回顾》下卷，中共中央党校出版社，1991，第894页。
② 《建国以来重要文献选编》第十四册，中央文献出版社，1997，第85页。
③ 《建国以来重要文献选编》第十四册，中央文献出版社，1997，第238~243页。
④ 刘国光：《中国十个五年计划研究报告》，人民出版社，2006，第252页。

业发展滞后，滞留大量的剩余劳动力，城市化率的发展也有限。1961年，全国农业就业份额为77.1%，1978年，农业就业份额下降到70.5%；城市化率从1961年的19.29%下降到1978年的17.92%①。工业部门优先发展并不能带动劳动力的同步转移，真正能够提升农业劳动力转移速度的是轻工业和第三产业发展。而在重工业优先发展的条件下，轻工业发展受到政策导向的限制；第三产业的发展几乎处于停滞状态。同时，重工业在吸纳劳动力方面的作用极其有限，1953~1978年，我国工业部门劳动力数量增长了3倍，年平均增长5.5%；而固定资产原值增长了22.3倍，年均增长率为12.9%；工业部门固定资产的增长幅度和速度远远超过吸纳劳动力增长幅度和速度②。1978年与1965年相比，全国城市人口增加4200万人，城市化率从1965年的18%下降为1978年的17.9%；而农村人口增加了1.9548亿人，农村人口比率从1965年的80%增加为1978年的82.1%③。由此看出，"农业为基础，工业为主导"的方针，最终还是保证了工业部门的优先发展，而工业部门的优先发展是以牺牲农业和轻工业发展以及农业剩余劳动力转移为代价的。

新中国成立后，工农业关系的指导方针虽然经历多次调整，但是并没有改变优先发展工业的大战略。1949~1978年，党和国家为了保证工业部门尤其是重工业部门优先发展，采用计划经济体制来配置社会资源，把所有的社会生产要素从生产、分配和流通全部纳入计划管理的范围；对农副产品采用统购统销政策，通过国家垄断农副产品生产和分配的方式控制农副产品流通；在农业生产方式上，从合作化到人民公社经营体制，国家在以较低成本维持社会稳定的同时，把农业生产和分配控制在国家范围，限制了农业的多元经营和人力资源比较优势的发挥；为了限制城乡人口流动，国家执行城乡分离的户籍制度，实施消费供给与城乡户籍对应，从制度上控制了农业劳动力的转移。工业优先发展的政策导向导致衍生出计划

---

① 工业化率是指工业增加值在国民收入中所占的比率；参见《中国统计年鉴1992》，中国统计出版社，1992；《中国统计年鉴2000》，中国统计出版社，2000；胡鞍钢《胡鞍钢集》，黑龙江教育出版社，1995。

② 李强：《我国农村产业结构与就业结构的偏差与纠正》，《华南师范大学学报》（社科版），1997，第105~109页。

③ 周尔鎏、张雨林：《城乡协调发展研究》，江苏人民出版社，1991，第19页。

经济体制，而计划经济体制的延伸保证了社会各种资源向工业部门流动，计划主导下的市场机制缺位和对城乡居民生产和分配以及物资流通的计划管制，导致工农业关系处于长期失调状态。当时出于对苏联社会主义建设模式的认同以及把经济发展方式纳入意识形态的思维框架，因此在思想方法上将计划和市场对立起来，以致出现社会资源向工业部门的偏斜流动和配置。对此薄一波指出，50年代对社会主义的认识，只认识到社会主义经济是计划经济，商品经济被认为是与社会主义经济不相容的，计划经济就是国家直接下达指令性指标[1]。当时国家把具体项目的计划投资指标限制得过死，李富春指出计划经济体制无法将国家计划统一性同因地因事制宜的灵活性结合起来[2]。在农业为工业提供资金积累条件下，工业的高速度发展导致农产品供给与需求的矛盾始终存在，由此城乡居民维持很低的消费水平。农业发展的水平对工业发展的规模和速度形成一种内在的约束，陈云指出农业对经济建设的规模有很大的约束力[3]。在工业优先发展阶段，当农业发展能够支撑工业发展的规模与速度时，工业发展就能够正常进行；反之，工农业发展均受到影响，就必须调整工农业关系，实质上是为了缓解农副产品的市场供需矛盾。

三 政府制度安排："以农养工"政策的运行逻辑

新中国成立前后，中共中央对国家的发展方向和战略问题进行思考，确立了优先发展重工业的建设方针。但是，如果说党在确立优先发展重工业战略时就已经对工业化建设的各项政策和制度安排非常明确，事实是不可能的。早在1945年9月，中共中央对于新解放区城市的接管就明确了稳定秩序，恢复生产的指导方针[4]。1949年1月，人民解放军解放天津、北京，时任华北财经委员会副主任的薄一波提出经济建设工作要统一计划、统一管理的建议，并对财经统一工作提出具体的要求，包括货币统一、预

---

[1] 薄一波：《若干重大决策与事件的回顾》上卷，中共中央党校出版社，1991，第462~463页。
[2] 李富春：《为了社会主义建设，加强全国的计划工作》，1956年9月24日。
[3] 《陈云文选（1956~1985）》，人民出版社，1986，第47页。
[4] 迟爱萍：《新中国第一年的中财委研究》，复旦大学出版社，2007，第47页。

算统一、物资统一、企业管理统一和供给标准统一等①。新中国成立前夕，各解放区集中所有力量支持解放战争的胜利。而解放战争走向胜利的过程，也是各解放区的经济和财政管理从分散逐渐实现统一的过程。各解放区在中共中央的领导下，先后统一货币、统一税制、统一财经管理等，这对集中力量，统筹安排物资调配，支持解放区经济恢复发展和保证战争的进行起着重要的作用。这种统一管理就是解放区计划经济管理的雏形。新中国成立以后，新解放城市在国民经济整体上面临着停产失业、通货膨胀、商品紧缺、物价飞涨等极端混乱的状态，为了稳定经济秩序、恢复经济发展新政权对国家财经实行了统一管理。

中共中央选择优先发展重工业的战略，如果没有计划管理的实施，是不能解决工业化建设所需要的物资、原材料和资金等问题的。同时，中共中央为保证工业化战略的实施需要进行制度安排和政策设定。当时在面临资金紧缺，经济落后的现实条件下，如果用推动市场发育，通过经济自由发展去实现工业化战略，那么在资金、技术和物资需求上将无法立即保证重工业战略的实施。因此，中共中央为实施重工业优先发展的工业化战略时选择了计划经济体制，在制度体系安排上对农产品采取统购统销制度，对人口流动实行城乡分离的户籍制度以及"大跃进"时期开始实施的人民公社生产经营制度。

——计划经济体制的生成。所谓计划经济体制就是在生产资料公有制基础上，以社会化大生产为前提，通过指令性和指导性计划来管理和调节国民经济的制度②。新中国成立前夕，由政治协商会议通过的《共同纲领》对国家经济体制作出规定：国家统一经营有关国家经济命脉和足以操纵国民生计的事业，中央人民政府制定恢复和发展全国公私经济各主要部门的总计划，以转入经济建设时期，规定中央和地方在经济建设上分工合作的范围，统一调剂中央各经济部门和地方各经济部门的相互联系③。同时，周恩来在对《共同纲领》特点进行说明时，就国家的计划经济体制补充指出，国有经济是新民主主义五种经济的领导成分，在逐步实现计划经济的

---

① 《薄一波文选》，人民出版社，1992，第87页。
② 武力：《中国计划经济的重新审视和评价》，《当代中国史研究》2003年第7期。
③ 《建国以来重要文献选编》第一册，中央文献出版社，1992，第7~8页。

第二章 河南省工业优先发展阶段的工农业关系（1952～1978年）

要求下，使全社会都能各得其所，以收分工合作之效①。由此可见，中共中央在新中国成立前夕就已经选择计划经济体制对经济进行管理了。

1949年元旦，中央召开财经座谈会，出席会议的有朱德、董必武和各大区负责人刘伯承、陈毅、林彪、高岗、罗荣桓和薄一波，与会人员针对统一财经工作的进展缓慢的状况不满意，提出建立统一的领导机构②。1949年3月，党的七届二中全会决定成立中央财经委员会（简称"中财委"），以领导全国的财政经济工作，7月，中财委组建完成，陈云任主任，薄一波任副主任。但是，中财委对全国财经工作的统一不是全部统管，因为当时经济结构中还存在大量的私有资本主义企业，实际上中央与地方的生产管理和收入分配等完全统一管理事实上是不可能的。由于党在管理城市和恢复发展国民经济方面缺乏经验，当时就请求苏联派专家到中国来，以帮助我国国民经济的恢复和发展。苏联专家把苏联计划管理的经验传入我国，加快了我国计划经济体制建立的进程。从1949年11月开始，中财委在全国范围内开展平抑物价、统筹调派物资和稳定经济秩序等工作，逐步实现了税收、食品、盐业、交通、邮政等的统一管理③。全国统一财经的条件基本成熟，10月，政务院财政经济委员会成立，对外名义上还是中财委，中财委的工作权限和职能是制定财政经济计划，审核和监督执行事务，统筹计划和监督物资分配，确定各种企业的管理政策等④。从1949年11月开始，中财委就在全国范围内平抑物价，稳定经济秩序，打击投机商贩和推动全国财经方面发挥了决定性的作用。对于中财委迅速实现对全国财政的统一管理，陈云提醒各大区财委领导干部目前在新解放区，实行财政、税收、公粮、贸易及经济部门管理的统一，是带有跃进性的工作，但这是客观情况决定的，如不统一全国财经工作，则困难和危害程度将更大⑤。为了进一步加强在全国范围的统一管理，1950年3月，陈云起草了《关于统一国家财政经济工作的决定》，陈云在《决定》中说明了统一全国

---

① 《周恩来选集》上卷，人民出版社，1984，第370页。
② 薄一波：《若干重大决策与事件的回顾》上卷，中共中央党校出版社，1991，第71页。
③ 中共中央文献研究室编《陈云传》上卷，中央文献出版社，2005，第674页。
④ 《中财委组织条例（草案）》，1949年11月；中国社会科学院、中央档案馆编《1949~1952年中华人民共和国经济档案资料选编（工商体制卷）》，第81页。
⑤ 《陈云文选1949~1956》，人民出版社，1984年7月第1版，第48页。

财经工作的内容,陈云指出要统一全国收支管理、全国物资调配、全国现金调度等①。政务院第22次会议提出了这个草案,这个草案的执行对计划经济体制的确立奠定了制度条件。

1950年6月,毛泽东针对全国经济发展重点以及全国财经统一工作指出,财政经济工作的统一管理和统一领导,是巩固财政收支平衡和物价稳定的方针,在统筹兼顾的方针下,逐步地消灭经济的盲目性和无政府状态②。这是针对当时全国有些城市在新中国成立初期存在市场管理混乱、物价不稳等情况而言的。而当时毛泽东访苏后,苏联援助的工业项目正在商议具体落实事宜,工业化战略的实施已经提上日程,加快全国财经工作的统一,目的在于为工业化建设提供集中全国力量的制度保障。1951年春,中共中央指示中财委编制以工业化建设为核心的"一五"计划,为了保证有效完成"一五"计划编制工作,1952年11月,中央决定成立国家计划委员会,专门负责指导和编制经济发展的长期和年度计划,并审察和监督计划的执行情况。从"一五"计划的内容来看,集中建设的投资项目占80%左右,集中建设的工业项目占88%,计划显示出高度集中计划管理体制的特征,包括审批权的集中、预算和拨款制度、物资统一调配、施工人员统一调配、财政统收统支、金融统一管理体制等,作为省、自治区、直辖市的地方基本建设,虽然列为地方预算,项目由中央各部专门管理,地方只能在中央计划指导下安排,无权在行业和企业之间调剂③。全国财政经济发展完全纳入国家高度集中的计划管理体制之下,这标志着我国计划经济体制的确立。

对计划经济体制的形成原因进行分析,主要有以下几个方面:其一,新中国成立之初,人、财、物的短缺与国家急需进行工业化建设的现实要求不相匹配,在制定"一五"计划时,中央为保证限额以上项目的实施,有时不得不削减地方建设项目。其二,经济秩序的恢复稳定需要确立计划经济体制。全国大城市经历了粮、棉、油、煤等物资短缺的情况,中财委在对全国物资实施统一调配的基础上打击了投机商贩,稳定了市场秩序,保证了物资供应。其三,统一计划规避了地方经济建设的混乱。各地用两

---

① 《陈云文选1949~1956》,人民出版社,1984年7月第1版,第64~67页。
② 《毛泽东文集》第6卷,人民出版社,1999年6月第1版,第70~71页。
③ 刘国光主编《中国十个五年计划研究报告》,人民出版社,2006,第43~44页。

三年时间就完成了经济的恢复和发展，地方建设的积极性高涨。在计划实施期间，出于建设和发展的需要，曾出现建设"冒进"的做法，工业发展严重超出了农业的支撑能力。其四，工业化建设需要巨额的资金支持。1950年全国财政收入只有65.19亿元，1956年只有287.43亿元；在1949~1957年，政府全部财政支出总额为796.51亿元，平均每年支出近100亿元；1952年，国家银行资产总额只有118.8亿元，存款余额只有93.3亿元[①]。在财政收入和经济积累规模有限的情况下，国家必须集中全国各种资源才能实施大规模工业化建设，而实行高度集中的计划经济管理体制是必然的选择。我国在"一五"计划期间实施的优先发展重工业战略，在当时土地改革完成的情况下，国家必须通过实现全国计划对农业原料、劳动力和土地等实施统一分配和管理。由于重工业建设慢，周期长，投资量大，这就需要资金的大量积累，而当时积累资金的渠道一是依靠财政税收，二是依靠部门积累，而当时最有效的方式就是把全国的生产剩余统一起来。而为了保证资金来源，国家不可避免要降低城乡居民的消费水平，低消费与低利率的目标就是工业化建设的资金需要。因此，在资金、物资、农产品、人才和劳动力集中统一管理的条件下，确保了"一五"计划的顺利完成。从某种意义上讲，高度集中的计划经济体制保证了我国"一五"期间优先发展重工业战略的实施。

——计划流通体制的选择。新中国成立后，全国范围内先后实施和完成了土地改革，对广大农民实行了"耕者有其田"的制度，调动了广大农民的生产积极性。但是，全国农业还是依靠个体经营，生产工具非常落后。而随着国民经济的恢复和发展，经济建设和城市人口增长必然导致对农副产品需求量的增加，粮食等主要农产品的供给越来越紧张。从1952年7月1日到1953年6月30日的粮食统购年度，国家共收到粮食547亿斤，比上年增长8.9%；支出587亿斤，比上年增加31.6%；收支相差40亿斤；在国民经济恢复时期，全国城市人口迅速增加，1953年比1952年增加了663万人，比1949年增加2061万人，同时1953年农村吃国家商品粮的人口增加1亿人，如果全部由国家供给，需求总量为317

[①] 《中国财政统计1950~1985》，中国财政出版社，1987，第66页；盛斌等：《中国国情报告》，辽宁人民出版社，1991，第521页。

亿斤粮食①。当时，中财委对农产品的计划管理还允许保留城乡自由市场，粮食价格由市场调节，国家通过征粮、税收和国营粮食企业收购粮食等方式保证城市和建设的粮食供应，为了保护农业生产，国家还提高了粮食收购价格。1951年比1950年提高2%，1952年多种粮食收购价比1951年提高5.2%，1951年国家收购的小麦价比1950年提高31.6%，大米提高8.8%②。为了满足国家建设需要，有些地方改种大量经济作物，造成粮食耕种面积的减少。1953~1954年，国家对粮食的供给量在700多亿斤，除国家征购外，还需要收购431亿斤，而1952年实际收购为243亿斤③。

党在农村完成土地革命，饱受战争苦难的农民都有提高生活水平的愿望，有些地方的农民实行储粮备荒或者等价惜售。因此，国家单靠征购和收购是完不成粮食需求任务的，统购统销政策就是在这种情况下提出来的。针对1953年粮食收购问题，陈云指出，我国粮食的长期状况就是粮食不充足，因此必须采取征购的措施，越是拖得久，粮食收购混乱的局面必然越严重④。1953年10月16日，中共中央通过了《中共中央关于实行粮食的计划收购与计划供应的决议》，提出了解决粮食供应问题的四大政策：在农村向余粮户实行计划收购政策；对城乡缺粮人民实行计划供应的政策；实行国家计划控制粮食市场，对私营工商业实行严格管制；由中央和地方分工负责粮食的统一计划管理⑤。这项决议取消了农民自由处置自己生产剩余粮食的权利，切断了农民与市场之间的关系；在粮食流通受国家计划管理的条件下，粮食私商失去了粮食来源；对城市居民实行计划供应则从经济上约束了农村人口向城市的流动；随后国家对农副产品全部实行统购统销的计划管理，农副产品流通由此进入"票证年代"。

这种粮食流通的计划管理体制在政务院1953年11月发布执行的《中央人民政府关于实行粮食的计划收购和计划供应的命令》中得到充分的体现，命令规定粮食的统购价格必须合理，由中央统一规定，农民必须按照

---

① 薄一波：《若干重大决策与事件的回顾》上卷，中共中央党校出版社，1991，第256~257页。
② 牛若峰编著《中国农业的发展和变革》，中国统计出版社，1997，第177页。
③ 薄一波：《若干重大决策与事件的回顾》上卷，中共中央党校出版社，1991，第258页。
④ 《陈云文选1949~1956》，人民出版社，1984，第216页。
⑤ 《建国以来重要文献选编》第四册，中央文献出版社，1993，第478页。

国家规定由国家收购余粮；对城市机关人员可以通过组织供应，城市居民发放购粮证，凭证购买；一切粮店和工厂统一归当地粮食部门领导；所有私商一律不得经营粮食，一律不得自购原料，经销成品；为了加强市场管理，取缔投机，对于破坏粮食购销的依法治罪①。这项命令体现出国家为了工业化建设汲取农民剩余产品的强制性特点，在计划供给和销售的条件下，限制了农民的市场化经营，也就限制了农民的货币来源，限制了农民消费；同时，粮食的计划集中管理是为工业化建设服务的，从另一个角度也显示出粮食自由交易与计划集中管理与全国实施工业化战略之间的矛盾，农村和农业的生产力水平决定着粮食供应与国家工业化建设需要，对粮食实施统购统销有利于保障社会的粮食需求。在国家应用计划管理体制对粮食实行统购统销的同时，也对农业原料等农副产品实行计划管制体制，对城市居民的农业副产品供应实行计划分配制度。对农村居民国家保留初级市场，以供给农民食油。1954年9月，政务院发布《中央人民政府政务院关于实行棉布计划收购的命令》，规定所有棉布一律由国营中国花纱布公司统购统销；所有现存的棉布由当地工商行政部门登记管理；完全用手纺纱织成的棉布，通过供销合作社进行收购，逐步纳入计划收购和计划供应的范围；所有列入国家计划供应的棉布，在全国范围内，一律采取分区、定量、凭证供应的办法；购布凭证，不准买卖投机；私营棉布批发商不得继续经营棉布的批发和贩运业务；国家各级商业行政部门规定棉布的零售价格等②。命令的发布和实施完全把棉布物资纳入国家计划管理范围，取消了市场流通和交换，棉布的供需受国家计划支配。

国家对农产品实施统购统销政策，是农产品供给与国家工业化建设需要之间存在着的矛盾决定的，农民由此失去了在市场上交换产品的权利和机会，因为市场交换与当时实施的计划集中管理的体制是相冲突的。但是，由于工业化建设规模在"一五"计划期间逐渐扩大，工业化建设计划也在建设的过程中不断调整。因此，国家对农产品的强制性征购计划也会随着工业化建设的需要而在数量上有所变化。1955年全国有些地方在统购农产品过程中出现统购过量的现象，统购过量必然影响到

---

① 《建国以来重要文献选编》第四册，中央文献出版社，1993，第561~563页。
② 《建国以来重要文献选编》第五册，中央文献出版社，1993，第455~458页。

生产者的需求,这使农民产生了抵触情绪,严重影响了农民的生产积极性。

对于农业与工业化建设的关系、农民与国家的关系,1956年党的"八大"召开前后中央领导就考虑这方面的经验和教训。同时,统购统销政策也影响到城乡之间的物资交流,农村有些土特产和城市手工业产品由于市场的萎缩而无法实现有效的流通。因此,1956年下半年,国家开始放开农村的土产市场。开放农村土产市场,目的是疏通城乡物资流动,使国家统购统销以外的物资可以自由流通,国家统购统销范围的物资必须在统购完成后才能进入市场,而开放市场的结果是许多国家统购统销范围的物资的国家统购之前,就无限制地流入市场交换,从而又影响到国家统购计划的完成。

在这种情况下,1957年8月,国务院发布《关于由国家计划收购(统购)和统一收购的农产品和其他物资不准进入自由市场的规定》,对国家统购的农产品以及物资种类做出统一规定,明确规定这些种类的农产品和物资在国家收购完成后,剩余的部分也不能在市场上出售;统一收购的农产品和物资必须由国家委托的国营商业和供销合作社统一收购;不属于国家计划和统购的农产品和物资仍然开放国家领导的自由市场[①]。1957年,广大农村地区已经完成了农业生产的合作化,初步实现了生产和分配的一体化,作为农民个体的私营商贩事实上已经失去了存在发展的社会条件。因为国家委托收购机构进行农产品统购统销时,直接面对合作社,因此,农业生产、分配一体化的农业合作社成为统购统销顺利实施的组织保障。10月,国务院发布统一管理农村副业生产的通知,彻底取消了农副产品自由市场,农村副业生产和销售的渠道完全由供销合作社完成,这就变相完全取消了农村和农副产品的自由市场,标志着国家对农副产品统购统销制度的定型。

1957年后经过农业生产方式的变革,在人民公社时期,统购统销制度具有了更加有力的组织保障。其间中共中央尽管对统购统销的数量和范围依据形势的需要进行过调整,但统购统销制度为保证城市居民对农副产品的计划供应,为满足国家工业化建设需要的功能没有根本的改变。

---

① 《建国以来重要文献选编》第十册,中央文献出版社,1994,第531~533页。

第二章 河南省工业优先发展阶段的工农业关系（1952～1978 年）

国家对农副产品流通实行的统购统销与对工业部门的计划集中管理是相辅相成的，经济上的计划管理体制是统购统销制度形成的制度前提，农业合作化运动为统购统销提供了有力的组织保障，对工商业的社会主义改造为计划经济体制的确立提供了现实条件，这一切都是为了国家集中实施工业化战略服务的。工业优先发展战略就是在国家政策和制度保障下实现社会资源向工业部门的倾斜流动，统购统销制度实现了这一要求。1985 年中共中央发布的涉农"一号文件"对统购统销做出了客观评价，"农产品统购派购制度，过去曾起了保证供给、支持建设的积极作用"，这是相对于计划经济体制下保障工业化建设需要而言的制度优势。在国家实行经济体制改革，资源配置实施市场取向的情况下，统购统销制度"已经影响农村商品生产的发展和经济效益的提高"[1]。因此，统购统销制度的取消也是必然的。

——户籍管理体制的演进。户籍制度指户籍管理制度，是政府职能部门对所辖区民众基本状况的登记并进行相关管理的一项国家行政制度[2]。新中国成立之时，党首先在新接收城市建立军政委员会，承担起稳定城市秩序、恢复经济和稳固政权等重任。对于城市人员成分复杂的情况，政府职能部门一方面登记调查城市人口，另一方面动员城市的大量失业人员回到农村恢复生产。1950 年，正处于国民经济恢复时期，新解放的区域正值农村的土地改革，农村人口的户籍管理与土地改革分配土地直接联系。土地改革实质上是继续新民主主义革命的任务，全国范围实施土地改革，实现"耕者有其田"，从经济角度是恢复和发展农业生产，为城市工业发展提供生产资料和生活资料。同时，城市流动的失业人口返回农村，分配到土地，也有利于城市的稳定和经济恢复。

当时，不单是城乡经济需要恢复发展，同时国民党遗留的军队和政府人员需要安置，还存在大量特务人员的破坏，严重影响社会的稳定。户籍管理的社会治安功能立即受到新政权的关注。1950 年 8 月，公安部发布《关于特种人口管理的暂行办法（草案）》，就是把特种人员的管理放在了突出的位置，这种管理对甄别国民党政治特务、稳定社会秩序起到重要的

---

[1] 薄一波：《若干重大决策与事件的回顾》上卷，中共中央党校出版社，1991，第 279 页。
[2] 俞德鹏：《城乡社会：从隔离走向开放——中国户籍制度与户籍法的研究》，山东人民出版社，2002，第 1 页。

作用。当时城乡人口流动自由，经济恢复过程中的失业与物价飞涨并存，尤其是城市的失业人口，严重影响城市的稳定，仅上海就有失业工人 15 万人左右①。11 月，全国召开人口管理会议，会议决定对城市进行户籍管理工作。1951 年 7 月，公安部发布《城市户口管理暂行条例》，条例规定户口管理由公安机关执行；各户均需置备户口簿，以便查询；客栈、旅店一律登记来客，住宿超过三日者，一律向公安部门报告②。这个条例是新中国成立后城市第一个治安户籍管理条例，对当时稳定城市生活发挥了重要作用。

1951 年，农村条件相对落后，农村人口为提高收入自然向城市流动，造成失业局面更为严重，各地政府多方劝说这些失业人员回乡从事生产，城市失业工人回乡参加生产在土地改革期间最为明显。从 1950～1954 年，政府动员回乡失业人员 143020 人，占当时城市失业人口的 10%③。但是，这种方式不能阻止城市人口的飞速增长，农村劳动力过剩，城市对农村劳动力又有着一定的吸引力，同时大量干部家属进入城市，这些因素对城市人口控制和城市就业安置造成更大的压力。为了减轻城市就业压力和限制农村人口的流入，政务院专门召开全国劳动就业会议，指示农村劳动力应开展多种经营，努力实现就地转化。1952 年 7 月 25 日，政务院通过了《关于劳动就业问题的决定》，就农村剩余劳动力向城市流动的趋势提出要有计划向边远地区移民进行垦荒；在人口密集的地区开垦荒地及开展农副业加工，以克服农村人口向城市流动的倾向④。

在国民经济恢复时期，国家财政在支持抗美援朝战争需要的同时还要应对不断增加的城市人口，城市在解决不断增加的失业人员安置的同时，还面临着财政供给这些人员。农村剩余劳动力向城市流动不单增加城市的就业压力，还给城市的治安稳定带来困难，农村劳动力的减少，又影响到农业的生产。因此，加强对全国人口统一管理刻不容缓。1953 年，国家开

---

① 曾璧钧、林木西编《新中国经济史》，经济日报出版社，1990，第 19 页。
② 俞德鹏：《城乡社会：从隔离走向开放——中国户籍制度与户籍法的研究》，山东人民出版社，2002，第 16 页。
③ 陆益龙：《户籍制度——控制与社会差别》，商务印书馆，2003，第 115 页。
④ 武力、郑有贵主编《解决"三农"问题之路——中国共产党"三农"思想政策史》，中国经济出版社，2004，第 329 页。

第二章　河南省工业优先发展阶段的工农业关系（1952～1978年）

始实施工业化战略，城市工业化建设对劳动力的需求增加，政务院发布《全国人口调查登记办法》，为全国实施户籍统一管理制度提供了条件，全国人口普查为国家工业化建设提供人口方面的资料。同年，中共中央发布《中共中央关于粮食统购统销的决议》，对粮食的统购统销和计划供应范围做出统一规定。国家实行统购统销制度，限制粮食在市场上自由流通，也从制度上限制了农村人口向城市的流动。

随着工业化建设的进行，大型重工业建设项目需要工人数量增加，实现对人口的常规性登记成为必然。1955年6月，国务院发布《关于建立经常户口登记的指示》，规定在全国范围实施经常性的户口登记制度，重点解决农村的人口户籍登记问题，户口登记由内务部和地方行政部门主管，户口数字每年度必须逐级上报，城乡居民的迁徙自由相对突出[1]。但实际上，居民的迁徙自由在实施了统购统销和城市居民计划供应粮食的制度后，迁徙自由已经不可能。因为从农村向城市流动意味着国家的计划供给粮食和其他生活服务。而农业粮食的供应在工业化建设的"一五"期间是比较紧张的。1955年，国务院为了保障城市居民的粮食供应，先后发布了《市镇粮食定量供应暂行办法》和《关于城乡划分标准的规定》，对城乡居民的户籍身份实施"农业户口"与"非农业户口"的划分标准，对城市居民的粮食供应也进行了数量规定[2]。1957年，在"一五"计划结束后，城市中依然存在没有非农业户籍的临时工作人员，当时对人口的迁徙自由没有户籍管理的强制性规定，这种情况也很容易造成城市人口增加，影响国家对城市人口的计划管理。1958年1月9日，全国人大常委会第九十一次会议通过了《中华人民共和国户口登记条例》，用法律形式规定了户口登记方式和户口迁移程序。

《条例》对于农村人口迁移到城市做出专门规定："公民由农村迁往城市，必须持有城市劳动部门的录用证明，学校的录取证明，或者城市户口登记机关的准予迁入的证明，向常驻地户口登记机关申请办理迁出手续。"对于流动人口的管理，《条例》规定："公民在常住地市、县范围以外的城市暂住三日以上的，有暂住地的或者本人在三日以内向户口登记机关申报

---

[1] 俞德鹏：《城乡社会：从隔离走向开放——中国户籍制度与户籍法的研究》，山东人民出版社，2002，第16页。
[2] 陆益龙：《户籍制度——控制与社会差别》，商务印书馆，2003，第122页。

41

暂住登记，离开前申请注销。"① 至此，计划经济条件下城乡分离的户籍制度初步确立。

《条例》对于城乡户口的统一管理，辅之以农业的合作化组织形式和统购统销制度以及对城市劳动力安置的人事管理制度。在实施工业化建设的同时，国家在经济领域实施高度集中的计划经济体制，市场机制逐渐退出社会经济领域。而农业合作社的生产规模、种类和产品流通全部受国家的计划管理控制，农民的生产和分配自由权都受到计划体制的约束，实际上影响到农业生产力的发展和生产率的提高。国家通过统购统销的制度安排实现计划管理城乡的物资流通，农村市场上流通的国家统购外的一些物资还受到生产的限制。另外，在围绕合作化运动开展的农村阶级斗争运动在思想上也强化了对农业合作化运动的认同，户籍管理制度成为一种农村人口向城市流动的约束。

尽管从《条例》的内容上看不到对城乡居民迁徙自由的限制，但是，以城乡户籍为前提的社会管理本身就限制了人口的自由流动。因为人口的流动与生产单位和生活供给紧密相连，统购统销制度实现了对城市居民生活资料的计划分配；国家对劳动力资源的计划分配也限制了农村人口向城市的自由流动，而合作化形式也限制了城乡人口的自由流动。由于国家采取农业服务于工业的发展战略，一切为了工业化建设，在农业剩余劳动力大量流向工业部门，而农业部门积累能力极端弱化的情况下，农业再生产能力和技术革新的发展趋势比较缓慢。城市现代化的生产方式与农业手工劳动，拉大了城乡差距，也拉大了城乡居民的收入和消费差距及工农业生产率的差距。由此形成了城乡分离的二元社会经济结构，而户籍制度及其他相应的制度安排成为二元社会经济体制运行的保证。

工业优先发展阶段的城乡分离户籍制度，计划管理体制造成城乡社会的超稳定结构。户口中有关农业与非农业划分强化了资源配置向城市和工业部门倾斜的格局，农业因为缺少技术、物资和各方面的投入处于更加落后的状态。这种稳定的城乡格局呈现出分离甚至对立的趋势，因为城乡的资源配置是随着工业的发展而进行的，当工业的过快发展超出了农业的支撑能力时，国家就开始调整工农业关系。农业发展水平仅限于保证工业建

---

① 《建国以来重要文献选编》第十一册，中央文献出版社，1995，第18页。

设的需求上，农业生产率没有得到大幅度提高。由于农业集体化经济组织形式，在分配和效率上难以调动劳动力的积极性，农业的财政补贴在低效的集体化组织中也完全消隐其驱动的作用。在农业落后的基础上，工业的发展结果是农业的严重滞后和城市化的渐趋停滞。

——人民公社体制的确立。人民公社能够成为我国农村社会基本组织形式和农业的主要生产形式，有特定的社会历史背景。首先，在思想认识层面，新中国成立以来顺利进行社会主义改造和工业化建设，从思想认识上认为已经为社会主义工业化建设积累了一定的经验。当时，苏联揭了斯大林的"盖子"，这为我国独立探索中国社会主义道路提供了有利条件。其次，在当时的国际背景下，社会主义阵营与资本主义阵营的冷战对立格局促使社会主义国家追求高速度进行工业化建设，以增强世界范围对社会主义的信心。再次，"一五"期间工业化战略的实施以及社会主义改造的完成，全党坚信计划管理和集体化是我国工业化的道路，只要排除"右倾"干扰，工业化建设能够取得更高的速度。由此，1957年11月，当毛泽东赴苏联参加纪念十月革命四十周年期间，听到苏联领导人提出15年赶上美国的说法后，毛泽东也随即提出15年后赶上英国的说法。据胡乔木回忆，毛泽东当时觉得中国可以实现更高的发展速度，只要全国发动起来，生产一定会"大跃进"[①]。从当时的实际情况来看，我国的合作化进程只用了短短的几年时间，说明当时广大农民对农业集体化政策是非常支持的，否则，不可能在如此短的时间内就实现了从互助组、初级社到高级社的经营方式变迁。中共中央在实施国家工业化战略之初，就决定农业社会化的实现有赖于农民走集体合作化的道路，既符合农业发展的趋势，也与工业化建设的需要相适应。对于国家工业化和农业集体化和社会化的关系，毛泽东早就指出农业集体化是农业社会化的步骤，提出农业社会化必须与强大的国有工业发展适应，没有农业社会化，就没有全部的巩固的社会主义[②]。而农业社会化需要农业先实现集体化，然后运用工业化成果去推进农业的机械化和社会化，这就是新中国成立初期党对工农业发展关系的看法。

[①] 胡乔木：《胡乔木回忆毛泽东》，人民出版社，1994，第14页。
[②] 《毛泽东选集》第四卷，人民出版社，1991，第1477页。

因此，在"一五"计划实施期间，更多强调工业发展的高速度，但工业的高速发展超越了农业的支撑能力，1953年和1956年先后出现工业发展的两次冒进，工农业比例严重失调，为此，当时主管经济的周恩来和陈云等同志提出反冒进的意见和实施措施。不过，这种反冒进的做法与毛泽东的设想是不一致的。1957年11月，毛泽东从苏联回国后，一方面对1956年以来的"反冒进"意见和做法进行批判，另一方面在思考加快工农业发展速度的问题。1958年1月，中共中央在南宁召开工作会议，会议严厉批判了"反冒进"。毛泽东在南宁会议期间写了《工作方法六十条》，从中可以看出毛泽东急于加快工业发展速度的愿望，毛泽东提出各地方工业产值争取在5~10年内超过当地农业产值；争取三年内基本改观大部分地区的面貌；方法是放手发动群众进行试验①。南宁会议使党内急于求成的思想开始泛滥。3月，中共中央在成都召开会议，继续批判"反冒进"，会议提出了"鼓足干劲，力争上游，多快好省地建设社会主义"的社会主义建设总路线，并对工农业经济的发展提出了不切实际的指标和目标；会议根据1957年冬季小社联合从事农田水利建设的经验，对农业合作社提出合并大社的意见。全国各地根据中央的指示精神，开始合并小社成大社，实现工、农、兵、学、商生产集体化和管理军事化。8月，毛泽东到河北、河南和山东视察，在谈到小社并大社优越性的同时，对山东领导同志说了"还是人民公社好"的一句话，这一消息经过报纸的宣传，各地立即出现并大社的运动高潮②。人民公社运动时期随着人民公社的过快发展，出现了严重的问题。各地在推进人民公社化期间，伴随着"大跃进"的高指标出现了高征购；伴随着公共食堂的兴起，各地吃饭不要钱；伴随着认识上"一大二公"思想的蔓延，出现了提倡平均主义的"共产风"，各地大兴"一平二调"，任意调拨人民公社的生产资料和产品。1958年，各地农业虽然获得丰收，但是粮食等农产品很快消耗殆尽。城乡居民的基本生活受到严重影响。

1962年2月，中共中央经过认真调查研究发布《关于改变农村人民公社基本核算单位问题的指示》，确立了人民公社"三级所有，队为基础"

---

① 《建国以来毛泽东文稿》第七册，中央文献出版社，1992，第48~49页。
② 中华人民共和国日史编委会：《中华人民共和国日史》，四川人民出版社，2003，第196页。

的农村人民公社经营管理体制，这套管理体制一直延续到1982年农村人民公社解体。指出以生产队为基本核算单位有四个好处：一是克服生产队之间的平均主义；二是保障生产队的自主权；三是能够提高社员对集体经济的积极性；四是能够改善集体经济的管理[1]。人民公社的体制调整有力地改变了以前的"共产风"和"瞎指挥风"等弊端，从生产层面来看，最后确立的体制在实质内容上已基本上退到了原来初级社的水平[2]。但是，在分配和流通层面，人民公社相对于初级社是有很大不同的。在初级社和高级社时期，初级社和高级社只是农业生产的集体单位，农民还保存私有生产资料，政府对分配的干预只限于用统购统销的方式来汲取农业剩余。而在人民公社时期，公社对行政、生产、分配和流通直接实施管理，合作社时期的农村初级市场，在公社时期完全退出社会经济领域。我国农村居民的生产、分配、医疗卫生、养老救济、文化教育等完全由公社承担，实际上，人民公社的社会保障功能以较低成本维持着60～70年代我国农村的基本稳定[3]。同时，人民公社体制保证了农业对工业化建设的支持，在某种程度上，集体化体制下农业基础设施建设、农业的劳动力支持、农业物资的调拨都由公社体制予以保障；人民公社时期农业的生产技术条件有所改善。但是，人民公社的集体化生产形式存在着劳动力增加，而技术进步缺乏动力的问题。因为农业机械化占用生产分配而受到农民的排斥，从而影响农业的生产效益，使农业在发展方面弱化了有效的动力和效率机制应发挥的功能。农村大量劳动力无法转移影响到农业生产效率提高的同时，也影响到城市化的发展。人民公社体制在缺乏社会动力和效益机制的情况下，使农业长期处于严重滞后工业发展的状态，因此在工业优先发展阶段农民长期面对短缺经济和不能解决温饱的问题。

第二节 "以农养工"：河南省工农业关系量化分析

河南省作为地方省份，在工业优先发展阶段不可避免在经济发展战

---

[1]《建国以来重要文献选编》第十五册，中央文献出版社，1997，第176～178页。
[2] 罗平汉：《农村人民公社史》，福建人民出版社，2006，第255页。
[3] 辛逸：《试论人民公社的历史地位》，《当代中国史研究》2001年第5期，第27～40页。

略、政策和制度安排上要服从中央政府的统一管理。在工农业关系上，"以农养工"是河南省这一阶段的主要特点。河南省工业部门主要采取农业税、工农业产品价格"剪刀差"和储蓄等方式汲取农业剩余。本节分析河南省在工业优先发展阶段的工农业关系，在梳理了全国范围政策设计和制度安排的同时，对河南省范围"以农养工"的数量进行具体分析。国内学者张培刚认为农业支持工业，工业汲取农业剩余主要存在粮食、原料、劳动力和市场四个方面，尤其是工业汲取农业资金的渠道主要是农村储蓄、农业劳动力、农业税收、工农业产品价格的"剪刀差"和农产品出口创汇五种形式[①]。张培刚的分析主要是在国家层面上进行分析的。在工业优先发展阶段主要是优先发展重工业，经济部门必须首先满足重工业发展所需要的资金、原料、技术和设备以及土地。从国家层面来说，对于建设周期长的重工业建设，最为紧缺的就是资金，因为技术和设备以及技术人员培养都需要资金，当时我国在"一五"期间主要聘请苏联专家来解决技术人员短缺的问题，苏联专家的待遇和费用也是比较高的。国家为了解决资金问题，除通过农业部门积累以外，压低城乡居民消费和存款利率是必需的方式。当然，也有学者从宏观和学理层面上分析农业对工业化建设的贡献，即产品和原料、资金、劳动力、市场以及生态贡献[②]。在以重工业为核心的工业化建设中农业的贡献是全方位的，因为当时所有的社会资源都向工业部门流动。河南省工业优先发展阶段，农业对工业的劳动力贡献、原料贡献、市场贡献和外汇贡献这些要素更多是相对于整个国民经济的发展和增长而言的。如市场贡献，在国家计划掌控产品流通和分配的条件下，农业的市场和产品原料贡献已经在工农业产品价格的"剪刀差"中得以体现；外汇贡献在工业化起步时全国工业发展的外贸依存度是比较低的；至于劳动力投资贡献，在河南工业化起步时是在城乡几乎相隔离的格局下进行的。因此，本节重点讨论河南省在工业优先发展阶段，农业对工业化建设资金积累方面的贡献；从工农业关系的角度分析在河南省工业优先发展阶段的"以农养工"主要是指农业为工业化提供资金积累的方式和数量。研究认为河南省在工业优先发展阶段，农业

---

① 张培刚：《发展经济学通论——农业国工业化问题》，湖南出版社，1991，第104~111页。
② 韩永文：《我国农业在国家工业化建设进程中的贡献分析》，《当代中国史研究》1999年第2期，第66~78页。

为工业提供资金积累主要是通过工农业产品价格的"剪刀差"、税收和储蓄三种方式进行的。

一 "剪刀差"成因：工农业产品价格政策背景分析

新中国成立之初，全国范围内存在恶性通货膨胀，全党面临的首要任务是稳定城乡经济秩序，抑制通货膨胀，恢复和发展工农业生产，最终为工业化建设提供物质条件。中国共产党依据《共同纲领》规定的国家工业化建设目标以及新民主主义的经济政策，在国民经济恢复和发展次序上遵照首先恢复和发展农业的方针。而要恢复农业生产就必须稳定全国的经济秩序，尤其是解决工农业产品价格的"剪刀差"问题。当时在物资紧缺、恢复工农业生产的情况下，新政权不可能只降低工业产品价格，也没有能力对农产品实施价格补贴。全国刚解放，城乡区域在农产品流通方面还存在自由市场，还存在经济成分不同的农产品加工行业和以农产品为原料的轻工业，城乡物资的流通也存在一定的困难，导致工农业产品价格的"剪刀差"在逐步扩大。1949年8月，主管全国财经工作的陈云认识到，凡禁止粮食自由贸易的地方，农民的粮食就不能卖到高的价钱，而城市不能得到粮食造成粮价上涨，从而带来工业产品成本提高，工业品价格随即上涨，由此工农业产品价格的"剪刀差"逐渐扩大；农村粮食运不出去销售，城市得不到粮食，造成粮价上升，进而引起工业产品价格上升，最后损害的还是农民的利益。1950年，我国工农业产品的总体价格水平的"剪刀差"比1936年扩大45.3%，比1930～1936年的平均水平扩大31.8%[①]。这完全是城乡物资流通不畅造成的结果，由此造成农民的不满情绪，引起党和政府的关注。

1950年9月19日，当时政务院财经委员会已经成立，对全国财政和经济逐步实施统一管理，对于工农业产品价格的"剪刀差"问题，时任中财委副主任的薄一波等同志向中共中央和毛泽东汇报华北区工农业产品价格"剪刀差"的问题时提出两点意见：一是国营粮店以高于市价收购粮食；二是适当地降低某些工业品的价格。次日，毛泽东对该报告

---

① 武力、郑有贵主编《解决"三农"问题之路——中国共产党"三农"思想政策史》，中国经济出版社，2004，第324页。

批示肯定了薄一波等人的意见，指示中财委根据华北局所提各项问题召集有关人员开会，拟出具体解决方案，定期向中央报告，并迅速推行[①]。具体实行起来又面临着中央政府和地方政府收购资金有限的问题。1950年4月以后，在全国物价基本稳定的情况下，有些地方停止收购粮食等农产品，而工农业产品价格的"剪刀差"没有从根本上改变。据当时在中财委工作的薛暮桥回忆，由于先前一些工业资本家和城市居民储备了一些粮食和必要的日用百货，因此工农业产品降价销售时还出现需求不足的局面[②]。而工业品的价格降低又影响到城市私营工厂的恢复生产，而私营工商业由于存货占用流动资金，结果造成城市失业人员增加，在这种情况下，政府为了解决城市经济恢复问题，对私营工业企业采用加工订货、提高工业品价格的方式来刺激工商业发展的措施。1951年1月和4月，政府两次调高棉纱销售价格的同时，也两次调低部分粮食出售的价格；8月，中财委将大米收购价降低10%～15%，又调低面粉收购牌价。这样政府为保证城市工业的恢复进一步拉大了工农业产品价格的"剪刀差"。"剪刀差"的拉大影响到农民出售农副产品的积极性，国家收购农副产品出现了严重的困难。为了解决1951年后农产品收购困难的问题，1952年，政府又四次调高农产品粮食棉花收购价，并降低工业品价格。到1952年底，国家农产品采购价格相对于1950年提高了21.6%，1952年销往农村的工业品零售价格比1950年提高9.7%[③]。相对于工业品价格的提升幅度，农产品价格的提升幅度稍大一点，不过农产品的价格提升空间并不大。随着工业品价格的波动，工农业产品价格的"剪刀差"在1950～1951年呈现逐渐扩大的趋势，随后又呈现逐渐缩小的趋势。

1952年随着国民经济的恢复，城乡市场渐趋稳定。1952年农民收入比1949年增加了48%，粮食产量增加了36%；但是，由于粮食产量的增加必然带来价格上的降低，导致1952年国家农产品收购出现了困难。主要原因是市场上的私商大量收购粮食，而随着工业化建设的进行和城市人口的

---

① 《建国以来毛泽东文稿》第一册，中央文献出版社，1987，第526～527页。
② 薛暮桥：《薛暮桥回忆录》，天津人民出版社，1996，第205页。
③ 武力、郑有贵主编《解决"三农"问题之路——中国共产党"三农"思想政策史》，中国经济出版社，2004，第326页。

增加，国家的粮食收购量也在增加，市场上的粮价高于国家的收购价。在1952~1953年，这种价格差导致私商在市场上收购的粮食占粮食总销量的30%，政府收购的粮食仅占26%。原因在于市场粮食价格高于国家收购价的20%~30%①。粮食需求的增加加上私商囤积粮食引起粮食价格的上涨，引起城市工业品价格连锁上涨，国家为收购粮食所形成的财政负担逐渐加重。1953年，随着社会主义改造和工业化建设的展开，中共中央选择对粮食实行统购统销政策，解决粮食的收购问题。

在统购统销政策指导下，国家计划收购粮食的价格明显低于市场价格，中共中央指示各级政府、干部积极向农民解释和宣传政策的必要性，这种举措收到了良好的效果。不过由政府强制收购粮食的计划必然扩大工农业产品价格的"剪刀差"。随着工业化进程的加速，国家对棉布也实行了统购统销政策，当时党内有人提出要降低工业品面纱的价格，以缩小工农业产品价格的"剪刀差"，而陈云同志认为缩小工农业"剪刀差"应谨慎，因为存在着自由市场，如果在国营公司降低棉纱价格后，私商将出售存货，结果必然导致棉纱价格上升，少数人谋到利益。为了解释粮食收购中工农业产品价格"剪刀差"的问题，1953年8月，中财委主任陈云指出，缩小工农业产品价格的"剪刀差"，这是我们长期的目标，革命就是为了改善最大多数人民的生活，但是由于我们工业品少，也不要以为很快可以做到。这个问题必须说清楚，因为还要积累资金，扩大再生产②。为了保证工业化的进行，工农业产品价格存在"剪刀差"的局面在短期内不可避免。

"一五"期间，国家为照顾农民利益主张逐步缩小工农业产品价格的"剪刀差"，1954年9月，陈云在第一届全国人大会议上解释了实行粮棉统购统销的原因，陈云指出自由市场上私商、富农操纵市场，农民出卖粮棉时被压价，买进时出高价；国家规定的计划收购和供应的牌价，是充分照顾了农民和消费者的利益的③。实际上，只要存在国家计划定价，"剪刀差"必然存在。中共中央对农业的发展也非常重视，在党的"八大"上，毛泽东针对工农业产品价格"剪刀差"问题指出，工农业产品的交换，是按照缩小"剪刀差"、等价交换或者近乎等价交换的政策实行的；对农民供应工业品方

---

① 杜润生：《杜润生自述：中国农村体制变革重大决策纪实》，人民出版社，2005，第39页。
② 《陈云文选1949~1956》，人民出版社，1984，第193~194页。
③ 《陈云文选1949~1956》，人民出版社，1984，第259页。

面，国家采取薄利多销、稳定物价或适当降低的政策；统购农产品是按照正常的价格，农民并不吃亏，而且收购的价格还逐步有所增长[①]。毛泽东重点解释了定价问题。周恩来同志在会议上讲了农民收入提高的问题，指出这几年国家适当地提高了粮食的收购价格；1955年，粮食的定产、定购、定销政策，安定了农民的情绪并提高农民生产积极性。预计五年内农民全部收入增长有可能为30%左右[②]。李先念讲了工农业产品价格"剪刀差"逐步缩小的问题，指出几年来工业品销售价格基本稳定和主要农产品收购价格适当提高，工农业产品比价的差额是逐步缩小的；根据1955年国家对24个省、区的118个县城以下市场107种的产品计算，1955年工农业产品价格差额比1950年缩小了17.5%[③]。从总体上看，"一五"期间我国工农业产品价格的"剪刀差"呈缩小的趋势，而在自由市场上有一部分农副产品，经过商业部门收购以后再向当地销售时，进销差价很大，农民向自由市场出售剩余产品时，价格上可以高于国家收购价，但不能超过国家的销售价格[④]。可以看出，工农业产品价格"剪刀差"总体缩小，国家对农产品收购与销售价格的差价较大，其目的是维持低物价和低消费的市场物价状态。

同样的农产品，农民在销售和购买时遭遇两种价格，实质上国家通过对农民买卖权利的限制从而最大限度地降低了农民的消费。这就意味着在国家工业化建设过程中，逐步缩小"剪刀差"，不单限制了农民销售农产品的定价权，同时也限定了农民购买工业产品的价格。国家维持工农业产品"剪刀差"的目的不只是通过工农业产品的价格差额汲取农业剩余积累资金，又通过计划供应的方式使农民的货币收入没有购买的自由，那么农民的货币储存变成了国家的信贷基金。这种汲取农业剩余的格局在人民公社时期表现尤为明显。

伴随着"大跃进"运动掀起的全国人民公社化高潮，农业生产出现的高指标和高估产直接导致国家对农产品的高征购。1958年，粮食产量是2亿吨，国家征购4172.5万吨；1959年，粮食产量1.7亿吨，国家征购

[①]《毛泽东文集》第7卷，人民出版社，1999，第30页。
[②]《周恩来选集》下卷，人民出版社，1984，第216页。
[③]《建国以来重要文献选编》第九册，中央文献出版社，1994，第289页。
[④]《陈云文集》第3卷，人民出版社，2005，第108~109页。

第二章 河南省工业优先发展阶段的工农业关系（1952~1978年）

4756.5万吨；1960年，粮食产量1.435亿吨，国家征购3089.5万吨；国家高征购严重影响了城乡居民的生活水平，1960年，全国农村共留粮1849亿斤，人均仅有粮食176公斤，比1957年降低了37.1%；而城市人均消费粮食193公斤，比1957年下降了1.5%[①]。三年"大跃进"工业建设的积累率严重偏高，1958年，新增国民收入162亿元，用于积累达146亿元；1959年，新增国民收入157亿元，用于积累达179亿元（挤占了上年积累22亿元）；三年"大跃进"的积累总额为1438亿元，比"一五"积累总额多44%。由于基本建设投资占用银行信贷基金，迫使银行大量发行货币，年均货币流通量增长率为81.7%，1961年年增长1.4倍，造成市场物价飞涨[②]。1960年下半年，粮食价格比国家计划价高10~20倍，1斤粮食1~2元，一斤猪肉5元，一个鸡蛋0.5元，1961年，国营商店零售物价总指数比1960年增长16.2%[③]。同时，工农业产品价格"剪刀差"随着通货膨胀而失去了常态，农民需要货币收入来购买农业生产资料和日用消费品，国家征购降低了农产品价格，农民生产剩余所剩无几。农民用出售农产品获得的货币收入去购买工业品时，又面临通货膨胀，遭遇工业品价格的提升，这就意味着工农业产品价格的"剪刀差"是相当大的。工农业产品价格剪刀差的非常规加大严重破坏了工农业关系，工农业关系严重失调，农业对工业发展的支撑能力受到严重影响。1960年，国民经济进入困难时期，中共中央开始稳定全国的物价，计划控制城乡生活用品价格，提高了农业副食品的销售价格。1961年，国家提高粮食收购价格，以恢复农业的生产和提高农民的生产积极性。

1961年1月9日，围绕粮食收购价格的提高问题，全国粮食问题小组向中共中央提交报告指出，提高粮食收购价，同时要提高其他农产品的价格，一两年内粮食销售价暂时不提高，一两年内职工工资也可以不动[④]。1月15日，中共中央批转同意全国粮食问题小组的报告。指出从1961年夏

[①] 罗平汉：《1958~1962年粮食产销的几个问题》，《中共党史研究》2006年第1期，第27~36页。
[②] 柳随年、吴群敢主编《"大跃进"和调整时期的国民经济》，黑龙江人民出版社，1984，第72~81页。
[③] 薛暮桥：《薛暮桥回忆录》，天津人民出版社，1996，第279页。
[④] 《建国以来重要文献选编》第十四册，中央文献出版社，1997，第61~62页。

收开始，粮食收购价平均提高20%，这样粮食收购价共计提高25%，销售价暂不提高①。1961年农副产品收购价格的调整，完全是为了恢复工农业生产和市场物价。相对于1960年，1961年食物类农副产品收购价提高73.4%，经济作物提高6.2%，全部农副产品收购价格提高28%；总体上国家对农副产品的收购价格呈现下降趋势，1962年，粮食平均收购价每吨为214元，每斤为0.17元，1965年粮食每斤为0.1146元②。当时在全国粮食紧张的情况下，国家相对提高农产品的收购价，这也说明以往农产品收购价是比较低的。不过，国家收购农副产品不单是为了城市居民和工业化建设的需要，1961年9月李先念对此专门解释说，收购到必要数量的粮食和农产品，首先是为了保证城市的最低需要，然后轻工业才有原料进行生产，国家才有工业品同农民交换，同时才能保证工业品出口，以换取粮食和其他必需物资进口③。这段话表明农业发展与工业的关系。国家征购粮食等农副产品，为了轻工业发展和生产，然后用工业品出口换取粮食和其他物资进口，最后再用统销方式把粮食返销给城乡居民。

整体上，农业发展服务于工业发展，农民需要国家返销粮食满足生活需要，可以说，工业发展占用了农民的大部分剩余，农业发展必须完全服从于工业发展的需要。1966年，随着"文化大革命"的开始，我国工农业生产遭到严重破坏，国家物价管理机构也随即处于瘫痪状态，处于物价失控的局面。为了保证物价的稳定，1967年，国务院发布《进一步实行节约闹革命，控制社会集团购买力，加强现金、物资和物价管理的若干规定》，规定冻结了所有工农业产品的价格，指出所有不合理的价格差价等到运动过后解决，不得自行改变④。结果是在工业优先发展阶段，从全国到地方，工农业产品价格"剪刀差"一直延续到1978年改革开放之时才有所改变。

二 资金积累：河南省"以农养工"定量分析

首先，分析河南省工农业产品价格"剪刀差"的数量。河南省作为我

---

① 《建国以来重要文献选编》第十四册，中央文献出版社，1997，第59页。
② 武力、郑有贵主编《解决"三农"问题之路——中国共产党"三农"思想政策史》，中国经济出版社，2004，第507页。
③ 《建国以来重要文献选编》第十四册，中央文献出版社，1997，第690页。
④ 《光辉的成就》上，人民出版社，1984，第481页。

第二章 河南省工业优先发展阶段的工农业关系（1952~1978年）

国中部的一个农业大省，在农业对工业的资金支持方面，工农业产品价格"剪刀差"是主要的方式。国内学者对于工农业产品价格"剪刀差"问题，从新中国成立后工业化起步时就展开了分析和讨论。由于区域发展的差异，工农业产品价格之间"剪刀差"也会表现出一定的差异性，本书在计算和分析河南省工农业价格"剪刀差"的数量时以全国的平均水平为参考标准。从全国范围来说，国内学者对工农业产品价格"剪刀差"的理解主要有以下几种：有人主张用工农业产品价格之比来反映工农业之间的不等价交换关系；有人认为产品价格比只能反映出一定量农产品交换相应工业产品数量，不能体现出工农业产品价格的"剪刀差"[1]。武力梳理了学界关于"剪刀差"的研究成果，认为"剪刀差"是以工农业商品价格指数为依据，反映出工农业产品价格变化，不涉及工农业产品的成本价值量的问题。武力计算工农业产品"剪刀差"的方法是通过工农产品国家计划购销价格、市场价与国际市场价格进行比较，比较现实工农业产品价格"剪刀差"的总量，同时扣除返销农村的工农业产品数量，以此来计算个体农民以产品价格"剪刀差"的数额[2]。武力认为工农业产品价格的"剪刀差"与工农业商品的成本价值量无关，何必再扣除国家返销到农村的工农业产品数量，最后再计算"剪刀差"数量，工农业产品价格"剪刀差"与商品成本和价值量无关，事实上是不可能的。工农业产品价格的"剪刀差"不只是市场价与统销价的差额，还存在农民出售产品少得到的价值量和农民购买工农业产品多付出的价值量。武力认为1959年以前不存在工农业产品价格的"剪刀差"问题，这是不符合现实情况的。在优先发展重工业战略的决定下，我国当时之所以实行对农产品的统购统销政策，根本原因在于国家购销价与市场价存在差距，在国家收购牌价水平上收购不到急需的农副产品，当然这里面存在着自由市场的私商收购粮食等农产品，但这不是"剪刀差"不存在的前提，恰恰是农产品的短缺造成供需失衡条件下的市场物价高于国家统销价，而国家的统购统销价格正是工农业产品实现价格"剪刀差"的制度保证。

---

[1] 《经济研究》编辑部编《建国以来社会主义经济理论争鸣》，中国财政经济出版社，1985，第527~528页。

[2] 武力：《1949~1978年中国"剪刀差"差额辨正》，《中国经济史研究》2001年第4期，第3~12页。

对于"剪刀差"问题，李溦认为只有当工农业商品实现等价交换时，工农业产品价格的"剪刀差"才不会存在。事实上，如果农业生产率提高，产量供给超出社会需求，就会出现"谷贱伤农"的市场现象，工农业产品的价格"剪刀差"依然会存在。李溦认为工农业产品价格"剪刀差"的数量就是农民出售农产品少得到的资金与农民购买工业品时多付出的资金之和①。本书在计算河南省的"剪刀差"时采用的就是李溦对"剪刀差"的计算方法。工农业产品价格的"剪刀差"形成的外部原因是计划经济体制下的工农业产品不可能实现等价或近于等价的交换；内部原因是工农业生产要素在效率和技术水平上的差异。工农业的技术含量和价格变动的弹性系数也是不同的，农业部门吸纳的劳动力越多，产品的价值量就越大，工业部门技术程度越高，产品价值量就越小，造成的结果是农业发展越是滞后于工业部门的发展，工农业单位产品价值量差距就越大。同样，河南省在工业优先发展阶段，农业推动技术进步会提高农业生产效率和产量，农业产量提高造成农副产品的价格的走低，而工业推动技术进步在国家垄断的条件下会取得超额利润，而同等条件下农业部门是不可能的。因此在工农业技术发展不同步的情况下，工农业产品价格"剪刀差"更多地表现为产品价格与产品价值量之间的偏离。

李溦对剪刀差的计算方法是按照工农业部门可比劳动力的差异，先计算出两大部门的产品总价值量，然后计算出农产品低于其价值的幅度和工业品高于其价值的幅度，这样就可以计算出农民出售产品少得到的价值量和购买工业品多付出的价值量，二者相加就是工农业产品价格的"剪刀差"总量。李溦的计算方式是首先计算出每年的工农业部门可比劳动力，然后再按工农业可比劳动力的比例重新分配工农业增加值，即工农业的国民收入，最后计算出工农业部门各自的产值差额比例，就是农民少收入的价值量和工业部门多收入的价值量，二者之和就是"剪刀差"的数量。本书运用李溦对工农业产品价格"剪刀差"的计算方法，来分别计算河南省农民在出售农副产品时少得到的价值量和购买工业品时多付出的价值量。1952~1978年河南省农民出售农副产品少得到的价值量如表2-2所示：

---

① 李溦：《农业剩余与工业化资本积累》，云南人民出版社，1993，第292、308页。

第二章 河南省工业优先发展阶段的工农业关系（1952～1978年）

表2-2 1952～1978年河南省农业产品低于其价值的幅度和数量

类别 年份	中国工人折合成农民的数量（个）	河南省农业可比劳动力（万人）	河南省工农业可比劳动力（万人）	河南省农业劳动力占工农业劳动力份额（%）	河南农业净产值（亿元）	河南省农业消耗量（亿元）	河南省农产品价值（亿元）	河南省农业总产值（亿元）	农产品低于价值幅度（%）	河南农产品收购额（亿元）	河南农民少得货币（亿元）
1952	1.3178	1511	1608.50	93.94	25.82	5.24	31.06	27.74	10.70	8.29	0.89
1953	1.3472	1463	1643.00	89.04	26.93	6.41	33.34	31.54	5.40	9.15	0.49
1954	1.3766	1454	1659.11	87.64	28.67	7.07	35.74	33.57	6.10	11.98	0.73
1955	1.4060	1460	1710.27	85.37	29.63	7.83	37.46	36.02	3.80	12.28	0.47
1956	1.4354	1476	1760.21	83.85	28.63	7.52	36.15	34.61	4.30	11.72	0.50
1957	1.4648	1577	1739.59	90.65	28.46	7.27	35.73	31.57	11.6	13.51	1.57
1958	1.4942	1123	1681.83	66.77	23.80	8.24	32.04	33.78	-5.43	16.77	-0.91
1959	1.5236	1141	1623.98	70.26	30.56	9.59	40.15	32.46	7.69	21.43	1.65
1960	1.5530	1345	1632.31	82.40	30.36	8.95	39.31	28.94	26.40	15.33	4.05
1961	1.5824	1558	1719.40	90.61	22.79	10.34	33.13	24.81	25.10	11.95	3.00
1962	1.6118	1698	1830.17	92.78	22.87	11.30	34.17	28.13	17.70	11.53	2.04
1963	1.6412	1734	1870.22	92.72	22.53	10.42	32.95	25.33	23.10	11.45	2.64
1964	1.6706	1740	1890.35	92.05	31.42	10.01	31.43	32.20	-2.44	11.67	-0.28
1965	1.7000	1796	1950.70	92.07	40.86	12.82	53.68	42.17	21.40	14.24	3.05
1966	1.7294	1872	2038.02	91.85	55.54	14.86	70.40	49.65	29.50	18.29	5.40

55

续表

类别 年份	中国工人 折合成农民 的数量（个）	河南省农业 可比劳动力 （万人）	河南省工农 业可比劳 动力（万人）	河南省农业劳 动力占工农业 劳动力份额（%）	河南农业的 净产值 （亿元）	河南省农 业消耗量 （亿元）	河南省农 产品价值 亿元	河南省农 业总产值 亿元	农产品低于 价值幅度 （%）	河南农产 品收购额 （亿元）	河南农民 少得货币 （亿元）
1967	1.7588	1874	2042.84	91.74	53.59	17.23	70.82	58.02	18.1	19.34	3.50
1968	1.7882	1877	2057.61	91.22	48.46	16.96	65.44	54.95	16.0	17.93	2.87
1969	1.8176	2010	2224.48	90.36	53.55	18.37	71.92	57.73	19.7	16.98	3.35
1970	1.8470	2037	2314.05	88.03	63.76	23.18	86.94	67.18	22.7	21.84	4.96
1971	1.8764	2084	2401.11	86.79	68.68	24.28	92.96	71.21	23.4	21.87	5.12
1972	1.9058	2128	2474.86	85.98	71.99	24.19	96.18	72.50	24.6	24.33	5.99
1973	1.9352	2171	2542.56	85.39	73.58	30.45	104.03	83.31	19.9	29.91	5.95
1974	1.9646	2216	2628.57	84.30	73.03	30.32	103.35	83.21	19.5	29.08	5.67
1975	1.9940	2279	2737.62	83.25	76.32	31.59	107.91	85.98	20.3	30.30	6.15
1976	2.0234	2242	2764.04	81.11	70.89	28.84	99.73	87.17	12.6	30.89	3.89
1977	2.0528	2207	2781.78	79.34	80.18	28.66	116.84	82.70	29.2	31.49	9.19
1978	2.0822	2262	2878.33	78.59	91.57	32.29	123.86	95.38	23.0	34.02	7.82

注：工人折合农民的数量来源于《农业剩余与工业化资本积累》，云南人民出版社，1993，第 299 页。其他数据来源于《河南省统计年鉴 1993 年》，河南省统计局，1994，第 538、588 页；《河南经济统计年鉴 1992》，第 153、161 页。河南省农业的净产值指农业增加值，是按照农业的可比劳动力份额计算出来的农业净产值在工农业劳动力中的绝对数量；农产品价值的幅度是农民出售农副产品少得货币的幅度；农民出售农产品比率就是农民出售农产品少得货币比率与农业可比劳动力比率的产值额度，这项差额与农业可比劳动力份额的乘积就是农民出售农产品少得货币总额减去农产品少得货币是农民少得到的货币总量。

56

第二章　河南省工业优先发展阶段的工农业关系（1952～1978年）

从表2-2可以看出，从1952～1978年，河南省农业劳动力数量呈上升趋势。1952年河南农业劳动力数量为1511万人，1957年上升到1577万人，三年"大跃进"期间，由于河南省非农业部门占用劳动力过多，农业劳动力数量显著下降，结果造成河南省在"大跃进"期间农业产值大幅度下降；到1961年河南省农业劳动力又回升到1558万人，随后逐年递增。但是，河南省农业劳动力逐年上升趋势并没有带来农业部门净产值份额的上升，原因是工业部门提高了劳动生产率，抵消了河南省农业劳动力增长所带来的可比劳动力份额的增加。1952～1965年，河南省农业劳动力增加与农业劳动力占工农业劳动力的份额是同向增长，但是从1966年开始，农业劳动力绝对数量出现增加，不过，农业部门劳动力的增加并没有带来相应的可比劳动力份额的上升，反而呈现下降的趋势，1965年，农业劳动力占工农劳动力份额为92.07%，1966年下降到91.85%，然后是呈逐年下降态势，1978年下降到78.59%。这说明，随着农业劳动力数量的增长，农业部门劳动生产率滞后于工业部门劳动生产率，也就是从1966年开始，农业部门的发展严重滞后于工业部门的发展。

从河南省农业的净产值来看，总体上呈上升趋势，但是1961～1964年处于波谷时期，这四年的农业劳动力上升，净产值却呈现波动性的下降趋势。究其原因在于三年"大跃进"期间，河南的"浮夸风"比较严重，农业生产的基础遭到严重的破坏。到调整时期，农业生产实际上处于恢复发展的时期。经过1961～1963年三年的调整恢复，河南省的农业净产值在1964年就超过了1960年30.36亿元的水平，达到31.42亿元，1965年农业净产值出现大幅度的提高，达到40.86亿元。以后直到1978年，尽管"文化大革命"开始的前三年有所下降，但整体上呈上升趋势。

从农民出售农副产品的价格"剪刀差"幅度来看，1952～1978年间，河南省工农业产品价格的"剪刀差"呈现上升的趋势。1952年，河南省农民出售农副产品低于价值幅度为10.7%，"一五"计划期间有所下降，主要是河南省在"一五"工业化建设期间，注意保持工农业部门间的相对平衡，但是1957年幅度上升到11.6%。1958年农民少收入的价值幅度为负值，这种现象有几个方面的原因：其一，以1952年为100，1958年的农副产品收购价格指数为123.4，高于1957年122.2的水平[1]，收购价格的提高让农民直接受益。其二，1958年全国范围掀起"大跃进"的风潮，河南省也不例外，人民公社运动和大办公共食堂运动，在产品的分配方面实行行政调拨，大刮"共产风"，河南在1958年无偿调出农民的财产达到20亿元左右（包括一部分钱）[2]，这种隐性的因素在统计上没有充分显示出来。其三，当年河南的"浮夸风"严重，高指标放"卫星"。虽然当年河南粮食大丰收，但是农村劳动力不足，很多作物没有及时收割。因此，农业总产值存在"浮夸"也是正常的现象。比如1959年的河南农业总产值就是标准的虚夸，由于1958年大旱灾，1958年粮食产量为126亿斤，1959年粮食产量下降到97亿斤；1959年统计数据显示，农业总产值比1958年下降了1.32亿元，农副产品收购从1958年的16.77亿元上升到21.43亿元，这就是"浮夸"的表现。总体上，河南在"大跃进"以后，农民出售农副产品少得到的价值幅度呈现稳定上升的趋势，幅度大致稳定在20%左右，这个幅度是比较大的。1977年适逢全国的"洋冒进"风潮，农产品出售低于价值的幅度上升到29.2%，"剪刀差"的绝对数量也达到这一阶段的高峰，1977年农民少得货币9.19亿元。1952~1978年，河南省农民在出售农副产品少得到的货币总额为89.75亿元。

河南省工农业产品价格"剪刀差"不单包括农民出售农副产品时少得到的价值，同时也包括农民购买工业品尤其是农业生产资料时多付出的价值。当然，农民在购买轻工业部门生产的生活消费资料时也存在价格"剪刀差"，不过农民在购买生活消费资料时采取的是"凭票供给"的方式。因为国家为限制农民的消费，农民购买的生活资料都是"凭票供给"的商品，价格上比自由市场上的价格低，所以就没有列入"剪刀差"的考查范围。本书只是计算农民在购买农业生产资料时多付出的价值量。1952~1978年，河南省农民购买农业生产资料多付出的价值量如表2-3所示：

---

[1] 《河南统计年鉴1985》，河南统计局，1986，第272页。
[2] 中共河南省委党史研究室编《河南"大跃进"运动》，中共党史出版社，2006，第469页。据《河南统计年鉴1985》，河南统计局，1986，第74页的数据显示1958年全年粮食产量为1264.5万吨，1959年为974.5万吨，总体上粮食产量在1958~1959年是大幅度下降的。

表 2-3　1952~1978 年河南省工业品价格高于其价值的幅度及数量

单位：亿元，%

类别 年份	河南工业的可比劳动力份额	河南省工业的净产值	河南省工业的消耗量	河南工业产品价值量	河南省工业的总产值	河南工业产品高于价值幅度	河南省农业生产资料零售额	农民购买工业品多付出的货币
1952	6.06	1.67	4.99	6.66	8.98	34.8	0.80	0.28
1953	10.96	3.32	6.78	10.1	11.9	17.8	1.12	0.20
1954	12.36	4.04	7.43	11.47	13.65	19.0	1.68	0.32
1955	14.63	5.09	7.79	12.88	14.49	12.5	1.85	0.23
1956	16.15	5.52	9.05	14.57	16.11	10.6	3.03	0.32
1957	9.35	2.93	9.54	12.47	16.63	33.4	2.68	0.90
1958	33.23	11.85	23.16	35.01	33.17	-5.3	5.88	-0.31
1959	29.74	11.03	35.94	46.97	50.16	6.8	8.02	0.55
1960	17.60	6.49	41.55	48.04	58.41	21.6	8.10	1.75
1961	9.39	2.36	20.52	22.88	31.20	36.4	5.80	2.11
1962	7.22	1.78	16.11	17.89	23.93	33.4	5.00	1.67
1963	7.28	1.77	17.34	19.11	26.65	39.5	4.96	1.96
1964	7.95	2.71	20.33	23.04	32.27	40.0	4.83	1.93
1965	7.93	3.52	27.21	30.73	42.24	37.5	5.08	1.91
1966	8.15	4.48	29.07	33.55	49.30	46.9	6.89	3.23
1967	8.26	4.83	28.52	33.35	46.13	38.4	6.74	2.59
1968	8.78	4.66	27.24	31.9	42.37	32.8	6.93	2.27
1969	9.64	5.71	34.35	40.06	54.25	35.4	8.58	3.04
1970	11.97	8.67	45.25	53.92	73.68	36.6	11.45	4.19
1971	13.21	10.45	59.34	69.79	91.54	31.2	12.87	4.02
1972	14.02	11.74	65.33	77.07	100.75	30.7	14.54	4.46
1973	14.61	12.59	72.76	85.35	106.07	24.3	16.70	4.06
1974	15.70	13.6	81.88	95.48	115.62	21.1	17.66	3.73
1975	16.75	15.35	93.18	108.53	130.46	20.2	21.93	4.43
1976	18.89	16.51	78.92	95.43	107.99	13.2	20.93	2.76
1977	20.66	20.88	114.67	135.55	161.69	19.3	21.88	4.22
1978	21.41	24.95	117.39	142.34	170.82	20.0	23.11	4.62

注：河南省工业净产值是根据《河南统计年鉴 1985 年》，河南人民出版社，1986，第 15、21 页的数据计算所得；历年工业总产值和历年农业生产资料零售额分别来源于《河南经济统计年鉴 1992》，中国统计出版社，1992，第 149、574 页。

从表 2-3 可以看出，1952~1978 年，河南工业部门的可比劳动力在工农业总劳动力中的比例逐渐上升，同时工业部门的净产值也是逐年上升。但是，工业部门的消耗量与净产值的比例呈现逐年降低的趋势，1952

年，河南省工业消耗量与净产值的比例约为 2.99，1957 年约为 3.26，1960 年约为 6.4，1961 年约为 8.69，1962 年约为 9.05，这意味着工业部门处于高消耗、低产出和低效率的状态。1970 年工业部门效率提高，消耗和产出比例约为 5.22，以后逐年提高，1978 年约为 4.7。河南省工业部门的消耗量大，产品成本高，农民购买农业生产资料所费的成本就高，同样河南省工农业产品价格的"剪刀差"也就处于逐渐上升的趋势。反之，工业部门的效率提高，产品成本降低，农民在购买工业品时所付出的成本就相对较低，此时工业产品的价格"剪刀差"就处于逐年降低的趋势。1952 年，由于国民经济处于恢复时期，河南省工业产品价格高于价值的幅度为 34.8%，1953 年大幅度降低，但是以后逐年提高，最高时达到 1966 年的 46.9%，以后随着工业部门消耗量与产出量比例的提高，工业产品价格高于价值的幅度逐年降低。

1952~1978 年，河南省农业部门每年购买的农业生产资料数量逐年增加。这一方面是由于人口的大幅度增加，农业粮食产量的逐渐提高，农业部门的消耗量也呈上升趋势的结果。另一方面，工业部门的消耗与产出比例远远大于农业部门的消耗与产出比例，因此尽管工业部门的生产效率提高，工业产品的价格高于价值的幅度从 1966 年后呈降低趋势。但是，随着农业部门生产资料消耗量的增加，河南省工业部门从农业部门汲取的剩余绝对量并没有减少，反而在数量方面呈现逐年上升的趋势。1958 年，河南省工业产品价格高于价值的幅度为负值，同样农民购买生产资料多付的价值量也为负值。也就是说，工业产品价值总量高于统计出来的总产值，这是什么原因造成的呢？从表面上看，原因在于当年河南省工业部门分配的劳动力非正常的增加，从理论上计算出来的价值量明显高于价格总量。实际上并不是如此，比如当年农业部门减少的大量劳动力从事"大炼钢铁"，但并没有生产出来多少合格的钢铁。但是，工业部门依然按照可比劳动力份额分配工农业部门的净产值，这是明显的误差，不过并不影响对工业部门汲取农业部门剩余进行定性分析和判断。1952~1978 年，河南省农民购买生产资料多付出的货币总额为 61.44 亿元。结合表 2-2 和表 2-3 的计算结果，即农民出售农副产品少得到的货币和购买农业工业品多付出的货币总和，就是工农业产品价格"剪刀差"的总量，1952~1978 年，河南省工业部门通过工农业价格"剪刀差"汲取的农业剩余总额为 151.19 亿元。

第二章 河南省工业优先发展阶段的工农业关系（1952~1978年）

从表2-2可以看出，1952~1978年，河南省农产品低于其价值的幅度总体上呈现上升趋势。"一五"计划期间，从1952年的10.7%降低到1956年的4.3%；1957年又反弹上升到11.6%。反弹升高的原因在于对"反冒进"的批判，工农业出现较高速度的发展。1958年是"大跃进"的第一年，粮食产量高估，但是，1958年比1957年农业产值低，农业可比劳动力价值量同样低于1957年，原因是农业劳动力大部分从事"大炼钢铁"，影响农业的生产，农业可比劳动力比1957年减少454万人。此时农产品低于价值的幅度是负值为-5.43。1959年相对于1958年农产品低于价值的幅度有所上升，但是低于1956年的指标。原因是工农业劳动力的数量相对于1958年有所下降，农业可比劳动力数量相对于1958年有所上升的缘故，不过1959年的农业产品低于价值的幅度与农业可比劳动力份额比1958年上升近4个百分点有直接的关系。1960年，农业产品低于价值的幅度反弹至历史最高点，达到26.4%，这与1959年后半年全国掀起反"右倾"，继续"跃进"有直接的关系。随后一直到1978年，农产品低于价值的幅度居高不下，总体上呈现上升的趋势，同时幅度远高于"一五"时期，这与工农业产品价格的"剪刀差"在发展趋势上是一致的。而同期工业产品高于价值的幅度与农业低于价值的幅度保持同步发展的趋势，1952~1978年，"一五"期间产品高于价值的幅度最低；三年"大跃进"期间，高于"一五"时期；国民经济调整时期工业产品高于价值的幅度呈现稳定的状态，低于"大跃进"时期；1970年以后一直到1978年，工业产品高于价值的幅度保持在20%~30%，这与1970年后河南省基本建设投资的上升有直接的关系。按用途划分，河南省"三五"时期的基本建设投资的总额为35.72亿元，"四五"时期为74.02亿元，"五五"时期为87.76亿元[①]。由此可见，河南省农业产品低于价值的幅度与工业建设的规模直接相关，工业产品高于价值的幅度与基本建设投资额直接相关。总体上看，河南省在工业化建设的过程中，建设的规模和建设投资对于农业的支撑能力和产值总额直接相关，当农业与工业发展速度保持相对协调的情况下，工农业产品相对于价值波动的幅度小。反之，当工业部门的建设规模和基本建设投资超出农业的支撑能力时，工农业产品相对于价值的波动幅度就大幅度上

---

① 《河南统计年鉴1992年》，中国统计出版社，1992，第250页。

升。也就是说，当工业化建设超出农业的支持能力时，工农业关系严重失调，政府为了保证工业化建设的顺利进行，必须依靠工农业产品价格"剪刀差"的扩大来为工业发展提供必要的农业剩余。

其次，分析河南省工业汲取农业剩余的税收和储蓄方式。河南省工业部门除通过工农业产品价格"剪刀差"方式汲取农业剩余之外，其他还有通过农业税收方式，农业税是国家对农业部门剩余产品的强制性直接定额汲取。1949年河南纳入省级行政区划，整体上属于新解放区的范围。依据中央成立的中财委对全国新解放区税收的规定：国家提取农业税总量平均占粮食总产量的15%～20%，农业税的汲取是以公粮占粮食总产量比率的形式存在，1950年，华东区农业税占总产量的19%，华北区占19.96%，中南区占15.92%[①]；1953年1月，中央财经工作会议规定老解放区农业税占主要农作物产量的20%，新解放区固定在15%[②]。当时中财委在统一全国各解放区的税收制度上，农业税收占国家财政收入的比重是比较高的，说明农业部门当时是国家财政收入的主要来源之一。1950～1952年，国家征收的农业税收总量分别是19.1亿元、21.7亿元和27亿元；在这三年我国农业部门的净产值分别是25.54亿元、33.7亿元和37.06亿元；农业税收占国家财政收入的比重分别为39.2%、25.3%和20.2%[③]。由此可见，当时全国范围内农业税比例是比较高的。

1952年，随着国民经济的恢复，城市人口的增长，国家对粮食的需求量也快速增长。为了解决国家工业化建设所需要的粮食以及农产品问题，中财委当时提出增加农业税收的办法。当时陈云不主张采用强制增加农业税的方式，陈云认为税收是收取实物的，如果征收过重农民不容易接受。应该取消农产品私商，粮食收购就有保证，否则控制不了农民[④]。因此，在工业化建设的"一五"期间，国家对农业部门实施低税率和高征购政策，而统购统销也是强制性的政策方式。但是，这种方式由于存在农民可以得到销售粮食等农产品的货币收入，因此比较容易接受。"一五"期间，

[①]《陈云文集》第2卷，中央文献出版社，2005，第128页。
[②] 武力：《试论建国以来农业剩余及其分配制度的变化》，《福建师范大学》（哲社版）2004年第3期，第8～16页。
[③] 董辅礽主编《中华人民共和国经济史》上卷，经济科学出版社，1999，第107页。
[④] 杜润生：《杜润生自述：中国农村体制变革重大决策纪实》，人民出版社，2005，第40页。

第二章　河南省工业优先发展阶段的工农业关系（1952~1978年）

全国农业税的实际征收率在11%~12%之间，总量上大约相当于456亿斤原粮或380亿斤细粮，农业税总量占全部农业征购量的40%或占净征购量的60%[①]。由于在征收农业税之外国家对农业剩余产品实施统购统销政策，为了使农民更积极地支持工业化建设，低农业税率与高征购相互补充。"一五"期间农业税在国家税收中的份额逐渐下降，但是，年度农业税的实物总量是增加的。1952年，国家农业税的税收份额为28%，当年农业税实物量为357.8亿斤；1957年，国家农业税的税收份额为19.16%，农业税的实物总量为394亿斤[②]。由此看出，随着国家工业化建设的实施，工农业都得到不同程度的发展，农业税的税收份额下降说明非农业部门的税收份额上升；而农业税在税收份额下降的同时，国家征收的农业税实物总量却在上升，这从另一方面显示出工业部门发展水平的逐步提高，非农业部门在国家税收的份额中逐渐上升。

三年"大跃进"期间，国家实行中央和地方分权的经济管理体制，改革了税收管理体制并调整了农业税率。在1952年确立的农业税管理制度规定由中央统一征收农业税，没有附加税[③]。"大跃进"期间，由于中央放权于地方，1958年4月1日，国务院发布《国务院关于改进税收管理体制的规定》，规定确立了中央与地方分管的原则。1958年6月3日，全国人大常委会发布了《中华人民共和国农业税条例》，规定全国平均农业税率为常年产量的15.5%；各省、自治区、直辖市的平均税率，由国务院分别加以规定；地方附加税一般不得超过农业税税额的15%；地方附加税相对于农业税的比例，可以高于农业税的15%，但最高不得超过农业税的30%[④]。地方政府有了农业附加税，农业税率实际上增加了原有税额的2%~4%。可见工业优先发展阶段农民的负担是比较重的。不过在人民公社的体制内，由于农民没有生产和分配的自主权，因此对税率的提高并不敏感。尤其是在人民公社化运动期间，存在跑步进入共产主义的热情和向往，对农业税收的比例提升在高指标的作用下面临着高征购，实际上征购

---

① 崔晓黎：《统购统销与工业积累》，《中国经济史研究》1988年第4期，第120~135页。
② 郑有贵：《半个世纪中农业对国民经济的贡献》，《古今农业》1999年第3期，第1~9页。
③ 武力、郑有贵：《解决"三农"问题之路——中国共产党"三农"思想政策史》，中国经济出版社，2004，第297页。
④ 《建国以来重要文献选编》第十一册，中央文献出版社，1995，第356~357页。

63

的数量远远超过农业税的比例。农民缴纳的不仅限于农业税和附加税，农民还要支撑农村基层管理组织的费用。因此，工业部门用税收方式汲取农业剩余的同时，基层政权的各项费用也是由农民负担的。有一则材料显示出人民公社时期我国农民的负担：湖北通山县是一个20万人口的农业小县，脱离农业生产的非农业人口有8170人，占总人口的4%，加上生产队的干部，平均5个劳动力养一个干部①。

由此进行比较，农业税和附加税占农业总产量的17%左右；1952～1978年，全国农业物质消耗占总产值的比重，1962年占24%，1965年占23%，1970年占24.9%，1975年占24.9%，1978年占29.4%；1958～1978年，农业总产量占农业总产值的比重（不包括村办企业），分别是1962年占78.9%，1965年占75.8%，1970年占74.7%，1975年占77.5%，1978年占76.7%②。由此可见，在工业优先发展阶段，农业总产量与农业物质消耗的发展趋势呈现反方向变化。如果一个以农业为主要产业的县，平均每5个劳动力要养一个干部，这就意味着，按可比劳动力计算，这些非生产人口占农业产值的1/6，如果加上农业税、附加税和农业物质消耗，农业产值中的增加值比例是比较低的。

1962年，河南省农业国民收入份额为48.1%，1965年为46.2%，1970年为41.3%，1975年为37.8%，1978年为32.8%；而农业国民收入占农业总产值的比重分别是：1962年占76%，1965年占77%，1970年占75.1%，1975年占75.1%，1978年占70.6%③。可以看出，河南省农业国民收入份额与农业总产值份额呈反方向变化趋势。农业物质消耗越高，农业的总产量占总产值的份额越低；同样，在农业税和农业附加税保持稳定的税率情况下，农业净产值或农业国民收入份额逐渐下降。可以得出结论：河南省农业的物质消耗与农业的国民收入份额密切相关，农业物质

---

① 武力：《农村基层政权职能与农民负担关系的历史分析》，《江苏行政学院学报》2004年第5期，第52～57页。
② 中华人民共和国农业计划司编《中国农村经济统计大全（1949～1986）》，农业出版社，1989，第74、110～111页。
③ 农业国民收入即是农业部门的净产值，或者是农业部门的年度增加值；农业部门总产值除国民收入之外剩余部分就是农业部门的消耗。数据来源于中华人民共和国农业部计划司编《中国农村经济统计大全（1949～1986）》，农业出版社，1989，第64～65页的计算所得；农业国民收入占农业总产值的份额是依据第46、64～65页数据计算所得。

消耗的高低决定农业国民收入份额和农业总产量占产值份额的高低。而农业的物质消耗主要是农业生产资料的消耗，农业生产资料主要是由工业部门提供，农业物质消耗是工农业部门的产品交换，农业消耗率提高意味着工业部门占有农业剩余的幅度在提升。在工农业部门均增长的情况下，只有在工业部门增速高于农业，工业劳动生产率高于农业，农业部门才能在与工业部门进行产品交换的情况下出现更多的消耗。当然，也存在农业发展需要的消耗量的增加。但是，农业消耗的增加并没有带来农业净产值和国民收入的同步增加。其原因就在于工农业关系的不平衡，农业部门在购买农业生产资料和农民在购买工业消费品时付出了高于生产资料工业品和消费资料工业品其本身价值的价格，即工农业产品价格的"剪刀差"。同时，农业内部滞留大量的剩余劳动力，农业生产出现"过密化"，农业产量的提高主要依靠增加劳动量的投入，而农业劳动力过量则排斥技术进步，从而造成农业在投入过量劳动的情况下，农业产值尤其是净产值并没有出现大幅度的提高。另外，农业采取集体的生产经营方式，农民的生产和分配自主权（又称私人决策权）也就随着私有产权的消灭而完全退出生产经营决策领域，在生产中普遍发生磨洋工、混公分、出工不出力和出力不尽心的现象①。结果必然造成劳动力投入量大，而农业部门产值增速不明显。

1952～1978年，河南省通过税收方式汲取的农业剩余量，如表2-4所示：

表2-4 1952～1978年河南省税收汲取的农业剩余量

单位：亿元

年份\项目	税收汲取农业剩余数量	税收占农业剩余的份额(%)	年份\项目	税收汲取农业剩余数量	税收占农业剩余的份额(%)
1952	3.16	12.2	1966	5.92	14.5
1953	3.60	13.4	1967	7.11	13.3
1954	3.90	13.6	1968	6.59	13.6

---

① 张曙光、赵农：《决策权的配置与决策方式的变迁：关于中国农村问题的系统思考》，邓正来主编《中国经济：农村改革与农业发展》，格致出版社、上海人民出版社，2011，第93页。

续表

年份	税收汲取农业剩余数量	税收占农业剩余的份额(%)	年份	税收汲取农业剩余数量	税收占农业剩余的份额(%)
1955	4.38	14.8	1969	6.91	12.9
1956	4.21	14.7	1970	7.96	12.5
1957	3.82	13.3	1971	8.44	12.3
1958	4.53	15.9	1972	8.58	11.9
1959	4.31	18.1	1973	10.21	13.9
1960	3.87	12.7	1974	10.16	13.9
1961	3.33	11.0	1975	10.53	13.8
1962	3.59	15.8	1976	11.06	15.6
1963	3.18	13.9	1977	10.44	13.0
1964	4.12	18.3	1978	11.96	13.0
1965	5.02	16.0	合计	170.98	—

注：农业税总量按照1958年国家统一制定的农业税占农作物种植业总产值的15%的标准计算所得，其中不包括地方农业附加税。农业税占农业剩余份额是指农业税在农业净产值中的份额。农作物种植业总产值数据来源于《河南经济统计年鉴1992年》，中国统计出版社，1992，第377页。

从表2-4可以看出，1952~1978年，河南省采用农业税的方式汲取的农业剩余总额为170.98亿元，相对于同期工农业产品价格"剪刀差"数量151.19亿元的总额，可以看出在工业优先发展阶段，河南省汲取农业剩余主要采用税收和"剪刀差"并用的方式。其中税收总量略高于"剪刀差"总量，相对于国家在这一阶段总体上主要采取"剪刀差"的方式汲取农业剩余，河南省范围内"剪刀差"的汲取量不算是太高。比较1952~1978年河南省总体的基本建设投资量就可以看出：1952~1978年，河南省农业税和"剪刀差"的总额为322.17亿元，而这一阶段的基本建设总投资为382.3亿元[1]。同时，1952~1978年，河南省用于农业投资的数量为33.86亿元[2]。实际上汲取的农业剩余总量为288.3亿元，相

---

[1] 固定资产投资数量来源于《河南统计年鉴1992年》，中国统计出版社，1992，第49页；1952年的数据来源于《河南统计年鉴1985年》，河南人民出版社，1986，第185页。

[2] 数据来源于《河南统计年鉴1992年》，中国统计出版社，1992，第301页，总额为历年农业投资额计算所得。

对于382.3亿元的固定资产投资,差额为94亿元。如何完成差额,主要的方式就是利用农业储蓄与信贷的差额和农业劳动力的付出,同时还有国家直接介入的投资,在工业化起步阶段主要是通过农业储蓄的方式来汲取农业剩余。

在"一五"计划期间,国家实行统购统销政策,使农民掌握的货币量增加,从而提高了农民的购买力。由于我国实施的是优先发展重工业的工业化战略,为了保证重工业建设资金需要必须实施低消费和高积累的政策,这就造成农民购买力上升与市场供给不足的矛盾。对于这个矛盾,1953年10月10日,陈云在全国粮食工作会议上指出,可以发行公债,用优厚的利息吸收农民存款,减少农民手中的货币量等方式来缓解农民购买力增长与物资供应短缺之间的矛盾[1]。1954年5月,陈云再次提出几种措施,就是采用提高工业品价格或降低农产品价格,同时增加农业税收和发行公债以及增加消费品生产的方式来解决这种矛盾[2]。这就是扩大工农业价格"剪刀差"、提高税收和发行公债,吸收农民货币以减少对工业品需求的办法。

重工业优先发展必然影响到轻工业的发展,而农民购买力的上升主要表现在对轻工业产品的需求上,而轻工业又无法充分满足社会的需求。在供给不足的情况下,国家采取发行公债融资的方式实现城乡居民的货币回笼,这就把城乡居民尤其是农民手中的货币转变成工业化建设的资金积累。本书在分析河南省利用金融手段汲取农业剩余量时,主要选取了农村信用社农民存贷款的差额。1951年,国家在全国范围内建立的农村信用合作社有两个方面的需要:首先为农业生产的恢复和发展提供金融支持,同时也是为了消除和取缔农村大范围存在的私人高利贷现象,以稳定农村金融秩序。随着河南省工业化建设的进行,储蓄方式逐渐成为农业发展支持工业发展的金融手段,也成为国家转移农民剩余货币的方式。比较国家转移农业剩余的方式,可以发现,储蓄方式是农民自愿选择的方式,而通过工农业产品价格"剪刀差"和税收的方式是国家强制的方式。

---

[1] 《建国以来重要文献选编》第四册,中央文献出版社,1993,第456页。
[2] 《陈云文选1949~1956》,人民出版社,1984,第244页。

本书对 1952～1978 年河南省农民存贷款差额的考察，主要集中在历年银行中农村储蓄与贷款的余额差额。尽管农村贷款有用于非农产业的发展，但是农村存款中也有来自于非农产业的，二者可以相互抵消。尽管存在一定的误差，但不影响对河南省通过储蓄方式汲取农业剩余的定性和定量考察。1952～1978 年，河南省农村信用社的存贷款差额如表 2－5 所示：

表 2－5　1952～1978 年河南省储蓄方式对农业剩余的汲取数量

单位：万元

年份 类别	农村存款余额增量	农村贷款余额增量	农业剩余转移数量	年份 类别	农村存款余额增量	农村贷款余额增量	农业剩余转移数量
1952	21	3034	-3013	1966	6234	-5344	11578
1953	122	3149	-3027	1967	7119	-129	7248
1954	1917	653	1264	1968	3799	-857	4656
1955	1064	934	130	1969	-770	3465	-4235
1956	1314	24667	-23353	1970	755	1426	-671
1957	5498	-2998	8496	1971	5472	-56552	62024
1958	10407	8731	1676	1972	-1050	5806	-6910
1959	3395	4834	-1439	1973	14041	25	14016
1960	2287	25779	-23492	1974	-1854	7829	-9683
1961	-3841	10432	-14273	1975	1878	13274	-11396
1962	-13449	1125	-12324	1976	5756	11681	-5925
1963	674	11320	-10646	1977	4171	4578	-407
1964	359	9318	-8959	1978	7912	4714	3198
1965	1066	945	121	合计	—	—	-13017

注：数据是依据《河南经济统计年鉴 1992》第 307 页的各项数据计算所得，储蓄方式汲取的农业剩余就是农村存贷款的差额。

从表 2－5 可以看出，1952～1978 年，河南省通过储蓄方式转移的农业剩余是负值，农村在国家银行中的存贷款增量几乎持平，从理论上分析从中转移的农业剩余为 -1.3017 亿元，这说明河南省汲取农业剩余的方式

第二章　河南省工业优先发展阶段的工农业关系（1952～1978年）

主要是"剪刀差"和税收方式。当然地方政府汲取农业剩余不单是通过这三种方式，在计划经济条件下，农民劳动力的付出量也是比较大的。本书基于资料的限制没有把农业劳动力的付出纳入考察范围，三种汲取农业剩余的总量相加，1952～1978年河南省汲取农业剩余的总量大致为287亿元。可以看出，河南省在工业优先发展阶段，工业部门的资金积累主要是通过农业部门提供的，汲取的方式主要是强制征收农业税方式和"剪刀差"方式，对农业部门发放贷款很大程度上是为了维系农业发展以保证工业部门的资金需要。

从河南省农村在工业优先发展阶段的存贷款绝对量来看，当时农村的存款能力是比较低的。1952年的存款余额只有21万元，这说明当时农村的货币存量相当有限。而当时地方政府为了恢复农业发展，在1952年以及随后的"一五"计划期间，农村信用社给农村发放的贷款总量均高于存款的数量，并且在增加量上也远高于存款增加量。1958年河南农村的存款增加量达到历史的高峰，这显示出，河南省农村经过"一五"时期的发展，在资金积累方面达到新的水平。但是，三年"大跃进"期间，农村的存款增加量逐年递减，而贷款增加量逐年增加，带来农业生产的破坏和粮食的大量减产。从粮食产量来看，1958年河南省全年粮食产量为1264.5万吨，1959年降低到974.5万吨，1960年降到887万吨，1961年降到最低点，全年为684.5万吨[①]。造成这种结果的原因在于当年大量的投资主要集中在非农产业，即使是向农村地区发放的贷款，也主要是投向农村的工业领域。从产值总量来看，1957年河南工业总产值为16.63亿元，1958年猛增到32.60亿元，1959年增加到50亿元，1960年达到历史高峰为58.33亿元[②]；从表2-6可以看到，"二五"期间，河南省农业基本建设投资占基本建设投资结构的1.2%，工业部门占58.8%，其他投资占40%。这说明投资严重向工业等非农部门倾斜，在工业产值高速增长的同时，农业部门发展严重滞后于工业部门的增长，甚至出现新中国成立以来首次负增长。尤其是当时农村地区大办各种工业，农业的劳动力被抽调到农业之外的非农行业，农业劳动力严重不足。实际上这一阶段不论是向农村

---

① 《河南统计年鉴1985》，河南人民出版社，1986，第74页。
② 数据来源于《河南统计年鉴1985》，河南人民出版社，1986，第122页，按照1957年不变价格计算。

发放的贷款，还是基本建设的投资重点都是非农行业，因此在这种投资的导向下，工农业发展的协调关系被严重破坏，农业生产的严重滞后成为必然的结果。

三 比例失调：河南省"以农养工"理论分析

在工业优先发展阶段，实施向工业部门投资倾斜的政策。由于工业部门优先占有原料、劳动力、技术、资金和土地等生产要素，工业部门的发展必然处于产业结构体系中的有利地位。而与工业部门相对应的农业部门，由于实行统购统销政策和对农业产品流通的管制，强制性地汲取农业生产剩余，降低了农民的收入和消费水平。同时，农业在对工业的支持方面不单是通过税收、工农业产品价格"剪刀差"和储蓄等方式为工业发展提供资金积累，在其他方面如原材料的分配、土地等生产资料的利用和劳动力的分配方面，农业部门只能服从工业部门发展的需要。由于国家逐渐取消了市场供给，实行计划供给方式，这种计划供给不但限制了城乡居民的消费范围和消费需求，同时国家采用计划定价的方式在工业优先发展阶段逐渐扩大工农业产品价格的"剪刀差"，由此降低了农业部门的收益率，具体表现为农业部门物质消耗量的逐渐上升，农业总产量占总产值份额的降低，农业部门国民收入份额的降低。农业在支持工业发展的同时，工农业经济结构出现重大变化，工业的优先发展造成农业产值和增长速度与工业部门相比差距加大，工农业部门发展比例严重失调。当农业发展规模和积累能力不足以支撑工业化建设的规模和速度时，工业发展就必须放慢速度，同时也意味着工农业经济发展进入波动时期。在工业优先发展阶段，整个国民经济发展轨迹就是工农业比例逐渐失调和调整连续变化的过程，在工农业发展关系方面河南省长期实行"以农养工"政策的后果主要表现在以下几个方面。

其一，"以农养工"造成河南省投资结构偏斜。在"以农养工"政策背景下，河南省基本建设投资向工业部门严重倾斜，导致工农业生产率下降，工农业部门并没有实现同步发展。1953~1978年，河南省经济部门基本建设投资结构如表2-6所示：

表 2-6　1953~1978 年河南省按农轻重分的基本建设投资结构

年份\数据	基本建设总投资绝对额（亿元）					基本建设投资结构（%）			
	合计	农业	轻工业	重工业	其他产业	农业	轻工业	重工业	其他产业
"一五"时期	21.06	0.36	2.59	7.35	10.76	1.7	12.3	34.9	51.1
"二五"时期	62.04	0.74	4.88	31.59	24.83	1.2	7.9	50.9	40.0
1963~1965 年	16.77	0.82	1.24	8.23	6.48	4.9	7.4	49.1	38.6
"三五"时期	35.72	0.91	2.52	18.36	13.9	2.5	7.1	51.4	39.0
"四五"时期	74.02	0.81	3.40	47.04	22.77	1.1	4.6	63.6	30.7
"五五"时期	87.76	1.12	5.32	48.86	32.46	1.3	6.1	55.7	36.9
1976~1978 年	19.08	0.17	0.62	12.95	5.34	0.9	3.1	65.4	30.6

注：农业指农、林、牧、副、渔业，数据来源于《河南统计年鉴 1998》，中国统计出版社，1998，第 175~176 页。

从表 2-6 可以看出，1953~1978 年，河南省在国民经济调整时期，基本建设投资中农业的投资份额是最高的，达到 4.9%，其他年份都在 2.5% 以下。国民经济调整主要是调整国民经济发展的计划指标，重点是调整工农业经济的比例关系，在国民经济调整时期，正是出于对农业基础地位重要性和决定性的认识，开始调整人民公社的基本核算单位，压低工业建设的各项指标，提高农业部门的投资比例，降低重工业的投资比例。而实际上，1953~1978 年河南省对重工业的投资绝对量总体上呈现逐渐上升趋势，其中"二五"期间的 1965 年之前达到最高，投资额度为 31.58 亿元，主要原因是当时正处于"大跃进"时期，各行业的基本建设投资规模严重扩张；随后在调整时期的 1963~1965 年，河南省对重工业基本建设投资出现下降，投资总额为 8.23 亿元，重工业的投资比例为 49.1%；从绝对数量和比例来看，工农业投资总量的变化并没有改变投资结构的严重失衡。同期农业投资比例增长至 4.9%，投资总额只有 0.82 亿元。对于一个农业大省来说，这点投资总额是微不足道的。总体上，河南省对农业部门的投资占比较低，1976~1978 年只有 0.9%。在农村人民公社时期，河南省对农业部门投资相对较少，较少的投资却支撑着 60% 左右的重工业建设，政府将 98% 的投资倾斜到非农业部门。同时运用工农业产品价格"剪刀差"、农业税、储蓄和债券等形式汲取农业剩余，造成的后果是农业部门缺乏生产和消费积累，农业的发展速度逐渐下降，农业部门的生产效率随着农业剩余劳动力数量的扩大与工业部门的差距越来越大。

1952~1978年,河南省工农业发展速度和工农业劳动生产率比较如表2-7所示:

表2-7 1952~1978年河南省工农业发展速度和工农业劳动生产率比较

项目 年份	农业总产值年增长率(%)	工业总产值年增长率(%)	工农业增长率之比 农业为1	农业比较劳动生产率(%)	工业比较劳动生产率(%)	工农业比较劳动生产率对比系数
1952	1.1	59.8	54.36	75.5	340.9	4.52
1954	4.9	16.4	3.45	78.3	179.1	2.29
1956	-4.9	17.6	-3.59	77.0	149.5	1.94
1958	4.0	100.8	25.2	82.7	96.8	1.17
1960	-12.6	17.2	-1.37	53.4	301.0	5.64
1962	15.4	-23.3	-1.51	57.6	553.7	9.61
1964	28.3	21.4	0.76	63.2	553.7	8.76
1966	14.9	21.7	1.46	62.2	662.8	10.66
1968	-7.5	-6.3	0.84	75.2	556.8	7.40
1970	10.3	42.0	4.08	61.6	545.0	8.85
1972	1.0	9.3	9.3	58.9	504.2	8.56
1976	0.7	-7.2	-10.29	64.9	282.1	4.35
1978	9.6	7.6	0.79	54.3	354.3	6.52

注:比较劳动生产率是指该部门的净产值在国民收入中的比重与该部门劳动力就业份额之间的比率;工农业总产值增长率数据是依据《河南经济统计年鉴1992》第155页的统计数据计算所得;工农业劳动比较生产率是根据《河南经济统计年鉴1992》第161、210页的统计数据计算所得;工农业比较劳动生产率对比系数是工业比较劳动生产率与农业比较劳动生产率之比。

从表2-7可以看出,河南省为了保证重工业的优先发展,实施基本建设投资向重工业严重倾斜,导致工农业发展比例严重失调,工农业发展速度之比呈现逐渐加大的趋势。当河南省工农业发展速度的比例严重失调时,国民经济的各产业增长速度就会出现较大的波动。1958年,工农业增长率之比达到25.2,随即1960年农业就呈现负增长。可见,农业发展制约着工业的发展,农业的波动决定着工业发展的波动。在农业增长率发生波动之前,必然有一年发生对工业部门投资的严重倾斜,造成工业增长的超高速度。如1958年,工业增长速度大幅度高于农业部门,工农业增速之比为25.2。由于工业的超高速增长,造成的结果是1960年农业呈现负增长,而工业增速也随之出现大幅度下降,1960年下降到17.2%,1962年

第二章 河南省工业优先发展阶段的工农业关系（1952~1978年）

工业部门呈现负增长。1958年，工业部门的超高速增长并没有带来相应的比较劳动生产率的提高，原因是1958年"大跃进"时期，用群众运动的形式大搞工业建设，工业部门劳动力的大量增加并没有实现工业生产率的提高，反而严重下降，同时也影响到农业部门的增速和劳动生产率的提高。1958年，工业比较劳动生产率比1956年下降了50多个百分点，农业相应只提高了5.7个百分点。

1960~1966年，国民经济处于调整时期。经过调整农业比较劳动生产率逐渐上升，工业比较劳动生产率也出现上升的态势，这反映出只要农业得到适当的发展，保证对工业的可持续支撑能力，就会实现工农业比较劳动生产率的上升。在1968年农业的比较劳动生产率上升到历史的最高点，而工业部门的比较劳动生产率开始出现下降，这种结果与当时正处于"文化大革命"政治运动期间城市的混乱局面有直接关系。从1970年开始，河南省工农业劳动生产率都呈现下降趋势，并且工业部门下降的幅度比较大，1976年工业比较劳动生产率下降到最低点，工农业比较劳动生产率对比系数下降到4.35。在河南省工业化建设继续推进的情况下，农业剩余劳动力并没有大量转移到工业部门，而工业部门却出现比较劳动生产率下降，这说明河南省农业部门长期支持工业部门，在导致农业部门比较劳动生产率逐步下降的同时，工业部门比较劳动生产率也并没有实现相应的提高，这种结果与工业部门长期实施高投入、高消耗的发展战略有直接的关系。

总体上看，"一五"计划时期，河南省工农业关系相对协调，工农业比较劳动生产率的对比系数较低；三年"大跃进"期间，工农业发展比例严重失调，在工农业生产遭到严重干扰的情况下，1962年工农业经济调整，实现了工农业劳动生产率的同步上升；随后就是随着"以农养工"幅度的加大，工农业比较劳动生产率同步下降。由此可以得出结论：河南省在服从国家工业化战略需要的条件下长期实施"以农养工"政策，在没有实现工农业协调发展的同时，也没有实现工农业比较劳动生产率的总体提高。

其二，河南省"以农养工"造成收入结构偏斜。"以农养工"政策伴随着积累与消费比例的严重失调，这种失调导致短缺经济的生成，严重影响到城乡居民消费水平的提高。

河南省在服从优先发展重工业战略的情况下,实施基本建设投资向工业部门倾斜,工业部门在实现生产能力扩张的同时必然造成对生产资料的计划供给量增加,由于轻工业的发展滞后,消费资料必然在供给能力上严重降低。相应地在国民收入结构中出现过多提高积累率以增加工业投资,而消费率必然下降以致影响城乡居民生活水平的提高。河南省国民收入积累率与消费率的比例失调,必然造成生产消费资料部门的生产能力下降,社会消费资料供给总量就会相应下降,在工业优先发展阶段,随着人口的增加以及轻工业的发展,对消费资料的需求增长是必然的,不过消费资料的供给不足必然造成短缺经济,这种结果和积累与消费不协调的比例关系有关。

河南省积累和消费比例关系就是国民收入中积累基金数量和消费基金数量的比例关系。所谓积累基金,就是国民收入中用于工农业基本建设方面的资金量;消费基金就是国民收入中用于保障人民生活消费需求的资金数量。积累基金与消费基金数量的比例严重失调表现为积累基金上升与消费基金下降的状态,这就导致河南省城乡居民物质文化消费水平受到严重影响。同时,河南省"以农养工"条件下农业为工业部门通过各种方式提供工业建设的资金积累,由此造成的积累基金与消费基金比例失调,也导致城乡居民消费差距逐渐加大。

1953～1978年,河南省国民收入积累率与城乡居民消费水平增长率之间的对应关系,如表2-8所示:

表2-8　1953～1978年河南省国民收入积累率与城乡居民消费水平增长率

项目 年份	积累率 (%)	农民 (%)	非农民 (%)	非农民高出农民	项目 年份	积累率 (%)	农民 (%)	非农民 (%)	非农民高出农民
1953	18.9	3.5	-2.5	6.00	1966	32.6	9.6	3.3	-6.3
1954	18.4	2.0	-2.7	4.70	1967	24.9	10.7	2.9	-7.8
1955	21.2	4.1	-6.5	10.60	1968	20.9	-3.7	-0.5	3.2
1956	23.1	-1.7	24.2	25.90	1969	28.7	1.0	2.9	1.9
1957	29.6	-5.8	25.3	31.1	1970	39.7	8.3	2.2	-6.1
1958	41.2	-1.2	10.1	11.3	1971	34.9	6.4	2.8	-3.6
1959	49.5	-17.3	0.7	18.0	1972	33.5	2.8	9.8	7.0
1960	44.1	-9.0	6.5	15.5	1973	35.0	2.1	3.7	1.6
1961	8.7	-6.4	-9.8	-3.4	1974	34.9	1.8	2.0	0.2

续表

年份\项目	积累率(%)	农民(%)	非农民(%)	非农民高出农民	年份\项目	积累率(%)	农民(%)	非农民(%)	非农民高出农民
1962	5.5	2.0	27.5	25.5	1975	35.6	1.0	3.0	2.0
1963	19.0	0	11.0	11.0	1976	31.9	5.0	4.5	-0.5
1964	21.1	-4.8	5.3	10.1	1977	36.2	3.4	3.0	0.4
1965	24.1	5.6	1.4	-4.2	1978	32.5	23.5	4.5	-19.0

注：积累率是指积累在国民收入中的使用份额；表中的农民与非农民是指农民与非农民的年度消费增长率；积累率数据资料来源于《河南统计年鉴1993》，中国统计出版社，1993，第92页；农民和非农民的消费年增长率数据来源于第679页。

从表2-8可以看出，1953~1959年，河南省国民收入中的积累率逐年上升，1959年积累率达到历史的最高点，为49.5%。与此相对应的是城乡居民消费增长率也随之降低到历史上的最低点：农民消费增长率为-17.3%，是新中国成立以来出现的最低值；而非农民消费增长率也降至最低点，为0.7%。这种状况与实施农业统购统销，城乡居民消费凭票供给直接相关。1959年，之所以出现城乡居民消费增长率的最低值，这与"大跃进"运动对工农业生产造成的干扰有直接的关系。国民经济调整时期，河南省国民收入的积累率相对于以前出现大幅度下降，由此必然出现消费率的上升，而消费率的上升必然提高城乡居民消费的增长率，1962年，城市居民的消费增长率为27.5%，而农民消费增长率为2%。整体上看，城乡居民消费增长率差距呈现逐渐缩小的趋势。但是，城乡居民消费增长率差距的逐渐缩小并不意味着城乡消费差距的缩小。相对于农民，城市居民主要是货币收入，不存在个人对生产的投资问题。农民主要是粮食等农作物的实物收入，依靠国家征收公粮获得一定量的货币收入，而这些收入还要购买农业生产资料。因此，农民的纯收入在绝对量上的增长幅度比较缓慢。1956年，农民人均纯收入为68.2元，1963年上升到77.2元，1978年上升到104.7元，1978年相对于1963年的农民人均纯收入只增加了27.5元；而1956年农民的消费额为60元，城市居民为177.7元；1965年农民为52.5元，城市居民为271.5元；1970年农民为66.8元，城市居民为297.2元；1978年农民消费额为104.5元，城市居民为361.6元[①]。

---

① 数据来源于《河南统计年鉴1985》，河南人民出版社，1986，第316、295页。

可以看出,河南省城乡居民在工业优先发展阶段的消费差距是逐渐加大的。城乡居民在消费增长率差距逐渐缩小的情况下,消费差距逐渐加大的原因要归结于两个方面:一是农业为工业通过工农业产品价格"剪刀差"的方式提供资金程度的加大;二是农民的消费支出中存在生产性消费和生活性消费两部分,而城市居民在生产性支出方面要比农民少很多。

对于经济建设中积累率限度的问题,薄一波在党的"八大"上提出"二、三、四比例",即国民收入积累率为20%左右;国家财政预算收入比重为30%左右;国家基本建设支出比重为40%左右[1]。从表2-8可以看出,1953~1978年,河南省积累率超过了20%有21个年份,这种积累率与薄一波提出的"二、三、四比例"是不相符的,结果必然是积累率过高,而消费率偏低。尤其是河南省在三年"大跃进"期间,积累率不但超过了40%,同时1959年积累率达到49.5%,这是河南省工农业经济发展的非常规时期,"大跃进"期间对工农业经济造成的干扰和破坏是比较严重的。对于积累率与消费率的比例关系问题,当时国内曾就"大跃进"期间出现高达40%的积累率进行过讨论,经济学家孙冶方认为40%的积累率未必就太高,25%的积累率也未必正常,问题在于生产增加量、国民收入增加量与消费水平提高之间是否协调;如果国民收入没有增加或增加很少,人民生活水平降低了,那么25%的积累率就是过高。反之,40%的积累率也不算过高。孙冶方还指出"大跃进"期间积累率过高,主要原因是工农业部门虚报收入造成的[2]。实际上,在工业优先发展阶段,全国各省都服从于工业优先发展战略实施的需要,各省普遍采用"以农养工"的政策为工业化建设提供资金积累,因此,国民收入也只有在积累率较高的情况下才能保证工业化建设的资金需要。孙冶方所讲的积累率高低是以城乡居民收入的提高为参照系。但是,即使农民收入逐年提高,农民收入提高的幅度不可能实现与城市居民收入提高的同步。农民收入提高后,在消费方面除增加生产资料的需求以外,对生活资料的消费因为凭票供给的计划体制的约束也会压缩。

其三,"以农养工"导致社会结构错位。河南省长期实行"以农养工"

---

[1] 薄一波:《若干重大决策与事件的回顾》上卷,中共中央党校出版社,1991,第307页。
[2] 赵晓雷:《中国工业化思想及发展战略研究》,上海社会科学院出版社,1992,第193页。

第二章　河南省工业优先发展阶段的工农业关系（1952~1978年）

政策，造成城乡分离的二元社会经济结构。新中国成立之初，国家对城乡人口实现统一户籍管理制度，最初动因是彰显户籍管理的社会治安功能。当时城市失业人口较多，而大量的农村居民出于对城市较高收入和较好经济条件的向往，积极迁徙到城市，国家对人口迁徙的管理相对宽松。随着农业合作化运动的展开，实行农产品统购统销政策，政府开始对城乡居民实行计划供应生活资料，这就在经济上限制了农民向城市迁徙的自由，因为政府实行城乡户口管理制度和计划供应已经在体制上限制了农民的迁徙自由。这就体现了国家用经济的手段来管理社会，用政治的方式来管理经济。为了保证工业化物资的供给，国家采取行政手段逐步弱化市场在资源配置中的作用，并用立法的方式限制物资流通的市场发育，通过对资本主义工商业进行的社会主义改造，私营工业企业和私营商业逐步退出社会市场，城乡物资的流通通过"凭票供给"的方式给予保证。为了加强对社会的控制，支持工业化建设保持工农业政策设计和制度安排的稳定性，地方各级党组织在广大的城乡区域开展社会主义教育运动，当时教育的对象主要是农民，因为出于国家工业化战略实施的需要，实施社会主义改造，而对农业的社会主义改造采取的是合作化的形式。农民在合作化期间失去了生产、分配和产品流通的自主权，必然存在思想认识上的问题。只有政治教育运动农民才能形成对社会主义的初步认识，即公有制和计划经济属于社会主义，市场和资本主义工商业属于资本主义。当然，由于工业化战略的实施需要农业提供支持，这种政策和制度安排也是必要的。随着社会主义改造的完成，公有制经济已经在国民经济体系中占据主导地位。在市场机制完全退出社会经济领域的情况下，伴随着"大跃进"运动的出现，衍生出农村的人民公社体制，就在根本上把城乡关系和工农业关系的"以农养工"格局给予固化。在城乡二元社会经济结构体制确立下，城乡二元社会经济结构陷入固化的状态。同时，计划与市场的资源配置方式也被纳入到社会主义意识形态的思维框架之中。

所谓工农业关系就是社会生产要素资源在工农业部门的配置和流动关系，二元化社会经济管理体制的生成必然影响到河南省的工农业关系。用计划方式实行资源配置，必然导致社会资源向工业部门倾斜流动，具体表现为政策导向下社会基本建设投资向工业部门的严重倾斜，结果造成城乡差距的加大。在工农业发展速度比例出现失调的情况下，由于农业部门的劳动力失去向非农业部门的流动自由，大量劳动力滞留在农业部门，造成工农业劳动生产率差距加大。而优先发展重工业对劳动力的需求增长幅度是较小的，而重工业的发展对投资需求是比较大的，这就造成国民收入结构中积累率与消费率比例的失调。政府运用计划手段实现积累的增加，必然造成消费的下降，直接影响到农民收入和消费水平的提高，城乡差距、工农业差距、城乡居民收入和消费差距的扩大，在二元社会经济管理体制支撑下无法从根本上转变这种发展格局。

在二元社会经济管理体制下，河南省工业部门快速增长造成农业部门发展的严重滞后和大量农村劳动力滞留在农村，从而直接影响到农业部门的持续发展。同时农业采取集体经营方式，在农业生产和分配层面实现了政府计划对农业生产和分配环节的直接管理与控制；由此造成农产品商品化程度极低，农产品结构也相对单一；对农业的投入不足影响农业发展的同时，农业还要承载为工业部门提供资金积累的任务；同时由于制度安排限制人口流动，农业负担着人口增长带来的消费增加的沉重压力。这些因素在影响农业劳动生产率提高的同时，农业部门的自身积累能力被严重弱化，由此造成农业生产长期在没有解决温饱的层面上徘徊。

第三节　发展难题：河南省"以农养工"的定性分析

在河南省工业优先发展阶段，社会生产要素向重工业的倾斜流动，长期实施"以农养工"政策造成了工农业发展的畸形经济结构。具体表现为在国民经济总量中，工业所占份额上升和农业产值所占份额大幅度下降，但是，河南省并没有实现城市化率的相应提高和农业劳动力向非农产业部门的相应转移。同时工农业发展比例严重失调，这种经济发展格局直接影响到河南省农业发展，没有实现工农业部门比较劳动生产率的同步提高。从表2-7可以看出，河南省在"以农养工"条件下，工农业发展速度的提高与劳动生产率的下降是同向的。这说明河南省在采用"以农养工"政策保证工业高速增长的同时，生产效率呈现下降趋势，即采用高投入和高消耗的发展模式并没有实现高效率的工农业同步发展。在工业部门效率下降的情况下，农业部门由于滞留大量剩余劳动力因而也严重影响到农业部门生产率的提高。而市场作为资源配置和生产要素流动的制度保证，由于让位于计划经济的资源配置方式,农业部门失去了农产品商品化的空间和条件。农业部门在承载人口持续增长的情况下,失去了通过农副产品流动实现提供收入的条件,这种经济格局严重影响到公平与动力机制的发育。结果是河南省工业部门偏重于产品数量与增长速度,忽视产品质量与经济效益;农业部门由于实行平均分配,严重影响到农民的生产积极性。在工业优先发展阶段,河南省工农业经济的畸形结构、农业劳动力转移滞后、市场机制的缺失以及社会供给的短缺经济共存于社会经济体系中。

一 经济结构失调:河南省"以农养工"的理论分析

美国学者霍利斯·钱纳里和莫伊思·赛尔昆用20年的调查取样,分析了世界范围内100个不同发展程度国家国民经济发展的30个经济变量和两万个观察数据,最后总结出人均GDP不同发展水平下一般国家在经济结构和就业结构方面的变化,包括产业结构和就业结构等各方面的数据。本书选取人均GDP在100~1000美元区间的产业结构、就业结构以及城市化率所对应的数据,以此来比较分析河南省在"以农养工"条件下的工农业经济结构。钱纳里和赛尔昆提出不同发展水平的人均GDP数量相对应的经济结构数据指标如表2-9所示:

表2-9 一般国家不同发展水平所对应的经济结构

1964年(美元)	<100	100	200	300	400	500	800	1000
2003年(美元)	<600	600	1200	1800	2400	3000	4800	6000
产业结构									
农业	0.522	0.452	0.327	0.266	0.228	0.202	0.156	0.138
工业	0.125	0.149	0.215	0.251	0.276	0.294	0.331	0.347
服务业	0.353	0.399	0.458	0.483	0.496	0.504	0.513	0.515
就业结构									
农业	0.712	0.658	0.557	0.489	0.438	0.395	0.300	0.252
工业	0.078	0.091	0.164	0.206	0.235	0.258	0.303	0.325
服务业	0.210	0.251	0.279	0.305	0.327	0.347	0.397	0.423
城市化水平	0.128	0.220	0.362	0.439	0.490	0.527	0.601	0.634

注:根据美国劳工部资料,经过对通货膨胀率调整,1964年1美元相当于2003年的5.94美元,表中按6美元换算;数据资料来源于〔美〕钱纳里、赛尔昆等《发展的型式(1950~1970)》,经济科学出版社,1988,第31~32页。

钱纳里和赛尔昆总结出的经济结构数量指标是有相应的前提的，即这些数据指标显示出 1950~1970 年间一般国家发展的共同趋势，这种一般国家经济发展过程的普遍趋势是经济发展、城市化率和农业劳动力转移相互协调的发展趋势。而河南省在服从国家优先发展重工业战略的条件下，工业发展、城市化率和农业劳动力转移是不同步的，或者说三者之间并不具有相对应的关系。从表 2-9 可以看出，在人均 GDP 小于 100 美元（1964 年）的发展水平条件下，一般国家显示出农业部门产值占 52.2%，工业部门产值占 12.5%；农业部门劳动力占 71.2%，工业部门劳动力占 7.8%，第三产业劳动力占 21%，城市化率为 12.8%。1952 年，河南省人均 GDP 为 91.2 元，按照 1952 年人民币兑美元汇率折合为 35 美元，农业部门产值占 63.9%，工业部门产值占 20%；农业劳动力占 89.78%，工业和建筑业劳动力占 4.40%，第三产业劳动力占 5.82%；1952 年河南省城市化率为 5.45%[①]。将 1953 年河南省经济结构的数据指标与钱纳里分析一般国家数据指标进行比较，可以看出，在人均 GDP 小于 100 美元的条件下，河南省在产业结构、城市化率方面与钱纳里分析的一般国家数据比较一致。但是，河南省农业劳动力就业份额数据高出钱纳里数据 12.58 个百分点，工业劳动力份额低于钱纳里数据 3.4 个百分点，第三产业劳动力份额低于钱纳里数据近 16 个百分点。这说明 1952 年，河南省人均 GDP 数量低于 100 美元，处于工业化起步阶段，在经济结构、就业结构和城市化率方面与钱纳里的数据指标存在较大差异。在工农业产值所占份额方面，农业产值份额高出钱纳里数据 11.7 个百分点，工业产值占比高出钱纳里数据 7.5 个百分点；农业劳动力份额高出钱纳里数据 18.6 个百分点，工业劳动力份额低于钱纳里数据 3.4 个百分点，第三产业低于钱纳里数据 14.2 个百分点；城市化率低于钱纳里数据近 7 个百分点。河南省经济发展结构与钱纳里数据存在较大差异的原因在于农业部门滞留的劳动力较多，城市第三产业发展不足，因为新中国成立后农业人口不能自由向城市流动，不但影响城市第三产业发展，同样影响到城市化率的提高。并且河南省这种发展趋势贯穿整个工业优先发展阶段。

[①] 数据来源于《河南统计年鉴 1985》，河南人民出版社，1986，第 14 页；《河南统计年鉴 1993》，中国统计出版社，1993，第 538、527 页；《河南经济统计年鉴 1992》，中国统计出版社，1992，第 142 页。1952 年人民币兑美元的汇率为 2.617∶1。

1953~1978年，河南省经济结构发展变化情况与钱纳里的一般国家数据指标进行比较，如表2-10所示：

表2-10 1953~1978年河南省工农业经济结构的各项指标

年份\项目	人均GDP（人民币元）	农业GDP份额（%）	工业GDP份额（%）	农业劳动力份额（%）	城市化率（%）	工业化率（%）
1953	99.9	60.7	11.8	84.7	6.78	13.5
1954	102.5	60.1	13.6	83.8	7.59	15.4
1955	105.6	60.5	13.6	82.8	8.02	15.3
1956	102.5	56.2	14.2	81.4	6.57	16.3
1957	105.4	46.2	13.1	86.2	7.11	15.2
1958	120.1	42.2	16.3	56.1	9.23	18.1
1959	123.8	35.8	22.0	57.0	10.12	24.6
1960	127.6	30.4	25.3	67.4	11.04	28.3
1961	85.9	31.6	24.1	81.2	8.54	28.1
1962	77.9	39.5	19.9	84.0	7.47	22.7
1963	74.4	35.6	23.7	83.9	7.68	27.8
1964	101.4	43.6	25.5	83.6	8.10	28.5
1965	121.8	47.0	25.8	82.7	8.13	28.2
1966	143.8	45.9	27.9	83.5	7.95	30.3
1967	144.2	52.4	24.1	83.5	7.79	25.7
1968	129.2	53.2	23.2	81.7	7.52	24.5
1969	140.4	49.2	26.6	84.1	7.27	28.2
1970	163.5	45.8	30.9	82.1	7.50	32.7
1971	171.5	45.4	32.6	82.5	8.36	34.3
1972	177.7	44.0	33.8	82.8	7.91	35.8
1973	182.0	45.9	30.9	83.4	7.89	32.1
1974	182.2	45.0	30.9	83.1	7.81	32.0
1975	190.6	43.6	32.5	84.8	7.77	33.3
1976	184.5	47.8	26.7	82.7	7.82	26.8
1977	208.7	38.8	35.7	81.6	7.85	37.1
1978	232.3	39.8	36.3	80.6	8.07	37.2

注：工业化率是指工业增加值在国民收入中所占的比率。《河南经济统计年鉴1992》，中国统计出版社，1992，第143页；《河南统计年鉴1998》，中国统计出版社，1998，第81页；农业劳动力份额是根据《河南统计年鉴1993》，中国统计出版社，1993，第538页的数据计算所得；城市化率是非农业人口占总人口量所得比例，数据是按照《河南统计年鉴1993》第527页的数据计算所得；工业化率是按照《河南统计年鉴1993》第88页数据计算所得。

从表2-10可以看出，在河南省工业优先发展阶段，工业化率从1953年的13.5%提高到1978年的37.2%，人均GDP也从1953年的99.9元提高到1978年的232.3元，工业GDP份额从1953年的11.8%提高到1978年的36.3%，农业GDP份额从1953年的60.7%下降到1978年的39.8%。但是人均产值数量的提高、工业产值份额的上升和农业产值份额的下降，并没有伴随农业劳动力就业份额的相应下降和城市化率的相应提高。1953年河南省农业劳动力份额为84.7%，1978年下降到80.6%，只下降了近4个百分点；城市化率从1953年的6.78%上升到1978年的8.07%，也只上升了近1.3个百分点。

从经济发展过程来看，"一五"期间，河南省农业部门产值份额下降了近14.5个百分点，而工业部门产值份额上升了1.3个百分点，工业化率上升了1.7个百分点，对应农业劳动力就业份额也上升了1.5个百分点，城市化率仅上升了0.33个百分点。这说明河南省在优先发展重工业战略决定下，工业化率与工业产值份额的提高并没有带来相应的农业劳动力份额下降与城市化率提高。1978年，河南省工业产值份额与农业产值份额相比，工业产值份额低于农业产值份额3.5个百分点，这说明经过20多年的工业化建设，河南省的工业部门还没有占据国民经济的主导地位。但是，1978年河南省农业产值份额仍然高于工业部门，这不是经济发展的常态，而是随着人口数量的增长城市化率没有得到提高，农业劳动力却大幅度上升的结果。经过三年"大跃进"时期农业劳动力份额的非正常降低，1961年开始农业劳动力份额就呈现上升趋势，1975年达到最高峰为84.8%，高于1953年84.7%的水平。随后农业劳动力份额才逐年下降，农业部门劳动力份额逐年升高，显示出非农业部门尤其是工业部门没有吸纳足够的劳动力。因为城市化率基本处于停滞的状态，这就意味着农业部门滞留了大量的剩余劳动力，提高农业生产效率自然受到影响，而工业部门没有同步吸纳农业剩余劳动力，工业化率在1970～1976年处于徘徊的状态，这期间河南省工业部门发展基本处于停滞的状态。

"大跃进"期间，河南省农业劳动力份额处于相对较低的状态，1958年的农业劳动力份额为56.1%，1960年逐渐回升到67.4%；而同期农业GDP份额从1958年的42.2%下降到30.4%，下降了近12个百分点；工业GDP份额则快速上升，从1958年的16.3%上升到1960年的25.3%，上升了近9个百分点。同期的工业化率和城市化率都出现明显的上升，这是非

第二章 河南省工业优先发展阶段的工农业关系（1952～1978年）

农业部门尤其是工业部门对劳动力需求量大幅度提高带来的结果。随着1961年国民经济调整时期精简城镇人口与"文化大革命"期间城市青年"上山下乡"运动的开展，城市人口大量减少，农业人口又大幅度提高。其间出现农业就业份额的三次高峰：1962年城市精简人口导致农业劳动力份额达到84%，1969年城市青年"上山下乡"导致农业劳动力份额达到84.1%，到1975年达到84.8%。

对比钱纳里的数据，在人均GDP（1964年美元）为400美元的时候，工业GDP份额超过农业GDP份额，其中工业GDP份额为27.6%，农业GDP份额为22.8%；对应的农业就业份额为43.8%，城市化率为49%。这说明在河南省工业部门产值份额呈现逐渐上升趋势，农业的就业份额没有显著的变化，农业部门的劳动力没有实现同步的转移，从总体上看1978年城市化率实际上处于停滞的状态。另外，在河南省工业优先发展阶段，工业化建设主要是在工农业两大部门之间展开的，第三产业的发展严重滞后，按照钱纳里提供的数据，人均GDP在100美元之时，工业GDP份额为14.9%，人均GDP数量在1000美元之时，工业GDP份额达到最高值，为34.7%。而河南省在1978年工业GDP份额达到36.3%，达到工业优先发展阶段的最高值。

1978年河南省与钱纳里的人均GDP为200美元所对应的数据进行比较，从表2-9可以看出，一般模式下，工业和农业的GDP份额分别为21.5%和32.7%；农业的就业份额和城市化率分别为55.7%和36.2%。将河南省1978年数据与表2-10进行比较可以看出，河南省工业GDP份额超过了钱纳里数据14.8个百分点，农业GDP份额高出钱纳里数据近7.1个百分点，而农业就业份额高出钱纳里数据24.9个百分点，城市化率低于钱纳里数据27.13个百分点。

比较河南省在工业优先发展阶段经济结构数据指标与钱纳里数据指标，可以得出结论：在工业优先发展阶段，河南省工业化建设主要是在工农业部展开的，政策导向和制度安排忽视和限制了第三产业的发展；在重工业优先发展战略决定下，农业劳动力转移与城市化率滞后于工业部门发展速度；农业部门滞留大量剩余劳动力，由于人口的过快增长，工业GDP没有实现相应的快速增长。农业部门滞留大量剩余劳动力影响了河南省农业劳动生产率的提高，实施重工业优先发展战略，但是重工业在吸纳劳动力数量是有限的，从而使河南省经济结构呈现严重偏斜。

二 人口流动管制：河南省农业劳动力转移的制度约束

1952~1978年，河南省农业劳动力转移严重滞后于工业发展的速度，也影响到农业劳动生产率和城市化率的提高。造成这种状况的原因主要有三个方面。

第一方面，经济发展方式的意识形态限制。河南省工农业发展服从于国家工业化战略，在工业优先发展阶段，全省范围内对社会主义工业化的理解与国家意识形态的宣传保持高度的一致。由于我国工业化建设与社会主义制度的确立是同时开始的，那么不可回避地就把生产资料的公有制等同于社会主义的所有制形式，把国家计划经济的资源配置方式当作社会主义的必要因素，把消灭私有制和取消市场经济当作走向社会主义的重要环节。由于现实确立的"一大二公"社会主义生产关系超越了社会生产力的发展阶段，在实际的推行和落实中，面临着党内关于社会主义建设步骤的分歧和群众自发追求个体私有的倾向。为了消除这种认识上的分歧，就在党内外开展阶级斗争运动。农民的个体经营被认为是走资本主义道路，用阶级斗争方式处理党内外分歧。这种因素导致了从经济上的"左"倾错误发展到政治指导思想上的错误，严重影响到党对经济建设规律的认识。在60年代的国民经济调整时期，河南省为了恢复农业生产，在某些地区尝试"包产到户"政策。但是，从1959年"庐山会议"到1962年的八届十中全会，把党内在经济政策方面的分歧上升为"左"倾错误路线进行批判。从理论到实践，把经济发展的方式纳入意识形态的思维框架之内。结果是国家计划全盘控制着社会经济活动，各级政府对工农业生产、分配与流通实现全面控制，个体经济与市场机制完全退出社会经济领域。在政治权力掌控经济活动下，政府实现向工业部门投资的严重倾斜，工业部门投资的速度超过了对劳动力的需求速度。1952~1978年河南省全民所有制工业部门职工人数从1952年的6.28万人增长到1978年的152.11万人，增长了24倍多；同期基本建设投资从1952年的0.75亿元增长到1978年的19.80亿元，增长了约26倍[①]。优先发展重工业并没有带来相应的农业劳动力转移，随着人口的大幅度增长，在经济调整时期，城市在不能保证人口就业

[①] 参见《河南统计年鉴1985》，河南人民出版社，1986，第52、185页。

第二章　河南省工业优先发展阶段的工农业关系（1952~1978年）

的情况下，城市人口开始向农村流动。对河南省而言，在工业优先发展阶段，河南省人口自然增长速度超过了城市化率增长速度。

第二方面，农业劳动力转移的经济结构限制。从表2-10可以看出，河南省在"一五"工业化建设期间，城市化率只提高了近0.33个百分点，而农业劳动力就业份额不但没有下降，反而上升了1.5个百分点。在"大跃进"期间，河南省在农业劳动力转移与城市化率方面的速度都较快，但这不是经济发展的常态，而是工农业"大跃进"带来的非正常农业劳动力转移与城市化率的增长。随后，河南省在延续工业优先发展战略的同时，城市化增长速度出现停滞和下降，直到1970年后，城市化率才开始逐渐回升。出现这种状况的经济原因在于河南省在优先发展重工业的同时忽视了轻工业发展。从表2-6可以看出，"一五"期间，河南省重工业投资总额为7.35亿元，"二五"时期，重工业投资总额为31.59亿元，增加了24.24亿元。1952~1978年，全国范围内重工业增加投资1亿元，相应增加6389名职工，而轻工业增加16453名职工；每增加1名劳动力需增加的固定资产数额为：商业和饮食业需要1000元，轻工业部门需要6000元，重工业部门需要1万元①。由此可见，重工业并不能大幅度推动农业劳动力的转移，能够大幅度推动农业劳动力转移的部门是轻工业和第三产业。在工业优先发展阶段，河南省优先发展重工业，必然减少对轻工业和第三产业的投资，也就限制了农业劳动力向非农产业转移。1952~1978年河南省工农业总产值中轻工业与重工业所占份额变化如表2-11所示：

表2-11　1952~1978年河南省轻工业与重工业的份额

单位：%

年份 项目	以工业总产值为100		年份 项目	以工业总产值为100	
	轻工业份额	重工业份额		轻工业份额	重工业份额
1952	18.3	81.7	1966	53.3	46.7
1953	81.1	18.9	1967	53.7	46.3
1954	78.8	21.2	1968	58.9	41.1
1955	76.7	23.3	1969	55.4	44.6
1956	71.5	28.5	1970	47.1	52.9

---

① 郭剑雄：《二元经济与中国农业发展》，经济管理出版社，1999，第134页。

续表

年份	以工业总产值为100 轻工业份额	重工业份额	年份	以工业总产值为100 轻工业份额	重工业份额
1957	71.6	28.4	1971	41.2	58.8
1958	58.7	41.3	1972	44.9	55.1
1959	53.3	46.7	1973	46.6	53.4
1960	46.2	53.8	1974	46.5	53.5
1961	50.3	49.7	1975	46.8	53.2
1962	54.7	45.3	1976	50.0	50.0
1963	54.8	45.2	1977	47.0	53.0
1964	55.9	44.1	1978	46.0	54.0
1965	55.7	44.3	—	—	—

资料来源：《河南统计年鉴1986》，河南人民出版社，1986，第46页。

从表2-11可以看出，1952~1978年，河南省工业部门整体上呈现轻工业产值份额逐年下降和重工业产值份额逐年上升的趋势。1952~1969年，河南省轻工业产值份额大于重工业产值份额，从1970年开始，河南省重工业产值份额大于轻工业产值份额。"一五"期间，河南省轻工业产值份额较高主要源于河南省新建的重工业项目生产能力不足。三年"大跃进"时期，河南省轻工业产值份额从1958年的58.7%下降到1960年的46.2%；随后在1961~1965年逐年上升，同期，重工业产值份额呈现下降的趋势。60年代，国家"三五"计划的重点是"三线建设"，河南省大幅度增加对重工业投资，1969年以前，河南省重工业没有形成规模生产能力，1970年开始，河南省重工业产值份额呈上升趋势，一直持续到1978年。

河南省把重工业始终作为基本建设投资重点，重工业高速发展却没能带来农业劳动力转移与城市化率同步提高，这与全国范围工农业发展状况是一致的。1952~1978年，从理论上分析全国工业发展所能吸纳的劳动力为17113.7万人，实际吸纳劳动力8097万人，实际与理论的劳动力差额数量为9016.7万人，实际安置的劳动力数量不及理论数量的一半[①]。在全国

---

① 陈吉元等主编《中国农村社会经济变迁（1949~1989）》，山西经济出版社，1993，第598页。

实施"以农养工"政策推进工业发展的同时,由于重工业吸纳农业剩余劳动力方面的滞后导致农业部门滞留了大量的剩余劳动力。河南省1978年城市人口比1965年增加了278万人,城市化率上升了1.09个百分点;而农村人口增加了1549万人,下降了1.09个百分点[①]。如果按照河南省工业发展能够吸纳农业劳动力每增加1倍,那么转移的人口至少是原来的2~3倍。而在1965~1978年从农业部门转移出去的农业劳动力只占总人口的1.09%,城乡之间人口的流动基本上处于停滞的状态,片面发展重工业已经成为农业劳动力转移的严重障碍。

第三方面,农业劳动力转移的制度限制。统购统销制度、人民公社体制和城乡户籍制度限制了农业劳动力的流动自由,也限制了农民的迁徙自由。统购统销制度开始是为解决工业化建设需要与农业发展滞后之间矛盾的临时应急政策。在"一五"计划结束后,河南省农业已经滞后于工业发展,从表2-7可以看出,"一五"期间,河南省农业比较劳动生产率呈现下降的趋势,这种状况与实施"以农养工"政策有直接的关系。在为工业化奠定了初步基础的情况下,本应该调整工农业发展的政策和制度安排,随着工农业"大跃进"的出现,工农业关系更趋失调,农业生产不但没有发展,而且遭到严重的干扰和破坏。伴随着农业生产的"高估产"出现的"高征购",伴随着"一大二公"出现的"共产风",农村人民公社体制相对于"一五"期间的农业合作化,实现了农业生产组织和政权组织的合一。从表2-1至表2-10可以看出,"大跃进"时期,河南省农业劳动力转移和城市化率高速发展;进入国民经济"调整"时期,河南省精简和压缩城镇人口,"文化大革命"期间及"上山下乡"运动的开展,大量城市人口流向农村,也是由人民公社体制作为制度保障。在人民公社和统购统销制度约束下,城乡分离的户籍制度是城乡消费品分配的主要依据。在计划约束生产、分配和流通的体制内,人口流动同样受到计划体制的支配。

在1952~1978年,河南省农村人口所占份额基本处于稳定状态,根本原因是农业劳动力转移的滞后。1949~1978年,河南省农村人口数量及份额如表2-12所示:

---

① 数据依据《河南统计年鉴1993》,中国统计出版社,1993,第527页数据计算所得。

表2-12 1949～1978年河南省农村人口数量及其比重变化

年份	人口数(万人)	比重(%)	年份	人口数(万人)	比重(%)
1949	3909	93.72	1964	4539	89.02
1950	4009	93.62	1965	4664	89.00
1951	4079	93.94	1966	4797	89.06
1952	4133	94.56	1967	5078	92.21
1953	4125	93.22	1968	5239	92.48
1954	4210	92.32	1969	5434	92.73
1955	4279	91.98	1970	5574	92.50
1956	4297	90.79	1971	5512	88.97
1957	4352	89.92	1972	5629	88.73
1958	4436	89.74	1973	5778	88.66
1959	4415	88.67	1974	5890	88.61
1960	4235	87.90	1975	5991	88.65
1961	4248	88.44	1976	6069	88.57
1962	4418	89.43	1977	6130	88.11
1963	4488	89.12	1978	6213	87.80

注：1950～1953年、1967～1970年的农村人口数据是农业人口的数量，《河南统计年鉴1993》，中国统计出版社，1993，第527页。

从表2-12可以看出，1949～1978年，在30年间河南省农村人口的比重只下降了近6个百分点，农村总人口从1949年的3909万人增至1978年的6213万人；同期由于河南省工业建设占用农业大量耕地，人均耕地面积也呈现快速下降的趋势。1949年河南省的人均农作物播种面积为4.09亩，以后逐年下降，1978年河南省人均农作物播种面积为2.33亩；从表2-7可以看出，1949～1978年，河南省农业比较劳动生产率处于停滞和下降的态势。1952年，河南省农业比较劳动生产率为75.5%，1968年为75.2%，1978年下降到54.3%。比较劳动生产率的下降必然导致人均占有粮食产量增长缓慢。全国粮食亩产1952年为88公斤，1978年为242公斤；全国人均占有粮食1952年为576斤，1978年为754斤[①]。河南省农民人均粮食消费量1955年为208.5公斤，其中细粮为91公斤；到1978年呈现下降趋势，1978年为

---

① 胡鞍钢：《胡鞍钢集》，黑龙江教育出版社，1995，第141～145页。

204公斤,其中细粮为106公斤①。河南省农村人均占有粮食的水平低于全国平均水平。由于农民处在集体经营的农业生产体制内,其生活水平的提高主要靠农业劳动生产率的提高,在河南省工业优先发展阶段,农业劳动生产率几乎停滞,城乡居民生活水平的提高受到很大的限制。从人均粮食的消费量可以看出,人口增长和城市化率低都影响到城乡居民生活水平的提高。因此,要实现河南省工农业协调发展,必须首先提高农业部门的劳动生产率,而农业生产率的提高是以农业劳动力大量转移为前提的。

三 计划配置资源:市场机制缺位的成因分析

在"一五"计划期间,计划经济体制管理社会生产资源的流通、分配与使用,为优先发展重工业战略的实施提供了制度保障。"一五"计划的完成标志着计划经济体制的最终确立,市场机制退出社会经济领域。用计划管制城乡农产品流通市场,导致农村自由市场逐渐萎缩,这种状况影响到城乡物资的交流。对此,陈云指出,市场管理限制了私商的采购与贩运,导致当地供销合作社或国营商业独家采购农产品、农副产品,而没有另外采购单位来竞争。因此,当供销合作社和国营商业对于某些农副产品没有收购或者收价偏低时,这些农副产品就会减产②。农业合作化以前,农民收入的30%来源于农村副业的收入③。1956年,农业合作化的完成限制了农民副业收入。为了提高农民的收入,各地允许农业合作社发展农村副业和农村自由市场。但是,党内围绕自由市场的性质产生不同看法,毛泽东不支持农村自由市场,他认为现在我国的自由市场,基本性质仍是资本主义的④。因为,发展自由市场对农副产品收购产生了消极的影响,这与当时农业生产能力低下直接相关联。1954年,全国23个省有15432户农家中,两户半贫农才能合用一头牲畜、一部犁,一户富农只有1.15头牲畜和0.87部犁;贫雇农77.6%的收入份额用于购买生活资料,每年每户需要

---

① 《河南统计年鉴1985》,河南人民出版社,1986,第818页。
② 《陈云文选》第3卷,人民出版社,1995,第5页。
③ 武力:《从1956年前后农村自由市场兴衰看原有体制的局限》,《改革》1999年第3期,第122~128页。
④ 中共中央文献研究室等编《共和国走过的路——建国以来重要文献选编》,中央文献出版社,1991,第308页。

105.2 元;生产资料购买费用每年每户只有 30.3 元①。上述数据从反面也显示出农业发展满足不了工业化建设的需要。因此,1957 年 8 月,国务院规定国家统购统销物资进入自由市场。随着农村人民公社体制的确立,农村自由市场逐渐消失。与自由市场相对应的是私营工商业,新中国成立初期,我国有私人工业企业 812.3 万户,从业人员 2164 万人,产值占工业产值的 83.2%;有私人手工业企业约 800 万户,从业人员 2000 万人;有私人工商户 408 万户,1950 年占市场销售份额的 76%,占零售份额的 85%;1978 年,个体劳动者只占 0.04%,个体工商户约为 16 万户,只相当于 1952 年的 1% 左右,个体和私营工业企业完全消失②。可以看出,在工业优先发展阶段,计划经济体制完全排斥自由市场,消灭个体和私营经济,市场机制完全消失。尽管在国民经济中也存在市场,但这个市场已失去资源配置功能,市场已沦为计划经济体制的附属③。市场机制的消亡对工农业发展关系的负面影响是直接的。

其一,计划经济体制衍生的农业供需矛盾。工业优先发展阶段,计划经济体制最后确立和功能发挥的结果,是在理论上和实践上排斥市场机制的地位和功能。薄一波对此指出,50 年代,我们只认识到社会主义经济是计划经济,而计划经济就是国家直接下达指令性指标,商品经济被认为是与社会主义经济不相容的东西④。当时国家计划把具体项目的计划投资限制得过死,1956 年,李富春直言计划体制弊端,他认为计划体制无法将国家计划统一性同因时、因地、因事制宜的灵活性要求结合起来,也不能及时地根据情况的变化来改善计划的指标⑤。联系重工业建设周期长、投入资金多、物资调拨任务重等问题,计划规定得越细,就越不准确,调整的幅度就越大。工业建设物资包括几百个成套供应品种,物资供应由国家计

---

① 苏星:《土地改革后我国农村社会主义和资本主义两条道路的斗争》,《经济研究》1965 年第 7 期。
② 吕政、郭克莎等:《论我国传统工业化道路的经验和教训》,《中国工业经济》2003 年第 1 期,第 48~55 页。
③ 赵德馨:《"之"字路及其理论结晶——中国经济 50 年的路径、阶段与基本经验》,《中南财经大学学报》1999 年第 6 期,第 10~21 页。
④ 薄一波:《若干重大决策与事件的回顾》上卷,中共中央党校出版社,1991,第 462~463 页。
⑤ 李富春:《为了社会主义建设,加强全国的计划工作》,1956 年 9 月 24 日。

第二章 河南省工业优先发展阶段的工农业关系（1952~1978年）

划统一调拨，随时会出现物资供应与计划协调不好的情况。物资按计划供应，就难以适应工业建设的多样化要求。在影响工业建设的同时必然导致流动资金周期加长，物资利用率较低与储备费用增多并存的局面，实际上是浪费了工业化建设的资源。计划经济体制造成工业部门内部物资供需紧张的同时，对农产品供需也造成紧张。工业优先发展阶段，全国范围内农业剩余只是一种相对剩余，市场机制不可能提高农产品的商品率，为保证国家工业化的建设，采取计划经济体制以限制农产品进入市场和限制农民消费是必然的。新中国成立之初，农民对生活水平的提高，解决温饱的向往是比较强烈的。因此，陈云指出如果节约使用粮食，还可以够吃够用。如果不去抓粮食分配，粮食就会被吃掉很多[1]。在农民与市场相分隔的情况下，农产品供需矛盾始终存在。因此，农业产品产量制约工业发展的规模和速度，农业部门发展波动影响工业部门发展波动。由此陈云指出我国农业对经济建设的规模有很大的约束力[2]。国家强制汲取农业剩余，农民缺乏对农业的多元自主经营，农民缺失通过产品交换以增加收入的渠道，这必然影响到农民生产积极性。在工业优先发展阶段，当工业发展超出了农业部门的支撑能力时，就必须降低工业发展速度，从而调整工农业部门的发展关系，实质上工农业关系的调整是为了缓解对农业产品的供需矛盾。

其二，社会市场机制缺位导致生产效益低下。工业优先发展阶段，国民经济增长方式属于粗放型、外延型增长方式，主要特征是高投入、高积累和高消耗和低效率。工业产品价格、销售和分配由计划统一管理。这必然造成工业部门对投资成本和效益的忽视，工业投资需求不会因工业部门效益的优劣而受到抑制。这种高成本和低效益并存的工业建设格局弱化了工农业持续发展的能力和动力，因为缺失市场竞争的动力驱动，工业部门完全可以通过连续追加投资来获得产值的提高。同时高度集中的工业计划管理体制助长了企业管理中的官僚主义以及本位主义作风，甚至导致生产混乱状态[3]。市场竞争机制的缺失不可避免地造成工农业生产效率的损失。

1949~1978年，河南省工农业国民收入占工农业产值发展变化对应关系如表2-13所示：

---

[1] 《陈云文选》第3卷，人民出版社，1995，第73~74页。
[2] 《陈云文选1956~1985年》，人民出版社，1986，第47页。
[3] 《建国以来重要文献选编》第四册，中央文献出版社，1993，第372页。

表 2-13　1949~1978 年河南省工农业国民收入占工农业产值份额

年份 类别	工业总产值（亿元）	工业国民收入（亿元）	工业国民收入占产值份额（%）	农业总产值（亿元）	农业国民收入（亿元）	农业国民收入占产值份额（%）
1949	2.33	1.22	52.4	17.84	14.47	81.1
1950	3.62	1.86	51.4	20.65	16.65	80.6
1951	5.50	2.78	50.5	28.19	22.64	80.3
1952	8.98	4.50	50.1	28.74	22.99	80.0
1953	10.68	4.53	42.4	32.76	25.72	78.5
1954	12.39	5.62	45.4	34.83	27.10	77.8
1955	13.19	5.90	44.7	37.32	28.81	77.2
1956	14.39	6.25	43.4	36.33	27.90	76.8
1957	15.34	6.49	42.3	32.86	24.90	75.8
1958	31.79	9.38	29.5	35.16	26.27	74.7
1959	49.01	13.73	28.0	33.61	23.36	69.5
1960	56.81	16.20	28.5	30.54	20.65	67.6
1961	30.41	10.40	34.2	25.60	14.75	57.6
1962	23.17	7.54	32.5	28.89	17.11	59.2
1963	25.44	8.96	35.2	26.54	15.34	57.8
1964	31.13	11.46	36.8	33.34	22.67	68.0
1965	40.98	14.50	35.4	43.43	29.88	68.8
1966	47.31	19.39	41.0	51.64	35.63	69.0
1967	43.76	16.61	38.0	60.41	41.81	69.2
1968	39.99	14.14	35.4	57.33	38.98	68.0
1969	51.60	18.81	36.4	60.38	40.45	67.0
1970	70.98	27.36	38.5	69.88	45.07	64.5
1971	88.98	31.18	35.0	73.77	47.95	65.0
1972	97.20	33.99	35.0	76.05	49.74	65.4
1973	101.71	31.64	31.1	87.67	54.53	62.2
1974	110.87	31.92	28.8	87.96	54.71	62.2
1975	123.68	34.72	28.1	92.76	56.95	61.4
1976	97.28	24.86	25.6	97.88	62.54	63.4
1977	147.54	41.69	28.3	96.85	59.37	61.3
1978	158.46	48.64	30.7	107.74	67.88	63.0

注：国民收入是产业部门年度净产值或增加值；国民收入产值份额是该部门国民收入总量占该部门产值的比重；数据依据《河南统计年鉴1985》，河南人民出版社，1986，第15、21页数据计算所得；本表采用工农业部门净产值或国民收入数量占该部门总产值的份额来表示工农业部门投入与产出的关系，这种数量关系也能够体现该部门的生产效率。

第二章 河南省工业优先发展阶段的工农业关系（1952~1978年）

从表2-13可以看到，1949~1978年在市场机制缺位的情况下，河南省工农业生产率总体呈现下降的趋势。其间，河南省工业部门国民收入占总产值的份额下降了21.7个百分点，农业部门国民收入占总产值的份额下降了18.1个百分点；工业部门国民收入占总产值的最低份额出现在1976年，只占25.6%，农业国民收入占总产值的最低份额在1961年为57.6%。工业部门国民收入占总产值比重下降的原因在于工业化建设的高消耗、高投入和低效率并存；农业国民收入占总产值份额的下降在于大量劳动力滞留在农业部门，农业技术进步面临困境，在剩余劳动力参与农业生产的情况下，必然导致农业劳动成本增加。而农业总产值的增长幅度较小，导致农业国民收入占农业总产值份额的下降。河南省工业部门投入逐渐提高和产出逐渐降低并存的现象是全国工业发展的缩影。

其三，发展战略忽视发挥经济比较优势。新中国成立之初的国内外形势决定实施优先发展重工业战略是必要的。因为完全依赖市场机制，会导致社会资本投资向轻工业部门流动，而影响优先发展重工业战略的实施。但是，优先发展重工业的发展战略会丧失区域经济发展比较优势。对此林毅夫等指出，工业化起步在较低发展阶段上，最为稀缺的要素是资本，土地和农产品是具有比较优势的要素；随着工业化发展达到一定的水平，土地相对稀缺性初步显现，具有比较优势的产业属于劳动密集型制造业；随着工农业经济的发展会出现劳动力的相对稀缺，比较优势的产业就集中在资本和技术密集型的产业[①]。河南省服从国家工业化战略，选择优先发展重工业的路径，重工业是资金技术密集型的产业，不能显示河南省劳动力和土地的比较优势。河南省工业化实践已经证明，失去经济发展的比较优势去从事工业化建设，其代价是较大的。当然，经济落后条件下工业化建设实行高积累、高投入、高消耗的方式，因为只有如此才能保证重工业建设对资金、原料和劳动力等各方面需求。在工业建设需要的资金、设备、原材料和技术等生产要素在社会供给不足的条件下，要保证重工业的优先发展，在资源的配置和流动方面必须实施计划管理体制。计划管理体制在战争时期就表现出较高的效能。在新中国成立之初，出于对城乡社会秩序

---

① 林毅夫、蔡昉等：《中国的奇迹：发展战略与经济改革》，上海三联书店，1999，第96页。

稳定的需要，各级政府用计划管理方式挫败了私营商业和资本家对工农业物资囤积居奇、牟取暴利的企图。因此，与其说是工业化建设形成了计划经济体制，不如说是革命和建设时期外在特殊环境成就了计划经济体制的形成。

从世界范围内一般国家工业化发展的过程进行分析，先起工业化国家和地区工业化与市场机制的完善是同步的，工业化与农业劳动力转移、城市化率的提升是同步的。这些国家在推进国家工业化时，一般存在依靠掠夺进行资本积累，依靠国外市场的拓展从事工业产品贸易，依靠殖民地和半殖民地获取工业发展的原料。但是，我国推进工业化进程没有这些条件，在工业化起步时，所具有的优势和契机就是苏联、东欧国家的技术、设备和专家的援助，正是这些援助解决了工业化建设的主要问题，如果此时依然停留在对原来新民主主义社会建设的认识层面上，明显是滞后于形势发展需要的。党内在"八大"前后对经济体制进行过一定的探索，对市场机制的作用并没有完全否定。问题是这种探索囿于已有经验的限制和对社会主义认识的局限性，没有采取陈云提出的"三个主体，三个补充"的建议，而是沿袭战争时期群众运动的方式从事工业化建设。从表面现象上看，这种群众运动方式似乎发挥了人力资源的优势，实际上这种方式在建设中造成的混乱使人力资源的比较优势荡然无存。

第三章
河南省工农业互动发展阶段的工农业关系（1979~1992年）

1979~1992年是河南省工业化进程中工农业互动发展的阶段。在这个阶段，河南省开始从计划经济体制向市场经济体制过渡，从工业片面发展向工农业互动发展转变。工业增长开始从粗放型增长方式向集约化增长方式转变，从农业滞留大量剩余劳动力向农业剩余劳动力向非农业部门转移。河南省工农业互动发展阶段的特点是：工业化战略实施农、轻、重按比例发展的战略；农业部门取消人民公社的经营体制，实行双层经营的家庭联产承包责任制；在资源配置方式上改变高度集中的计划管理体制，实行计划与市场相互协同体制；市场条件下，工农业产品价格的"剪刀差"、农业税收、农业附加税等因素依然存在，尽管取消了"以农养工"的强制性统购统销的政策，但是，"以农养工"的整体格局没有从根本上改变；在政府向工业部门投资倾斜的政策导向下，市场机制的作用使社会各项资源向非农业部门流动，工业部门依然维系高投入和高积累、高消耗和高速度、高污染和低效率并存的粗放型增长方式；由于政策上趋向工农业协调互利的政策导向，河南省工农业部门相互支持，推进了河南省农业现代化发展、农业劳动力的转移和城市化率的提高。

第一节　政策调整：河南省工农业发展体制的市场取向

一　农业政策调整：确立家庭联产承包责任制

党的十一届三中全会的召开，为河南省调整工农业政策提供了政策前提。十一届三中全会以前，由于片面发展工业的政策，导致河南省工农业关系的比例严重失调，广大农民在半温饱的水平线上徘徊。为了贯彻落实十一届三中全会的精神，1979年1月，中共河南省委召开常委扩大会议，会议制定并着手实施《关于目前农村经济政策的若干补充意见》，提出十项关于农村和农业发展的政策和措施。4月，河南省积极贯彻落实中共中央工作会议提出的"调整、改革、整顿、提高"八字方针，依据中共中央的会议精神，首先是精心部署农业方面的工作。5月，开始提高农副产品的收购价格，减免部分农业税收，恢复和扩大农村社队的自主权，实行各种形式的生产责任制，调动广大农民的生产积极性[①]。到1979年夏，全省农村已经有47%的生产队实现了不同形式的生产责任制，比如"包工到组，联产计酬"、"小段包工，定额计酬"以及"五定一奖，联产计酬"等形式[②]。河南省之所以敢于在当时大搞各种农业生产的责任制，与党的十一届三中全会关于农村工作的会议精神有直接的关系。党的十一届三中全会同意将《中共中央关于加快农业发展若干问题的决定（草案）》发到各省、市、自治区讨论和试行，对于农业生产管理方式提出"可以按定额记工分，可以按时记工分加评议，也可以在生产队统一核算和分配的前提下，包工到作业组，联系产量计算劳动报酬，实行超产奖励"，但草案也明确指出"不许单干"的底线[③]。十一届三中全会后河南省在农业领域从实行各种形式的责任制到"联产承包"经过了一段曲折的历程。

[①] 河南省地方史志编纂委员会编《中原崛起之路——河南六十年发展回顾》，文心出版社，2009，第290页。

[②] 河南省社会科学院编《河南改革开放30年》，河南人民出版社，2008，第76页。

[③] 中共中央文献研究室编《三中全会以来重要文献选编》（上），人民出版社，1982，第185页。

第三章 河南省工农业互动发展阶段的工农业关系（1979～1992年）

十一届三中全会尽管转变了党的工作重心，开始总结社会主义建设的经验教训，对工农业关系进行有针对性的调整。但是，全会没有完全摆脱"左"倾指导思想的束缚，对农业"包产到户"严厉禁止，全会依然坚持人民公社实行"三级所有、队为基础"的基本核算单位，并稳定不变①。不过在农村人民公社体制下，全国范围内农业落后于工业发展的局面日益明显。1977年，全国粮食产量为5700亿斤，1957年为3900亿斤，年增长率与人口增长率同为2%②。全国农民家庭人均口粮在300斤以下，有近1/4的生产队人均年分配在40元以下，农村有2.5亿人没有解决温饱问题；1961～1978年我国粮食进口总计5877万吨，年均进口量为309万吨③。对河南省而言，1978年，全省粮食产量为419.5亿斤，人均占有量594斤，河南省仍为粮食调入省份④。因此，当中央允许农村实行有限制的生产责任制时，河南省农民的积极性是比较高的。

党的十一届三中全会对加快农业发展制定的一系列政策调动了全国各地农民生产的积极性，有些省份如安徽、四川等在1979年就自主尝试实施农业"包产到户"经营方式，以推进农业的发展。各地实施的农业生产方式的创新和改革引起了中央的关注。1979年3月，国家农委召开七省三县农村工作座谈会，专门讨论农业生产的责任制。会议围绕"包产到组"和"包产到户"展开讨论⑤。当时"包产到组"是依据三中全会认可的"包工到作业组"方式，因此，到这次会议召开时"包产到户"尽管没有得到政策允许，但已经成为一种半合法的农业经营方式。由此，会议对"包产到户"方式出现严重的分歧，分歧的核心是对待集体经济模式的态度上。⑥会议期间，3月15日，《人民日报》以《"三级所有，队为基础"应当稳定》为题目发表了甘肃干部张浩的来信。张浩出差路经洛阳地区看到"包产到户"的情况，就给《人民日报》写信，张浩在信中指出在洛阳看到农

---

① 中共中央文献研究室编《三中全会以来重要文献选编》（上），人民出版社，1982，第8页。
② 薛暮桥：《薛暮桥回忆录》，天津人民出版社，1996，第315页。
③ 武力、郑有贵主编《解决"三农"问题之路——中国共产党"三农"思想政策史》，中国经济出版社，2004，第602页。
④ 河南省地方史志编纂委员会编《中原崛起之路——河南六十年发展回顾》，文心出版社，2009，第75页。
⑤ 杜润生：《杜润生自述：中国农村体制变革重大决策纪实》，人民出版社，2005，第104页。
⑥ 杜润生主编《中国农村改革决策纪事》，中央文献出版社，1999，第86页。

村正在分组、分地，搞承包，建议中央予以纠正，《人民日报》在编者按中肯定了这封信①。当时这封信对河南省的农业生产责任制影响是比较大的，当时造成了严重的思想混乱。会议只是一种自由的讨论，没有对"包产、包干到户"做出结论。但是，安徽小岗村从1978年冬开始了"包产到组"试验，1979年11月，当年小岗村粮食产量为13.2万斤，相当于1966～1970年小岗村粮食产量的总和；油料产量3.52万斤，相当于小岗村合作化20多年的产量总和，小岗村不但结束了吃救济粮的历史，而且上缴国家粮食3200多公斤②。1980年1月，安徽农委副主任周曰礼在国家农委召开的农业经营管理会议上指出，1979年底，安徽实行"包产到组"的生产队占51%，"包产到户"的生产队占10%，这些生产队农业增产效果明显；周曰礼的发言引起与会的华东小组的围攻，主持会议的杜润生最后表示，地方可以试验"包产到户"③。

1980年5月，邓小平对安徽实行的"包产到户"进行了肯定和赞扬，邓小平指出，农村政策放宽之后，一些适宜搞"包产到户"的地方搞了"包产到户"，效果很好，变化很快。安徽肥西县绝大多数生产队搞了"包产到户"，增产幅度很大；有的同志担心，这样搞会不会影响集体经济。我看这种担心是不必要的，我们总的方向是发展集体经济。可以肯定只要生产发展了，农村的社会分工和商品经济发展了，低水平的集体化就会发展到高水平的集体化④。邓小平的"五月讲话"极大地鼓舞了尝试进行"包产到户"改革的各级政府。1980年9月，中共中央召开各省领导会议，专门讨论农业责任制的问题。9月27日，会议根据座谈会的意见形成《关于进一步加强和完善农业生产责任制的几个问题》，这个会议纪要对于各地实行的"包产到户"问题，从政策上明确作出规定。指出对边远山区和贫困落后的地区，长期需要粮食的返销和救济的生产队，群众对集体丧失信心要求实行"包产到户"的，地方政府应当支持群众的要求，可以实行"包产到户"，也可以"包干

---

① 杜润生主编《中国农村改革决策纪事》，中央文献出版社，1999，第89页。
② 张德元、何开荫等：《变迁——安徽农村改革述论》，安徽大学出版社，2007，第12～13页。
③ 杜润生：《杜润生自述：中国农村体制变革重大决策纪实》，人民出版社，2005，第107页。
④ 《邓小平文选》第2卷，人民出版社，1994，第315页。

到户",并在一个较长的时间内保持稳定①。这个文件的发布,终于为实施"包产到户"的做法给出了明确的支持态度。到1980年4月,河南省382143个生产队,已经建立生产责任制的生产队有374206个,占全部生产队的97.9%,其中实行联产到组的占7.1%,联产到劳的占46.8%,划分作业组不联系产量的占8.7%,小段季节包工不联系产量的占32.4%,包产到户的占5%②。1980年10月,河南省召开地委和市委书记会议,讨论加强和完善农业生产责任制问题,会议支持各地实行不同形式的生产责任制。1981年3月,中共中央鉴于农业"包产到户"对农业生产的推动作用,转发国家农委《关于积极发展农村多种经营的报告》的通知,通知提倡农业在推行统一经营的前提下,可以实行按专业承包、联产计酬的生产责任制,组织各种形式的专业队、专业组、专业户、专业工③。农业的"包产到户"没有改变集体经济的基础,因为土地等生产资料还依然归集体所有,改变的是农业生产和分配方式。农业生产责任制的推行,促进了河南省农业的发展,1978年河南省农业总产值为95.38亿元,1983年达到187.49亿元,相当于1978年的1.9倍;农业收入也实现大幅度增长,1983年农业经济总收入达到187.49亿元,相当于1978年63.09亿元的2.2倍;农业人均劳动力收入,1978年为329.6元,1983年为737.21元④。

1982年1月,中共中央批转《全国农村工作会议纪要》,明确赋予"包产到户"和"包干到户"社会主义性质,这标志着我国农村家庭承包经营制度正式确立。从全国范围选择"双包"到户的生产队数量来看,1980年秋占全国生产队总数的20%,1981年底占50%,1982年夏占78.2%,1983年底已达到99.5%;其中实行"包干到户"生产队占总数的97.8%⑤。农业家庭联产承包责任制已成为我国农业基本经营方式。家庭承包责任制打破了人民公社体制对农业生产力的严重束缚,调动了农民生产的积极性。1984年,全国农业总产值比1979年增长55.4%,年增长

---

① 《中共中央文件选编》,中共中央党校出版社,1992,第140~141页。
② 河南省社会科学院编《河南改革开放30年》,河南人民出版社,2008,第76页。
③ 中共中央文献研究室编《三中全会以来重要文献选编》(下),人民出版社,1982,第977页。
④ 河南省地方史志编纂委员会编《中原崛起之路——河南六十年发展回顾》,文心出版社,2009,第291页。
⑤ 武力、郑有贵主编《解决"三农"问题之路——中国共产党"三农"思想政策史》,中国经济出版社,2004,第611页。

率为 7.6%；1984 年粮食产量超过 4 亿吨，比 1979 年增长 33.6%[1]。在实现农业生产经营方式变革的同时，中共中央决定在农业开展多种经营、农产品流通和农产价格体制等领域也进行了深入的改革。从 1982 年开始，中共中央连续发布五个"一号文件"，有力地促进了农业的发展。

1982 年，中共中央批转的《全国农村工作会议纪要》是改革开放以来的第一个推进农业发展的"一号文件"。"一号文件"在肯定三中全会以来农业和农村政策的同时，强调指出农业走社会主义集体化道路，土地生产资料的公有制是长期不变的，对于各地实行的形式多样的生产责任制，文件指出"只要群众不要求改变，就不要变动"；对于联产承包责任制，文件指出"联产就需要承包"，这种制度"可以恰当地协调集体利益与个人利益"的关系；对于农村商品流通，文件指出，增加农民的收入，不要只靠国家提高收购价格，"主要依靠发展商品生产，实行多产畅销"；对于计划经济条件下支撑农村商品流通的农村各级供销社，文件指出"县联社和基层社都实行独立核算，自负盈亏，向国家交纳所得税的制度"[2]。"一号文件"突出强调了农业家庭承包责任制的长期性，在分配制度上改变了人民公社管理体制的平均主义分配方式；在农产品流通领域，改变了人民公社时期对农业生产和流通统一管理的体制，家庭联产承包责任制保证农民的生产和分配自主权，在国家税收、乡镇提留和统筹外，农民自主支配农业剩余产品，有力地增加了农民的收入，调动了农民生产积极性。随着农业开展多元化经营，农村出现各种农业专业户，推进了农产品商品化，农村农副产品集贸市场成为农村商品集散地。同时，农民个体开展多种经营，农村经济结构发生了巨大的变化，农村随即出现大量承包大户、雇工、长途贩运以及个人购置农业机械实施转租经营等方式，推动了农业劳动力的流动。为了保证农业经济的发展，党的十二大报告鼓励城乡劳动者个体经济在国家规定的范围内和工商行政管理下适当发展，个体和私营经济是公有制经济的必要有益的补充[3]。这是从实行人民公社体制以来，中央实现了从单纯强调农业集体经济到强调农业个体私营经济的转变。在实

---

[1] 赵晓雷：《中国工业化思想及发展战略研究》，上海社会科学院出版社，1992，第 301 页。
[2] 中共中央文献研究室编《三中全会以来重要文献选编》（下），人民出版社，1982，第 1061～1079 页。
[3] 《中共中央文件选编》，中共中央党校出版社，1992，第 218 页。

第三章 河南省工农业互动发展阶段的工农业关系（1979~1992年）

行家庭联产承包责任制后，农民开展多种经营，河南省豫东平原各县市的农民从集体分配中的收入超过了全省平均水平，周口人均收入达到96元，开封人均收入达到90元，商丘市人均收入从1980年的50元增长到1982年的87元[①]。1982年10月14日，邓小平总结三中全会以来农业发展的经验时指出，农业的发展一靠政策，二靠科学[②]。从当时农村经济发展的多元化格局来看，有必要从政策上规范农村商品流通和农村个体及私营多种经济成分发展。

1983年1月2日，中共中央再次发布农业"一号文件"，即《当前农村经济政策的若干问题》。文件指出，我国农业只有走农林牧副渔全面发展、农工商综合经营的道路，才能保持能源生态的良性循环和提高经济效益；为了推动农业商品化的发展，提出经济联合是商品生产发展的必然要求，指示各地根据经济发展的需要，开展多种形式，多种层次的经济联合；文件指出，为了适应农业生产经营方式的变化，人民公社体制要从两方面进行改革，对于实行生产责任制特别是实行联产承包制的人民公社，实行"政社分设"；文件对农村个体商业和各种服务业的发展，提出应适当加以发展并给予必要扶持；文件指出农林牧副渔各业要根据实际情况建立商品生产基地，实行经济责任制，农工商综合经营[③]。

1984年，我国的粮食产量达到了历史高峰。广大农民不但解决了温饱问题，而且在农村和城乡结合地带开展多种经营，在提高农产品商品化的同时，随着农村人民公社体制的改变，农村劳动力向各行业开始流动。农民部分从事加工和工业生产行业，农村原有的社队企业开展联合经营或承包方式，农村形成了以粮食生产为主体的农林牧副渔全面经营，农工商共同繁荣的局面。1984年，河南省批准建立粮食市场。农民开始走出家门，到城市自谋职业，河南省城镇个体就业人员数量直线上升。1980年，河南省城镇个体从业人员为70575人，1982年增至144102人，1984年增至264743人[④]。农

[①] 河南省地方史志编纂委员会编《中原崛起之路——河南六十年发展回顾》，文心出版社，2009，第318页。

[②] 《邓小平文选》第3卷，人民出版社，1993，第17页。

[③] 《当前农村经济政策的若干问题》1982年12月31日中央政治局讨论通过，1983年中共中央印发。

[④] 数据来源于《河南统计年鉴1985年》，河南人民出版社，1986，第60页。

村面貌的改变需要国家政策的指导和制度建设的保障。

1984年，中共中央依据十二大提出的走出一条具有中国特色的社会主义农业发展道路的指示精神，1月1日，再次发布关于"三农"发展的第三个"一号文件"。文件在提出继续稳定和完善联产承包责任制要求的同时，鼓励农村发展大规模商品生产。对于农业经营的联产承包责任制，文件指出"自留地、承包地不准买卖，不准出租，不准转作宅基地和其他非农业用地"；对于农村雇工和实行经营责任制的社队企业，文件指出农村雇工和社队企业，只要向集体上缴利润并对工人以一定比例的劳动返还，"可以不按资本主义的雇工经营看待"；对于承载城乡物资流通的供销社体制改革，文件指出，"各级供销社要实行独立核算，自负盈亏，有关制度也要按合作企业性质进行改革"；为了提高农副产品的商品化程度，文件指出"继续调整农副产品购销政策"，"继续减少统派购的品种和数量"，同时指出"在大品种的集中产区可组成生产者协会，推选代表，与当地收购单位沟通情况，协调关系，解决共同关心的问题"[①]。中央的第三个"一号文件"重点推动农村的商品化，推动农村生产性企业的发展，尤其是鼓励农村大宗农副产品的集中区域可以组成生产者协会，与政府谈判商议收购价格，这是对农民话语权和利益表达权的认同和尊重。不过在粮食增产并解决农村温饱问题的同时，由于农副产品流通渠道的不畅，出现了农民卖粮难的问题。很明显，在计划经济时期出现的农副产品供给不足的问题已经让位于农村改革中出现的农业剩余无法有效流通的问题，对农产品的统购统销政策已经严重阻碍了农业的发展，不利于提高农民的收入。

1985年1月1日，中共中央发布第四个"一号文件"，即《中共中央国务院关于进一步活跃农村经济的十项政策》，文件对农产品统购统销制度在过去的作用给予高度评价，指出："农产品统销派购制度，过去曾起了保证供给、支持建设的积极作用，但随着生产的发展，它的弊端就日益表现出来，目前已经影响农村商品生产的发展和经济效益的提高。"文件指出以后"国家不再向农民下达农产品统购派购任务"，"实行合同订购和市场收购"，国家收购农产品不会再遭遇完不成收购任务的情况，取消农产品统购统销政策；文件对取消统购统销政策后的农产品流通作出指示，

[①] 《中共中央关于一九八四年农村工作的通知》1984年1月1日。

文件指出"农产品不再受原来经营分工的限制，实行多渠道直线流通"，农产品的经营、加工和销售单位可以与农民直接签订收购合同；文件在支持农村乡镇企业发展的同时，也支持农村采矿工业的发展①。1985年的中央"一号文件"取消农产品统购统销政策，支持和鼓励农业商品化的生产和流通，支持乡镇企业的发展和农村采矿业的发展，全面推动农村产业结构的调整。"一号文件"在恢复了农民自主处理农产品权利的同时，也推动了农村工业的发展，这为农村产业结构调整和农业劳动力转移提供了有利的政策支持。

1986年，中共中央发布第五个涉农"一号文件"，文件在回顾农业发展政策变迁和农业发展成就的同时，针对农业物质技术基础薄弱的问题，对1986年的农业工作提出新的要求。文件提出"落实政策，改善农业生产条件，组织产前产后服务，推动农村经济持续稳定协调的发展"的要求。随着家庭联产承包责任制的全面实施，农村基层政权发生了根本变化，原来政社合一的人民公社体制让位于乡村政权体制。人民公社时期基层政府掌握生产的分配权力，在取消人民公社体制后，农村的公共服务由农村自身负担，另外还要负担乡村各项办公费用，这就在农业税收之外增加了农业统筹提留款，也就是地方附加税。对于从乡镇企业征收的支持农业发展的税收，乡镇政府有时会出现截留的现象，为此1986年"一号文件"强调并指出国家适当增加对农业基本建设和农业事业费的投资，县乡政府不准挪用乡镇企业征收的附加税，一定要用于农业；对于农村乡镇企业的发展，要求不得占用农村劳动力和农业生产的土地。文件在鼓励乡镇企业发展的同时，指出县镇企业"克服耕地有限、劳力过多、资金短缺的困难，为建立新的城乡关系，找到了一条有效的途径"，要求中央和地方对乡镇企业"应当积极扶持，合理规划，正确引导，加强管理"，以保证乡镇企业健康发展②。1986年的中央"一号文件"在推动农业持续发展的同时，更重要的是为了协调农村工农业关系，因为在农业获得长足发展的同时，农村乡镇企业已经成为国民经济重要组成部分。河南省1978年乡办工业总产值为11.2亿元，集体工业总产值为44.34亿元，分别占当年全省

---

① 《中共中央国务院关于进一步活跃农村经济的十项政策》1985年1月1日。
② 《中共中央国务院关于一九八六年农村工作的部署》1986年1月1日。

工业总产值份额的6.6%和26%；1980年，河南省乡办工业总产值为10.86亿元，集体工业总产值为53.20亿元，分别占当年全省工业总产值份额的5.2%和25.4%；1984年，乡办工业总产值为15.88亿元，集体工业总产值为87.72亿元，分别占当年全省工业总产值份额的5.2%和28.5%；1986年，乡办工业总产值为23.48亿元，集体工业总产值为154.13亿元，分别占当年全省工业总产值份额的4.9%和32.2%[①]。1986年河南省乡办工业总产值是1978年的2.1倍，集体工业总产值是1978年的3.47倍。可以看出，1986年，河南省集体工业的产值增长幅度较大，而乡办工业在工业产值的份额逐渐下降，原因在于个体私营工业发展的速度也是比较快的，1986年城乡个体工业产值已经超过了乡办工业产值，达到30.3亿元。改革开放以来，国家对农业政策的调整改革使河南农村发生了巨大的变化。

二 工业化战略调整：农、轻、重按比例发展

新中国成立以来，在赶超型的优先发展重工业战略指导下，河南省郑州和洛阳成为国家"一五"期间的重点建设城市。在"156项工程"建设中，郑州建设了4项，洛阳建设了7项，其中洛阳建成了洛阳拖拉机厂、洛阳轴承厂、洛阳铜加工厂、洛阳矿山机械厂等工业项目。在工业优先发展阶段，河南省工业建设依据国家工业化建设要求同样实施工业部门的高速发展，基本建设投资向工业部门倾斜，导致工农业比例、轻重工业比例严重失调。从表2-6可以看出，1976～1978年，河南省农业基本建设投资比占0.9%，重工业投资比占65.4%，轻工业投资比占3.1%，低于"一五"期间12.3%的水平。从2-1至表2-7可以看出，1978年，河南省农业总产值年增长率为9.6%，工业总产值年增长为7.6%，其中重工业增长了11.8%，轻工业增长了7.2%；在工业总产值中，重工业产值份额为54.2%，轻工业产值份额为45.8%；农业比较劳动生产率为54.3%，工业比较劳动生产率为354.3%。河南省在集体福利、职工住宅、城市建设和文教卫生事业等方面的发展严重滞后，农轻重比例的严重失调导致市场上消费品供应紧张，1978年，河南省社会商品零售总额为93.6亿元，

---

① 《河南统计年鉴1993》，中国统计出版社，1993，第161页。

增长率为4.3%，远低于工农业总产值年增长速度，这说明河南省市场消费品与购买能力之间存在较大的差距①。针对全国范围内国民经济比例严重失调的问题，中共中央开始在全国范围内对工农业关系及工业化发展战略进行一系列的政策调整。

其一，调整工农业发展比例关系。1979年3月14日，陈云、李先念向中共中央写信指出，从长期来看，国民经济按比例发展就是最快的速度，现在国民经济发展没有实现综合平衡，工农业比例失调的情况比较严重，因此要有两三年调整时期，才能大体改变工农业关系比例失调的局面②。陈云强调的是调整农轻重的发展比例，陈云之所以强调农轻重的比例，与1978年前后全国出现的"洋冒进"有直接的关系。"洋冒进"依然坚持重工业的优先发展，忽视农业和轻工业的发展，农业已经难以支撑工业发展的速度和政策的倾斜。3月21日，陈云在中央政治局会议上再次强调国民经济发展比例问题。3月23日，邓小平讲话支持陈云的意见，指出当前中心任务就是国民经济调整；调整是大方针、大政策。过去提"以钢为纲"，钢的水平，也不光是由数量决定的，还要看质量、品种、规格，一个国家的工业水平，不只决定于钢③。当时中国的钢铁产量已经达到4000万吨，邓小平提钢的产量，是相对于工业化建设历史上，片面发展钢铁生产代替整个工业化建设的倾向而言的。

1979年4月，中共中央召开各省党政机关主要负责人会议，会议具体部署国民经济的调整工作，并制定了调整国民经济的具体政策和措施，调整的范围包括调整工农业关系、轻重工业的关系、农轻重部门的投资比以及国民收入积累和消费比例等④。5月16日，邓小平在会见日本媒体记者时再次阐述了国民经济的"调整"方针，邓小平解释说调整主要是调整国民经济内部的关系，如工农业关系、轻重工业关系，调整是为了更好地建设，国民经济比例关系更恰当一些，才能比较快地前进。国内经济先搞什

---

① 河南省地方史志编纂委员会编《中原崛起之路——河南六十年发展回顾》，文心出版社，2009，第287页。
② 《陈云传》下，中央文献出版社，2005，第1557页。
③ 《邓小平思想年谱1975~1997》，中央文献出版社，1998，第111~112页。
④ 刘国光主编《中国十个五年计划研究报告》，人民出版社，2006，第443页。

么，后搞什么，哪些要快一点，哪些要慢一点得调整[①]。对于工农业关系的调整，政策上主要是提高农副产品的收购价格，1979~1980年，国家农副产品的收购价格提高30.8%，农民增收277亿元；对工业内部的调整，主要是调整轻重工业的发展比例，1980年的轻工业产值占工业总产值份额由1978年的43%提高到1980年的46.9%；国民收入的积累率由1978年的36.5%下降到1980年的31.6%[②]。河南省依据中共中央提出的调整"八字"方针，首先调整工农业关系，主要是调整粮油价格和收购基数。从1979~1980年，粮油统购价平均提高21.6%，超购粮油加价30%~50%；先后三次调整减少收购基数2.67亿公斤，并逐步恢复粮油的议价收购[③]。

其二，工农业发展从封闭走向开放。新中国成立之初的工农业战略是优先发展重工业，现在调整产业部门发展的先后次序，就是调整工业化建设的次序。6月18日，全国人大五届二次会议肯定了国民经济调整，要求从1979年起，集中三年时间进行国民经济调整，肯定国民经济调整、改革、整顿、提高的八字方针，认为是一个必要的、正确的和完全积极的方针[④]。至此国民经济调整的"八字"方针指导国民经济各项比例关系的调整，实际上是调整我国工业优先发展战略，即从重工业优先发展的战略调整为"农轻重"按比例发展的战略，从封闭型的工业化战略调整为开放型的工业化战略，从计划经济管理体制调整为计划为主、市场为辅的经济管理体制。经过调整，国民经济比例关系逐渐走向协调，

全国范围内之所以能够推进国民经济的调整，关键在于经济建设的国内外形势发生了巨大的变化。新中国成立初期之所以采用特定的制度安排和政策设计保证"以农养工"，原因在于农业发展水平不能支撑工业化建设的需要，同时外来援助非常有限，国民经济建设在"一五"计划后几乎总是在半封闭的条件下进行。"一五"期间，工业化建设多来自苏联、东欧国家的援助。20世纪60年代，随着中苏关系的破裂，我国通过民间贸

---

① 《邓小平思想年谱1975~1997》，中央文献出版社，1998，第119~120页。
② 刘国光主编《中国十个五年计划研究报告》，人民出版社，2006，第403页。
③ 河南省地方史志编纂委员会编《中原崛起之路——河南六十年发展回顾》，文心出版社，2009，第297页。
④ 《陈云传》（下），中央文献出版社，2005，第1565页。

第三章 河南省工农业互动发展阶段的工农业关系（1979～1992年）

易从欧洲和日本等国进口工业化建设所需要的设备和技术，到1978年共计运用出口信贷26亿美元[①]。在十一届三中全会后，我国实现了与美国等西方发达国家的关系正常化，从封闭转向开放，开始广泛深入地参与国际分工，吸收国际市场的各种资源服务于经济建设。在调整工农业关系的同时，1978年10月10日，邓小平在会见西德新闻代表团时，指出过去有一段时间，我们把向外国学习先进科学技术叫作"崇洋媚外"，现在看来这是一种蠢话，因为"关起门来，故步自封，夜郎自大，是发达不起来的"，因此现在我们引进国外先进技术，"是为了发展生产力，提高人民生活水平，是有利于我们的社会主义国家和社会主义制度"[②]。十一届三中全会提出"对外开放"的重大战略决策，先后在我国东南沿海地带开辟4个经济特区，随后又开放了14个沿海城市，形成由点到面的全方位开放格局。

其三，建立工业企业管理责任制。工业优先发展阶段，全国范围采用计划经济体制，集中全国人力、财力和物力进行工业化建设，在优先发展重工业政策导向下，实现社会资源配置向重工业严重倾斜，结果造成全国范围工农业关系发展失调以及工业部门内部轻重工业比例失调。为了保证工业部门的高速增长必须提高国民收入的积累率，从而在国民收入分配上实行高积累和低消费的政策；用政策的指令性计划管理代替市场的作用。在计划配置资源的条件下，工业经济发展的微观经济环境处于公平和效率整体缺失的循环状态之中。1978年，我国轻工业发展严重滞后、轻重工业比例失调以及工业企业管理高度集中，大部分国有工业企业陷入严重的亏损状态。1978年底，全国工业企业管理混乱的占1/3，全国重点工业企业产品30项质量指标检测中低于历史最好水平有13项指标；国营工业企业每百元工业产值实现利润低于历史最好水平占1/3；24.3%的独立核算国营工业企业亏损，亏损总额为37.5亿元[③]。

为了规范全国的工业企业管理，1978年4月20日，中共中央发布《工业三十条》，强调企业"必须以生产为中心"，要求强化生产责任制，建立和保持企业生产正常秩序[④]。三中全会以前国家对工业企业管理体制

---

① 祝合良：《开放条件下的中国工业化》，经济管理出版社，2002年1月第1版，第141页。
② 《邓小平年谱1975～1997》（上），中央文献出版社，2004年7月第1版，第398～399页。
③ 汪海波主编《新中国工业经济史》，经济管理出版社，1986年7月第1版，第406页。
④ 金碚：《中国工业改革开放30年》，《中国工业经济》2008年第5期，第5～13页。

的调整，主要集中在中央和地方对国有工业企业的管理权限上，没有改变高度集中的计划管理体制，工业企业在缺乏外部竞争的条件下，依靠投资就可以实现产值的增长，不可能关注效率和效益。针对国有工业企业缺乏外部竞争和内部激励机制造成的效益低下问题，中共中央采取扩大企业经营自主权，以提高工业企业经营的效率。

1978年12月，邓小平在中央工作会议上讲话提出立即扩大厂矿企业和生产队的自主权，以保证每一个工厂和生产队能够发挥主动创造精神[①]。三中全会就工业企业管理体制问题，指出权力过于集中是我国经济管理体制的一个严重缺点，中央应大胆下放企业管理权，让工农业企业在国家统一计划的指导下有更多的经营管理自主权[②]。在中央政策指导和推动下，到1980年底，全国有6000多家企业开展扩大企业经营自主权的试点，扩大企业经营自主权试点企业产值约占60%，利润约占70%；此外，全国开展独立核算、国家征税、自负盈亏管理改革试点的企业有200多家[③]。全国范围内开展管理改革的试点企业分为两类：一部分企业本身就属于生产、销售和流通比较顺畅的企业，这类企业在推行管理改革方面积极性较高；另一部分是亏损企业，希望上级管理部门实施政策和其他方面的支持，对扩大企业管理自主权改革的积极性不高。为了从根本上提高企业改革管理体制的积极性，中央在分配上实行国家与企业的利润分流，以提高企业生产经营积极性，建立工业企业生产经营责任制。

1979年12月，李先念在全国计划会议上指出工业企业"要建立严格的责任制"，有了明确的责任划分就可以"做到各种事情都有人负责"，决不能再干过去计划经济条件下不讲经济效益，单纯追求产值、速度的事[④]。真正要提高国有工业企业的经济效益，就必须提高企业的经营自主权，而要提高企业的经营自主权，主管部门必须放权，使企业真正成为独立核算、自负盈亏的生产分配单位；而要避免企业自主经营导致管

---

① 《邓小平文选》第2卷，人民出版社，1994年10月第2版，第146页。
② 中共中央文献研究室编《三中全会以来重要文献选编》（上），人民出版社，1982，第6页。
③ 贺跃民：《扩权让利：国有企业改革的突破口——访袁宝华同志》，《百年潮》2003年第8期，第4~11页。
④ 中共中央文献研究室编《三中全会以来重要文献选编》（上），人民出版社，1982，第294~295页。

理的混乱，就必须营造企业运营的外部竞争性环境，创设竞争性环境的关键在于引入企业生存发展的市场机制。而要实现这一点，就必须处理计划经济与市场经济、公有制经济与非公有制经济之间的关系。在计划经济体制下，工业企业只有计划指导下的生产权利，没有产品的分配和流通权利，扩大企业的经营自主权赋予企业生产、分配和销售方面的自主权利。过去城乡物资流通的渠道主要是通过国家的计划管理和供给，在企业扩大自主权的情况下，在农业开展多种经营提高农产品商品率的情况下，企业外部市场的发育和成熟就成为企业经济效益提高的关键因素。由此，计划经济体制下公有制的国有工业企业一元化局面让位于公有制为主体其他经济成分为补充的格局，市场上不单有国有的公有制企业，同时还并存着其他非公有制经济成分的企业。

为了推进市场的发育，为国有公有制工业企业营造更好的生存竞争环境。1981年10月，中共中央、国务院发布《关于广开门路、搞活经济，解决城镇就业问题的若干决定》，《决定》指出国有经济和集体经济是社会主义经济的基本形式，劳动者个体经济成分是社会主义公有制经济的必要补充；在社会主义公有制经济占优势的根本前提下，实行多种经济形式和多种经济方式长期并存，是我党的一项战略决策[1]。这就从政策上允许和鼓励非公有制经济成分的发展。

"一五"计划完成后，私营和个体经济在1957年基本退出社会经济领域，改革开放以后为了提升国有公有制经济成分的效率，加强城乡物资流通，培育市场的竞争机制，个体和私营经济在城乡区域又逐渐发展起来。1980年，河南省城乡个体工商户有33886户，1982年有155378户，1984年有306010户，1985年达到367431户；同时，涌现出大量的乡镇企业，1980年，河南省乡镇企业有11995家，1982年有12368家，1984年有13463家，1985年有13503家[2]。全国范围的乡镇企业安排就业人员达到6979万人，占农村劳动力就业份额的18.8%[3]。非公有制经济和乡镇企业的发展有力地推动了市场的发育、商品经济的流通和市场竞争机制的发展，

---

[1] 中共中央文献研究室编《三中全会以来重要文献选编》（下），人民出版社，1982，第983~984页。
[2] 《河南省年鉴1985》，河南人民出版社，1986，第121、241页。
[3] 武力主编《中华人民共和国经济史》（下），中国经济出版社，1999，第924页。

同时这些企业的发展壮大改变了过去计划经济体制下农村劳动力转移流动的固化状态，农村劳动力开展多种经营，城市劳动力的就业渠道也不再单纯依赖国有工业企业的安置。国有企业在城乡集体和私营企业发展的情况下也可以实现产业转移，促进农村经济的发展；农业经济的多元经营，在提升市场供给能力的同时，也为国有工业企业的发展提供了有力的支持。

三　经济体制调整：市场取向的资源配置方式

在工业优先发展阶段，计划经济体制的形成和功能的发挥伴随着工业化建设的进行，当时实行计划经济体制既是出于维护全国刚解放的社会经济秩序的需要，也有经济基础薄弱集中力量从事工业化建设的需要。"一五"期间的国家工业化建设之所以能够顺利进行并圆满完成，实行计划经济体制功不可没。但是，计划经济体制中的计划统御和管理以及各种计划指标是相对稳定的因素，而经济建设中的社会资源流动和配置是动态的因素，计划制定得越详尽，计划与实际的误差就越大。对于落后国家在工业化建设起步的时期，实施计划经济有其必然的优势，计划经济有效地规避了生产的盲目性。但是，在生产力水平较低情况下实施的计划经济，照搬的是苏联工业化建设的计划经济做法，而这种做法与马克思所说的在生产力高度发达基础上为了规避社会生产的无序和混乱而采用的计划经济体制有着根本的区别：首先，马克思所说的计划经济是相对于生产力发达的水平层次而言的；其次，马克思所说的计划经济是为规避资本主义生产的社会化与私人占有基础上生产的无序而言的；再次，马克思没有明确指出在落后生产力条件下建立社会主义国家必须采取计划经济体制。因此，我国在新中国成立初期采取计划经济体制的原因，一是国内外形势的需要，二是学习苏联社会主义建设模式的结果。

计划经济体制和市场经济体制都是现代经济的形式，在先起工业化国家实施工业化起步时是没有计划经济与市场经济之划分的，因为这些国家实施工业化起步的过程，也就是市场经济生成和发育成熟的过程。资本主义国家认识到计划经济和国家干预经济运行的必要性起源于1929年席卷世界的经济大萧条时期，当时因为苏联作为社会主义国家实行国家对经济的严格管制而没有受到冲击，反而趁资本主义经济萧条的契机，实施了工业化建设的两个五年计划。当苏联的工业建设成就与欧洲资本主义国家的萧

第三章 河南省工农业互动发展阶段的工农业关系（1979~1992年）

条形成鲜明对比，苏联计划经济的弊端被掩盖在工业化建设的成就之下。无形中形成的认识就是计划经济优越于资本主义国家的市场经济体制。在我国利用计划经济体制推动工业化建设的过程中，在"一五"计划将要完成时的党的八大会议上，苏联模式的弊端已经引起党的领导人的注意。尤其是苏共二十大揭了斯大林的"盖子"，在国际共运历史上开始批判斯大林之时，我国实际上已在探索符合我国国情的社会主义经济建设规律和形式。这种探索不是否定计划经济，而是要发挥计划经济体制的优越性，激发出计划经济体制中的"灵活"的因素。这种"灵活"的因素就是劳动力，尤其是农业剩余劳动力。当时中央领导人不可能无视我国工业化只是具有初步的基础，以及整个国家还处于小生产者占据主导地位的国情现实。在"一五"计划结束后，对于如何在小生产者占主体的国家提高生产效率的问题，毛泽东主张通过激发群众生产积极性和集体生产优越性的方式来实现。

"一五"时期的工业化建设和社会主义改造的实践证明，只要调动人民群众的积极性，集体生产方式明显优于个体生产效果。正是出于这种考虑，从1957年底毛泽东坚持主张反"冒进"，批评党内某些领导人的保守思想。大力推进工农业生产的高潮和跃进。三年"大跃进"的教训不是群众的积极性被高度地调动起来，而是调动起来的群众在努力方向上出现了严重的问题。"大炼钢铁"是现代化生产性企业在技术和现代设备支撑下的现代化生产经营活动，不是仅靠热情和积极性以及单纯的物资消耗就能够完成的。从我国经济发展的需要来看，当"一五"计划完成时，工农业关系就应该实现互动发展，在产业部门关系上实施农、轻、重的按比例发展，在社会资源配置方式上实现计划为主、市场为补充的资源流动方式。结果是"大跃进"的失败对工农业生产造成严重的后果，影响到工农业的持续协调发展。农、轻、重的按比例发展与计划市场的协同一直到改革开放后才被提及。

在十一届三中全会后，党的领导人就开始不断反思和提出经济体制调整的意见。1979年3月，结合苏联和我国的经济建设实际，陈云谈到计划与市场关系时指出，六十年来，苏联或中国的计划工作制度只有"有计划按比例"这一条，没有市场调节这一条；社会主义经济存在有计划按比例的部分，还有市场调节部分，市场调节就是根据市场供求的变化进行生产，不按计划；社会主义条件下计划是主要的，市场是补充的附属的，但又是不可缺少的①。实际上早在1956年陈云就提出"三个主体，三个补充"的经济体制改革设想，只是由于形势的发展没有得到具体实施。当时党内对社会主义经济体制调整和如何调整没有形成统一的认识，不过陈云是党内较早注意市场调节必要性的领导人。4月5日，在中央工作会议上，李先念又提到社会主义经济体制改革问题，李先念认为现行经济管理体制的弊病很多，必须对此进行逐步改革，李先念指出，现行的经济管理体制总的看来是集中过多，计划搞得过死，财政上统收统支，物资上统购包销，外贸上统进统出，"吃大锅饭"思想盛行，不讲经济效果；对于经济体制改革的原则和方向，李先念首先指出，在我们的整个国民经济中，以计划经济为主，同时充分重视市场调节的辅助作用；随后李先念又提出扩大企业自主权，明确中央与地方管理权限，精简行政机构等原则②。可以看出，李先念与陈云的意见比较一致。

不过陈云和李先念提出的是市场调节，而不是市场经济的说法，提出社会主义可以有"市场经济"的是邓小平。1979年11月26日，邓小平在会见外国友人时提出社会主义也可以搞市场经济，相对于市场调节的说法，市场经济是一种空前的突破。邓小平指出认为只有资本主义的市场经济，这肯定是不正确的。社会主义也可以搞市场经济，但不能说这就是资本主义，计划经济为主，结合市场经济还是社会主义的市场经济③。当时对计划经济和市场经济的传统认识就是计划经济等于社会主义，市场经济等于资本主义，邓小平提出社会主义条件下可以实行计划经济为主，市场经济为辅，再次明确了社会主义经济体制改革的方向。1981年6月27日，中共十一届五中全会决议明确指出社会主义经济体制是在公有制的基础上"实行计划经济，同时发挥市场调节的辅助作用"④。12月13日，在五届人大四次会议通过的国务院《政府工作报告》中再次提到计划与市场的关

---

① 李先念：《在中央工作会议上的讲话》1979年4月5日。中共中央文献研究室编《三中全会以来重要文献选编》（上），人民出版社，1982，第69~70页。
② 中共中央文献研究室编《三中全会以来重要文献选编》（上），人民出版社，1982，第141页。
③ 《邓小平文选》第2卷，人民出版社，1983，第236页。
④ 中共中央文献研究室编《三中全会以来重要文献选编》（下），人民出版社，1982，第841页。

第三章 河南省工农业互动发展阶段的工农业关系（1979~1992年）

系问题，政府工作报告明确指出："正确认识和处理计划经济和市场调节的关系，是改革中的一个关键问题。"同时又肯定了陈云在1956年提出的在国家计划许可范围内的自由生产是计划生产的补充的观点[①]。1982年，党的十二大报告再次强调计划和市场的关系，同时指出，计划都要自觉运用价格、税收、信贷等经济杠杆来引导企业实现国家计划的要求[②]。党的十二届三中全会为推动经济体制改革，通过了《中共中央关于经济体制改革的决定》，明确了经济体制改革的方向，统一了全党的认识。

《决定》指出经济体制改革的重点："第一，就总体说，我国实行的是计划经济，即有计划的商品经济，而不是那种完全由市场调节的市场经济；第二，完全由市场调节的生产和交换，主要是部分农副产品、日用小商品和服务修理行业的劳务活动；第三，实行计划经济不等于指令性计划为主，指令性计划和指导性计划都是计划经济的具体形式；第四，指导性计划主要依靠运用经济杠杆的作用来实现"[③]。《决定》为社会主义经济体制改革指出明确的目标、原则和方向。相对于工业优先发展阶段全党对计划经济的认识，《决定》主要实现了以下几方面的理论突破：首先，突破了社会主义与商品经济对立的传统认识。过去全党对商品经济的认识是否定的，认为商品经济与社会主义是对立的，如今针对农村的多元化经营，在农产品流通和分配上的改革，农村集贸市场的繁荣等，这些改革发展必须要求政策、理论和制度上的突破；其次，突破了计划经济与市场调节对立的看法。过去党内对于市场调节的概念是排斥的，尤其是实行社会主义改造以后公有制形式追求"一大二公"，是不可能从认识到实践上允许小生产者从事自由市场交换产品的，如今在家庭承包经营的农业生产方式条件下，回避和杜绝部分农副产品和小商品的市场交换事实上只能阻碍城乡物资商品流通；再次，实现了全党对计划经济内涵认识的突破。过去全党认为计划经济就是用指令性计划来实现对工农业部门的生产和分配以及流通管理，现在党的文件提出指令性和指导性都是计划经济的实现形式，也

---

① 中共中央文献研究室编《三中全会以来重要文献选编》（下），人民出版社，1982，第1029页。
② 《陈云传》（下），中央文献出版社，2005，第1623页。
③ 《中共中央关于经济体制改革的决定》1984年10月20日，《中共中央文献选编》，中共中央党校出版社，1992，第292页。

可以有其他的形式；最后，实现了全党对经济管理方式认识的突破。过去全党对经济的管理方式主要是依靠行政权力保证国家指令性计划指标的完成，现在强调主要运用经济杠杆手段来实现对经济的管理。

第二节 工农互动发展：河南省工农业关系量化分析

一 经济结构演进：河南省工农业经济定量分析

党的十一届三中全会同意将《中共中央关于加快农业发展若干问题的决定（草案）》发到各省、市、自治区讨论和试行，该决定针对我国当时工农业发展比例的严重失调现状，主要就调整我国当时的工农业关系，推动农业的发展，改变农业滞后于工业发展的局面做出了决定。三中全会强调要集中调整工农业发展的各项比例关系，制定把农业搞上去的方针，并提出农业发展的具体政策，要求逐步提高全国农副产品收购价，逐步缩小工农业产品价格"剪刀差"，加大对农业的投入。1979年3月，中共河南省委依据三中全会对农业发展的具体要求，发布《关于目前农村政策的若干补充规定》，指示全省农业建立生产责任制，由此拉开了河南省农村推行家庭承包责任制的序幕。1980年2月，河南省委、省政府发布《关于农村经济政策的若干规定（试行草案）》，对生产队的责任制、收入分配和家庭副业等问题做出具体规定，这些具体措施推动了河南省对农业生产责任制的落实。从1982年开始，为了解放农业生产力，中共中央连续五年发布了五个关于农业发展的"一号文件"，鼓励农业开展多种形式的生产责任制，开展农林牧副渔多种经营，加快城乡物资流通和农村集贸市场的发展，促进农村个体、合作经济的发展。1985年，国家取消对农副产品的统购派购制度。为推动农业发展，从1979年开始，河南省依据三中全会的精神，逐步提高农副产品收购价格，缩小农副产品统购派购的范围，直至1985年完全取消统购统销制度，河南省采取了一系列的措施。随着城乡工农业的发展，尤其是农村工业的发展，1985年，我国耕地面积减少6900万亩，粮食减产275亿公斤[①]。针对我国粮食产

---

① 杜润生主编《中国农村改革决策纪事》，中央文献出版社，1999，第145页。

量处于下降或徘徊的状态，1986年，中共中央发布第五个"一号文件"，即《中共中央国务院关于一九八六年农村工作的部署》，要求各地要增加对农业的投入，保证粮食年产量达到4500亿公斤；为了保证农业的粮食产量增长，规定提取部分乡镇企业所得税扶持农业，稳定全国农业生产资料价格，维持原有对农业的补贴；依靠科学，深入进行农村经济改革，推动农业的持续增长[①]。

党的十二届三中全会对经济体制改革提出明确的改革原则和方向，河南省委、省政府依据中央关于经济体制改革的方针，首先进行企业管理体制的改革试点，在全省工农业企业中推行厂长负责制。为了顺应工农业经济体制改革的需要，河南省依据宪法的规定，在1983年开始改革农村人民公社体制，先行试点，实行政社分开。6月，农村人民公社的改制工作结束。随着全国范围改革的重点从农村转向城市，1984年，河南省改革中心也转向城市经济体制的改革。河南省城市经济体制改革主要从两个方面展开，一方面是城市企业实行"利改税"，实现企业所有权与经营权的分离，在逐步扩大企业经营自主权的基础上，逐步建立企业自负盈亏、独立核算、自主经营的内在机制，保证企业独立的市场主体地位；另一方面是搞活城市商品的流通体制，鼓励城市居民开展多种经营。

在工农业互动发展阶段，河南省通过对工农业关系的调整，工农业经济结构发生了根本性的变化，城乡工业经济的发展有力地推动了农业剩余劳动力的转移。在这个阶段，河南省工农业关系的"以农养工"和粗放型经济增长方式没有从根本上改变。但是，由于农村工业发展带来的农业剩余劳动力的转移和流动，有效地提高了河南农民的收入，促进了工农业的进一步发展。

表3-1　1979~1992年河南省工农业经济结构的各项指标

年份\项目	人均GDP（美元）	人均GDP（RMB元）	农业GDP份额(%)	工业GDP份额(%)	农业就业份额(%)	城市化率(%)	工业化率(%)
1979	177.8	266.7	40.7	36.1	82.4	13.8	37.6
1980	211.1	316.7	40.7	35.1	81.2	14.0	36.8

[①]　《中共中央国务院关于一九八六年农村工作的部署》1986年1月1日。

续表

年份\项目	人均GDP（美元）	人均GDP（RMB元）	农业GDP份额（%）	工业GDP份额（%）	农业就业份额（%）	城市化率（%）	工业化率（%）
1981	226.7	340.1	42.5	33.1	81.3	14.2	34.5
1982	235.3	353.0	41.1	33.6	80.4	14.4	35.5
1983	288.6	432.9	43.7	30.6	79.0	14.6	33.2
1984	321.1	481.6	42.0	31.5	70.1	14.7	33.8
1985	386.5	579.7	38.4	31.9	73.0	14.8	35.5
1986	423.5	635.3	35.6	34.7	71.5	15.0	39.2
1987	503.9	755.8	36.1	32.1	68.6	15.1	37.6
1988	597.3	895.9	32.1	34.5	67.6	15.3	39.8
1989	655.3	983.0	34.1	33.1	69.0	15.4	40.2
1990	696.8	1045.2	34.9	30.9	69.3	15.5	38.8
1991	760.5	1140.7	32.0	32.1	69.3	15.9	39.6
1992	917.9	1376.8	27.7	37.6	68.2	16.2	45.4

注：人均GDP的美元数量是按1980年1∶1.5汇率换算，如果按照当年人民币兑美元汇率计算，不能看出河南省人均GDP数量的逐年增长，反而随着汇率的变化逐年下降；表中数据来源于《河南统计年鉴1993》，中国统计出版社，1993，第70页；工农业GDP份额数据是依据《河南统计年鉴1998》，中国统计出版社，1998，第81页的数据计算所得；农业就业份额是按照《河南统计年鉴1998》第134页数据计算所得；城市化率数据来源于《河南统计年鉴2010》，中国统计出版社，2010，第103页的数据；工业化率指工业部门的国民收入占国民总收入的比重，工业化率数据来源于《河南统计年鉴1993》第91页的数据。

从表3-1看出，1979~1992年，河南省农业GDP份额从40.7%降低到27.7%，降低了13个百分点；而同期河南省工业GDP份额从36.1%上升到37.6%，上升了1.5个百分点。但是，在工农业经济发展过程中，河南省工农业的GDP份额总体上呈现下降趋势，工业GDP份额只有1992年比1991年高出5.5个百分点。原因在于三中全会以后，党对工农业发展政策的调整促进了城乡第三产业的发展，因此随着第三产业GDP份额的上升，工农业GDP份额同时呈现下降的趋势。城乡第三产业的发展有利于河南农业劳动力的转移，从表3-1可以看出，随着河南省工农业GDP份额的下降，农业部门劳动力就业份额呈现下降的趋势：从1979年的82.4%下降到1992年的68.2%，下降了14.2个百分点；而同期河南城市化率从1979年的13.8%上升到1992年的16.2%，共上升了2.4个百分点。由此可见，河南省城市化率的发展严重滞后于工业部门的发展水平。

第三章　河南省工农业互动发展阶段的工农业关系（1979~1992年）

工农业互动发展阶段，河南省工业部门国民收入份额呈现上升态势，从1979年的37.6%上升到1992年的45.4%，上升了7.8个百分点。在工业GDP份额下降的同时工业国民收入在工业总产值中的比重却上升，这是因为三中全会以来党对工农业关系的调整以及对工业管理体制的改革所致。其间，河南省工农业经济结构的发展变化以1986年为界呈现前后两个不同的发展阶段。1979~1986年，工业的GDP份额下降1.4个百分点，而1986~1992年上升了2.9个百分点；1979~1986年农业的就业份额下降了10.9个百分点，而1986~1992年只下降了近3.3个百分点；对应的城市化率在1986年前后也呈现两个不同的阶段，1979~1986年河南省的城市化率上升了1.2个百分点，而1986~1992年也只上升了1.2个百分点。从中可以看出，河南省农业劳动力转移和城市化率在1986年以前不是同步发展，而1986年后农业劳动力的转移速度放慢，而城市化的发展几乎停滞。

这说明，在1979~1986年河南省工农业发展在基本建设投资比例、工农业增长速度、国民收入的积累与消费比例、工农业比较劳动生产率方面保持大致协调的状态。因此，这一阶段河南省在农业劳动力就业份额、城市化率上升、农业GDP份额下降方面几乎都是同步发展的；而1986年以后，除城市化率外，河南省在其他方面并没有表现出相应的同步变化，即在河南省农业GDP份额下降的同时，没有出现农业就业份额的同步下降和城市化率的同步提高，这一特点又体现出工业优先发展阶段河南省工农业发展的一些特征。参照钱纳里的一般国家模式，随着人均GDP的提高带来的工农业经济结构相应变化的数据，可以看出河南省工农业发展所呈现出的特殊性。

从表2-9可以看到，钱纳里提出的一般国家模式中，在人均GDP为100美元（按1964年美元）以下时，所对应的农业GDP份额为52.2%，工业GDP份额为12.5%；农业就业份额为71.2%，工业就业份额为7.8%，第三产业的就业份额为21%，城市化率为12.8%。表3-1使用的是1980年美元数据，1980年的近400美元大致相当于1964年100美元。河南省1986年人均GDP为423.5美元，所对应的钱纳里模型应在100~200美元之间。1986年河南省的工农业经济结构与钱纳里的人均GDP（按1980年美元）是400美元的数据对照，已经远高于这个水平；如果与钱纳里提出的人均GDP（按1964年美元）200美元的数据对照，钱纳里的数据在人均 100～200 美元（1964 年美元），工业 GDP 份额为 21.5%，农业 GDP 份额为 32.7%，农业就业份额为 55.7%，城市化率为 36.2%。而河南省在 1986 年农业 GDP 份额为 35.6%，工业 GDP 份额为 34.7%，农业就业份额为 71.5%，城市化率为 15.0%；1992 年河南省人均 GDP（按 1980 年美元计算）为 917.9 美元，在 740～1000 美元之间[①]。

对应钱纳里一般国家模式的参考数据，1986 年，河南省工农业经济结构的一些数据相对滞后：工业 GDP 份额高出钱纳里参考数据 13.2 个百分点，说明河南省在 1986 年第三产业发展的滞后；农业的就业份额高出钱纳里参考数据 15.8 个百分点，说明河南省农业劳动力的转移滞后；城市化率低于钱纳里参考数据近 21 个百分点，说明农业部门承载的人口数量较大，影响农业生产率的提高。将 1992 年河南省人均 GDP 数量达到 917 美元（1980 年美元）的经济结构指标与钱纳里人均 GDP 为 200 美元（1964 年美元）相对应的参考数据进行对比，发现河南省在工业 GDP 份额方面高于钱纳里的数据近 16.1 个百分点，农业就业份额高出近 12.5 个百分点，而城市化率低于钱纳里的数据近 20 个百分点。这显示出在河南省工农业互动发展阶段，工农业结构依然面临农业就业份额和工业部门产值过高以及第三产业发展滞后的局面，"以农养工"的格局并没有从根本上改变。

二 工业化资金积累：河南省"以农养工"量化分析

在工农业互动发展阶段，河南省依据三中全会以来关于工农业协调发展的指导方针，采取多种措施推动农业的发展。但是，工农业关系层面"以农养工"的格局没有从根本上改变。首先是乡镇企业的大量发展，直接侵占农业土地等生产资料，农业耕地面积的缩小与农业对农村工业发展的支持互有因果，而乡镇企业和农村私营个体工业企业的发展资金主要来源于农业和农村金融储蓄。其次，在工农业互动发展阶段，尽管工业发展对农业形成生产资料的有力支持，但这种支持的实现前提是农民收入增长带来的对农业投入的加大，而在农业收入和生产增产的情况下，市场形成的价格必然会随着供需关系的变化而变化，在农业产品价格弹性系数较低

---

① 按照郭克莎计算的结果，即 1970 年与 1964 年美元换算因子为 1.6，1982 年与 1970 年的美元换算因子为 2.4。郭克莎等：《中国工业化的进程、问题与出路》，《中国社会科学》2000 年第 3 期，第 60～71 页。

的同时，短缺经济条件工业产品的价格变化逐渐加大工农业产品价格的"剪刀差"，造成农业剩余大量流入工业部门。再次，农村人民公社体制取消后，农村公共产品的供给由农民承担，政府逐渐退出农村公共服务领域。农村公共服务开支需要由农民承担，必然加重农民负担，在农业投入的边际收益逐渐递减的情况下，农民从事非农产业成为农民提高收入的主要来源。这变相地促进了工业部门的发展，影响到农业部门的发展，客观上造成农业生产资源向非农业部门流动，农业发展依然处于滞后工业部门发展的状态。

其一，河南省工农业产品价格"剪刀差"的数量。在工业优先发展阶段，河南省在国家优先发展工业化战略的指导下，维系着工农业产品价格的"剪刀差"，到改革开放前，河南省农业发展已经没有部门积累的能力。据统计，1978年，河南省农业物质消耗占农业产值的份额为33.9%，农业增加值或净产值占总产值份额的43.9%[1]，以农业税收占农业总产值的10%左右计算，农业国民收入或净产值恰好等于农业的增加值，如果再加上工农业产品价格的"剪刀差"，农业处于入不敷出的状态。全国农业的发展情况大体趋势都是如此，为此中共中央在三中全会上强调要调整工农业关系，提高农产品收购价，降低农业生产资料价格，缩小农产品统购派购的范围，加大对农业的资金投入和政策扶持力度，实质上是增加农业的积累能力，提高农业的收入。中共中央随后调整改革农业的生产经营方式，拓宽农业的多元经营渠道，发展农村集贸市场，疏通农产品流通环节，推动农村非农产业的发展。1984年在全国粮食产量达到高峰的情况下，河南省的粮食和农业生产也取得空前的发展。1984年，河南省工农业产值达到491.55亿元，比1983年增长了11.6%；农业产值223.74亿元，比1983年增长9.7%；1984年粮食产量虽然比1983年减少了0.36%，这是由于河南省大量种植经济作物导致粮食的减产，而经济作物中棉花产量达到86886.5万公斤，比1983年增加39.34%；烤烟比1983年增加21.24%[2]。但是，在河南省农民提高收入，农业提高积累能力的情况下，工农业产品价格的"剪刀差"依然存在，相比较工业优先发展阶段，在工

---

[1] 《河南统计年鉴1993年》，中国统计出版社，1993，第87~88页。
[2] 河南省地方史志编纂委员会编《中原崛起之路——河南六十年发展回顾》，文心出版社，2009，第346页。

农业互动发展阶段，工农业产品价格的"剪刀差"经历了从逐渐降低到逐渐提高的演变过程。

1978年，党的十一届三中全会针对我国工农业发展在工业优先发展阶段长期保持工农业过大的"剪刀差"问题，在严格限制收购基数的同时，采取有力措施缩小工农业产品交换的差价。三中全会要求全国粮食征购指标在1971～1975年"一定五年"的基础上长期不变；粮食统购价格从1979年夏粮开始提高20%；农业生产资料的出厂价和销售价要降低10%～15%；稳定城乡粮食的销售价格等[1]。河南省委、省政府依据三中全会的指示精神在1979年开始调整粮、油的收购价格，不过国家在1985年还依然维系对农副产品的统购统销体制，农产品的购销价格倒挂的格局依然存在。同时，随着粮食产量的大幅度提高，在市场交换的过程中供需关系的变化带来粮食销售市场价格的下降，由于短缺经济时期造成工农业产品比价的不合理，导致工农业产品价格"剪刀差"的扩大。

1984年12月20日，中共中央发布《关于经济体制改革的决定》，在推进宏观经济体制和工业管理体制改革的同时，对于工农业产品价格的"剪刀差"问题，提出"建立合理的价格体系，充分重视经济杠杆的作用"；指出价格不合理主要表现是"同类商品的质量差价没有拉开；不同商品之间的比价不合理"，"主要农副产品的购销价格倒挂，销价低于国家购价"；提出价格管理体制改革的原则，第一，按照等价交换的要求和供求关系的变化，调整不合理的比价；第二，在提高部分矿产品和原材料价格的时候，加工企业必须大力降低消耗；第三，在解决农副产品购销价格倒挂和调整消费品价格的时候，必须采取切实的措施，确保广大城乡居民的实际收入不因价格的调整而降低[2]。经过对工农业产品价格的调整，河南省对农副产品的收购价也有大幅度提高，1984年，河南省农副产品收购牌价总指数为237.9，1985年上升为318.8（以1950年为100）[3]。但是，1984年后，河南省农业生产随着种植经济作物面积的增加和农村工业的发展，农民来源于非农产业的收入大幅度增

---

[1] 《中国共产党第十一届中央委员会第三次会议公报》1978年12月22日；《三中全会以来重要文献选编》（上），人民出版社，1982，第8页。
[2] 《中共中央文件选编》，中共中央党校出版社，1992，第293～294页。
[3] 《河南省统计年鉴1985》，河南人民出版社，1986，第287页。

加。同时1985年国家取消对农副产品的统购统销政策，农副产品价格主要表现为由供需关系决定的市场价。虽然国家确立了农轻重协调发展的战略，但是，各级政府向工业倾斜以推动发展的政策导向没有改变。在农业获得一定发展条件下，政府对农业投入比例逐渐减少。1981~1990年，河南省农业与工业部门在基本建设投资的数量之比呈现逐渐缩小的发展趋势，1981~1990年，河南省工农业基本建设投资数量比例如表3-2所示。

表3-2 1981~1990年河南省工农业基本建设投资数量

年份	农业基建投资数量（亿元）	工业基建投资数量（亿元）	工农业基建投资数量之比	年份	农业基建投资数量（亿元）	工业基建投资数量（亿元）	工农业基建投资数量之比
1981	1.43	11.51	0.124	1986	1.94	22.19	0.087
1982	1.38	10.56	0.131	1987	2.36	25.02	0.094
1983	1.36	11.09	0.123	1988	2.74	35.91	0.076
1984	1.54	17.68	0.087	1989	3.17	41.11	0.077
1985	1.84	20.72	0.089	1990	4.79	35.91	0.133

注：工农业基本建设投资数量比是农业基本建设投资数量与工业基本建设投资数量的比值；《河南统计年鉴1993》，中国统计出版社，1993，第282页。

从表3-2可以看出，在农业家庭经营条件下，农民对农业的投入有限，河南省的投资主要还是倾向于工业部门，政府向工业倾斜的政策导向没有改变。随着河南省改革的重点转向城市，工业产品价格逐渐由市场调节，导致农业生产资料价格上涨，引起工农业产品价格综合比价指数的上升。1986年，河南省工农业商品的综合比价指数为103.3，1987年为104.2，1989年为105.4，1990年下降到103.2，1991年后开始下降，1992年下降到95.6（以农副产品收购价总指数为100）[1]。河南省工农业商品比价指数上升意味着工农业产品价格"剪刀差"扩大，必然影响农民收入提高和农业持续发展。而这种现象不只是在河南省存在，而是全国的普遍现象。

---

[1] 《河南省统计年鉴1985》，河南人民出版社，1986，第390页。

从"以农养工"到"以工哺农"

1991年11月，党的十三届八中全会通过了《中共中央关于进一步加强农业和农村工作的决定》，针对工农业产品比价不合理和农产品流通不畅问题，要求各地要逐步理顺价格，使工农业产品之间和各种农产品之间保持合理的比价，为了实现工农业产品比价趋向合理，必须有效地控制农业生产资料价格，逐步缩小"剪刀差"。[①]这就意味着工农业产品价格的"剪刀差"在工农业互动发展阶段后期已经出现逐渐加大的趋势，这种逐渐加大的趋势不只是由于工农业产品价格的综合比价指数上升引起的，主要原因是1986年前后，农业制度变迁带来的农业经济增长幅度已经完成，农民在提高积极性的情况下，大幅度提高农业的土地生产率，实现农业产量的增长。而农民收入增加的主要来源不是农业，而是来自于非农产业。在非农产业能够增加农民收入和提升地方经济总量的情况下，政府对非农产业尤其是工业的关注程度和政策倾斜程度逐渐加大。而政府通过工农业价格的"剪刀差"收购农副产品的总量和"剪刀差"的绝对量同步提高，这就不可避免造成对农业发展的挤压。1979～1992年，河南省农民出售农产品低于其价值的幅度和数量如表3－3所示。

从表3－3可以看出，1979～1992年，河南省的农业劳动力呈数量持续上升趋势。1979年河南农业劳动力数量为2366万人，1992年上升到2955万人。但是，农业劳动力的逐年上升趋势并没有带来农业部门净产值份额的上升，原因是工业部门劳动生产率的提高，抵消了农业劳动力增长所带来的可比劳动力份额的增加。1980～1982年，河南省农业劳动力增加与农业劳动力在工农业劳动力中的份额是同向增长，但是从1983年开始，农业劳动力绝对数量增加。不过，农业部门劳动力的增加并没有带来相应的可比劳动力份额的上升，反而呈现下降的趋势。1983年，农业的可比劳动力份额为77.37%，1988年下降到62.84%，然后是呈逐年下降态势，1992年下降到62.07%。这说明，随着农业劳动力数量的增长，农业部门劳动生产率滞后于工业部门劳动生产率，也就是从1988年开始意味着农业部门的发展严重滞后于工业部门的发展。

---

① 中共中央文献研究室编《中共十三届四中全会以来历次全国代表大会中央全会重要文献选编》，中央文献出版社，2002，第109、117～118页。

第三章 河南省工农业互动发展阶段的工农业关系（1979~1992年）

表 3-3 1979~1992 年河南省农产品低于其价值的幅度和数量

类别 年份	中国工人折合成农民的数量（个）	河南省农业可比劳动力（万人）	河南省工农业可比劳动力（万人）	河南省农业劳动力占工农业劳动力份额（%）	河南农业净产值（亿元）	河南省农业消耗量（亿元）	河南农产品价值（亿元）	河南省农业总产值（亿元）	农产品低于价值幅度（%）	河南农产品收购额（亿元）	河南农民少得货币（亿元）
1979	2.1116	2366	2978	79.45	109.98	38.13	148.11	113.48	23.38	39.86	9.28
1980	2.1410	2378	3039	78.25	127.45	42.67	170.12	134.62	20.87	55.79	11.64
1981	2.1704	2470	3143	78.59	139.98	46.88	186.86	151.24	19.06	64.05	12.21
1982	2.2000	2530	3223	78.50	148.89	45.62	194.51	151.06	22.34	61.32	13.70
1983	2.2294	2598	3358	77.37	176.60	48.06	224.66	187.02	16.75	81.84	13.71
1984	2.2588	2578	3427	75.23	192.42	56.55	248.97	208.68	16.18	95.64	15.47
1985	2.2882	2571	3768	68.23	205.73	72.46	278.19	241.54	13.17	107.38	14.14
1986	2.3176	2574	3890	66.17	223.07	85.89	308.96	259.49	16.01	112.16	17.96
1987	2.3470	2596	4042	64.23	260.41	109.06	369.47	323.62	12.41	137.02	17.00
1988	2.3764	2648	4214	62.84	297.69	137.15	434.84	370.67	14.76	156.13	23.04
1989	2.4058	2719	4304	63.17	354.29	165.56	519.85	449.88	13.46	184.38	24.82
1990	2.4352	2833	4476	63.29	387.42	182.23	569.65	502.01	11.87	213.68	25.36
1991	2.4646	2921	4619	63.24	419.78	198.61	618.39	531.05	14.12	229.21	32.36
1992	2.4940	2955	4761	62.07	506.42	317.39	823.81	573.65	30.37	229.57	69.72

注：工人折合农民的系数来源于李流：《农业剩余与工业化资本积累》，云南人民出版社，1993，第80、367、538页；《河南经济统计年鉴1992》，中国统计出版社的可比劳动力份额计算出来的农业净产值在工农业净产值中的绝对额，是按照农业的可比劳动力份额计算出来的农业净产值中的绝对额；河南农业净产值是农业劳动力折合后农业在工农业中的净产值；农产品价值的幅度是农业劳动力折合后农业在工农业中的产值；河南农业总产值是农民出售农副产品的比率就是农产品价值低于其价值的幅度；农产品低于价值幅度的比率就是农产品价值低于其价值的幅度；河南农产品收购额是农民出售农副产品的货币额；河南农民少得货币是农业总产值与农产品收购额的差额，这项差额与农产品价值低于其价值幅度的乘积就是农民少得货币的总量。

123

从河南农产品价格低于价值的幅度看呈逐年下降的趋势,从1979年的23.38%下降到1985年的13.17%,下降了10.21个百分点,1986年有所上升,上升到16.01%,1990年下降到历史最低点为11.87%,然后又逐渐回升至1992年的30.37%。从总的趋势看,河南省在工农业互动发展阶段农业的可比劳动力数量逐年上升,劳动力份额逐年下降,同时带来农产品价格低于价值的幅度逐年下降,但是价格"剪刀差"的数量逐年上升。其中的原因在于1979年后国家采取市场取向的改革,尤其是农业的经营方式的变化,调动了农民的积极性,农业产量逐年上升。因此,随着市场对农产品物价的调整,农产品价格低于价值的幅度呈缩小趋势,不过随着国家收购农副产品绝对数量的大幅度上升,农副产品价格"剪刀差"的绝对量呈逐年增加趋势。在1987~1990年农副产品价格偏离价值的幅度降低到历史最低点,这一阶段恰是工农业关系严重失调的阶段,因为市场调节下社会的投资倾向很大程度上向非农产业倾斜,造成非农产业部门经济的过热,这一时期工业品价格上升幅度较大,而农副产品的价格大幅度降低。一方面挫伤了农民的生产积极性,另一方面农副产品价格偏离价值的幅度也较小。但是,这种状态不是可持续的,1990年后农副产品价格的"剪刀差"幅度就大幅度上升,1992年达到历史的高点为30.37。从总量上看,1979~1992年河南省农副产品价格"剪刀差"的总量为300.41亿元。

在这一时期,中共中央从1982年开始连续发布"三农"问题的五个"一号文件",鼓励农民家庭经营和发展农村市场以及促进农村非农产业的发展,一方面农民从事非农产业增加了货币收入,另一方面市场的发育拓宽了城乡居民的消费空间。其间河南省工业品的消费量大幅度增加,但在1985~1990年工业品的价格指数超出农产品价格指数,1985年工农业商品价格比价为103.3,1988年为105.4,1989年为103.2[①]。尤其是河南省大力发展的轻工业为城乡居民生活消费品市场供给提供了有利的条件,居民逐渐改变计划经济时期"凭票供给"的局面,农民对工业品消费量的增加尽管在某种程度上通过市场定价的方式实现购买。但是,限于市场的供给和需求的变化以及工农业产品价格弹性的差异,农民在购买工业品时的价

---

① 《河南统计年鉴1993》,中国统计出版社,1993,第390页。

格还是偏离于工业品的价值，工业品价格高于价值的部分就是农民在购买工业品时的价格"剪刀差"。1979～1992年，河南省农民购买农业生产资料时多付出的价值量如表3-4所示：

表3-4　1979～1992年河南省工业品价格高于其价值的幅度及数量

单位：亿元，%

类别 年份	河南工业可比劳动力的份额	河南工业净产值	河南工业消耗量	河南工业产品价值	河南工业总产值量	河南工业产品高于价值幅度	河南农业生产资料零售额	农民购工业品多付出货币量
1979	20.55	28.45	130.41	158.86	193.49	21.80	24.81	5.41
1980	21.75	35.43	138.30	173.73	209.23	20.43	25.89	5.29
1981	21.41	37.65	149.75	187.40	223.50	19.26	28.11	5.41
1982	21.50	40.78	162.05	202.83	246.28	21.52	30.13	6.48
1983	22.63	51.65	178.85	230.50	268.14	16.33	33.51	5.47
1984	24.77	63.36	203.93	267.29	307.58	15.07	40.20	6.06
1985	31.77	95.79	268.88	364.67	401.32	10.02	39.90	3.40
1986	33.83	114.04	314.58	428.62	478.09	11.54	43.84	5.06
1987	35.77	145.03	403.76	548.79	594.64	8.35	53.21	4.44
1988	37.16	176.04	539.69	715.73	779.90	8.97	68.36	6.13
1989	36.83	206.56	577.17	783.73	953.56	21.67	80.50	17.44
1990	36.71	224.72	744.37	969.09	1036.73	6.98	83.12	5.80
1991	36.76	244.01	891.33	1135.32	1222.68	7.69	89.57	6.89
1992	37.93	309.47	1166.10	1475.57	1628.63	10.37	93.52	9.70

注：河南省工业净产值是根据《河南统计年鉴1993》，中国统计出版社，1993，第80、87页的数据计算所得；河南省工业品高于价值的幅度是河南省工业总产值与河南省工业产品价值量的差额与河南省工业产品价值量的比例；历年农业生产资料零售额来源于《河南统计年鉴1993》，中国统计出版社，1993，第352页。

从表3-4可以看出，1979～1992年河南省农民购买农业生产资料时工业产品的"剪刀差"总量为92.98亿元，加上农民出售农副产品的价格"剪刀差"总量为300.41亿元，1979～1992年，河南省工农业产品价格"剪刀差"总额为393.39亿元。从发展的趋势上看，农民购买工业品多付出的货币量也呈上升趋势，从1979年的5.41亿元上升到1992年的9.70亿元。从河南省工业部门的发展来看，工业的消耗量呈现大幅度上升趋势，而工业消耗与工业净产值的比例逐渐缩小，这说明工业部门的效益逐渐提高，即单位净产值量带来的消耗量逐渐减少。1979年工业消耗与净产值比例为4.58，1984年为3.22，1989年为2.79，1992年的比例有所升高为3.77。同期工业产品的价格剪刀差也在缩小，其价格高于价值的幅度，1979年为21.80，1992年为10.37。最不正常的年份是1989年，为21.67，相对应的"剪刀差"绝对量也为这一阶段的历史最高点达到17.44亿元。1989年之所以会出现工业产品价格的大幅波动，与全国经济的波动有直接联系，1989年国家开始进入调整工农业关系时期，1990年后工业品价格高于价值的幅度又大幅度降低，工农业关系渐趋正常。

其二，河南省采用税收和储蓄方式汲取农业剩余量。这一阶段河南省采用"剪刀差"方式汲取农业剩余比例逐渐下降和采用税收与金融方式汲取农业剩余比例逐渐上升。原因在于改革开放后，河南省的农业得到极大的发展，在没有改变统购统销制度的情况下，政府通过实施提高农副产品的收购价格和调整农业生产资料价格的措施来缩小"剪刀差"；1980年，河南省就着手进行财政管理体制的改革。9月27日，河南省政府发布《关于贯彻国务院〈关于实行"划分收支，分级包干"财政管理体制的通知〉的通知》，规定从1980年起，省对地、市实行"划分收支、分级包干、增长分成、节约归己、一定五年"的财政体制。[①] 国家财政实行中央与地方分权的政策，目的在于发挥地方的积极性。河南金融体系也开始了改革发展的历程。工业优先发展阶段，河南省只有中国人民银行一家，1979～1985年，河南省先后成立了中国银行郑州分行、中国农业银行河南省分行、中国工商银行河南省分行三家银行机构。到20世纪90年代初期，河南省银行类单位总数达到9752个，从业人员16.67万人，资产总规模达到9014亿元[②]。河南省金融行业的发展一方面反映出在工农业互动发展阶段工农业的长足发展，另一方面银行业的发展也为工农业发展提供了充裕的资金来源。1978以后，河南省每年投向基本建设的资金中，从地方财政渠道支出的用于基本建设投资的比例，从1979年的34%下降到1985年的16%；由金融渠道解决的基本建设投资比例，从1978年的22%上升到

[①] 河南省地方史志编纂委员会编《中原崛起之路——河南六十年发展回顾》，文心出版社，2009，第304页。

[②] 河南省社会科学院编《河南改革开放30年》，河南人民出版社，2008，第242页。

第三章 河南省工农业互动发展阶段的工农业关系（1979~1992年）

1985年的55%。对于工业建设的资金来源，各种预算外的投资比例快速上升，1985年河南省国有单位固定资产投资中，预算外投资已经上升到75.3%，其中自筹投资占48.4%，国家拨款1985年为24.7%。另外，解决基本建设的资金问题，由工业优先发展阶段的单纯依靠农业积累转向包括利用外资的多渠道发展，1985年基本建设投资中外资份额占7.7%，1991年外资份额占6.8%[①]。可以看出，河南省通过农业税、市场渠道方式汲取农业剩余比重逐渐上升，尤其是通过市场化金融方式筹集资金逐渐成为主要的方式之一。

1979~1992年河南省通过农业税收和金融渠道汲取的农业剩余数量如表3-5所示：

表3-5 1979~1992年河南省通过税收和金融方式汲取的农业剩余量

年份	税收方式（亿元）	税收份额（%）	储蓄方式（亿元）	储蓄份额（%）	年份	税收方式（亿元）	税收份额（%）	储蓄方式（亿元）	储蓄份额（%）
1979	14.2	53.7	-4.66	-9.3	1986	27.5	46.0	9.20	15.4
1980	16.2	45.8	2.21	6.3	1987	34.5	46.9	17.59	23.9
1981	18.4	56.5	2.03	5.3	1988	34.0	43.3	15.31	19.5
1982	15.6	42.1	1.23	3.3	1989	45.3	45.8	11.31	11.4
1983	23.4	46.6	7.39	14.7	1990	50.1	56.9	6.80	7.7
1984	24.8	49.1	4.16	8.2	1991	51.1	46.2	20.27	18.3
1985	26.3	48.9	9.91	18.4	1992	53.7	41.0	-2.08	-1.59

注：农业税是按照农业种植业年总产值的15%计算得出的，农业税和储蓄方式的份额是指在汲取的农业剩余总量中的比例。1979~1992年，农民负担的不只是农业税，还有特产税和乡村的提留款以及其他各种负担。农业税绝对量是按照《河南统计年鉴1998》，中国统计出版社，1998，第284页的种植业产值的数据计算得出；金融方式汲取的农业剩余是指每年农村在国有银行的存款与农业贷款的差额，数据来源于《河南统计年鉴1998》，第42页。

从表3-5可以看出，1979~1992年河南省通过税收方式汲取的农业剩余总量为435.1亿元；金融方式汲取的农业剩余总量为103.32亿元。河南省在工农业互动发展阶段汲取农业剩余的总量为931.81亿元，其中"剪刀差"的份额占42.2%，税收的份额占46.7%，储蓄份额为11.1%。可见在河南省工农业互动发展阶段，工业部门汲取农业剩余的方式主要是通过"剪刀差"

---

① 《河南统计年鉴1993》，中国统计出版社，1993，第279、287、423页。

和农业税收的强制方式，而利用金融的方式还是占据次要的地位。相对于河南省工业优先发展阶段，河南省工业部门汲取农业剩余的幅度是逐渐加大而不是缩小，并且用税收方式汲取的份额并没有从根本上改变。农业税收绝对数量的大幅度增加是伴随着农作物产量的提高进行的，但是，农业的消耗量也是直线上升的，从表3-3和表3-5可以看出，1979年农业消耗38.13亿元，1987年达到109.06亿元，1992年达到317.39亿元；农业消耗占农业种植业产值中的份额1979年为40.3%，1987年为47.5%，1992年为88.7%；农业消耗占农业总产值中的份额1979年为33.6%，1987年为33.7%，1992年53.7%；农业税收占农业总产值的份额1979年为12.5%，1987年为10.7%，1992年为9.4%[①]。由此可以得出结论：河南省农业生产与消耗量的提高，而征收的农业税绝对量是上升的，农民的收入在农业总产值中的比例是逐渐下降的。1979~1992年农民人均纯收入和农民人均消费占农民人均纯收入的比重变化情况如表3-6所示：

表3-6　1979~1992年河南省农民人均收入和消费情况

单位：元，%

项目\年份	农民人均年纯收入	农民人均纯收入的年增长率	农民人均年消费量	农民人均年消费占人均收入份额	项目\年份	农民人均年纯收入	农民人均纯收入的年增长率	农民人均年消费量	农民人均年消费占人均收入份额
1979	133.60	27.6	110.8	82.93	1986	333.64	1.5	292.5	87.67
1980	160.80	20.4	135.5	84.27	1987	377.72	14.9	309.9	82.04
1981	215.60	34.1	165.6	76.81	1988	401.32	6.3	346.7	86.39
1982	216.70	0.5	177.9	82.10	1989	457.06	13.9	390.1	85.35
1983	272.00	25.9	191.9	70.55	1990	526.95	15.3	437.6	83.04
1984	301.50	10.8	219.7	72.87	1991	539.29	2.3	454.7	84.31
1985	328.78	9.1	259.6	78.96	1992	588.48	9.1	472.6	80.31

注：人均净产值是指人均农业净产值；人均消费是指农民人均生活消费。农民人均纯收入数据来源于《河南统计年鉴1985》第316页、《河南经济统计年鉴1992》第365页、《河南统计年鉴1993》第593页、农民人均消费量数据来源于《河南统计年鉴1985》第317页、《河南统计年鉴1993》第594页、《河南经济统计年鉴1992》第366页。农业净产值是指农业总产值除去农业物质消耗后的价值量，数据来源于《河南统计年鉴1993》第119页。

---

① 《河南统计年鉴1993》，中国统计出版社，1993，第118页。

第三章 河南省工农业互动发展阶段的工农业关系（1979~1992年）

从表3-6可以看出，1992年河南省农民人均年纯收入是1979年的4.4倍；在实际生活消费水平方面，1992年农民人均年消费量是1979年的3.86倍。可以看出，河南农民的人均纯收入水平与人均消费水平是同步的。从农民人均纯收入增长的变化看，1979~1984年增长速度很快，1985~1992年增长速度逐渐变缓。而同期河南省农民实际生活消费水平也呈现同样变化趋势：1979~1985年农民人均消费增长幅度变化较大，1986~1989年增幅明显减小，1990年应用新价格计算方法，消费水平明显大幅度提高，但实际上没有这么高，消费水平增速低于收入增速。原因在于一方面是农民的高储蓄率抑制了消费，同时这一阶段也伴随着农业生产资料价格的上升，增加了农业生产的成本。1984~1988年，粮食每亩的物质投入成本年平均增长9.6%，棉花物质投入成本年增长8.3%，油料物质投入成本提高了10.3%，分别是1978~1983年间的1.6倍、1.1倍和1.4倍[1]；1986~1992年，农民的收入增速进一步放缓，原因在于这一时期，农业生产资料的价格上升趋势依然存在，农副产品价格的上升幅度没有超过生产资料的价格上升幅度；同时，乡镇企业转移农业劳动力的速度放缓，直接影响农民通过非农就业来实现收入的增长。农民收入水平的增长和消费水平的增长以1986年为界都存在着同步增幅的趋势。但是，农民消费水平的增长速度显然落后于收入的增长速度。这说明农民在保证消费的同时把大量的收入投入到农业生产资料的购买或者个人储蓄。从表3-5可以看出，1986年前后，河南省通过储蓄方式转移的农业剩余绝对量，在汲取的农业剩余总量份额中均出现大幅度增长趋势，可见随着河南省农民年人均纯收入增加，农民的储蓄总量也是比较高的。

其三，乡村基层政权采用统筹提留方式汲取的农业剩余量。河南省工业部门采取多种方式汲取农业剩余的同时，农民还承载着地方政府附加的其他负担。这种负担是计划经济时期农民负担的延续，农业部门除了在资金方面对工业部门实施支持以外，农业的集体经营方式决定农业劳动力在生产方面没有自主权。各级政府出于农业基础设施建设和工业建设的各种需要，可以调拨农业集体生产组织的农业劳动力、生产资料、

---

[1] 牛若峰编著《中国农业的变革与发展》（下），中国统计出版社，1997，第403页。

产品和物资等，这在计划经济时期是一种惯例。而农业集体生产组织的生产资料和物资调拨实际上是对农业部门财产的无偿占有和调用，农民出工在分配上也不能够体现出来，这就是农业对工业发展的原料和劳动力支持。这部分负担是无形的，农民在集体生产组织内几乎没有摆脱的可能。1979年9月，中共中央针对各级政府对农业集体生产组织的干扰，专门发布了《中共中央关于加快农业发展若干问题的决定》，针对有关单位和个人无权占用和调用生产队劳动力和生产资料等做法，规定"除了国家有法律法令规定的以外，决不允许给集体和社员增加任何负担"，"在国家计划以外，任何单位不准向社队抽调劳动力；计划内抽调的合同工、临时工，必须签订合同，规定合理报酬"。[①] 中共中央之所以出台这个文件，主要是各地出现侵占农业生产资料和劳动力的现象，同时又处于制度的转型期，各方面制度不健全，这一时期全国农民的负担上升较快。

以河南省为例，1983年，河南省农民人均负担13.95元，1989年上升到35.61元，年增长16.9%，高于同期农民收入增长7.2个百分点，相对于全国农民人均负担增长4.6个百分点；同期，上缴国家的农业税年增长率为9.1%，乡镇提留量年增长率为19.9%；1989年河南省乡镇提留占农民人均纯收入的7%；而河南省人均纯收入低于全国平均水平144.5元，人均负担高出2.97元，人均负担占人均纯收入的份额高出全国平均水平2.4%[②]。对于河南省农民的负担过重的问题，河南省委、省政府出台了一系列关于减轻农民负担的政策和措施，规范农民的缴费范围和类别。但是，农民负担问题并没有得到真正的改善。最根本的原因在于人民公社体制转型为乡镇体制后，依然承担着基层政权原来的事权，乡镇财政供养的人员数量并没有减少。而乡镇政权作为国家基层政府，按照国家体制规定建立了相应的政府财政制度，乡镇政府的财政收入又分为预算内资金和预算外资金，这就为乡镇政府向农民摊派提供了制度性条件。乡镇政府管辖下还有行政村的管理职能，行政村承载着征收公益金、公积金和行政费用的经济和行政职能；同时还承载着乡镇政府代收教育、计划生育、道路建

---

① 《中共中央关于加快农业发展若干问题的决定》1979年9月28日，参见中共中央文献研究室编《三中全会以来重要文献选编》（上），人民出版社，1982，第184页。
② 河南省社会科学院编《河南改革开放30年》，河南人民出版社，2008，第88~89页。

设、民兵训练和优抚五项统筹的职能①。这种现象在全国范围内也普遍存在。

1985年，中共中央、国务院发布《关于制止向农民乱派款、乱收费的通知》，针对有些地方向农民的摊派项目达到几十种，人均负担十几元到几十元，同时还有乱收费、乱摊派和乱罚款的现象，要求"通过立法程序，严格规定筹资的范围和限额，并实行预决算制度和财政监督"；规定必须控制一些地方的"集资"、"赞助"、"捐献"过多的活动；除明文规定外，"任何部门、任何单位均不得向农民收取管理费、手续费或其他费用"；还对乡村政府的人员数量作出规定②。但是，20世纪80年代乡镇政府和行政村承担着计划生育、民兵训练、教育卫生、公粮收购、土地管理、民调纠纷、乡村治安、企业管理、工商管理和建设任务等事务性工作，人员不减反增，乡村政府要保障这些人的生活支出和工作支出，因此通过变相收费和摊派的方式增加农民的负担。1991年，河南省农民人均负担37.42元，相对于1990年增加了4.64元，增长12.4%，占1990年人均纯收入的7.1%，而1992年，河南省农民人均纯收入增速只有2.34%③。根据农业部统计资料显示，1985~1991年，全国农村经济净收入年增长率为11.9%，农民人均纯收入年增长率为10%，但农民人均缴纳税金从1985年的20多元增长到1991年的49.4元，年均增长率为16.9%；人均"剪刀差"数量从1985年的92.4元增长到1991年的217.1元，年均增长率为14.5%；乡村人均提留统筹费从1985年的20.5元增长到1991年的44.5元，年均增长率为15%④。可以看出，从河南省到全国范围，农民年人均负担增速高于农民人均年收入增速。

在工农业互动发展阶段，从地区到全国范围内，农民负担增速和负担总量均呈现上升趋势，不过这并不意味着这一阶段农民负担高于工业优先发展阶段，恰恰证明在工业优先发展阶段，农民的负担是隐性的劳动形式

---

① 中国（海南）改革发展研究院编《强农惠农——新阶段的中国农村综合改革》，中国经济出版社，2008，第140页。
② 《中共中央国务院关于制止向农民乱摊派、乱收费的通知》1985年10月31日，中共中央文献研究室、国务院发展研究中心编《新时期农业和农村工作重要文献选编》，中央文献出版社，1992，第353~357页。
③ 河南省社会科学院编《河南改革开放30年》，河南人民出版社，2008，第90页。
④ 刘双：《关于农民负担问题的思考》，《农业经济》1996年第12期，第9~10页。

和物资形式，而在工农业互动发展阶段农民负担以货币显性的形式呈现出来。河南省农民负担逐渐加重主要有三个方面的原因：其一，农民在经营方式和政府行政管理体制调整改革后，对农民的利益维护缺乏法律的保障。计划经济时期对农业生产和分配的行为惯性依然存在，农民利益和权益的界定还缺少法律依据。农民对于政府的收费、摊派和捐款缺少法律维护权益的意识。而乡村政府则长期运用计划经济时期的方式对农民实行利益侵占则是根本原因。其二，在中央与地方财政实行分权的情况下，乡村政府的财政收支主要依赖政府的预算外资金，而乡镇政府在计划经济时期经济上的生产和分配权限在农业家庭经营方式下不能够直接发挥，同时乡镇政府的行政事权随着工农业经济的发展在范围上逐渐扩大，由此带来乡镇政府人员的增多。在乡镇政府通过农业统筹提留无法支撑收支的情况下，必然加大对农民的收费项目的设置，最后使农民的负担大幅度上升。尤其是工农业经济发展落后的农业地区，由于农村工业和商业发展的落后，乡镇政府的收入主要来源于农业部门，这些地区乡镇政府只有靠增加农民负担来维系财政收支的平衡。乡镇政府主要通过以下形式增加农民负担，诸如随意增加收费项目；擅自搞集体摊派；以收取抵押金形式强迫农民种植烟叶、大棚菜等特产；标准化建设和升级达标需要；用行政手段进行有偿服务；基层政府超编严重带来的混乱等[①]。其三，20世纪80年代正是国家全力推行计划生育时期，在社会转型期随着城市剩余人口和城市流动人口数量的增多，城乡社会治安问题也比较突出。因此，乡镇政府在控制农村计划生育和维护农村社会稳定方面发挥着主体保障的作用。对于计划生育问题，中央对各级政府实行"一票否决制"，这种制度安排直接影响到基层政府工作人员的行为倾向。在行政执法的过程中一方面出于行政执法目标的需要，另一方面出于通过罚款创收的需要，对违反相关规定的农民重复罚款甚至收取抵押金等现象时有发生。这些情况都是农民负担增加的原因。

三 工农业互利性：河南省"以工支农"数量分析

在工农业互动发展阶段，河南省工农业关系"以农养工"的格局没

---

① 河南省社会科学院编《河南改革开放30年》，河南人民出版社，2008，第91页。

第三章 河南省工农业互动发展阶段的工农业关系（1979～1992年）

有改变。但是，工农业互动发展阶段与工业优先发展阶段有着显著的不同。工业优先发展阶段由于农业劳动力转移受到限制，因此农业集体经营方式排斥现代生产要素的介入。在工农业互动发展阶段，由于家庭联产承包实施"双层"的经营体制，提高了农民的生产积极性，使农业粮食产量得到空前的提高。同时，农业开展多元化经营，增强农业产品的商品化程度，农村非公有制经济成分逐渐发展起来，这就为农业劳动力的转移拓展了空间。在农业劳动力能够就地转移的情况下，也就为农业引入现代生产要素提供了有利的条件。因此，在河南省工农业互动发展阶段，工业对农业的支持使提高农业生产效率不只是具有可能性，同时具有现实性。

其一，工业部门对农业发展的物质技术支持。1979年9月，中共中央发布的《关于加快农业发展若干问题的决定》中提出推动农业发展，增加农民收入的二十五条措施，在第十五条措施中明确提出发展农林牧副渔业的机械化，对农机工业的发展，指出必须使农业得到先进的技术装备，因为单纯依靠农民的物质力量和积极性，还是不能保证农业的高速度发展；对于农机工业的发展指出要改进产品质量，降低生产成本，逐步做到标准化、系列化、通用化，认真解决好农机具的配套问题和零备件的供应问题；这是为农业提供大量成套的农机具提供政策指导，指出只要农业机械的配套问题和各种农机具的零备件问题在两三年内解决好，那么现有农业机械的耕作效率就可以成倍地提高；还对实现农业机械化作出具体部署，指出要引进、制造和推广适合我国特点的先进的农业机械，从而大幅度提高劳动生产率；要求农业机械部要面向社会基层，建立和健全农业机械化服务公司，统一经营农业机械和各种农用化工产品的供应、维修、租赁、回收、技术传授、使用服务[1]。农业要现代化必须实现现代生产要素的流入，包括农业化工产品如化肥和农药；农业机械和能源的投入，包括播种、收割、灌溉等农用机械设施；农业产品流通的交通运输建设等。改革开放初期中共中央对农业生产经营方式的调整，改变了集体经营体制下

---

[1] 中共中央文献研究室编《三中全会以来重要文献选编》（上），人民出版社，1982，第184～197页。

监督不力和平均主义分配的局面，提高了农民的劳动积极性。但在家庭经营格局下，农业产量的提高不是现代生产要素的投入决定的，而是在劳动力积极性提高的情况下，在有效提高土地生产效率基础上取得的成果。正是单纯依赖提高土地生产效率来提高农业增产方式，随着农村工业发展带来的土地减少，就必然导致农业产量的下降。在河南省工农业互动发展阶段，1984年粮食产量低于1983年产量就是证明。农业的持续发展最终要靠农业技术的发展。1982年，党的十二大报告再次强调加强农业基本建设，改善农业生产条件，才能在有限的耕地上生产出更多的粮食和经济作物①。

虽然中共中央强调改善农业生产条件，有利于农业增产。但是，在工农业互动发展阶段，计划经济体制的主导地位依然存在，政府依然是农副产品的最大买家，同时政府管制的农业工业又是农业生产资料的主要供应者，这就存在着国家对农副产品的买方垄断和农业生产资料的卖方垄断；在市场取向改革的进程中，当农业生产资料实现市场定价时，农副产品的收购还处于计划定价，这就极大地压缩了农民消费农业生产资料的能力，在某种程度上也弱化了农业吸纳现代生产要素的能力。1991年11月，中共中央发布《关于进一步加强农业和农村工作的决定》，继续提出大力发展农用工业，推进农业机械化的要求②。但是，保证农业生产资料需求增加的供应主体并没有改变，这就限制了工业部门对农业发展的支持。当然，在工农业互动发展阶段，河南省积极贯彻中共中央关于农业现代化的指示精神，推进工业对农业发展的支持，农业最大限度地利用现代生产要素。这一阶段河南省农业获得了极大的发展。"六五"期间，河南农业总产值年均增长11.7%，而1953~1978年期间年均增长8.8%；"七五"期间，河南的农业总产值年均增长5.7%，超过4%的计划指标，1990年河南省农业总产值107.8亿元，比1985年增长了1.37倍③。1979~1992年河南省农业利用农业工业提供的现代生产要素数量如表3-7所示：

---

① 《中共中央文件选编》，中共中央党校出版社，1992，第217页。
② 中共中央文献研究室编《中共十三届四中全会以来历次全国代表大会中央全会重要文献选编》，中央文献出版社，2002，第124页。
③ 《河南统计年鉴1993》，中国统计出版社，1993，第76页。

表3-7 1979～1992年河南省农业利用现代生产要素数量

项目\年份	农业国民收入份额（%）	农业机械的总动力（万千瓦）	农用小型手扶拖拉机（万台）	农业排灌电动机械（万台）	农业耕地灌溉面积（千公顷）	农用化肥的施用折纯量（万吨）
1979	44.9	1080.0	10.6	35.9	3636.0	48.9
1980	47.4	1178.3	12.8	37.0	3536.3	72.4
1981	49.0	1263.0	15.0	40.6	3387.7	82.5
1982	47.7	1357.2	18.9	45.9	3265.1	105.5
1983	51.8	1406.9	24.3	45.3	3209.8	130.6
1984	49.6	1507.0	31.3	47.0	3278.7	140.2
1985	45.3	1569.9	38.7	44.7	3189.9	143.6
1986	41.6	1738.0	44.9	44.5	3212.2	148.7
1987	42.3	1866.1	52.8	46.5	3250.1	135.6
1988	38.6	2004.0	60.3	49.4	3358.7	150.6
1989	41.3	2153.0	70.6	52.5	3435.0	184.3
1990	42.4	2264.0	82.2	54.3	3550.1	213.2
1991	39.7	2330.4	87.1	56.9	3700.5	239.7
1992	34.4	2424.4	90.4	58.5	3779.7	251.1

注：农业国民收入份额数据来源于《河南统计年鉴1993》，中国统计出版社，1993，第91页；其他数据来源于国家统计局农村社会经济调查司编《改革开放三十年农业统计资料汇编》，中国统计出版社，2009，第71～72、80～81、92～93、128～129、131～132页。

从表3-7可以看出，1979年，河南省农业国民收入份额为44.9%，当时农业部门还是国民收入来源仅次于工业部门的主要部门，这意味着河南省经过近30年的工业化建设，工业部门并没有在国民收入结构中占据绝对优势的地位。到1992年，河南省农业国民收入份额为34.4%，十几年的发展，农业国民收入份额下降了10.5个百分点。从钱纳里分析的一般国家模式的工农业发展态势来看，工业化进程中，随着农业国民收入份额的下降，农业部门的剩余劳动力也实现相应的转移，在现代生产要素流入农业的情况下，农业生产效率大幅度提高，从而农业支撑工业和第三产业部门的发展。改革开放之初的1979年，河南省农业国民收入份额还占44.9%，这意味着当时河南省农业的现代化程度低，即现代生产要素的流入量少，农业劳动力大量滞留在农业部门。1992年，河南省农业国民收入份额减少与农业劳动力的减少是对应的，这就意味着农业现代化水平相应提高。

在工农业互动发展阶段,河南省农业国民收入份额下降与现代生产要素流入农业部门的数量上升是对应的。1985年河南省农作物播种面积占全国份额为8.1%;而农用机械总动力占全国份额为7.5%,大中型拖拉机拥有量占全国份额为7.1%,小型拖拉机占全国份额为10.25%,农业排灌电动机占全国份额为13.9%,农村用电量占全国份额为5.56%,化肥施用量占全国份额为8.1%[①]。河南省在工农业互动发展阶段农业现代生产要素的吸纳量有些略高于全国平均水平,但大部分略低于全国平均水平。而1985年全国农业吸纳现代生产要素的数量又比同期发达国家和发展中国家稍高一些。1985年,全国现代生产要素投入平均水平高出世界平均水平41.9%,高出发展中国家平均水平112%,相当于发达国家同期农业现代生产要素的投入水平;当年我国每万公顷耕地拖拉机使用数量(不包括手扶拖拉机)88.6台,发展中国家平均为62.7台,我国高出发展中国家平均水平41%,是印度同期单位耕地拖拉机数量的2.4倍;当年我国每公顷耕地用电量平均为423.3千瓦时,同期日本为300千瓦时、美国为223.6千瓦时、印度为87.7千瓦时、巴西为32.8千瓦时[②]。同期,河南省每亩耕地用电量26.9度,每公顷耕地用电量403.5度,每万公顷耕地大中型拖拉机使用数量为85.6台(不包括手扶拖拉机)[③]。可以看出,1985年,河南省在单位耕地用电量方面低于全国平均水平,但高于同期发达国家和发展中国家的平均水平;单位耕地拥有的拖拉机数量略低于全国平均水平,但是,高于同期发展中国家平均水平。

工农业互动发展阶段,河南省在农业利用现代生产要素方面相当于全国平均水平。可以看出,在这个阶段,河南省农业利用现代生产要素的水平有些方面略低于全国平均数值,有些方面略高于全国平均数值。这说明在工农业互动发展阶段,河南省工业部门对农业部门的支持主要是提供现代生产要素。但是,伴随而来的是河南省农业部门消耗量的逐年提高,这

[①] 国家统计局农村社会经济调查司编《改革开放三十年农业统计资料汇编》,中国统计出版社,2009,第71、74、83、92、125、131页。
[②] 胡鞍钢:《胡鞍钢集》,黑龙江教育出版社,1995,第167~168页。
[③] 数据是依据《河南统计年鉴1985》,河南人民出版社,1986,第102、112页计算所得。

种消耗量的提高带来农业劳动生产率的提高，同时也意味着农业土地生产率的提高。

其二，工业发展带来农业劳动力的转移。工业发展对农业的支持在有效地提高农业劳动生产率、城市化率和农民收入水平的同时，在转移农业劳动力方面也做出了较大的贡献。以家庭为单位的农业种植业经营方式在提高农业产量方面的增长速度是有限的，但是，农民通过非农渠道就业以及农村工业的发展对提高农民收入的效能是显著的。1979~1991年，河南省城市新就业人员中农业劳动力转移的阶段性变化如表3-8所示：

表3-8 1978~1992年河南城市新就业人员中农业劳动力情况

年份	新就业总量(万人)	吸收农业劳动力总量(万人)	农村新就业人员份额(%)	年份	新就业总量(万人)	吸收农业劳动力总量(万人)	农村新就业人员份额(%)
1978	14.27	4.19	29.36	1985	36.87	6.22	16.87
1980	36.26	14.34	36.54	1988	45.03	11.74	26.07
1981	31.72	5.47	17.24	1989	41.57	10.44	25.11
1982	26.89	3.24	12.05	1990	41.22	6.36	15.43
1983	21.58	4.35	20.16	1991	47.78	8.10	16.95
1984	23.31	5.71	24.50	1992	48.74	11.47	23.53

注：1985年以前的数据来源于《河南统计年鉴1985》，第59页；1988~1992年的数据来源于《河南经济统计年鉴1992》，第225页。

从表3-8看，城镇新就业人员中吸收农业劳动力的份额在逐渐上升，1980年为14.34万人，是1985年前农业劳动力转移的高峰，1988~1989年由于工业的投资倾斜和快速发展，农业劳动力转移的数量也是比较大的，到1992年当年转移的农业劳动力为11.47万人。从农业劳动力转移到城镇的数量占城镇新就业人数的比例来看，比例也是呈现逐年上升趋势，1981年以前比例较高，随后比例趋于上升，一般在20%左右，1988~1989年比例较高，1992年的比例为23.53%。河南省1990年后的农业劳动力转移的势头之所以放缓，原因在于1989~1991年，由于乡镇企业重复建设、投资浪费等现象严重，国家对乡镇企业采取"整顿、调整、改造、提高"措施，由于此时期银根紧缩，造成有些乡镇企业关闭停产，乡镇企业发展速度放缓。面临发展困境及实现产业结构升级，从劳动密集型向资金密集型转型的契机。在转型的过程中，乡镇企业吸纳农业劳动力的幅度必然受到影响。

工农业互动发展阶段，河南省在农业支持工业发展的同时，工业推动农业发展从而带动农业劳动力转移方面是比较明显的。1979～1992年，河南省各产业部门的劳动力就业份额显示出工业发展吸纳农业劳动力的程度。1979年，河南省农业劳动力就业份额为82.4%，工业和建筑业劳动力就业份额为10.09%，第三产业劳动力就业份额为7.56%；1992年，河南省农业劳动力就业份额为68.2%，工业和建筑业劳动力就业份额为16.71%，第三产业劳动力就业份额为15.08%。从中可以看出，工农业互动发展阶段，河南省农业劳动力就业份额下降了近14个百分点；在河南省工业优先发展阶段，农业劳动力就业份额仅下降了约12个百分点。而各产业部门产值份额变化也相应显示出与农业劳动力就业份额的同步变化。1979年河南省农业产值份额为40.7%，1992年农业产值份额为27.7%，1992年比1979年下降了将近13个百分点；农业产值份额变化与农业劳动力就业份额变化趋势是对应的[①]。

从整个阶段来看，1992年，河南省农业产值份额为27.7%，容纳全省农业68.2%的劳动力就业，这表明河南省工业发展带来农业劳动力的大量转移，但是，农业发展仍然处于滞后工业化发展水平的状态。换言之，河南省工农业发展结构失调的状况有所缓解，但农业部门仍然滞留大量剩余劳动力，这意味着工农业发展不同步的趋势依然没有改变。在工农业互动发展阶段，河南省农业剩余劳动力转移动力主要来自三个方面。

其一，劳动密集型的轻工业发展带动农业劳动力的转移。在1979～1992年，河南省工业总产值的构成中（以工业产值为100），轻工业的产值份额从1979年的47.1%上升到1985年的48.1%，到1992年下降到44.0%；而重工业从1979年的52.9%下降到1985年的51.9%，到1990年下降到最低点56.0%；在工农业总产值的结构中，轻工业的产值份额从1979年的29.7%上升到1985年的30.0%，到1992年上升到32.5%；而重工业从1979年的33.3%下降到1985年的32.4%，到1992年下降到41.5%[②]。尽管河南省重

[①] 《河南统计年鉴1993》，中国统计出版社，1993，第81、134页。
[②] 《河南统计年鉴1993》，中国统计出版社，1993，第83页。

第三章　河南省工农业互动发展阶段的工农业关系（1979~1992年）

工业所占份额高于轻工业，关键是因为河南省的资源优势，农村的采矿业发展属于重工业。但是，这种农村采矿和冶炼行业也转移了大量农村的剩余劳动力，这是河南特殊的区域特点和资源禀赋决定的。

其二，城乡第三产业发展带来的农业劳动力转移。河南省在工农业市场取向的改革过程中，随着城市工业企业管理体制的改革，带动了城乡第三产业的发展，由此推动了河南省非农部门就业人员的增加。1979年，河南省第三产业产值份额为17%，1985年上升到24%，1991年达到27.2%，1992年为25.9%；第三产业劳动力就业份额1979年为7.55%，1985年上升到12.1%，1990年为14.2%，1992年为15.1%[①]。1992年相对于1979年，河南省第三产业劳动力就业份额提高了近8个百分点，绝对数量从1979年的217万人发展到1992年的653万人。

其三，乡镇企业发展带动的农业劳动力转移。乡镇企业是指由农村集体经济组织或农民投资为主体，在农村举办的支援农村经济发展的企业，种类包括乡镇办企业、村办企业、联户办企业、私营个体企业以及这些企业与国有企业、集体企业、外资企业等联合投资的企业[②]。乡镇企业起源于人民公社时期的社队企业，在改革开放后随着农村改革的深入展开，农业开展多种经营，围绕城乡物资流通、农业产品加工和农业生产资料供给等，各种形式的企业在生产和流通体系中逐渐壮大起来。1986年，邓小平指出农村改革中，完全没有预料到的最大收获，就是乡镇企业发展起来了[③]。河南省在1978年后广大农村地区的集体所有制工业企业、城乡合作经营工业、乡村个体工业都得到迅速发展，1990年这三种企业的总数为491491个，当年这些企业的工业总产值总额为229.22亿元，占全部工业企业产值的22.1%[④]。河南省乡镇企业和私营个体工业企业的发展为农业劳动力的转移提供了便利的条件。

可以看出，在工农业互动发展阶段，河南省农业劳动力转移的速度与农业产值份额的下降基本是同步的过程，这与河南省工业优先发展阶

[①] 《河南统计年鉴1998》，中国统计出版社，1998，第73、134页。
[②] 韩俊主编《中国农村改革30年·农村经济卷》，重庆大学出版社，2008，第144~145页。
[③] 《邓小平文选》第3卷，人民出版社，1993，第238页。
[④] 《河南经济统计年鉴1992》，中国统计出版社，1992，第294页。

段农业劳动力的转移态势完全不同。在工业优先发展阶段，从表2-10可以看出，1953年农业劳动力就业份额为84.7%，农业GDP产值份额为60.7%；1978年农业劳动力就业份额是80.6%，农业GDP产值份额为39.8%；即农业GDP产值份额下降了将近20.9个百分点，而农业劳动力就业份额只下降了4.1个百分点。从表3-1可以看出，1979年，农业劳动力就业份额是82.4%，农业GDP产值份额为40.7%；1992年，农业劳动力就业份额为68.2%，农业GDP产值份额为27.7%。农业GDP产值份额下降了13个百分点，河南省的农业劳动力就业份额下降了14.2个百分点。这说明这一阶段河南省农业劳动力转移的速度超过农业产值份额降低的速度。从新就业的城乡区域来看，表3-8中的数据显示出城市还是农业劳动力转移的主渠道。农村劳动力转移的渠道主要是乡镇企业的发展带来的，但城市新增就业人员的数量始终高于农村新就业数量，城乡工业发展共同推动农业劳动力的转移。这种农业劳动力转移的方式是工农业产业互动下生成的。计划经济条件下，通过行政方式推动的农业劳动力转移造成农业减产和城市工业发展受到影响，最终以实施精简城市人口的方式来减轻城市人口的压力。也就是说行政化推动农业劳动力转移的方式是行不通的。在市场取向改革的条件下，城乡第二、第三产业的发展促进了城乡物资流通，应该说资源配置的市场化取向是这一阶段加速农业劳动力转移的主要动力。

第三节　体制衍生结果：河南省工农业问题理论分析

在河南省工农业互动发展阶段，政府在工农业部门均实行了体制改革和调整，推进了工业发展战略的转变、农业生产经营体制的调整和社会资源配置方式的转变。农业在调动农民生产积极性的前提下实现大幅度增产，这一方面要归结于制度变迁的结果，另一方面，农业开展多种经营，农民增加收入，对农业的投入自然增加，从而提高了土地生产率。但是，政府对农副产品的买方垄断和农业生产资料供给卖方垄断格局的存在，并没有从根本上改变农业在社会资源配置中所处的不利地位，工农业关系体系中"以农养工"的格局并没有从根本上改变。由于政府实施计划与市场两种价格体系的"双轨制"，实现对工业部门的政策倾斜和保护，工业发

第三章　河南省工农业互动发展阶段的工农业关系（1979~1992年）

展依然处于优先发展的地位。农业滞后于工业发展的局面和城市化率低下的结构失衡并没有改变。当然，在工农业互动发展阶段，随着劳动密集型的轻工业的发展以及农村乡镇企业的发展，农民在增加收入的同时也实现了农业劳动力向非农产业的转移，形成农村劳动力"离土不离家，进城不离乡"的人口转移现象。农业劳动力实现了在产业部门之间的流动，尽管这种流动没有完全脱离农业生产活动，同时农业劳动力也没有分享到国有工业部门工作人员同等的福利待遇。但是，这种流动对农民收入的增加是重要的，正是基于农民收入的增加，农业部门才能承载起城乡工业的快速发展，农民才能在各种负担不断加重的情况下保持对农业的投入。随着农业劳动力的转移，现代生产要素才能大量流入农业部门。河南省工农业互动发展阶段不单存在农业对工业的支持，工业同样存在对农业的有效支持，由此才推动了农业部门的发展。不过，农业对工业的支持还是工农业互动发展阶段的主要方面。在这个阶段，由于存在工农业产品价格的"双轨制"，工农业产品交换并没有实现等价交换，工业部门依然通过工农业产品价格的"剪刀差"汲取农业剩余；同时，农民收入的提高在社会保障体系不健全的情况下，储蓄率必然上升，对城乡工业的发展提供了资金支持；农业税收随着农业产量的增加也呈现逐年上升的趋势。不过，家庭经营的农业生产方式相对于城乡工业部门的扩张，最终还是会出现工业规模超过农业支撑能力的局面。在工农业互动发展阶段后期，河南省农业发展陷入停滞和徘徊的局面，这与"以农养工"的工农业关系格局有直接的关系。相对于工业优先发展阶段，河南省在农副产品收购方面取消了统购统销的政策，但政府管制的农副产品购销部门依然收购了大部分的农副产品，农民在市场上出售的农业剩余只是一小部分。前后两个阶段的区别在于国家以往采取的是强制的方式，到工农业互动发展阶段，河南省工业汲取农业剩余采取的是半强制的方式。因此，长期存在的"以农养工"经济发展格局导致河南省工农业各项比例关系出现严重的失衡局面。

一　工农业比例失衡：河南省工农业增速和生产率比较

河南省在工业优先发展阶段，由于现代生产要素在农业集体经营方式中效用的消隐，在发展后期，农业发展处于严重滞后工业发展的局面，工农业比例失调从而影响到工业部门的持续发展。党的十一届三中全会在突出转变工业化发展战略的同时,提出首先重视农业的发展。而要实现农业的长足发展,在调整农业生产经营方式的同时,必须为农业发展提供有利的生产条件和加大对农业部门的投入。因此,1979年9月28日,中共中央发布《关于加快农业发展若干问题的决定》,在提出的推动农业发展的二十五条措施中,也包括加大对农业基本建设投资比例的措施。指出在今后3~5年内,国家对农业的投资在整个基本建设投资中所占的比重,要逐步提高到18%左右;农业事业费和支援社队的支出在国家总支出中所占的比重,要逐步提高到8%左右。地方财政收入应主要用于农业和农用工业。[1] 但是,在工农业互动发展阶段,河南省对农业部门的基本建设投资比例从来没有达到18%的要求,对工业部门的基本建设投资比例没有下降反而保持逐年上升的局面。在河南省政策导向下,向工业倾斜的社会基本建设投资格局对工农业部门产生极大影响,即河南省工农业发展速度和部门生产率的比例严重失调。

1979~1992年,河南省工农业发展速度与工农业生产率比例关系如表3-9所示:

表3-9 1979~1992年河南省工农业发展速度和生产率

项目 年份	农业总产值增长率(%)	工业总产值增长率(%)	工农业增长率之比(农业为1)	第一产业比较劳动生产率(%)	第二产业比较劳动生产率(%)	第二产业与农业比较劳动生产率对比系数
1979	1.2	9.7	8.08	0.54	4.39	8.12
1980	5.0	9.3	1.86	0.58	4.17	7.19
1981	13.0	5.0	0.38	0.60	3.98	6.63
1982	-2.4	8.6	-3.58	0.59	4.18	7.08
1983	22.0	9.1	0.41	0.66	3.71	5.62
1984	8.4	13.7	1.63	0.71	3.53	4.97
1985	4.3	22.7	5.28	0.62	2.83	4.56
1986	-4.3	14.4	-3.35	0.58	2.90	5.00
1987	18.4	18.0	0.98	0.62	2.72	4.39

---

[1] 中共中央文献研究室编《三中全会以来重要文献选编》(上),人民出版社,1982,第278页。

续表

年份\项目	农业总产值增长率（%）	工业总产值增长率（%）	工农业增长率之比（农业为1）	第一产业比较劳动生产率（%）	第二产业比较劳动生产率（%）	第二产业与农业比较劳动生产率对比系数
1988	-1.5	20.3	-13.53	0.57	2.78	4.88
1989	9.9	10.4	1.05	0.60	2.72	4.53
1990	7.8	6.9	0.88	0.61	2.72	4.46
1991	0.5	15.3	30.6	0.57	2.83	4.96
1992	2.5	26.7	10.68	0.50	3.12	6.24

注：比较劳动生产率是指该部门在国民收入中的比重与该部门劳动力就业份额之间的比率；工农业产值增长率数据来源于《河南统计年鉴1993》第82页；产业就业份额数据来源于《河南统计年鉴1998》第134页；各产业的劳动生产率是根据《河南统计年鉴1993》第88页的数据计算所得。

从表3-9可以看出，1979~1984年，河南省农业总产值增长速度最快，从1979年的1.2%上升到1981年的13%，1983年达到最高峰为22.0%，1983年是增长速度最快的年份；随后农业增长速度逐年下降，1986年为负值，1987年出现反弹达到18.4%；1991年又下降到0.5%，1992年回升到2.5%，也仅只是超过1979年的增速水平。1981~1985年，河南省工业部门实现强劲增长，但是，在工业增速高的年份，农业增速呈现大幅度下降趋势；1985年，河南省工业总产值增速为22.7%，农业降低到4.3%。1985年后，河南省工业部门呈现波动增长；其中1985~1988年间农业呈现总体下降趋势，1986年下降到-4.3%，1987年农业增速反弹至18.4%，1988年农业呈现负增长；1985~1989年工业部门实现两位数的增长；1990年工农业增长率基本持平，1991~1992年，工农业增长率差距比较大。

1980年、1981年、1983年、1984年、1987年、1989年和1990年，在这七年，河南省工农业部门之间的发展速度比例是比较协调的，工农业发展速度比例在0.38~1.86之间；其他年份，工农业发展速度比例起伏比较大；1989~1990年，工农业发展速度比例有所改善，但在1991~1992年又出现大的波动。河南省工农业发展速度的这种波动与不同时期对工农业部门的投入相对应。1979年，河南省农业基本建设投资份额为1.6%，工业为59.9%；到1985年，农业为0.9%，工业为57.0%；1990年，农业为0.8%，工业为68.7%；1992年农业为0.9%，工业为58.7%[1]。从中可以看出，河南省对农业部门的投入呈现不变或下降趋势，但政府向非农业部门投资加大，也包括农用工业和农村工业的投资。因此，河南省这一阶段工农业发展波动主要与政府对工农业体制的调整相对应。1979~1984年，国家对工农业发展政策进行调整，河南省由此调整农副产品收购价格，对一些贫困地区采取免除农业税等措施，改革粮油购销体制，降低农业生产资料价格，尤其是对农业投入的增加，直接推动了农副产品产量的提高。在这期间，河南省工农业产品价格的整体比价是保持稳定的，1980年的农业生产资料价格比1979年增长0.1%，1982年比1980年增长1.3%，1982年比1981年增长2.1%，1983年比1982年增长5.7%，1984年比1983年增长6.1%[2]；工农业商品综合比价指数（以1952年农副产品收购价总指数为100），1979年为43，1980年为37，1981年为47.2，1982年为37.9，1983年为35.6，1984年为35.1[3]。可以看出，这段时期河南省工农业价格保持大致稳定的态势。同时，农村工业的发展在改变农村产业结构的同时，也增加了农民收入，提高了家庭对农田的投入，因此在1979~1984年，河南省工业发展呈现逐年上升趋势，工农业发展处于相对协调的状态。

1985~1988年，河南省工农业发展速度不协调，原因在于1985年改革的重点转向城市，农村又取消农副产品统购统销制度，推动农副产品流通体制改革，提高了农副产品的商品化程度。同时农村乡镇企业也获得较大发展，必然带来农村工业吸纳大量农业劳动力和农民收入的提高。这一阶段，农民大量种植经济作物，从非农产业提高收入，农村工业发展带来耕地占用和经济作物种植面积的增加，必然导致农民种粮积极性的降低和粮食产量的减少。但是，从表3-9可以看出，同期河南省工业速度增长较快，1985年，河南省工业总产值增长率为22.7%，1988年为20.3%。而农业增长逐渐下降，1985年，农业总产值增长率为4.3%，1988年为-1.5%。1989年，河南省依据中共中央指示，经济进入调整时期，1990年工业总产

---

[1] 《河南统计出版社1993》，中国统计出版社，1993，第281页。
[2] 数据来源于国家统计局河南调查总队编《河南六十年1949~2009》，中国统计出版社，2009，第1~11各种物价指数栏目。
[3] 《河南统计年鉴1985》，河南人民出版社，1986，第271页。

值增长率低于农业总产值增长率。但是，1991~1992年工业总产值增长率大幅度上升，达到15.3%和26.7%，农业总产值增长率严重下降，分别是0.5%和2.5%，工农业发展速度出现严重失调的局面。

与工农业发展波动相对应的是工农业两大部门之间比较劳动生产率的差距。用工农业比较劳动生产率系数来表示工农业部门的差别。从表3-9可以看出，1979~1985年，河南省第二产业部门与农业比较劳动生产率系数呈逐渐缩小趋势，这显示出两大部门差距在逐渐缩小；1986~1988年，两大部门的比较劳动生产率系数比例呈现稳定状态；1989~1992年，两大部门比较系数呈逐渐加大趋势。两大部门比较劳动生产率的波动与工农业发展比例的波动呈现同步变化的趋势，总体上看，农业部门的比较劳动生产率保持低水平上升状态，80年代缓慢上升，从1990年开始下降。农业部门劳动生产率的波动与工业部门增长速度和生产率变化相对应，工农业发展比例差距过大，也就意味着工农业发展波动的幅度较大。在这个阶段，工农业增速之比超过5.0或低于1.0的年份都是工农业发展波动较大的年份。由此可以看出，在河南省工农业互动发展阶段，工农业发展速度的比例大起大落，农业有三个年份出现负增长，分别是1982年、1986年和1988年。但是，负增长出现后的次年，农业就出现大幅度的反弹。这说明当农业部门出现负增长时，才引起地方政府的重视，政府加大对农业关注程度和各种投入。当河南省农业出现负增长时，工业几乎都是以两位数的速度增长，这就意味着河南省工业部门的基本建设投资量在本年份较大。由此可以得出结论：在河南省工农业互动发展阶段，工农业增速的快慢很大程度上取决于政府的政策关注程度和投入量的大小，政府在工农业发展过程中起着重要的决定作用。

二 收入结构失衡：河南省积累率与城乡居民消费比较

国民收入中积累用于生产性投资，消费用于提高人民生活水平。河南省要推动工业部门的快速增长，必然提高国民收入结构中的积累率，降低国民收入的消费率。在本阶段工农业发展的较大波动与较高的国民收入积累率直接相关联。在工农业互动发展阶段，总体上看，河南省国民收入的积累率是比较高的，积累率高、消费率低的格局必然影响城乡居民尤其是农民收入水平的提高，从而加大城乡居民收入的差距。

1979~1992年，河南省国民收入积累率与城乡居民消费增长率如表3-10所示：

表3-10　1979~1992年河南省积累率与城乡居民消费增长率

年份\项目	积累率（%）	农民（%）	非农民（%）	非农民与农民之比	年份\项目	积累率（%）	农民（%）	非农民（%）	非农民与农民之比
1979	30.3	17.1	2.0	0.12	1986	31.0	5.0	2.0	0.40
1980	27.1	15.3	5.9	0.39	1987	34.3	5.1	2.8	0.55
1981	27.7	3.4	-0.3	-0.09	1988	38.2	1.5	2.7	1.8
1982	25.0	0	4.1	—	1989	35.8	1.1	-2.8	-2.55
1983	30.0	14.7	5.2	0.35	1990	34.1	1.2	1.3	1.08
1984	30.1	7.1	16.3	2.30	1991	35.0	5.5	3.4	0.62
1985	32.2	12.3	9.0	0.73	1992	41.2	2.1	4.1	1.95

资料来源：《河南统计年鉴1993年》，中国统计出版社，1993，第92、579页。

从表3-9和表3-10可以看出，河南省在1981年、1983年、1987年和1990年这四个年份，农业增长速度超过工业增长速度。而相对应的这几年的积累率最低的是1981年为27.7%，最高的是1987年的34.3%。在这几年，同样是农民消费水平高于城市居民消费水平的年份，这显示出城乡居民消费水平与工农业部门的发展速度呈现正相关的关系，农业发展速度高，农民消费就高；反之，农民消费水平就下降。在1982年，河南省积累率只有25%，农民的消费水平没有增长，城市居民消费水平增长速度为4.1%。从整体上看，河南省城市居民在工农业互动发展阶段的消费水平增速整体上呈现下降的趋势，1980年为5.9%，1983年为5.2%，1984年16.3%，1985年为9.0%，1986年大幅度下降到2.0%，1989年为负值，随后保持缓慢增长的状态，1992年达到4.1%；同期农民消费水平增长速度没有出现负增长，1983~1987年间都保持年均增长5%以上的增速，1988年开始大幅下降，1992年农民消费增速为2.1%。城乡居民消费水平从1986年开始出现整体下降态势，显示出一个问题，即在河南省工农业互动发展阶段保持较高积累率的条件下，城乡居民的消费增长速度受到影响，其中城市居民受到的影响相对较大。

由此可以看出，河南省保持较高的积累率在开始阶段有利于工业部门的增长，但是，长期保持较高的积累率不但影响到城乡居民的消费水平的提高，还影响到工业部门的增长速度。1988~1990年间，河南省工业部门的增速也呈现逐渐下降的趋势，而这三年的积累率都在34%以上。这三年属于河南省工农业经济调整时期，农业经济在1989~1990年保持高速增长，而农民的消费水平呈现缓慢增长状态。由此看来，国民收入积累率的高低开始可以推动工业部门的增长，长期保持也必然影响工业的增长速度。对于城乡居民的消费水平而言，积累率高必然影响消费水平的增长。但是，积累率高在短期内对城乡居民消费水平的影响不显著，长期来看，必然导致城乡居民消费增长速度的下降，从而影响城乡居民消费水平的提高。

从表3-10可以看出，比较河南省城乡居民消费水平的变化总体上分为两个阶段：1979~1985年，农民消费水平增长率有4年处于两位数增长；其他3年有1年农民消费水平增速超过城市居民。1986~1992年，农民消费水平有2年增速超过5%，有5年消费水平增速下降到2%以下；同期城市居民消费增速在1990年前逐渐下降，1990年消费增速逐渐上升。比较来看，农民在前后两个阶段下降幅度超过10%，城市居民消费水平与前一阶段相比较下降幅度只是2%左右，可以看出较高积累率的保持对农民消费水平影响较大，对城市居民消费水平增速影响较小。从前后两个阶段的积累率来看，后一个阶段的积累率明显高于前一个阶段。农民消费增长速度下降幅度大，城市居民消费增速下降幅度小，显然城乡居民的消费差距必然会逐渐加大，而不是逐渐缩小。

前一阶段农民消费水平增速的大幅度上升，原因在于河南省落实中共中央对工业化战略的调整，实施农、轻、重按比例发展的思路，降低农业生产资料的价格，提高农副产品粮食收购价；同时农业生产经营方式的改革，调动了农民的生产积极性，农民增加了对家庭承包土地的投入，这也是农民消费水平大幅度上升的主要原因。1979年，河南省农业机械总动力为1080万千瓦，1985年上升到1569.9万千瓦；1979年，河南省排灌电动机35.9万台，1985年为44.7万台；1979年，河南省有机动脱粒机123000台，1985年上升到186000台；1979年河南农村用电量为14.6亿，1985年为28.3亿度；1979年，河南省化肥用量为72.4万吨，1985年为143.6万吨[①]。农民在

[①] 数据来源于国家统计局农业社会调查司编《改革开放三十年农业统计资料汇编》，中国统计出版社，2009，第71、92、110、125、131页。

生产消费上投资的大幅度上升,必然带来消费水平的增加,这是前一阶段农民消费水平上升的主要原因。后一个阶段,农民消费水平大幅度下降一方面是积累率逐渐上升的原因所致,另一方面由于城乡工业的发展以及政府改革重点转向城市,同时实施向非农业倾斜的政策导向,实际上造成工农业发展比例的失调。这一时期,消费率升高对农民消费和农业增长的影响均较大。在农业支持工业出现供给问题时,工业发展必然降低速度,转向集中发展农业。河南省农民及非农民消费增速在前后两个阶段发展落差如此之大,主要有三个方面的原因。

其一,政策导向下对工业部门发展的倾斜性保护。农业实现生产经营方式的变革后,随着农副产品产量的提高国家在1985年取消统购统销政策。在农副产品部分实现商品化的同时,国家对工业企业管理体制的改革也促使工业产品逐渐采用市场价格,农业生产资料由此面临价格逐渐上升的局面。而随着农业制度变迁带来的农业产量增长,满足了城乡居民的消费需求,必然会导致"粮贱伤农"的局面,而农民对农业的投入还面临生产资料价格上涨的局面。同时,1985年后,乡镇政府附加于农民的负担也呈现逐渐上升的趋势,这不可避免导致农民收入和消费水平的降低。

其二,市场机制下社会资源向非农业部门流动。1985年后,随着农村乡镇企业的兴起,农业劳动力实现流动和转移,从非农产业中增加收入成为农民提高收入的主要渠道,这种流动致使农民对农业投入的滞后。1986年后,河南省农业增长速度大幅度下降,这是主要原因。同时在农副产品产量提升缓慢的情况下,必然出现市场供给不足的局面,导致工农业产品价格上涨。同时工业产品价格的双轨制有利于工业部门的物资流动和提高收益,对农业造成的影响是,随着原料市场价格的上升必然带来的农业生产资料价格的上涨。农业在物质消耗逐渐增加的情况下,影响农业的产值收入,同样也影响到农民从农业部门获得的收入。

其三,河南省乡镇企业转型对农民收支的影响。在前一阶段农村乡镇企业发展主要是服务于农业发展的农副产品加工行业,乡镇企业在大量吸纳了农业剩余劳动力的同时,也提高了农民的收入水平。后一阶段,由于乡镇企业重复建设和资源浪费严重,在国家政策的引导下,乡镇企业在发展方式上逐渐由劳动密集型产业转向资金技术密集型产业,这种转变必然降低对农业劳动力的吸纳能力。1979年,河南省独立核算的集体工业企业就业人员为78万人,1985年为139万人,增长了78.2%;1979年,乡镇企业固定资产原值为17.03亿元,1985年增加到31.49亿元,增加了84.9%;乡镇企业固定资产原值的增加并没有带来同步的农业劳动力转移数量的增加。1985~1992年,这种趋势尤为明显,1985年,河南省乡镇企业固定资产原值和就业人员分别是31.49亿元和139万人,1992年分别为113.33亿元和172万人;乡镇企业固定资产原值增加了2.6倍,而就业人员只增加了23.7%[①]。这说明河南省乡镇企业固定资产增速与吸纳劳动力增幅不同步,乡镇企业投资和资产的增长在1986年后并没有带来相应的劳动力转移的增长,1989~1992年农村工业的发展趋势也与乡镇企业表现出同样的趋势。1989年河南省农村村办企业的固定资产原值为41.1亿元,1992年,固定资产原值为80.75亿元,而就业人员1989年为116万人,1992年为141.4万人,固定资产原值增长了96.47%,就业增长了21.9%[②]。而农业劳动力转移速度的下降对农民的收入和消费的影响也是较大的。

三 工农结构失衡:河南省工农业收入和产值比较

工农业国民收入是指工农业部门的增加值或者是净产值,国民收入在分配方面一部分转化为各级政府的财政收入,一部分保留在工农业部门作为收入和积累。总体上看,工农业国民收入的结构划分为积累额和消费额两部分,积累额以各级政府财政支出形式向三大产业部门投入,进行各部门的基本建设;消费额主要是公共事业性支出,重点提高居民民生福利。工农业部门产值份额和国民收入份额的比例关系既体现出工农业的产值结构和国民收入结构的特点,也体现出某个阶段的工农业发展关系。按照一般国家模式来讲,随着工业化程度的加深,工农业关系呈现出农业劳动力向非农产业转移,农业产值在国民收入中所占份额逐步下降,而其他产业的产值在国民收入中所占份额逐渐上升。由此农业转移出大量剩余劳动力,实现生产效率的提高,其他部门尤其是第三产

[①] 数据来源于《河南统计年鉴1985》,河南人民出版社,1986,第164页;《河南统计年鉴1993》,第213、538页;《河南经济统计年鉴1992》,第470页。

[②] 数据来源于《河南经济年鉴1993》,第181页;《河南经济统计年鉴1991》,第308页。

业部门得到长足的发展，无论是产值和国民收入份额，还是吸纳劳动力的数量和份额方面均超过其他产业部门。但是，这是正常发展的趋势，一般来说，工业部门产值份额和国民收入份额的上升必然带来相应的农业劳动力的转移和农业产值份额的下降以及农业劳动生产率的上升。如果工业增长和份额增加没有带来相应的农业劳动力的转移，那么农业发展必然处于滞后于工业发展的局面，工农业关系必然出现比例失调的局面。工农业比例失调造成的最后结果还是影响到工业部门发展的速度。当农业部门由于滞后无法支撑工业部门发展的速度和规模时，经济调整就成为必然的选择。1979~1992年，河南省工农业两大部门产值份额和国民收入份额的比例关系如表3-11所示：

表3-11 1979~1992年河南省工农业国民收入与产值的份额

单位：%

年份	国民收入份额 农业	国民收入份额 工业	以工农业总产值为100 农业	以工农业总产值为100 轻工业	以工农业总产值为100 重工业	年份	国民收入份额 农业	国民收入份额 工业	以工农业总产值为100 农业	以工农业总产值为100 轻工业	以工农业总产值为100 重工业
1979	44.9	37.6	37.0	29.7	33.3	1986	41.6	39.2	35.2	30.3	34.5
1980	47.4	36.8	39.2	31.1	29.7	1987	42.4	37.6	35.2	30.2	34.6
1981	49.0	34.5	40.4	33.0	29.6	1988	38.9	39.8	32.2	31.5	36.3
1982	47.7	35.5	37.9	32.9	29.2	1989	41.3	40.2	32.1	31.0	36.9
1983	51.8	33.2	41.2	29.4	29.4	1990	42.4	38.8	32.6	30.8	36.6
1984	49.6	33.8	40.4	29.1	30.5	1991	39.7	39.6	30.3	31.6	38.1
1985	45.3	35.5	37.6	30.0	32.4	1992	34.4	45.4	26.0	32.5	41.5

资料来源：《河南统计年鉴1993年》，中国统计出版社，1993，第83、91页。

从表3-11可以看出，在河南省国民收入的构成中，工农业比重占绝对优势，这就意味着河南省第三产业发展相对滞后；同时也显示出在工农业互动发展阶段，河南省工业发展在国民经济体系中占据主导地位。在工农业总产值构成中，1992年，河南省工农业的产值比例已经达到74:26的水平，结合国际上先起工业化国家和地区在"以农养工"结束时经济结构数据指标，"以农养工"阶段完成时工农业产值份额比为75:25。由此可见，1992年，河南省工农业关系在工农业产值结构方面已经进入转型时

第三章 河南省工农业互动发展阶段的工农业关系（1979~1992 年）

期，即"以农养工"阶段的结束。但是，河南省与先起工业化国家或地区相比较，在人均国民 GDP 数量、农业劳动力就业份额和城市化率等方面还处于滞后工业部门发展的状态。这就意味着在 1992 年，河南省工农业关系在政策上不可能实现从"以农养工"向"以工哺农"的转型。

在工农业互动发展阶段，从农、轻、重部门所占产值份额比例来看，河南省重工业的产值份额上升速度高于轻工业的上升幅度；工业产值份额增长幅度与农业产值份额下降幅度相对应。1979~1992 年，河南省农业产值份额下降了近 11 个百分点，轻工业上升了 3.8 个百分点，重工业上升了近 8.2 个百分点，农业产值份额下降了 10.5 个百分点，工业产值份额上升了 7.8 个百分点，这说明这一阶段河南省第三产业的产值份额没有上升，反而下降了 0.5 个百分点。从表 3-1 可以看出，这一阶段河南省城市化率提高了 2.4 个百分点，而表 2-10 显示出河南省在工业优先发展阶段的 26 年间城市化率只上升了近 1.29 个百分点。可以看出，在工农业互动发展阶段，河南省农业劳动力转移和城市化率的提高主要是工业部门的发展吸纳了大量的农业劳动力。

从工农业在国民收入中所占份额来看，1979~1992 年，河南省农业国民收入份额下降了 10.5 个百分点，工业国民收入份额提高了 7.8 个百分点，那么河南省建筑业和第三产业国民收入份额提高了 7.8 个百分点。1979 年，河南省商业和运输业国民收入份额为 10.8%，1985 年上升到 12.7%，1988 年上升到 14.5%，1992 年下降到 13.4%[①]。这显示出在河南省工农业互动发展阶段，第三产业滞后于工农业发展水平。对照表 3-1 数据可知，1992 年，河南省人均 GDP 数量为 917.9 美元（按照当年人民币兑美元汇率）。按照 1964 年人民币兑美元的汇率 1:2.4618 计算，1992 年的汇率为 1:5.5149，1992 年河南省人均 GDP 人民币数额为 1376.8 元，换算成 1964 年美元的换算因子为 2.24，那么 1992 年换算成 1964 年美元数额为 410 美元。

对应表 2-9，钱纳里提出在人均 GDP 数额为 400 美元（1964 年美元）时，一般国家经济结构指标是：产业结构方面农业份额为 22.8%，工业份额为 27.6%，服务业为 49.6%；农业就业结构份额为 43.8%，工业为

---

① 《河南统计年鉴 1993》，中国统计出版社，1993，第 91 页。

23.5%，服务业为 32.7%；城市化率为 49.0%。可以发现，1992 年，河南省在城市化率方面低出钱纳里数据 32.8 个百分点；在经济结构方面，河南省农业产值份额为 27.7%，高出钱纳里数据 4.9 个百分点；工业产值份额工业为 37.6%，高出钱纳里数据 10 个百分点；服务业为 34.7%，低出钱纳里数据 14.9 个百分点；就业结构方面农业就业份额为 68.2%，高出钱纳里数据 24.4 个百分点；工业就业份额为 16.7%，低出钱纳里数据 6.8 个百分点；服务业就业份额为 15.1%，低出钱纳里数据 17.6 个百分点[①]。由此可以得出结论：在河南省优先发展工业阶段和工农业互动发展阶段，工业的产值份额和发展速度在国民经济中占据主导地位；河南省第三产业严重滞后于工业发展的规模和水平；工业的倾斜发展和第三产业的滞后阻碍了农业剩余劳动力转移。河南省农业劳动力的转移，随着工农业的发展，最后有赖于城乡第三产业的发展。1992 年，河南省工农业发展不但没有达到"以工哺农"的临界值，并且在产业结构方面第三产业发展严重滞后于工农业发展。这就造成就业结构的不平衡，农业部门滞留了大量剩余劳动力，片面发展重工业的局面并没有从根本上改变。

但是，相对于河南省工业优先发展阶段，在工农业互动发展阶段，河南省无论是在人均 GDP 数量，还是在产业结构和就业结构以及城市化率方面都达到了新的水平。尤其是农村工业尽管在 90 年代初转移农业劳动力的动力不足，不过在整个工农业互动发展阶段，河南省农村村办工业也承载着转移农业劳动力的功能。1989 年，农村村办工业的就业人员达到 116 万人，1990 年为 112.2 万人，1991 年为 123.7 万人，1992 年达到 141.4 万人[②]。尽管村办工业转移农业劳动力无法提供像城市工业部门为就业人员提供的国民福利待遇，但在农民增加收入方面也是一种有效的途径。在村办工业发展的同时，不可避免占用农业的生产要素资源，包括土地、劳动力、资金和原材料以及牺牲生态为代价。在工业优先发展阶段，工农业关系主要表现为农村与城市的关系，农业与城市工业的关系。在河南省工农业互动发展阶段，工农业关系表现为更丰富的内容，即不但包括农业与城市国有工业的关

----

① 《河南统计年鉴1998》，中国统计出版社，1998，第 81、134 页。
② 数据来源于《河南经济统计年鉴1991》，中国统计出版社，1991，第 308 页；《河南统计年鉴1993》，中国统计出版社，1993，第 181 页。

系，同时也包括农村和农业与城乡工业之间的关系。而城乡工业的发展面临的问题不仅是加大投资的问题，而是面临工业的技术改造和增长模式的转变问题。因为城乡工业的过渡发展必然造成对农业部门发展的挤压和对农业剩余的汲取，工业的发展停留在粗放式的增长模式之上，农业的发展只能在承载过量劳动力的条件下发展，这就严重影响农业规模的扩大和劳动生产率的提高。因此，从对河南省工农业部门在国民收入和总产值中的比例关系进行考察可知，河南省工农业的发展依然面临农业劳动力的转移、农业劳动生产率的提高以及调整工业化发展战略以改变工业的粗放型增长方式问题。

第四节　体制变迁临界：河南省工农业发展问题定性分析

在河南省工农业互动发展阶段，相对于工业优先发展阶段，在工业化战略上转变为农、轻、重按比例协调发展的战略。工业化发展战略调整的目标原本是要推动工农业的协调发展，但事实上并没有实现工农业的协调发展，农业在这个阶段依然处于落后工业发展的局面。在农业的生产经营方式上，河南省依据中共中央关于农业政策的调整要求，实现了从农业集体经营方式向家庭经营方式的转变，政策设计的最初目标是提高农民的生产经营积极性，推动农业的长足发展。从1985年后，河南省农业处于缓慢发展和徘徊的状态。在工业改革方面，河南省依据工业改革的方向和要求，实施工业企业管理体制的改革，目的是转变工业部门高消耗和低效益并存的矛盾局面。在这个阶段，河南省工业部门并没有改变粗放型的经济增长方式；在资源配置方面，河南省依据中共中央关于经济体制改革的要求，实现计划为主、市场调节为辅的经济体制改革，目的是推动社会资源实现市场化的配置，提高资源配置的效率，推动工农业部门协调发展。但是，在河南省资源配置的方式中，由于计划依然占据主导地位，计划体制管制下出现生产资料的计划价格，市场机制作用下出现高于计划价格的市场价格，计划价格对工业企业的发展形成政策的支持和保护，市场价格成为农业生产资料消耗逐渐上升的主要根源。同时，在市场机制作用下，农业生产要素大量流出农业部门，严重影响农业部门的发展。总之，在工农业互动发展阶段，河南省工农业关系并没有从根本上改变"以农养工"的格局，呈现出农业发展滞后和农业劳动力转移滞后以及城市化发展滞后的整体局面，并没有实现与工业部门的同步协调发展。

一 农业发展困境：家庭经营方式发展局限性分析

河南省从优先发展工业阶段转向工农业互动发展阶段，农业生产方式经历了从集体经营向家庭经营的转变。这种转变带来了农民生产积极性的提高和农民生产分配权或私人决策权的提高，由此形成提升农业粮食产量的动力机制。1978年，河南省粮食产量只有2097.4万吨，以后逐年提高，1985年达到2710.5万吨，1990年达到历史高峰，粮食产量为3303.7万吨，粮食产量的大幅度提高意味着河南省基本解决了温饱问题[①]。在河南省乃至全国粮食等农产品产量大幅度提升的情况下，为了推进农副产品的商品化，加强城乡物资流通，中共中央从1982年开始每年发布关于农村和农业发展的"一号文件"，目的在于推进农业生产经营方式的调整、农业开展多元经营、农村工业的发展、农副产品流通体制的改革以及农业生产条件和基础设施的改善等。就河南省地区的农业和农村发展而言，在农业经营和农民流动方面，农业和农村政策的改革改变了工业优先发展阶段的单一种植局面，开展农林牧副渔的多种经营，农民在从业方面实现了自由流动。在农村产业结构方面，随着农村乡镇企业的发展，农村出现了许多专业户和个体私营工商户，带动了农村非农产业的发展。尤其是乡镇企业的兴起，大量转移了农村劳动力，提高了农民的收入，活跃了农村市场。在城乡物资交流方面，改革农副产品流通体制和工业产品的流通体制，改变了工业优先发展阶段计划控制的局面，工业品和部分农副产品的价格由市场调节。在1985年以前，政府采取提高农副产品收购价和降低农业生产资料价格的方式，推动农业的发展，缩小工农业产品的价格"剪刀差"，提高农业部门的积累。在资源的配置方面，经济体制从单一的计划经济体制改革为计划为主、市场导向的资源配置方式，市场取向的改革活跃了农村的生产要素资源。无论在农村宏观经济环境还是在微观经济环境方面，河南省农业和农村发

---

① 数据来源于《河南统计年鉴1993》，中国统计出版社，1993，第137页。

第三章 河南省工农业互动发展阶段的工农业关系（1979~1992年）

展改变了工业优先发展阶段的物资短缺和不能解决温饱的局面。但是，河南省处理工农业关系时在政策导向上依然向工业部门倾斜；农业的家庭经营决定农民的投入有限和抵御灾害的能力有限；工农业偏斜发展造成城乡差距加大。这些因素导致河南省农业发展处于严重的困境，影响到农业的持续发展和农民收入的持续提高。

其一，农业发展迅速与农业投入有限。工农业领域的各项改革并没有改变"以农养工"的经济关系格局，农业发展依然处于滞后于工业发展的局面。就农业部门来说，农业多元经营和农民从事非农产业所得到的收入并没有增加对农业的投入。在市场机制的作用下，农业剩余和农民的货币收入更多投向非农产业部门以更大幅度地提高收入，从1986年后，河南省粮食等农副产品产量连续几年出现减产和农业负增长源于农民对农业投入不足。农业的家庭经营一方面决定农民对农业生产的投入有限，影响农业对现代生产要素的吸纳，致使农业发展后劲不足。1981年，河南省农林业基本建设投资份额为11.3%，全国农林牧副渔基本建设投资份额为1.7%，工业部门基本建设投资份额与全国平均水平持平，为53.2%；1985年，河南省农林业基本建设投资份额为5.06%，全国下降到0.9%，工业基本建设投资份额与全国持平，为57.0%；1988年，河南省农林业基本建设投资份额为5.1%，全国下降为0.7%，工业基本建设投资份额与全国水平持平，为67%；1990年，河南省农业基本建设投资份额回升至9.2%，全国为0.8%，工业基本建设投资份额与全国持平，为68.7%[①]。从1981年开始，河南省对农林业的基本建设投资份额呈现下降的态势，这种局面一直持续到1990年。1990年河南省对农林业的投资份额有所回升，原因在于全国正处于工农业关系的调整时期。农林业与工业部门相比较，工业部门的基本建设投资份额长期保持在50%以上，这显示出资源向工业部门倾斜流动的态势。

其二，农业成本逐渐提高。家庭经营农业对市场价格变动和自然灾害的抵御能力有限。在工农业互动发展阶段，河南省每年度的旱灾、水灾、风雹灾都比较严重，农业的家庭经营使农民对这些灾害的防治

---

① 全国数据来源于庾德昌主编《中国工农业协调机制研究》，中国物价出版社，1993，第96页；河南省数据是根据《河南统计年鉴1993》，中国统计出版社，1993，第282页的数据计算所得。

和抵御能力都比较薄弱。在政府依然垄断大部分农副产品的收购和垄断农业生产资料生产和流通的情况下，农业生产成本逐年上升，发展的空间相对狭小。1979年，河南省农业生产成本占农业产值的份额为33.6%，全国水平为27.8%；1985年，河南省农业生产成本份额上升到30%，全国上升到31.1%；1989年，河南省上升到36.8%，全国达到35.6%；1992年，河南省农业生产成本份额上升到38.9%，全国农业生产成本份额为36.2%[①]。可以看出，河南省农业生产成本高于全国平均水平。因为农业的家庭经营没有足够的话语权和利益表达权利与政府进行价格谈判，这就导致农业依然处于低价农业和低效农业的状态，政府依然可以通过工农业价格政策和金融手段实现工业部门对农业剩余的汲取。

其三，政策向工业倾斜。在政策保护和支持下的工业部门与农业部门的境况具有较大区别。改革开放初期，工业部门实现了工业管理体制的改革，在工业企业管理上实施不同形式的责任制和承包制。但是，国家在调整农、轻、重发展比例的同时，在政策导向上没有改变对工业的倾斜，在社会基本建设投资、工业产值和国民收入份额、国民收入结构中的积累额、城乡居民收支差距等方面都显示出农业和农民的发展滞后状态。相对于工业优先发展阶段，工业部门在互利阶段更加重视轻工业的发展，尤其是劳动密集型产业的发展大量吸纳了农村剩余劳动力。但是，在计划为主的社会资源配置方式作用下，工业生产资料和产品价格保持计划价和市场价的双轨制，这就出现政府对工业产品流通的半垄断。对农业产品流通的垄断增加了农业生产成本，降低了农业部门的收益。1986年，全国粮食提价9.9%，化肥提价30%，农药提价80%，柴油提价110%[②]。对工业部门产品流通的垄断则是保证工业部门的生产性和经营性收益。结果是农业发展不能支撑工业发展的规模需要。

其四，城乡差距加大。农业生产资料价格变化在影响农业生产成本的同时，必然影响到农民收支水平，从而在农民收支水平下降的同时拉大了城乡居民的差距。1978～1985年，我国城乡居民收支水平差距是逐渐缩小

[①] 数据来源于《河南统计年鉴1993》，中国统计出版社，1993，第87、155页；《中国统计年鉴1993》，中国统计出版社，1993，第64页。

[②] 庾德昌主编《中国工农业协调机制研究》，中国物价出版社，1993，第99页。

的，1978年，城乡居民收入比率为2.57，1985年缩小为1.85；河南省在1984年以前城乡收支差距较小，1984年，城乡居民消费水平比例达到历史高峰的2.3，随后逐渐上升；全国城乡收支差距到1990年又上升为2.20，1992年达到2.58[①]；而河南省城乡居民消费差距到90年代逐渐下降，1992年，城乡居民消费水平比例为1.95。河南省与全国水平相比较，城乡居民消费水平差距低于全国平均水平。

二 工业发展困境：计划保护致使工业低效增长

河南省在工农业互动发展阶段与工业优先发展阶段相比较，在工业发展方面尽管改革了工业企业的经营管理体制，扩大了工业企业的经营自主权，但是，工业增长主要依靠投资拉动的格局没有从根本上改变。在这个阶段，河南省对工业部门的投资超过了对农业部门的投资。农业基本建设的投资比例远远没有达到1979年中共中央规定的18%的投资份额，而工业部门的投资份额最大的年份高达76.8%。由此可见，政策导向下社会资源还是保持向工业部门严重倾斜，尽管在工农业互动发展阶段河南省轻工业的投资有所上升，但是整体上政府基本建设投资的重点还是重工业，不单是工业优先发展的战略格局没有改变，就是重工业优先发展的格局还依然持续。在工农业互动发展阶段，国家不再实施计划完全控制工业品的生产和流通，而是实施有限控制生产和流通的方式。工业部门产品和原料维持计划价和市场价两种物价格局，这就有限保证了工业部门优先投资建设的需要。基本建设向工业部门严重倾斜必然带来工业部门产出速度的提高，同样农业部门的投资不足必然导致产出速度增长乏力。工农业严重偏斜的发展格局相对于工业优先发展阶段不是减轻了而是更加严重。最根本的原因在于在工业优先发展阶段，地方工业的发展和投资规模要服从于国家建设的需要，工业投资很大程度上受到计划体制的制约。在工农业互动发展阶段，地方政府的自主权扩大了，在农业得到长足发展的情况下，为地方工业的发展也提供了有利的条件。1979~1992年，河南省工农业基本建设投入产出比较如表3-12所示：

---

① 马良华、郑志耿：《经济增长、充分就业和农业发展》，浙江人民出版社，2004，第191页。

表 3–12　1979~1992 年河南省工农业部门基本建设投入与产出比较

年份\类别	农业基建额(亿元)	农业基建份额(%)	工业基建额(亿元)	工业基建份额(%)	农业产出额(亿元)	农业产出增速(%)	工业产出额(亿元)	工业产出增速(%)
1979	0.29	1.6	10.93	59.9	113.48	8.2	193.49	9.7
1980	0.31	1.7	9.78	53.2	134.62	10.0	209.23	9.3
1981	0.17	0.9	11.51	60.7	151.24	8.3	223.50	5.0
1982	0.23	1.2	10.56	53.2	151.06	6.8	246.28	8.6
1983	0.24	1.3	11.09	59.3	187.02	13.5	268.14	9.1
1984	0.34	1.3	17.68	65.2	208.68	12.3	307.58	13.7
1985	0.31	0.9	20.72	57.0	241.54	23.4	401.32	22.7
1986	0.13	0.4	22.19	59.9	259.49	10.7	478.09	14.4
1987	0.29	0.7	25.02	63.0	323.62	16.8	594.64	18.0
1988	0.38	0.7	35.91	67.0	370.67	15.7	779.90	20.3
1989	0.42	0.8	41.11	76.8	449.88	6.1	953.56	10.4
1990	0.41	0.8	35.91	68.7	502.01	7.7	1036.73	6.9
1991	0.31	0.4	56.85	71.3	531.05	13.0	1222.68	15.3
1992	0.89	0.9	59.29	58.7	573.65	21.7	1628.63	26.7

注：工农业基建份额以全社会基本建设投资为 100；工农业产出份额以各产业部门产出为 100；工农业产出增速为年增速，以上年为 100；农业部门指农林牧副渔产业部门。数据参见《河南统计年鉴1998》，中国统计出版社，1998，第77、176页。

从表 3–12 可以看出，河南省农业基本建设投资份额呈现缓慢下降的趋势，1992 年相对于 1979 年下降了 0.7 个百分点；而工业部门的基本建设投资份额的上升幅度较大，1991 年相对于 1979 年上升了 11.4 个百分点，1992 年与 1979 年相比下降了 1.2 个百分点。从基本建设投资的绝对数量上看，农业基本建设投资量 1992 年比 1979 年减少了 0.6 亿元，工业部门基建投资量 1992 年比 1979 年增加了 48.36 亿元。尽管农业投入逐渐下降。但是，农业部门产出增速保持了较高的速度，1985 年，河南省农业年产出增速达到最高点为 23.4%，不过到 1990 年呈现逐渐下降的态势。工业产出增速则呈现缓慢上升的态势，其中有四个年份河南省农业产出年增速超过了工业产出年增速。而在农业产出增速高出工业产出增速的年份中，农业基建投资数量和份额并没有大幅度上升。在 1985 年，农业基本建设投资相对于 1984 年还出现下降。这显示出河南省工业部门在高投入条件下效率保持相对较低的状态。由于全社会的基本建设投资主要向工业部门严重倾斜，工业部门的低效发展必然会影响到全社会的投入和产出的关

第三章 河南省工农业互动发展阶段的工农业关系（1979~1992年）

系，影响到全社会的投资效率。

据统计资料显示，1986年，河南省全社会固定资产投资年增长率为14.2%，1987年增长率为10.7%，1988年增长率为27.2%，1991年增长率为24.4%，1992年增长率为24.3%；而同期总产出增长率1986年为10.7%，1987年为16.8%，1988年为15.7%，1991年为6.1%，1992年为21.7%[①]。从中可以看出，投资增长速度远大于同期经济增长速度，结果必然导致投入高而产出低的低效益局面。河南省在1979~1992年物质生产部门物质消耗占总产值的比重呈逐渐上升趋势，并且比例是比较高的。1979年物质生产部门消耗占总产值的比重为54.9%，工业消耗比重为67.4%；1988年物质生产部门消耗占总产值的比重为58%，工业消耗的比重为69.2%；1992年物质生产部门消耗的比重为61.9%，工业消耗的比重为71.6%[②]。在消耗较高而产出较低的情况下，必然造成消耗在收入中的比重上升，而纯收入在总收入中的比重下降，1985年农业部门消耗在收入中的比例为37.6%，1992年上升为62.6%；而农民的纯收入在总收入中的比重是大幅度下降的，1985年比例为62.4%，1992年为37.4%[③]；1979~1992年的工业企业经济效益指标如表3-13所示：

表3-13 1979~1992年河南省全民所有制工业企业的经济效益指标

年份	每百元固定资产实现的利税(元)	每百元资金实现的利税(元)	每百元工业产值实现的利润(元)	年份	每百元固定资产实现的利税(元)	每百元资金实现的利税(元)	每百元工业产值实现的利润(元)
1979	26.98	18.21	9.90	1984	26.31	18.19	11.42
1980	28.44	19.29	10.27	1985	26.52	19.09	9.56
1981	25.17	17.76	8.56	1990	11.74	11.33	11.55
1982	23.62	16.48	7.56	1991	10.62	10.25	11.76
1983	25.73	17.66	11.37	1992	11.70	9.28	11.94

注：1990~1992年每百元工业产值实现的利润数据指的是利税；参见《河南统计年鉴1985》第158页；《河南经济统计年鉴1991》第341页；《河南经济统计年鉴1992》第474页；《河南统计年鉴1993》第215页。

---

① 数据依据《河南经济统计年鉴1992》，中国统计出版社，1992，第253页计算所得；《河南统计年鉴1998》，中国统计出版社，1998，第77页。

② 《河南统计年鉴1993》，中国统计出版社，1993，第87页。

③ 《河南统计年鉴1993》，中国统计出版社，1993，第155页。

从表3-13可以看出，河南省在工农业互动发展阶段全民所有制工业企业的经济效益是逐渐下降的，每百元固定资产原值实现的利税在1979年的26.98元下降到1992年的11.7元，下降了56.6%；每百元资金实现的利税从1979年的18.21元下降到1992年的9.28元，下降了52.1%；每百年工业产值实现的利润在1979~1985年出现明显的波动，在1985年呈现下降。这意味着工业部门的效益是呈现逐渐下降趋势的，而工业部门的产值增长也是主要靠投资来拉动的，这是一种高投入、高消耗的低效增长方式。就全国来看，国有工业企业的亏损面也是比较大的，1990年，预算内国有工业企业有31%出现严重亏损，1991年亏损面达到29.7%；1991年，全国国有工业企业的亏损总额为367亿元，占利润总量的91.25%[①]。国有工业企业大面积亏损状况处于政策导向下的大规模投资拉动，受到计划主导的价格体系的支持和保护，存在工农业产品价格的"剪刀差"，受到政府对亏损的大量补贴，但依然维系低效的增长方式。这种状况充分表明，对国有工业企业的改革不能仅限于经济发展的微观层面，只要国有工业企业还受到计划体制保护下的对生产产品和流通的管制，国有工业企业就缺乏市场机制作用下的竞争力的培育和激发。

三 资源配置困境：政策保护阻碍市场资源合理流动

河南省经济体制改革缘于中共中央在1979年发起的对经济体制的改革，1979~1984年，河南省对计划经济体制的改革主要集中在对指令性计划和指导性计划的关系调整上，逐步扩大市场调节的范围。对计划经济体制的调整和改革无疑是市场取向的改革，最主要的表现就是政府的指令性计划逐渐从生产部门退出，指导性计划与市场机制相结合发挥作用。尤其是在农业生产部门，在农副产品的收购基数方面中央赋予地方政府一定的自主权，规定大宗农副产品集聚地、农业生产者可以组织与政府协商谈判产品收购价格，这就体现出对农业的保护和对市场价值规律的尊重。尤其是在农业领域实现生产经营方式的根本性变革，扩大了农业生产者的生产和分配自主权，相应地就减弱了农业集体经营时期政府对农业的管制权。

---

① 林毅夫、蔡昉等：《中国的奇迹：发展战略与经济改革》，上海三联书店，1994，第197页。

同时对农业实施多元经营,推动农副产品商品化的范围,这些举措都是基于对商品生产和市场机制作用的认同,由此推动了农村和农副产品市场的发育。

1980年9月,河南省依据中央的指示,省政府召开全省工业企业扩大自主权试点工作会议,会议决定把企业从部门所有和地方所有中解放出来,保证企业具有较大的自主权,当时在全民所有制企业中已经实施了扩大企业自主权的实验;会议决定在全省集体所有制企业中也进行扩大自主权的试点工作,规定集体企业税收留成比例为70%~80%;决定试点企业实行独立核算、国家征税和自负盈亏的管理制度;在全省企业自主权扩大试点的带动下,全省在财政税收体制、计划经济体制和工农业产品流通体制等方面也展开了改革[①]。在财政税收管理体制上,河南省依据中共中央的指示,实现财政管理从"中央集权为主"向"划分收支、分级包干"转变;在工农业产品流通体制上,河南省在改革初期重点是减小指令性计划的范围,扩大指导性计划的范围;在计划经济体制的改革上,河南省依据党的"十二大"和十二届三中全会的指示精神,在指标管理上改变管得过多的计划管理方式,按照价值规律的要求改革价格体制;为了促进城乡物资流通,指示各地要运用信息指导生产,从政策上鼓励城乡联营和商品扩散[②]。

但是,对于长期实施高度集中计划管理体制的国家和地区来说,在工业优先发展阶段,从意识形态的思维框架出发经常强调计划经济与市场经济的不相容特征,在改革开放初期对于提出市场取向的改革方向,不适应的情况是存在的。因为改革中很多新生事物没有来得及从理论上给予厘清。在这种情况下,计划管理的倾向还是比较明显。同时长期实行计划体制的地区,在经济上向市场调节转型必然要有一个转型过程。因为市场机制的运行需要市场规则的约束、市场主体的培育和市场环境的构建。这个过程中还存在农业长期落后于工业部门的发展,城乡居民的生活还没有完全解决温饱问题,工业化建设对农副产品的需求还不能完全由市场供给

---

① 河南省地方史志编纂委员会编《中原崛起之路——河南省"60"年发展回顾》,文心出版社,2009,第303~304页。
② 河南省地方史志编纂委员会编《中原崛起之路——河南省"60"年发展回顾》,文心出版社,2009,第323页。

来完成的情况。因此，正是在上述因素的作用下，在改革开放初期，市场取向的改革在农业部门主要是推动农业多元经营以提高产量，增加农民的收入。对工业方面的改革主要是调整工业企业的管理体制，国有工业企业的改革没有从所有制和产权方面进行改革，只是在生产、分配和流通方面给予微调。

随着河南省乡镇企业的发展，城乡区域大量工农业生产性企业的兴起，以及城乡个体私营工商户的大量涌现，政府在对市场的管理和培育上出现两方面的严重滞后。一是为了推动农村工业的发展，在乡镇企业的审批和建设方面没有实行严格管理，造成乡镇企业重复建设和资源浪费现象比较严重，乡镇企业的异军突起不可避免要与国有企业争夺社会生产资源，这就造成国有工业企业生产资源紧张的局面。为了保证国有工业企业的发展，政府实际上又发挥了计划经济体制的作用，在生产资料价格和配置方面实行计划价和市场价两种形式。对此，有学者认为国有工业企业实行承包制不能完全改变国有企业经营机制，因为企业还在政策的保护之下，承包者可以通过价格的"双轨制"为企业争取尽可能多的"计划价"资源[1]。这种对国有企业的计划支持和保护政策对乡镇企业的发展是不利的。二是在对国有工业企业的改革方面，在改革开放初期，没有实行宏观经济层面的改革是出于市场发育还处于起步时期，竞争机制没有完全形成。当乡镇企业的发展与国有工业企业出现资源占有的竞争时，实际上正是调整国有企业经营体制的契机，但是，在政府政策导向下采取的措施是计划体制保护和支持国有企业的发展，这就不可避免地造成国有企业的效率低下。

对于计划与市场在资源配置中的关系，1979年，陈云提出经济体制要实行计划经济、市场调节的体制；当时没有公开陈云的讲话。随后李先念在中央工作会议上提出了与陈云相同的意见。不过在对农副产品的收购和工业品的流通方面已经开始注重市场调节。1980年，赵紫阳提出要在国家计划指导下把市场调节继续搞好的要求[2]；此时中共中央和国务院已经把

---

[1] 林毅夫、蔡昉等：《中国的奇迹：发展战略与经济改革》，上海三联书店，1999，第196页。
[2] 中共中央文献研究室编《三中全会以来重要文献选编》（上），人民出版社，1982，第618页。

第三章　河南省工农业互动发展阶段的工农业关系（1979~1992年）

经济体制中的市场调节作为重点，对工业管理体制也进行市场取向的改革。随着城乡改革的深入进行，1982年，中共中央发布农村改革的"一号文件"，推动了农业经营方式的改革，同时，各级政府行政体制也开始从人民公社向乡镇体制转变。在农村改革取得突破和行政体制改革展开的背景下，党的"十二大"提出计划经济为主、市场经济为辅的经济体制改革方向。党的"十二大"最终确立了改革开放的一系列方针政策。1983年，中共中央发布第二个"一号文件"，推进农业产品的产品化，鼓励农业开展多种经营，农村市场处于发育状态。1984年，党的十二届三中全会提出实行的计划经济，有市场调节，但不是完全由市场调节的市场经济[1]，该次会议确立的经济体制改革的方向成为工农业互动发展阶段的总方针。随后改革的重心转向了城市工业部门，农村乡镇企业异军突起，成为国民经济的重要部门，乡镇企业的壮大对国营工业企业形成有力的竞争，在原料等资源价格上，国有企业由此受到国家计划及"双轨制"的保护。1987年，党的"十三大"提出国家调节市场，市场引导企业的经济运行机制[2]。这次中央全会虽然强调了市场引导企业，但是，并没有改变国家计划对国有企业的保护。当时由于城乡工业的大发展，农业发展受到忽视，由于农民收入主要不是来源于农业部门，因此对农业的投入逐渐减少。工农业发展受到严重影响，市场上出现严重的通货膨胀。1988年，工农业经济进入调整时期。1989年，中共中央针对经济调整工作指出计划经济同市场调节相结合的同时，要经常根据实际情况调整计划经济和市场调节相结合的程度、方式和范围[3]。总体上看，在工农业互动发展阶段，全党对计划经济与市场机制作用和地位的认识，始终将计划经济体制置于主导地位。

国有工业企业在计划经济控制的工农业产品价格的"双轨制"下，保持低效增长，市场面临通货膨胀的压力，因为计划对物资的价格控制影响到市场上的物资供给。由于物资价格实行"双轨制"，在市场上出现倒卖计划物资牟利等现象，对工农业发展造成严重的干扰。国有工业企业在计划保护下出现严重亏损。计划保护已经制约了国有工业企业的发展。1989

---

[1]《中共中央文件选编》，中共中央党校出版社，1992，第292页。
[2]《十三大以来重要文献选编》（上），人民出版社，1991，第27页。
[3]《中共十四届四中全会以来历次全国代表大会中央全会重要文献选编》，中央文献出版社，2002，第29页。

年，党的十三届五中全会开始着手解决市场物资价格的"双轨制"问题，全会指出价格的"双轨制"是一种过渡办法；今后要结合价格调整，先统一煤炭的价格，以后逐步取消物资价格"双轨制"[①]。取消生产资料价格"双轨制"，从而实现工农业物资价格由市场供需关系给予调节，这是在工农业产品流通领域进行的市场取向改革。价格政策的市场化推进不可避免地带来工农业生产层面的改革和调整，因为不进行改革，国有工业企业就会出现亏损，最终影响到企业的生存和发展。同时，国有企业在政策保护下，一方面要面临效益低下、浪费资源的问题，另一方面还要面临行业的垄断和排斥，影响市场机制对社会生产要素资源的配置。另外，国有工业企业在政策和计划经济的体制保护下，由于劳动力的计划控制，也影响到农业劳动力的转移。1990~1992年，邓小平多次讲到计划经济与市场调节的关系，邓小平认为计划经济与市场经济只是经济手段，并不是资本主义与社会主义的本质区别[②]。1992年，党的"十四大"实现了社会主义制度与市场经济体制的统一。至此，工农业关系进入市场化发展阶段。对于河南省来说，在工农业市场化阶段，实现了对工农业发展关系的层次提升，在经济结构、人均收入水平和工农业经营体制等方面，开始实施工农业关系从"以农养工"向"以工哺农"的过渡。

[①]《中共十四届四中全会以来历次全国代表大会中央全会重要文献选编》，中央文献出版社，2002，第25~26页。
[②]《邓小平文选》第3卷，人民出版社，1993，第364、373页。

第四章
河南省市场化发展阶段的工农业关系 (1993~2008年)

总结河南省工农业关系在前两个阶段的发展历程，可以发现，河南省工农业关系发展伴随着政策和制度调整而呈现出阶段性的特点。从层次上看，河南省工农业互动发展阶段相对于工业优先发展阶段是一种提升，这种提升不单是部门产出数量的提升，更是经济关系的提升。具体表现为工业优先发展阶段是工业的片面发展，农业发展是为了支持工业，农业并没有实现效率和居民收支水平的大幅度提高，经济格局出现现代生产体系与传统生产方式并存的局面，农业没有本部门的较强积累能力，现代生产要素向农业流入的渠道受到农业生产方式的阻碍。从理论上分析，农业集体经营更易利用现代生产要素，但在工业优先发展阶段，这一过程却被排斥，根本原因在于现代生产要素投入农业部门遭到国家政策导向的约束。生产资料的流通在政府的计划控制之下，向农业配置现代生产要素，就需要从国民收入积累中分离农业投入的份额，这必然影响到对工业部门的投入。在政府通过"以农养工"方式推动工业优先发展的情况下，或者说工业部门还没有成为国民经济主导部门的情况下，向农业部门的基本建设倾斜投入事实上是不可能的。在工农业互动发展阶段，政府从体制和政策导向上解除了农业发展的困境，基于全国各地农业人口与土地短缺的矛盾，基于农业集体经营条件下对农业劳动力劳动的监督实效和平均分配，集体经营方式让位于家庭经营方式，农民的私人决策权或生产分配自主权得到提高，现代生产要素流入农业没有体制障碍，农业获得了长足发展。工农业生产的效率取决于现代生产要素的合理流动，在工业优先发展阶段，工业生产效率也是比较低的，因为生产要素的配置没有实现合理的流动，生产的效率决定于现代生产要素的流动。因此，在工农业互动发展阶段，推进生产要素资源的市场调节配置是经济体制改革的方向。在农业领域实现经营方式、多元经营范围和产品流通体制改革的同时，工业部门改革管理体制，管理体制的改革重点突出了生产中的分配，工业部门并没有实现生产要素的市场配置，出现了计划体制主导下的生产资料价格的"双轨制"。而农业部门也受到计划体制的约束，由于农业劳动力的转移处于"半转移"状态，农业劳动力还是大量滞留在农业内部，这些人员利用从事非农产业提高收入，从比较收益上不可能加大对农业的现代生产要素投入。在这种情况下，工农业生产要素的流动再次受到体制的阻碍，生产效率和经营收益受到极大影响。这种影响不仅表现在工农业的比例失调，还表现在由于计划约束影响到市场的物资供应而导致通货膨胀，如果任其发展，必然影响到农业的发展，最终影响到工业的发展。那么，解决这种体制障碍的途径就是调整体制，以推动生产要素资源的市场化流动和配置，河南省工农业关系由此进入市场化阶段。在这个阶段，河南省工农业关系的主要特征是：工业化战略实施人口、资源、环境与经济增长相协调的发展战略；在工农业的市场化条件下实现农业的产业化经营方式的调整；尽管工农业关系中"以农养工"的格局没有从根本上转变，但是，政府采取对农业的政策扶持和保护措施，目的是缩小工农业的发展差距；在新型工业化战略实施下，工业企业实现了产权改革，促使其在市场化条件下开展经营和发展；本阶段是在市场机制作用下，以政府政策导向为重点，逐渐实现工农业关系从"以农养工"向"以工哺农"的转变。

第一节 改变经济环境：河南省工农业市场化政策调整

河南省从工业优先发展阶段到工农业互动发展阶段，再到工农业市场化阶段，党和政府所提出的各种经济政策和所做的制度安排，最终目标是为了营造宏观经济发展的格局，以保证经济发展目标的实现。在工业优先发展阶段，党和国家所实施的工农业发展的所有政策就是为了保证社会生产资源向工业部门流动，因为依赖市场机制无法实现这种流动。在工农业互动发展阶段，中央对农业经营方式实施全新的改革，变集体经营为家庭经营，就是为了推动农业和农村发展，提高农民的收入。但是，客观实际是生产要素向非农部门尤其是工业部门流动。因为家庭经营的农业不可能吸纳大量的现代生产要素。而工业部门依然处于计划体制的保护之下，这种保护进一步推动社会资源向工业部门流动。为此党和政府提出建立社会主义市场经济体制的改革目标，本质上是要营造宏观市场经济环境，使社会资源在市场机制作用下实现合理的流动。

一　宏观环境营造：河南省走向社会资源的市场配置

党的"十四大"确立了建立社会主义市场经济体制的改革目标。提出逐步推进农业的产业化经营方式，实现农业的规模化、专业化、企业化和市场化经营方式；对于经济发展战略，提出推进和发展新型工业化战略，实现人口、资源和环境的协调发展；对于资源配置方式，提出社会主义市场经济作为资源的配置方式；对于经济增长方式，提出逐步实现从粗放型的增长方式向集约型的经济增长方式转变，这是对社会经济发展评价目标体系的调整。正是上述宏观经济政策的调整，为在全国营造市场化经济环境提供了有力的制度保障。

——逐步推进河南省农业产业化经营。所谓农业产业化是为提高农副产品的附加值，增强农业发展资本积累的能力，旨在提高农民收入以及促进农业发展为目标，从农副产品生产加工、分配、销售和技术进步形成工农商一体化的集约性经营方式[①]。可以看出，农业产业化是指农副产品不再直接进入市场流通，而是要实现农副产品就地或异地加工，形成新的产品形式，以企业化和专门化以及集约化的形式延长农业的生产链条；由市场有机地联通工业、农业和商业，实现农副产品流通的市场化经营模式。农业产业化必须具备两个条件：一方面是农业生产出现大量的剩余，另一方面是社会生产和流通资本以及生产技术要素必须流向农业部门。只有社会生产资本流向农业，农业才能实现农副产品的加工生产；只有商业资本流入农业，加工后农副产品才能流入市场；只有相应的技术流

[①] 杜润生：《杜润生自述：中国农村体制变革重大决策纪实》，人民出版社，2005，第248～249页。

入农业，农业生产才能提升技术进步。这是实施现代生产要素与农业生产的市场化对接。1991年，党的十三届八中全会发布《关于进一步加强农业和农村工作的决定》，提出要建立农业社会化服务体系，为农民提供稳定的产供销渠道，要求国营和集体商业和农产品加工企业，要发挥资金、技术、设备、信息等方面优势，同农民实现产供销、种养加的联合；为农副产品提供销售渠道，同时也为农副产品加工企业提供货源或原料基地①。中央要求国有和集体的涉农加工企业与农民的联合，这种企业与农户的联合可以保证农民销售农副产品的价格要求，保护农民的利益，提高农民的收入。

但是，在国家仍然保持对大部分农副产品收购垄断的情况下，农副产品的剩余不足以支撑大规模农副产品加工企业的需要，为满足涉农加工企业的需要，必须发展高效农业。1992年9月，国务院发布《关于发展高产优质高效农业的决定》，指出要重点发展农工商一体化农业生产经营机制。1992年10月，党的"十四大"报告就有关农业发展问题指出，要不断提高农业集约经营水平和综合生产能力②。由此看来，要发展高附加值的产业化和市场化农业，必须提高农业的生产能力。河南省依据中共中央的指示，为了提升农业生产能力，从1991年开始就具体实施每三年为一个周期的农业综合开发项目建设，1991~1993年，河南省第二期农业综合开发共改造中低产田412.67千公顷，开垦宜农荒地9.33千公顷，新增灌溉和改善耕地面积365千公顷，营造农田林网面积41.46千公顷；为了在农业部门推广农业科技，1990年，在全省建立122个农业科技成果综合试验点，建立推广丰收增产计划项目18个，面积7665.9万亩，各地实施高产开发5641万亩，在全省17个地级市、60个县、187个乡、4400个行政村设置高产高效示范区，农副产品产值增加2.05亿元③。为了减轻农民负担，提高农业积累能力，河南省政府发布《河南省乡统筹和村提留财务和管理办法》，规范了乡镇政府和行政村对农业的统筹和提留。1993年1月，党的

---

① 《中共十四届四中全会以来历次全国代表大会中央全会重要文献选编》，中央文献出版社，2002，第116页。
② 《江泽民文选》第1卷，人民出版社，2006，第231页。
③ 河南省地方史志编纂委员会编《中原崛起之路——河南省"60"年发展回顾》，文心出版社，2009，第377页。

第四章 河南省市场化发展阶段的工农业关系（1993~2008年）

十四届三中全会提出要适应市场对农产品消费需求的变化，使农业朝着高产、优质、高效的方向发展[1]。提出农业发展要面向市场的要求。11月，中共中央发布《关于当前农业和农村经济发展的若干政策措施》，提出在不同地区建立一批优质高效农业示范区，实行物质、技术、资金的综合投入[2]。这是中共中央对农业产业化经营的具体要求。在中共中央推进农业产业化政策指导下，河南省农业产业化"公司+农户"的经营形式发展最快，全省大部分县、市建立了贸工农、贸技农、种养加、产供销的农业产业化发展链条。实现了农业生产、加工和流通的统一，形成农业产业化经营模式。

——河南省实施新型工业化发展战略。2002年，党的"十六大"提出新型工业化发展战略。提出新型工业化道路就是"以信息化带动工业化，以工业化促进信息化"，新型工业化道路的目标要求是：科技含量高、经济效益好、资源消耗低、环境污染少、人力资源优势得到充分发挥[3]。从新型工业化道路的目标内容分析，科技含量高就是信息化带动工业化；经济效益好就是从粗放型增长转变为集约型增长；资源消耗低就是实现经济增长与资源紧缺的协调发展；环境污染少就是处理工农业发展与环境之间的关系；人力资源优势得到发挥就是指工业发展必须实现农业劳动力的有效转移。新型工业化战略是相对于工业优先发展战略而言的，本书在研究河南省工农业发展关系时，把1952~1978年的工农业发展阶段界定为工业优先发展阶段，这是专指计划经济体制下优先发展重工业战略的发展阶段。由于这种战略阶段沿袭的是苏联社会主义工业优先发展战略和模式，因此把这种工业化战略实施路径界定为传统工业化道路。

1952~1978年，河南省工农业发展的第一阶段为工业优先发展战略阶段；1979~1992年，河南省工农业发展进入工农业互动发展阶段，这个阶段河南省改变了工业优先发展的战略，在资源配置方面引入了市场调节，在生产资料等方面实行计划与市场的"双轨制"；从工农业关系上看，这

---

[1] 张新华主编《新中国探索"三农"问题的历史经验》，中共党史出版社，2007年6月第1版，第223页。
[2] 武力、郑有贵：《解决"三农"问题之路——中国共产党"三农"思想政策史》，中国经济出版社，2004，第699页。
[3] 《江泽民文选》第3卷，人民出版社，2006，第545页。

个阶段不同于工业优先发展阶段,工农业部门实现互动发展。但是,河南省工农业互动发展阶段没有改变工业优先发展阶段的粗放型经济增长方式、政策对国有工业的保护、"以农养工"政策的持续、农业严重滞后于工业发展等。但是,这个阶段在资源配置方面的市场取向,农业经营方式转变为家庭经营,农副产品流通取消统购统销制度,农村工业发展带动农业劳动力的转移等方面,在工业优先发展阶段实施这些制度设计是不可能的。因此,1993~2008年,河南省工农业关系进入市场化阶段,工农业发展路径转变为新型工业化道路。

——河南省经济增长方式的改变。1995年,十四届五中全会发布《中共中央关于制定国民经济和社会发展"九五"计划和2010年远景目标的建议》,提出"实现经济增长方式从粗放型向集约型转变"的要求,提出"向结构优化要效益,向规模经济要效益,向科技进步要效益,向科学管理要效益。"[①] 经济发展效益就是投入与产出的比较,对于河南省来说,经济发展的投入和产出重点就是工业部门,首先就是提高工业部门的效益,实现工业部门的可持续发展。要转变经济增长方式,一是要靠经济体制改革;二是要靠经济结构的升级。经济体制改革就是推进生产要素流动的市场化,工农业生产和流通面向市场需求;经济结构的升级需要增加科技含量。为此,河南省在实施工农业经济体制改革的同时,又提出"科教兴豫"战略。1995年8月,河南省委、省政府发布《关于加速科学技术进步实施科技兴豫战略的决定》,要求全面落实科学技术是第一生产力的思想,把科技教育摆在全省社会经济发展的战略地位,努力推进科技教育与社会主义市场经济相适应,提高科学技术转化为现实生产力的能力,工农业经济发展依靠科技进步和劳动力素质的提高[②]。

河南省在工业优先发展阶段,以资源上的高投入、国民收入结构的高积累、对能源和原料的高消耗来支持工业高速度和低效率的片面发展;在工农业互动发展阶段,由于实行生产资料价格的"双轨制",在计划经济主导背景下工农业发展没有改变粗放、外延性增长方式。在工

[①] 《中共十四届四中全会以来历次全国代表大会中央全会重要文献选编》,中央文献出版社,2002,第342~243页。

[②] 河南省地方史志编纂委员会编《中原崛起之路——河南省"60"年发展回顾》,文心出版社,2009,第455页。

农业互动发展阶段,从表3-13可以看出,1979~1992年,全民所有制工业企业每百元固定资产实现的利税和每百元资金实现的利税逐年降低,1979年,每百元固定资产和资金实现的利税额分别为26.98元和18.12元;1990年,每百元固定资产和资金实现的利税额分别下降为11.74元和11.33元;1992年,每百元固定资产和资金实现的利税额分别继续下降为11.70元和9.28元。这显示出,在工农业互动发展阶段,全民所有制工业企业的经济效益呈现下降的趋势。而工业部门的物质消耗却呈现逐渐上升趋势,1979年,农业部门的消耗占当年农业产值的比重为33.6%,工业部门消耗占当年工业产值的比重为67.4%;1985年,农业部门的消耗占当年农业产值的比重为30%,工业部门消耗占当年工业产值的比重为67%;1990年,农业部门的消耗占当年农业产值的比重为36.3%,工业部门消耗占当年工业产值的比重上升为71.8%;1992年,农业部门的消耗占当年农业产值的比重为38.9%,工业部门消耗占当年工业产值的比重为71.6%[1]。而全国范围内的工业经济增长主要是靠投资拉动,科技贡献率比较低,这不但影响到产业结构的升级,也影响到经济效益的提高。1978~1992年,全国科技对经济的贡献率只有30%,单位GDP能耗量比日本和印度分别高3倍和1倍;另外,国有采矿工业企业的专业化和规模化的程度都比较低,乡镇煤矿承担了全国煤炭产量生产能力的40%;乡镇企业煤矿平均回采率只有15%;1994年,全国高新技术产值份额只有3%,而发达国家高新技术产值份额一般保持在10%[2]。同时,全国"八五"期间,全国经济发展的投资贡献率从"七五"期间的38.7%上升到41.5%,这显示出经济增长主要靠投资拉动,这就是传统意义上的高投入和高消耗;同期消费贡献率从"七五"期间的61.5%下降到55.7%[3]。这显示出工农业消费内需严重不足,工业片面发展影响到城乡居民收支水平的提高。1995年9月,在十五届五中全会上,江泽民讲话指出发展必须实现速度和

---

[1] 《河南统计年鉴1993》,中国统计出版社,1993,第87页。
[2] 张发岭、武力:《略论1949~1994年我国经济发展战略的形成及其转轨》,《中国经济史研究》1996年第3期,第28~51页。
[3] 陈锦华主编《第八个五年计划期中国经济和社会发展报告》,中国物价出版社,1996,第14~15页。

效益的有机地结合，如果"偏重数量扩张，单纯追求增长速度，而忽视经济质量"，那么必然导致"效益不理想，整体素质不高"，因此，要正确处理速度和效益关系，必须"实现经济增长方式从粗放型向集约型转变"[①]。为此党的十四届五中全会提出经济体制向社会主义市场经济体制转变和经济增长方式向集约型转变的"两个转变"[②]。

——河南省市场化资源配置方式。社会主义市场经济体制的建立经历了一个不断探索的过程，从世界范围看，工业化国家和地区的工农业发展和工业化的推进与市场经济体制的建立、发展和成熟是同步的过程。而落后国家在推进工业化和工农业发展中，市场经济的体制和机制是被忽视的。在工业部门成为国民经济的主导部门后，才逐渐引入市场机制，并且市场机制的调节还不处于主导工农业经济发展的地位。在这种情况下，一方面出于意识形态的束缚，另一方面出于社会主义制度与市场经济体制衔接的理论探索上的缺陷。因此，在提出社会主义市场经济作为经济体制改革的目标时还存在一定的困难。我国社会主义市场经济体制的提出首先缘起于邓小平的南方讲话，邓小平明确指出市场经济与计划经济并不是社会主义与资本主义的本质区别，这为中共中央提出社会主义市场经济体制实现了破题。随后，1992年6月，江泽民在中央党校高级干部研修班的讲话中指出："过去，我们往往只看到市场的自发性方面所带来的一些消极作用，而很少看到市场对激励企业竞争，推动经济发展的积极作用，特别是看不到市场也是一种配置资源的方式，看不到它对优化资源配置所起的促进作用。"江泽民回顾了改革开放以来党的文件对经济体制的具体表述，最后表示他比较倾向于用"社会主义市场经济体制"的表述方式；对于如何加快经济体制的建立，江泽民指出要转变政府职能，特别是要大力发展市场，特别是发展"生产资料市场的同时，积极培育和发展包括股票和证券等有价证券的资金金融市场、技术市场、劳务市场、信息市场、房地产市场"[③]。江泽民首次提出社会主义市场经济体制的概念，对于如何营造社会主义市场经济体系，当时确实没有成功的经验可供借鉴。市场经济体制

---

① 《江泽民文选》第1卷，人民出版社，2006，第462页。
② 《中共十四届四中全会以来历次全国代表大会中央全会重要文献选编》，中央文献出版社，2002，第341页。
③ 江泽民：《尽快建立社会主义的新经济体制》，1992年6月9日。

的功能就是实现资源的合理流动和配置,包括城乡之间、行业之间和国内外的市场交换和物资流通。那么营造市场经济的宏观环境需要在制度上规范市场主体的地位和运行规则,这就需要对工农业部门的企业和个人做出市场进入的规定;需要对效益低下的国有工业企业进行产权制度和经营制度的改革;需要培育服务经济发展需要的生产要素市场体系;同时需要转变从计划经济体制向市场经济体制过渡的政府宏观调控的职能;同时需要构建分配制度、社会保障制度、教育文化制度和法律制度等,以构建与市场经济体制要求相符合的制度体系。为此,党的十四届三中全会发布《中共中央关于建立社会主义市场经济体制若干问题的决定》,对社会主义市场经济体制的建立做出具体部署,由此社会主义市场经济体制逐渐成为社会资源配置和流动的主要配置方式。

二 微观环境的构建:河南省工农业市场体系的构建

工农业市场化阶段,在党对工农业运行的宏观经济环境改革和营造的同时,也着力构建和打造全国工农业经济发展的微观经济环境。宏观经济发展环境是总体的目标指向,而要实现宏观经济环境的预期效果,必须相应调整工农业经济发展的各个环节,推动从生产到分配再到流通的市场化运行。对于农业市场化发展,必须在农业产品流通方面实现市场化,国家对农产品订购价的计划控制以及对农副产品经营的限制在影响农民收益的同时,也影响到农业产业链的发展。为此,首先推进农副产品的市场化改革进程。在推进工农业市场化的条件下,必须培育工农业市场主体,实现市场主体经济活动的法制化、规范化和利益主体化。同时,在工农业市场化过程中,必须具备有效的市场服务体系,这种市场服务体系就是建立健全生产要素的市场,工农业生产各个环节所需的各种资源都通过市场方式进行产权交换。

——河南省农产品的流通体制改革。1992年,国家调整粮食的购销体制,逐步放开粮食市场,推进农业市场化进程。1992年9月,为了调动粮食主产区的生产积极性,国务院要求有条件的地方省份加快粮食购销体制改革,可以提出具体实施方案,一般是继续保留订购数量,放开购销价格,实行随行就市;对于有条件全部放开的地区,国务院建议"实行订购数量和购销价格一齐放开"的方案;为了减轻放开农产品价格会对地方财政造成负担,国务院对于放开价格的省份,在几年内继续保留财政补贴和粮食定购"三挂钩"优惠。[1] 最早放开粮食购销体制的省份是广东省,到1993年,全国绝大多数县市均放开了粮食的销售[2]。但1993年国家依然要求保持粮食的订购数量,粮食价格即使放开,也要保证城市定量人口和农村贫困地区、受灾地区和水库移民的粮食供应。河南省依据国务院的具体部署,在1992年,除国家统一订购的部分产品外。其他农副产品全部放开经营;农民可以通过代购代销,承包和联合经营等方式收购、批发、贩运和加工农副产品,价格随行就市,由市场予以调节。1993年,河南省的农副产品价格全部放开,并放开粮食市场和粮食经营,由此河南省实现了农产品流通体制的重大突破[3]。1993年,国家积极推进粮食的价格放开和市场经营,继续实行粮食包干的办法,加强和完善国家对粮食的宏观调控,大力加强国有粮油企业的活力。1993年,随着粮食价格的放开,国家定价收购的比重缩减为10.4%,国家指导价收购粮食的比重为2.1%,实行市场价收购的比重上升到87.5%,海南省按市场调节价收购粮食的比重最高达到97.4%,云南省最低达到72.6%[4]。由于按市场价收购粮食必然导致财政负担,导致有些地方在收购粮食时对农民出现"打白条"的现象,针对这种不利于农民增收和农业发展的情况,中共中央从1994年开始对粮食定量收购实行"保量放价"的政策,即保留定额收购数量,价格按照市场价格;对于"打白条"现象,中共中央指出在保证收购资金的情况下,要求收购农产品要坚持户交户结,在收购中除了农业税以外,其他各种税款一律不准代扣[5]。但是,从1993年起,由于粮价上涨过快,粮食购销方面出现价格"双轨制"[6]。12月,河南省物价局发布紧急通知,对全省粮油

---

[1] 《国务院关于发展高产优质高效农业的决定》,1992年9月25日;中共中央文献研究室编《新时期经济体制改革重要文献选编》下,中央文献出版社,1998,第853页。
[2] 上海财经大学课题组编《中国经济发展史1949~2005》,上海财经大学出版社,2007,第227页。
[3] 河南省社会科学院编《河南改革开放30年》,河南人民出版社,2008,第82~83页。
[4] 牛若峰编著《中国农业的变革与发展》上,中国统计出版社,1997,第272页。
[5] 《中共中央、国务院关于当前农业和农村经济发展的若干政策措施》,1993年11月5日;中共中央文献研究室编《新时期经济体制改革重要文献选编》下,中央文献出版社,1998,第988~989页。
[6] 武力、郑有贵主编《解决"三农"问题之路——中国共产党"三农"思想政策史》,中国经济出版社,2004,第685页。

第四章 河南省市场化发展阶段的工农业关系（1993~2008年）

销售实行最高限价，小麦标粉每斤最高0.6元，花生油每斤4元，上白粉每斤最高0.68元，菜籽油每斤3.5元，精粉每斤最高0.75元[①]。1994年，全国农副产品收购价格指数高出1993年26.5个百分点，当年粮食价格上涨31.8%，其中稻谷、小麦、玉米和大豆四种作物综合价格提高了40%[②]。粮食价格的上涨以及国家粮食收购价的随行就市，带动了粮食产量的提高，改变了全国范围内粮食增长缓慢的局面。在"八五"期间，全国粮食连年增产，年均总产量达44891万吨；油料作物增产28%，糖料增长37%[③]。1994年，河南省农业总产值达到883.32亿元，比1993年增长31.5%，但是，粮食产量有所下降，比1993年减少了10.6%，为3253.8万吨；河南省粮食产量的减少与农业经营多元化和耕地大量占用有直接联系，1994年减少耕地占用面积63.7千公顷，1993年减少耕地面积17千公顷，是1994年耕地占用面积的3.7倍[④]。1995年，河南省农业流通体制向深层次推进，从粮食推向其他农副产品，对于棉花生产，河南省出台激励措施，稳定棉花购销体制和价格政策；对农业生产资料流通体制进行改革，实行统一价格和统一经营，达到减少环节和降低费用的效果；不过，粮食的丰收与减产在各年份是不同的，在粮食丰收年份，由于"粮贱伤农"，不可避免会影响到农民的生产积极性，有些国营粮食企业在粮食丰收年度以低价售出粮食，在加大国营粮食企业挂账亏损的同时，也为私商提供了低价的粮源。为了保持农民种粮的积极性，从1997年开始，国家按粮食保护价收购农民余量，当年河南省夏粮产量居全国第一位。1998年5月，国务院发布《关于进一步深化粮食流通体制改革的决定》，指出为了保护农民的生产积极性，国家按照保护价收购农民余粮。这就有效地规避了私商收购粮食扰乱粮食市场。10月，党的十五届三中全会通过《中共中央关于农业和农村工作若干重大问题的决定》，指出要尽快形成开放、统一、竞争、有序的农产品市场体系，强调要根据各类农产品的不同特点和

[①] 河南省地方史志编纂委员会编《中原崛起之路——河南省六十年发展回顾》，文心出版社，2009，第435页。
[②] 牛若峰编著《中国农业的变革与发展》上，中国统计出版社，1997，第280页。
[③] 上海财经大学课题组编《中国经济发展史1949~2005》，上海财经大学出版社，2007，第230页。
[④] 数据来源于《河南统计年鉴1995》，中国统计出版社，1995，第93、97、107页。

供求状况，采取相应的方式和步骤，改革农产品流通体制[1]。明确指出农产品流通体制的改革目标。河南省在改革农产品流通体制的条件下，2001年粮食产量实现全国第一。

——河南省市场化经济主体的培育。要建立社会主义市场经济体制，必须培育具有市场适应能力和经营能力的市场主体，市场主体既包括工农业企业，又包括个人。河南省在党的"十四大"以后，逐步缩小农副产品的订购范围，提升农民个体的市场准入地位，在全省范围内除国家统一经营的农副产品物资外，其他农副产品允许放开经营；对于放开经营的农副产品，政府允许农民自由收购、加工、批发、贩运，价格随行就市，农民事实上获得对农副产品的定价权。到1996年，河南省农村商品交易市场达到4420个，农业生产资料综合市场达到18个，专业市场28个，其他生产资料市场20个[2]。对于农村工农业企业的发展，为了培育农村企业的市场主体地位，1994年开始，全省在乡镇企业中广泛推行股份合作制，1995年，在乡镇企业的股份合作制推行中着重完善权责关系、资产评估和集体资产的保值增值。同时，在发展城乡集体所有制经济成分的同时，河南省大力发展非公有制经济，到1998年底，全省个体工商户达到180.37万个，从业人员344万人，注册资金115亿元；私营企业3.91万个，从业人员49万人，注册资金241亿元[3]。

河南省在国有工业企业改革方面提出建立现代企业制度的政策。国有工业企业在工农业互动发展阶段，在生产资料方面受到国家计划保护，尽管在管理体制方面进行了经营方式的改革，但是，政府的政策保护导向使国有企业在市场主体地位方面还缺乏市场竞争的能力。相对于非公有制和集体工业企业，1978年，在全国范围内国有工业企业总产值占77.6%，集体企业占22.4%；1992年，国有工业企业产值份额下降到51.5%，非国有企业的产值份额上升到48.5%（以工业产值为100）[4]。在河南省范围内，1978年，国

---

[1] 《中共十四届四中全会以来历次全国代表大会中央全会重要文献选编》，中央文献出版社，2002，第532页。
[2] 河南省社会科学院编《河南改革开放30年》，河南人民出版社，2008，第83页。
[3] 河南省地方史志编纂委员会编《中原崛起之路——河南省六十年发展回顾》，文心出版社，2009，第486页。
[4] 金碚：《中国工业改革开放30年》，《中国工业经济》2008年第5期，第5~13页。

有工业企业产值份额为 74.04%，集体工业企业份额为 25.96%；1992 年，国有工业企业产值份额下降为 48.68%，集体工业企业份额上升为 36.33%；其他城乡个体等成分工业企业产值份额为 14.99%[①]。在经济效益水平方面，在 1985～2008 年间，河南省国有工业企业的效益呈现下降趋势，而非国有成分工业企业的经济效益呈现逐渐上升趋势。1985～2008 年，河南省各种所有制工业企业经济效益比较情况如表 4-1 所示：

表 4-1 1985～2008 年河南省各种所有制工业企业经济效益比较

类别＼年份	1985	1992	1994	类别＼年份	1997	2003	2008
1. 资金利税率(%)				1. 总资产贡献率(%)			
乡及乡以上独立核算国有工业企业	19.09	9.28	9.80	国有工业企业	7.87	8.79	14.05
乡及乡以上独立核算集体工业企业	15.64	9.88	13.30	集体工业企业	12.09	18.72	37.30
2. 工业产值利税率(%)				2. 成本利润率(%)			
乡及乡以上独立核算国有工业企业	9.56	11.76	12.30	国有工业企业	1.06	4.15	5.60
乡及乡以上独立核算集体工业企业	5.89	8.14	8.90	集体工业企业	4.04	7.21	12.00
3. 固定资产原值实现利税率(%)				3. 资产负债率			
乡及乡以上独立核算国有工业企业	7.87	11.70	12.40	国有工业企业	62.27	66.76	64.80
乡及乡以上独立核算集体工业企业	11.18	17.61	24.60	集体工业企业	69.87	58.26	49.50
4. 销售收入实现利税率(%)				4. 产品销售率			
乡及乡以上独立核算国有工业企业	22.12	12.60	14.10	国有工业企业	97.92	98.97	98.80
乡及乡以上独立核算集体工业企业	18.55	9.99	11.40	集体工业企业	96.67	98.13	98.20

注：河南省 2003 年和 2008 年的数据是公有制和非公有制工业企业的经济效益指标；数据来源于电子版《河南统计年鉴 2004》，第 11～42 页；《河南统计年鉴 2009》，第 13～23 页；《河南统计年鉴 1994》，第 173～174 页；《河南统计年鉴 1993》，第 215～216 页；《河南统计年鉴 1985》，第 158、164 页；《河南统计年鉴 1998》，第 368～369 页。

---

① 数据是依据《河南统计年鉴 1993》，中国统计出版社，1993，第 129 页数据计算所得。

从表4-1可以看出，河南省国有工业企业在资金利税率和产值利税率方面，1985~1995年逐渐呈现下降趋势，在比例上低于集体工业企业，也就是说在经济效益上低于集体工业企业；在固定资产原值实现利税率方面，国有工业企业在比例上低于集体工业企业，1994年，国有工业企业固定资产实现利税率为12.4%，而集体工业企业固定资产实现利税率为24.6%；在企业销售收入实现利税率上，国有工业企业与集体工业企业的变化趋势大体相同。这显示出在20世纪90年代，集体工业企业的经济效益超过国有工业企业。总体上看，1985~1994年，河南省国有和集体工业企业经济效益指标总体上呈现下降的趋势。随着河南省工农业的发展，集体工业企业在经济效益上超过国有企业，但在城镇范围，国有工业企业的固定资产投资份额还占据主导地位，而城镇集体经济的固定资产投资份额逐渐下降，不过城镇集体经济在吸纳劳动力方面呈现先下降、后缓慢上升的趋势。

1997年，河南省国有经济和集体经济成分的固定资产投资份额分别是48.95%和19.11%；在就业份额方面，城镇范围国有经济和集体经济的劳动力就业份额分别为71.7%和21.05%；2005年，国有经济和集体经济成分固定资产投资份额分别为31.22%和4.82%，城镇范围国有经济和集体经济的劳动力就业份额分别为58%和12.92%；2008年，国有经济和集体经济成分的固定资产投资份额分别是20.28%和6.65%；城镇范围国有经济和集体经济的劳动力就业份额分别为55.35%和9.39%[1]。由此可以看出，1997年，河南省集体经济在投资和就业方面与国有经济相比较差别较大，到2005年尽管集体经济投资与国有经济的差距减小，但是，城镇范围两种经济成分的差距还是比较大。河南省在20世纪90年代实施工农业市场化改革促进集体经济快速发展，这种发展并没有从根本上改变国有经济的主导局面。河南省国有经济尤其是国有工业经济尽管保持低效发展的局面，但是却占用了社会主要的生产要素资源。在市场化条件下，这种局面阻碍了工农业经济的市场化发展，影响到资源的合理配置。要实现资源的市场化配置，就必须对国有企业进行改革，提高经营效率，发挥市场的主

---

[1] 数据是根据《河南统计年鉴1998》，中国统计出版社，1998，第133、170页；《河南统计年鉴2010》，中国统计出版社，2010，第121、162页的数据计算所得。

体地位。

经过"八五"时期的发展,河南省国有工业企业还是没有改变低效发展的局面,1997年,河南省国有及限额以上工业企业10146个,其中亏损企业2163个,占企业总数的21.32%;包括国营工业企业亏损1070个,占亏损企业总数的47.02%,集体企业亏损772个,占亏损企业总数的35.69%,股份制企业95个,占亏损企业总数的4.39%;亏损企业总亏损额46.1亿元,国有工业企业亏损32.81亿元,占亏损总额的71.17%,集体工业企业亏损6.69亿元,占亏损总额的14.51%,股份制工业企业亏损额2.18亿元,占亏损总额的4.73%[1]。在全国范围内,1996年,50%的国有企业存在亏损,1980年国有企业利润率为16%,1996年国有企业利润率只有1.86%,低于银行利率;1998年,国有企业亏损数达68.8%,将近50%国有企业的设备利用率低于60%[2]。因此,在工农业市场化阶段,从全国到地方国有企业的转型改制成为当务之急。1994年,国家经济体制改革委员会提出转换国有企业经营机制,建立现代企业制度的实施要点。对于国有企业改革指出一是要贯彻国家的法律,把企业的各项权利落到实处;二是加强国有资产的监管管理;三是深化企业内部劳动人事制度和分配制度改革;四是评估资产,清理债权债务,界定产权,核实企业法人财产占用量;五是加快向符合国际惯例的企业财务会计制度过渡;六是为国有企业参与市场竞争创建必要条件[3]。党的"十五大"提出公有制与公有制实现形式相统一的创新理论。这就为国有企业建立现代企业制度提供了理论依据。1999年,党的十五届五中全会发布《中共中央关于国有企业改革和发展若干重大问题的决定》,指出建立现代企业制度是公有制与市场经济相结合的有效途径,是国有企业改革的方向[4]。这表明国有企业进入深层次改革时期,到2000年底,全国6599家重点脱困国有企业中河南省299家,河南省18个地级市有14个

---

[1] 《河南统计年鉴1998》,中国统计出版社,1998,第348页。
[2] 王义祥:《当代中国社会变迁》,华东师范大学出版社,2006,第150页。
[3] 中共中央文献研究室编《新时期经济体制改革重要文献选编》下,中央文献出版社,1998,第1106~1107页。
[4] 《中共十四届四中全会以来历次全国代表大会中央全会重要文献选编》,中央文献出版社,2002,第561页。

地级市国有企业实现利润增长或扭亏；2000年前十一个月，全省规模以上工业生产累计完成增加值1033.6亿元，比1999年同期增长11.4%；全省803户国有大中型企业中，有381户由工厂制改为公司制①。至此河南省国有工业企业争取三年脱困的改革目标初步实现。

——河南省生产要素市场体系的构建。社会主义市场经济体制就是实现生产要素资源的合理流动，这是实现工农业市场化的内在要求。在工农业互动发展阶段，各种所有制工农业企业之所以不能实现市场化的运行，原因在于国有企业在计划经济体制的保护之下，管理体制方面的调整只涉及分配层面，没有触及深层次的企业生产、原料来源和产品流通问题。国有企业对市场生产要素的优先占有和利用在影响到国有企业发展的同时，也影响到其他所有制成分工农业企业的发展和市场化运行。而国有企业要实现计划的政策保护，必然对工农业原料生产和流通实行计划控制，这种体制保护对农业的影响最大，因为农业生产资料销售和农副产品的收购处于国家双重垄断的状态，农副产品的加工销售都受到影响，最终影响到农副产品的流通和分配。因此，中共中央推进工农业市场化，在构建宏观市场经济运行环境的同时，也着力营造市场运行的微观经济运行环境。其中，培育农民的市场主体地位，赋予农民市场准入的权利和地位，同时还培育工农业企业市场的主体地位，实施工农业企业的产权改制，建立产权清晰、权责明确、政企分开、管理科学的现代企业制度，实行股份合作的公司制。不过，工农业市场主体的有效运营还需要建立生产要素市场运行体系，即劳动力市场、金融市场、服务要素市场、原料市场、技术市场、信息市场、房地产市场以及相应的行政监管体系、法律服务体系、社会保障体系等。

1993年11月14日，中共中央发布《中共中央关于建立社会主义市场经济体制若干问题的决定》，对培育和发展市场体系做出专门的指示，关于金融市场的培育，指出资本市场要发展债券、股票融资；为了规范资本市场运营，要专门建立发债机构和债券信用评级制度；货币市场要发展规范的银行同业拆借和票据贴现，同时坚决避免违法违章的集

---

① 数据来源于河南省地方史志编纂委员会编《中原崛起之路——河南省六十年发展回顾》，文心出版社，2009，第515页。

资、拆借等融资活动；关于劳动力市场，指出要实现农业劳动力的转移，必须发展多种就业形式，形成用人单位与劳动力双向选择的就业机制；为了规范和发展房地产市场，国家保持垄断城镇土地一级市场，对于商业土地使用权的转让，实行招标拍卖，建立正常的土地使用权价格的市场形成机制；关于技术市场要引入竞争机制，实行技术成果的有偿转让，实现技术产品和信息商品化和产业化；同时发展市场法律、审计和会计等中介组织，要依法对中介组织实现资格认定；对市场进行监督管理，维护市场的交易公平和平等竞争①。

11月20日，河南省委召开五届八次会议，会议就建立现代企业制度、培育生产要素市场、转变政府职能、建立效率与公平兼顾的分配制度、构建社会保障制度体系等方面提出一系列重要方针与措施。为促进农业劳动力转移，培育城乡劳动力市场，河南省把发展第三产业作为扩大城乡劳动力就业安置的重点，第三产业的发展包括商品流通业、金融保险业、交通运输业、农业社会化服务业等。在社会保障制度方面，1994年，河南省建立住房公积金制度、失业保险制度、企业最低工资保障制度、城镇职工养老保险制度；在金融体制改革方面，河南省依据国务院发布的《关于金融体制改革的决定》，从1994年开始，改革农村金融制度，组建中国农业银行河南省分行。1996年，河南省体改委发布《河南省1996年金融体制改革要点》，实施对国有银行向商业银行的转变。为了适应市场经济体制改革的要求，2000年，河南省党政机构改革正式实施，改革的重点和原则是实现政企分开，使企业真正成为自主经营的市场主体；政府主要履行市场监管和服务的智能；推进政府行政管理的制度化和法制化改革；改革行政审批制度，解除政府主管部门与所属企业的行政隶属关系。

市场经济的正常有序运行需要宏观的秩序目标体系和规则保障，需要过程性的市场主体的培育和生产要素市场体系的构建，需要政府职能与市场机制之间关系的制度化、规范化和法制化。河南省作为地区省份在市场经济的宏观目标体系构建方面遵循中共中央的指示精神，在微观市场主体的培育方面，河南省在中央政策和方针指导下，结合地区工农业经济的实

---

① 中共中央文献研究室编《新时期经济体制改革重要文献选编》下，中央文献出版社，1998，第1008~1010页。

际情况，推行农业产业化生产经营方式的变革和国有企业公司制改革；在生产要素市场体系的培育和构建方面，在政府职能层面上实现政企分开，保证工农业企业成为自主经营的市场主体；在服务体系的构建方面，完善劳动力保障体系和推进第三产业发展；在企业运营的微观市场环境方面，对交通运输、劳动力流动、资本货币市场等实施全方位的改革，为工农业市场化的实现提供科学的制度环境条件。

三 工农业政策分析：河南省工农业关系提升和演进

在工农业市场化阶段，河南省在处理工农业关系的政策上不同于工业优先发展阶段和工农业互动发展阶段，具体表现在工农业发展的战略上，实施的是经济增长与资源、环境相协调的工农业发展战略；在资源的配置方式上，实行政府宏观调控下的市场配置资源形式；在农业生产经营方式上，实行在稳定家庭联产承包责任制基础上的农业产业化和规模化经营方式；在工业企业的经营方式上，建立权责明确的现代企业制度，推进工业部门市场主体的构建；在经济增长方式上实现从高消耗和低效率的粗放型增长向资金技术密集的集约型增长方式转变。在市场宏观环境和微观环境逐步改变的条件下，工农业关系实现发展和提升，主要表现在以下几个方面。

——河南省推动第三产业发展，带动农业劳动力转移。河南省在工农业互动发展阶段，工农业发展实施市场取向的改革，努力推进工农业协调发展。河南省市场化取向的改革主要是引入市场的竞争机制，在城乡地区推动了私营企业、乡镇企业和外资企业等多种经济成分的发展。尤其是河南省轻工业和乡镇企业的快速发展，对于农业劳动力转移和城市化率提高起到显著的作用。但是，在工农业互动发展阶段，河南省在大力推进乡镇企业和轻工业发展的同时，与河南省工业优先发展阶段类似，同样忽视了河南省第三产业的发展。1952年，河南省第三产业产值份额占三次产业总产值的15.0%，1978年占17.6%，1992年占29.7%；1952年，河南省第三产业劳动力就业份额为5.8%，1978年为8.9%，1992年为15.1%[①]。与钱纳里提出的一般国家模式相比较，河南省在第三产业的产值和劳动力

---

① 数据来源于《河南统计年鉴1998》，中国统计出版社，1998，第81、134页。

份额指标方面处于严重滞后的状态。参见表3-1和表2-9，可以看出，1992年，河南省人均GDP数量在918美元，相对于钱纳里提出的人均产值数量在1000美元所对应的第三产业各项数据：第三产业产值份额为51.5%，劳动力就业份额为42.3%，城市化率为63.4%。1992年，河南省在第三产业的产值份额方面比钱纳里数据低21.8个百分点，在劳动力就业份额方面低27.2个百分点。按照钱纳里一般国家模式的发展规律，随着工农业经济的发展，第三产业逐渐成为国民经济的主导部门，无论在产值份额还是在劳动力就业份额方面都要高出工农业产业部门，但是河南省在工农业互动发展阶段第三产业劳动力就业份额相对于工业优先发展阶段仅提高了6.2个百分点，第三产业之所以处于严重滞后的状态，关键在于工农业市场化程度不足，在计划经济体制依然主导社会生产要素资源流动方向的情况下，农民对农副产品的经营范围和空间受到很大的限制，工业经济部门属于国有经济，限制了集体经济和私营经济成分的经营范围。同样，在计划主导条件下，社会服务行业必然受到生产资源要素的生产和流通限制，而无法充分发展。

针对第三产业发展滞后的局面，1995年，在党的十四届五中全会上，江泽民指出当前的主要问题是"第三产业发展滞后，第一、二、三产业的关系还不协调"；"第三产业的兴旺发达，是现代经济的一个重要特征。发展第三产业，不仅有利于缓解资金、资源供求矛盾和就业压力，优化产业结构，而且有利于提高整个经济的效益，促进市场的发育。"[①] 第三产业主要是服务行业，服务行业包括交通运输、包装储藏、邮电通信、批发零售、住宿餐饮、金融旅游、信息中介等行业，这些行业对社会要素资源的流动和使用起到市场化调节和推动的作用。这些行业对劳动力就业转移，对于社会资源的市场化流动，对于社会生产要素市场的培育承载着重要的作用。从1993年开始，河南省依据社会主义市场经济体制的改革方向和目标，就着力推进城乡第三产业的发展。在工农业市场化阶段，河南省第三产业的产值和就业人数几乎保持与国民经济总产值同步增速的状态。

——河南省工农业趋向集约型增长方式。工农业互动发展阶段，河南

[①] 中共中央文献研究室编《新时期经济体制改革重要文献选编》下，中央文献出版社，1998，第1252~1253页。

省农业发展在现代生产要素的吸纳方面,无论在规模还是在效益上都超过工业优先发展阶段。但是,河南省农业家庭经营方式中对现代生产要素的使用还是存在农民投入不足的障碍。同时,在各级政府政策向工业倾斜的条件下,农业基本建设的投资比例一直保持较低的比例,农业的集约化和规模化经营在互利阶段处于探索时期。在工农业推进市场化的条件下,农业的产业化经营成为必然趋势,因为工农业市场化为农业剩余劳动力的转移提供了有利的市场条件,农民从事非农产业成为提高收入的主要渠道和发展趋势。在工农业市场化环境中,河南省农业发展依据中央指示向高产、高效农业发展,高效农业必须面向市场,发展适销对路的产品,为此必须发展农业良种和先进技术的研究、开发和引进、推广,同时要鼓励优质农产品生产、加工企业和企业集团面向国际市场、扩大出口创汇;为了推动高效农业的发展,中共中央要求建立农业示范区,实行科技、资金、物资等生产要素的综合投入,在品种和质量上进行深度开发。[1] 对农业示范区的综合投入,就是为了实现农业的集约化经营和规模化生产。河南省在推进农业产业化和集约化经营方面,1994年提出为了实现农民与市场的对接,实施"公司+农户"的经营方式,1996年,全省农工商一体化组织发展到1.6万多个;1997年,全省形成农业产业化经营组织3490个,带动农户824万个,占全省农户的30%,覆盖耕地面积3697万亩,占全省耕地面积的36%;2002年,全省农业产业化的400多个龙头企业实现销售收入500亿元,带动农户600多万户;2007年,全省有农业产业化组织11674个,农业龙头企业总数为5724个,年销售亿元的农业企业有421个,带动农户1022万户,约占全省总农户的51%,户均增收1025元,同时河南省的肉类加工和速冻食品已占全国市场份额的70%和60%[2]。

——河南省逐步建立农业发展的保护体系。党的"十四大"后,全国范围内在推进工农业市场化的同时,也积极进行农业产业化、农副产品流通体制的改革。中共中央在强调农业基础地位的同时,为了实现农业的持

---

[1] 《中共中央、国务院关于当前农业和农村经济发展的若干政策措施》,1993年11月5日;中共中央文献研究室编《新时期经济体制改革重要文献选编》下,中央文献出版社,1998,第990~991页。

[2] 数据来源于河南省社会科学院编《河南改革开放30年》,河南人民出版社,2008,第98~99页。

第四章 河南省市场化发展阶段的工农业关系（1993~2008年）

续发展，提高农业的收入，也提出逐步建立农业的支持保护体系。1992年12月，江泽民针对工农业发展关系讲话指出没有农业的积累和支持，就不可能有我国工业的发展；对于农村稳定与社会稳定的关系，指出没有农村的稳定，就不可能有我国整个社会的稳定；对于农业现代化与国家现代化的关系，江泽民指出没有农业的现代化，就不可能有整个国民经济的现代化[1]。因此，从1994年，全国初步建立了粮食储备制度、粮食风险基金制度、粮食最低保护价制度等。1995年6月，朱镕基来河南视察夏收时指出由于粮食收购与市场差价较大，可以给予农民一定的价格补贴；也可以采取低价粮与农用化肥挂钩的办法，保证农民得到一定量的低价化肥，要严格管理农副产品的收购资金等；1997年，河南省加大减轻农民负担的力度，规范对农民负担的管理，当年全省查出非法加重农民负担资金7.69亿元，违反规定使用资金6.64亿元，当年全省87.4%的农户拿到了他们的负担监督卡[2]。这是河南省对农业的最低程度的保护和支持，因为国家对农副产品的收购价低于市场价，这是强制性地用价格差额汲取农业剩余的方式。乡镇基层政府对农民施加的负担，本身就是市场化进程中政府对财政负担的转移。

1997年，党的"十五大"报告提出建立健全国家对农业的支持、保护体系[3]。河南省依据中共中央的指示，在"九五"期间，对农业的基建投资比重逐年上升，1993年，农业的基本建设投资总额为0.53亿元，比重为0.3%；1995年，农业的基本建设投资总额为2.16亿元，比重为0.7%；1997年，农业的基本建设投资总额为3.03亿元，比重为0.7%；2001年，农业的基本建设投资总额为11.18亿元，比重为1.7%。在全社会农村的固定资产投资方面，1993年为112.5亿元，比例为24.98%；1995年为204.80亿元，比例为25.44；1997年为335.59亿元，比例为31.69%；2001年为505.24亿元，比例为33.86%[4]。可以看出，工农业市场化阶段，

---

[1] 《江泽民文选》第1卷，人民出版社，2006，第259页。
[2] 河南省地方史志编纂委员会编《中原崛起之路——河南省六十年发展回顾》，文心出版社，2009，第454、473页。
[3] 《江泽民文选》第2卷，人民出版社，2006，第24页。
[4] 数据来源于《河南统计年鉴1997》，河南统计出版社，1997，第186页；《河南统计年鉴1998》，第176页；《河南统计年鉴2003》，中国统计出版社，2003，第6~12页；《河南统计年鉴2010》，中国统计出版社，2010，第161页。

河南省在对农业的政策支持和保护力度上呈现逐渐上升的趋势,在农业基本建设投资方面尽管比例较低,但是,河南省农村固定资产投资的规模在绝对量和比例方面有较大的变化。对农业的支持和保护必然带来农民收入的提升,1990 年,河南省农民家庭人均纯收入为 526.95 元;1995 年为 1231.97 元;1997 年为 1733.89 元;2011 年为 1986 元;2005 年为 2781 元;2008 年为 4454 元①。可以看出,河南省在工农业市场化阶段,农民收入的增长幅度是比较大的。但是,农民家庭人均纯收入年增长速度却呈现逐渐下降的趋势,1993 年,河南省农民家庭人均纯收入年增速为 18.25%;1995 年增速为 35.4%;1997 年增速为 9.8%;2006 年增速为 13.58%;2008 年增速为 15.63%②。可以看出,1995 年后,河南省农民家庭人均纯收入在经过"八五"期间的回升后,逐渐呈现下降趋势,河南省这种状况与全国的发展趋势基本一致。1997 年,全国农民家庭人均纯收入年增速 4.6%,与 1996 年年增速相比较回落了 4.4 个百分点,1998 年农民纯收入年增速又下降到 4.3%,2000 年下降到 2.1%③。从全国范围看,农民家庭人均纯收入从绝对量上是逐渐增长的,但是,在年增长速度上呈现下降的趋势,并且农民家庭人均纯收入不完全来源于农业部门。

以河南省为例,1990 年,农民家庭人均总收入中来自于家庭种植业的收入比例为 61.29%;1995 年比例为 65.44%;1997 年比例为 58.4%;2000 年比例为 64.82%;2005 年比例为 64.17%;2008 年比例为 59.68%④。农民人均年总收入来源于种植业的部分是农作物折合的货币量,这样的收入转化为货币收入有限,农民的货币收入主要来源于非农业部门,而这部分收入在农民总收入中又不占主导地位。农民的总收入中还包括来自生产资料的投入,这样看来农民人均年纯收入中用于个人消费的只是一部分。河南省农民的收入结构中来自非农部门的收入主要是货币收入,来自种植业的收入主要是实物收入,在农业税费取消以前,实物收入中还要承载乡镇政

---

① 数据来源于《河南统计年鉴 1998》,第 261 页;《河南统计年鉴 2010》,第 343 页。
② 数据是根据《河南统计年鉴 1994》,第 509 页;《河南统计年鉴 1997》,第 270 页;《河南统计年鉴 1998》,第 261 页;《河南统计年鉴 2010》,第 343 页的数据计算所得。
③ 张新华主编《新中国探索"三农"问题的历史经验》,中共党史出版社,2007,第 213~214 页。
④ 数据是根据《河南统计年鉴 1998》,第 258 页;《河南统计年鉴 2010》,第 341 页数据计算所得。

府的统筹提留负担,这对农业持续发展是不利的,这种状况与政府对农业保护政策也是矛盾的。针对农民负担过重的问题,1998年10月,党的十五届三中全会发布《中共中央关于农业和农村工作若干重大问题的决定》,指出要通过对农业立法来支持和保护农业,坚持"多予少取"的原则逐步推进改革税费制度①。2003年3月,中共中央发布《关于进行农村税费改革试点工作的通知》,决定进行试点,将多达80项的收费统一为农业税,用单一的7%的收入税代替所有的税种,逐步推广到全国21个省②。2003年1月6日,中共中央指出调整和转变对农业的支持和保护方式。结合农村税费改革,统筹考虑对农业和农民补贴方式的改革问题③。由此河南省农业发展开始实现转型。

第二节 工农业关系调整:河南省工农业市场化的发展

工农业市场化阶段,河南省工农业发展"以农养工"的格局没有从根本上改变。在政府的政策导向下,社会各项资源配置依然向工业部门尤其是重工业部门严重倾斜,倾斜发展必然依赖维系"以农养工"的工农业关系格局。尽管在工农业市场化阶段,河南省工农业关系实施从"以农养工"向"以工哺农"阶段的过渡性转变,但是,这个阶段并没有向农业投入偏斜的政策。在市场机制的作用下,社会资源必然向收益最大化的部门流动。在工业偏斜投入和发展的条件下,社会资源必然趋向工业部门,以实现收益的最大化。因此,这一阶段,农业的发展出现了部门生产资源逆向流动的趋势,农业增长主要依赖农副产品加工业的带动,实现农产品加工的专门化和产业化,而农业本身的生产还是处于分散的家庭经营状态。在农业分散经营下,增加农民收入只有延长农业生产的链条,实现农副产品附加值的提升。

农民收入的提高主要来源于非农业生产部门。1995年,河南省农民家庭人均总收入为1883元,来自农业种植业的收入为1482元,占总收入的

---

① 《中共十四届四中全会以来历次全国代表大会中央全会重要文献选编》,中央文献出版社,2002,第528~529、539页。
② 王义祥:《当代中国社会变迁》,华东师范大学出版社,2006,第89页。
③ 《十六大以来重要文献选编》上,中央文献出版社,2005,第138页。

78.7%；2005年，农民家庭人均总收入为3946元，来自农业种植业的收入为2532元，占总收入的64.2%；2008年，农民家庭人均总收入为5994元，来自农业种植业的收入为3577元，占总收入的59.7%[①]。可以看出，河南省农民总收入中来自农业种植业的收入数量和所占比重逐渐减少，相应地农民从事非农产业的收入出现大幅度增长。推进农业产业化经营，农民收入的增长应主要来自于农业部门，才能显示出农业部门的发展，如果农民收入依然来自于非农业部门的经营收入，那么就意味着农业部门滞留着大量的劳动力，同时，这些滞留的劳动力依靠农业发展提升收入的动力不足。农业劳动力过剩阻碍农业生产率的提高，农业发展处于低效和低价的发展状态，必然导致工农业产品价格"剪刀差"的扩大，非农业部门汲取农业剩余的幅度相应加大，农业发展将会处于严重滞后于工业发展的局面。在工农业市场化的条件下，工农业本来应实现相对等价的交换，农业部门与非农业部门应平等配置市场资源，为什么在这个阶段，农业没有改变市场资源配置中的不利地位呢？究其原因，主要是河南省地方各级政府向工业倾斜的政策没有改变，工农业发展的"以农养工"的政策导向没有改变。同时，农村社会保障体系发展的滞后也影响到农民收入过多投入农业，还影响到在城市就业的农民工，因为社会保障体系的缺位，而无法成为城市居民享受同等的社会福利待遇。农民工没有脱离农民身份，对农业生产的投入有限，这必然影响农业的发展。尤其是在这个阶段，河南省依托地区资源优势，倾向于发展重化工业产业，优先发展重化工业必然导致农业农业发展的滞后、劳动力转移的不足以及城市化率发展缓慢。整体上看，河南省在这个阶段的工农业关系，由于市场化的推进，重工业优先发展，促进了第三产业的发展，转移了大量的劳动力，提升了城市化率，农业生产率大幅度提高。河南省到2008年与钱纳里一般国家模式指标相比较，工农业关系处于从"以农养工"向"以工哺农"的过渡期。在工农业关系转型过渡的过程中，工农业经济结构有所改善，政府财政收入的提高和社会投资主体的多元化为下一阶段实施大规模"以工哺农"政策提供了有利的条件。

---

① 《河南统计年鉴2010》，中国统计出版社，2010，第340~341页。

第四章 河南省市场化发展阶段的工农业关系（1993~2008年）

一 市场机制分析：河南省重工业和服务业快速发展

在工农业市场化阶段，河南省对工农业发展实施市场化的政策调整和改革，在推进农民非农化、农业产业化和农村城镇化三个方面取得了前所未有的进展。在这个阶段，河南省政府更加重视农业的基础地位，在政策上对农业发展实现了从"多取少予"转变为"多予少取"的转变，也实现了工农业关系从"以农养工"向"以工哺农"的过渡。但是，市场化条件下，河南省农业内部滞留的劳动力和城市化率的发展一直到2008年依然处于滞后于工业部门发展的状态。在人均GDP数量达到工农业关系转型的条件下，农业发展和城市化率处于如此滞后发展的状态，根本原因是河南省在工农业关系上"以农养工"的政策导向没有改变，具体表现为工业部门的投资依然保持向重工业倾斜的态势，工农业投资也依然保持向工业部门倾斜的状态。尽管对农业发展推进产业化进程，积极发展城乡第三产业推进农业剩余劳动力的转移，但是，由于对轻工业投资不足，轻工业部门转移农业劳动力的幅度和增长速度都有限。由于河南省对农业的投资远远落后于工业部门，导致在这个阶段重工业获得飞跃式的发展，而重工业在吸纳劳动力方面是有限的。这种政策导向的结果推动了社会资源向非农业部门流动，农业部门的生产要素资源即使在形成积累后也大多流向非农业部门。1993~2008年，河南省农、轻、重部门的国民收入和总产值数量与份额比较如表4-2所示：

表4-2 1993~2008年河南省工农业部门产值和国民收入比较

单位：亿元，%

类别 年份	工农业部门产值 农业	工农业部门产值 工业	工农业产值份额 农业	工农业产值份额 工业	工农业部门年度增加值总量 农业	工农业部门年度增加值总量 工业增加值	工农业部门年度增加值总量 重工业增加值	工农业部门增加值份额（工农业增加值为100） 农业	工农业部门增加值份额（工农业增加值为100） 轻工业	工农业部门增加值份额（工农业增加值为100） 重工业
1993	410.45	678.36	24.7	40.8	410.45	681.65	401.98	37.59	25.60	36.81
1994	546.68	948.78	24.6	42.8	546.68	958.00	601.00	36.33	23.72	39.95
1995	762.99	1256.52	25.5	42.1	762.99	1274.89	782.89	37.44	24.14	38.42
1996	937.64	1496.72	25.8	41.2	937.64	1509.96	899.01	38.31	24.96	36.73
1997	1008.55	1641.08	24.9	40.6	1008.55	970.25	622.53	50.97	17.57	31.46

续表

年份\类别	工农业部门产值 农业	工农业部门产值 工业	工农业产值份额 农业	工农业产值份额 工业	工农业部门年度增加值总量 农业	工农业部门年度增加值总量 工业增加值	工农业部门年度增加值总量 重工业增加值	工农业部门增加值份额（工农业增加值为100） 农业	工农业部门增加值份额（工农业增加值为100） 轻工业	工农业部门增加值份额（工农业增加值为100） 重工业
1998	1071.39	1692.35	24.9	39.3	1071.39	970.34	644.00	52.47	15.98	31.55
1999	1123.14	1729.29	24.9	38.3	1123.14	993.62	661.20	53.07	15.71	31.22
2000	1161.58	2000.04	23.0	39.6	1161.58	1154.39	787.60	50.15	15.83	34.02
2001	1234.34	2182.78	22.3	39.5	1234.34	1269.97	864.80	49.29	16.17	34.54
2002	1288.36	2412.18	21.3	40.0	1288.36	1430.75	991.00	47.38	16.17	36.45
2003	1198.70	2876.93	17.5	41.9	1198.70	1754.08	1243.30	40.59	17.30	42.11
2004	1649.29	3644.40	19.3	42.6	1649.29	2332.68	1664.10	41.42	16.79	41.79
2005	1892.01	4896.01	17.5	46.3	1892.01	3200.23	2270.80	37.15	18.25	44.60
2006	1916.74	6032.21	15.5	48.8	1916.74	4150.60	2938.00	31.59	19.98	48.43
2007	2217.66	7508.33	14.8	50.0	2217.66	5438.06	3794.22	28.96	21.48	49.56
2008	2658.78	9328.15	14.8	51.8	2658.78	7305.39	5066.06	26.68	22.47	50.85

注：1996年工农业增加值计算方式不同，但是不影响分析；其中工农业总产值份额是以三大产业产值为100；工农业增加值份额是以工农业增加值为100计算所得。数据来源于《河南统计年鉴2010》，第59、62、377、421页；《河南统计年鉴1997》，第338页；《河南统计年鉴1995》，第133页。

从表4-2可以看出，1993~2008年，河南省三大产业的发展以工业发展最为迅速，1993年工业部门产值份额为40.8%，2008年为51.8%，上升了11个百分点；1993年农业部门产值份额为24.7%，2008年为14.8%，下降了将近10个百分点；农业下降的份额几乎等同于工业上升的份额，这就显示出河南省在这个阶段第三产业的产值份额几乎没有变化。在工业化进程中，第三产业应处于逐渐上升的地位，随着农业劳动力的转移，第三产业应成为吸纳劳动力最大的部门。河南省工业发展主要依靠重工业的发展，而不是轻工业的发展，从工农业增加值的数量和份额比较可以清晰看出这个阶段的发展倾向。农业增加值数量逐渐上升，2008年是1993年的6.48倍；2008年工业增加值是1993年的10.72倍；2008年轻工业增加值是1993年的8倍；2008年重工业增加值是1993年的12.60倍。可以看出，河南省重工业的增长幅度最大，其次是轻工业，而农业的增长幅度最小。从工农业增加值的份额来看（以工农业增加值为100），农业在

16年间增加值减少了近11个百分点；轻工业增加值份额减少了3.13个百分点，而重工业增加值份额增加了14.03个百分点。农业和轻工业增加值份额的减少正是重工业份额增加的前提，这意味着河南省在政策推动社会资源向重工业部门倾斜流动的情况下，依然沿袭优先发展重工业的工农业发展战略，由此大幅度提高重工业增加值的增长幅度。河南省在重工业偏斜发展的条件下，农业劳动力转移的实现主要靠第三产业尤其是服务业的发展来带动。尽管第三产业在产值份额中变化幅度不明显，但是，这一阶段，第三产业中服务业成为国民经济中带动劳动力转移的主要产业。1993～2008年，河南省第三产业产值和劳动力就业份额如表4-3所示：

表4-3 1993～2008年河南省第三产业产值和劳动力就业份额

类别年份	第三产业产值数量（亿元）	第三产业产值份额（%）	第三产业就业人数（万人）	第三产业就业份额（%）	类别年份	第三产业产值数量（亿元）	第三产业产值份额（%）	第三产业就业人数（万人）	第三产业就业份额（%）
1993	485.53	29.3	682	15.5	2001	1788.22	32.3	1042	18.89
1994	611.26	27.6	719	16.16	2002	1978.37	32.8	1086	19.67
1995	830.40	27.8	766	16.99	2003	2358.86	34.3	1120	20.23
1996	1019.43	28.0	828	17.85	2004	2722.04	31.8	1200	21.48
1997	1171.26	29.0	900	18.67	2005	3181.27	30.0	1272	22.47
1998	1299.02	30.1	1091	21.82	2006	3721.44	30.1	1318	23.05
1999	1413.73	31.3	987	18.96	2007	4511.97	30.0	1366	23.66
2000	1597.26	31.6	1031	18.50	2008	5099.76	28.3	1424	24.40

资料来源：第三产业就业份额是根据《河南统计年鉴2010》第121页的数据计算所得；《河南统计年鉴2010》，中国统计出版社，2010，第59、62、121页。

从表4-3可以看出，在工农业市场化阶段，河南省第三产业快速发展。2008年第三产业产值总量是1993年的10.5倍；第三产业产值份额16年间下降了1个百分点；2008年第三产业从业人数是1993年的2.1倍；劳动力就业份额上升了8.9个百分点。河南省第三产业产值份额下降了1个百分点，但是，劳动力就业份额上升了8.9个百分点，这显示出第三产业在吸纳劳动力方面的优势。第三产业的产值份额没有实现大幅度的上升反而出现下降，这是由这一阶段重化工业优先发展的战略决定的。从河南省工农业发展的三个阶段来看，只要采取优先发展工业的战略，就必然造成对工业部门的投资倾斜和保护性增长,农业劳动力转移就受到阻碍。但是,在工农业市场化阶段,由于工农业生产经营方式的转变,农产品流通体系的构建以及工业企业经营管理体制的改革和现代企业制度的确立,工农业市场化程度相对于工农业互动发展阶段有了根本性的转变,这就带来城乡第三产业的发展。在这个阶段,农业劳动力的转移主要依靠第三产业的增长来带动。河南省重工业的偏斜发展与城乡第三产业的快速发展是工农业市场化阶段的主要特征,河南省工农业关系从"以农养工"向"以工哺农"阶段的转变主要有赖于市场化体制的构建所带动的工农业发展。

在工农业市场化阶段,河南省社会资源之所以向工业部门尤其是重工业部门偏斜流动,不是由于市场机制在发挥作用,起着决定作用的是政府的政策导向。因为在工农业市场化体制构建的过程中,政府处于社会投资主体的地位,社会的多元化投资主体格局有待形成,政府的投资重点就成为社会资源流动和配置的主要方向。同时,政府在市场化体制改革中,对于垄断行业是逐渐放开的,而不是一次性完全放开,这一方面有利于逐步推进垄断性部门的改革,另一方面也规避了工农业市场发育过程中出现的市场竞争的混乱和无序。不过,河南省发展重化工业有利于提升工业部门的积累,不利于农业部门的发展和劳动力的转移。如果不是在市场体制构建过程中要素市场体系的建立推动第三产业的发展,农业劳动力的转移必将处于更加滞后的状态。因此,要改变农业发展和劳动力转移滞后的局面,必须实现地方政府工农业发展方针的转变,需要政府政策导向和宏观调控的直接干预,从而实现工农业发展从"以农养工"向"以工哺农"阶段的转变。

二 发展水平分析:河南省工农业经济结构转型临界

在工农业市场化阶段,河南省工农业发展实现了市场机制对资源的配置作用。在市场化条件下,工农业部门以及第三产业部门实现快速发展,农业产值份额的下降与农业劳动力的转移同步发展,这一阶段城市化率提升较快,尽管城市化率相对于工业发展还处于滞后的状态,这主要是因为城乡第三产业的产值份额没有明显改变。河南省在农业部门逐步推进产业化经营方式,引进现代生产要素,逐步实现农业生产率的提高;工业尤其是重工业获得长足发展,提升了工业产业结构水平和积累能力;第三产业尤其是服务业的发展在带动劳动力转移的同时,也为生产和流通要素市场体系的发展和成熟提供了有利的条件。从河南省工农业结构分析，经过市场化发展阶段，河南省工农业关系已经进入从"以农养工"向"以工哺农"转变的转型期。1993~2008年，河南省工农业经济结构的各项指标变化如表4-4所示：

表4-4 1993~2008年河南省工农业经济结构的各项指标

年份 \ 项目	GDP/人（美元）	GDP/人（元）	农业GDP份额（%）	工业GDP份额（%）	农业就业份额（%）	城市化率（%）	工业化率（%）
1993	324	1865	24.7	40.8	66.1	16.5	39.3
1994	286	2467	24.6	42.8	64.4	16.8	43.2
1995	395	3297	25.5	42.1	62.4	17.2	42.7
1996	480	3987	25.8	41.2	60.8	18.4	41.5
1997	529	4389	24.9	40.6	60.4	19.6	41.1
1998	561	4643	24.9	39.3	58.9	20.8	39.9
1999	584	4832	24.9	38.3	63.5	22.0	39.0
2000	658	5450	23.0	39.6	64.0	23.2	40.5
2001	720	5959	22.3	39.5	63.0	24.4	40.7
2002	784	6487	21.3	40.0	61.5	25.8	41.6
2003	891	7376	17.5	41.9	60.2	27.2	43.8
2004	1112	9201	19.3	42.6	58.1	28.9	44.9
2005	1385	11346	17.9	46.3	55.4	30.7	46.2
2006	1652	13172	15.5	48.8	53.3	32.5	48.8
2007	2106	16012	14.8	50.0	50.6	34.3	50.0
2008	2762	19181	14.8	51.8	48.8	36.0	53.0

注：工业化率是工业部门增加值在GDP中的份额比重；另外一个计算方法：工业化率＝工业增加值÷第一产业增加值，本书采取第一种计算方法。人均GDP人民币数值来源于《河南统计年鉴2010》，中国统计出版社，2010，第59、62、103、121页；美元数量是按照当年的人民币兑美元汇率计算；数据来源于历年《河南统计年鉴》统计数据，《河南统计年鉴1995》第133页；《河南统计年鉴1997》第338页；《河南统计年鉴1998》第326页；《河南统计年鉴2005》；《河南统计年鉴2007》中能源与工业栏目的统计数据。

从表4-4可以看出，工农业市场化阶段与工农业互动发展阶段相比较，河南省在工农业经济结构方面发生根本性变化。对照钱纳里一般国家模式的经济结构参考指标，即人均GDP数量在400美元（1964年美元）的各项经济指标，农业产值份额为22.8%，工业为27.6%，城市化率为49%，农业的就业份额为43.8%；2008年，河南省人均GDP数量（按当年人民币兑美元汇率计算）为2762美元，按购买力平价计算，在人均GDP数量方面河南省2008年的人均数据远高于实施"以工哺农"时人均GDP数量3500美元的临界水平。对应钱纳里的人均GDP（按1964年美元）800美元的水平，相当于2003年美元数值（人均GDP数量4800美元），河南省2008年工农业经济的各项指标，在各方面差距都比较大。因此，这里把河南省2008年的各项经济指标与钱纳里的人均GDP为400美元（1964年美元）所对应的参考数据进行比较，河南省2008年的工农业产值份额总计为66.6%，可以看出河南省第三产业发展严重滞后人均收入和工业发展的水平；农业部门滞留大量剩余劳动力，因此农业部门就业份额比较高。2008年，河南省农业劳动力就业份额为48.8%，比钱纳里一般国家模式参考值高出近5个百分点；城市化率为36%，比钱纳里一般国家模式数据低出近13百分点。但是，河南省工农业市场化阶段农民工数量比较大，到2008年底，河南省农民外出打工人数达到1400多万人。这些农民工几乎脱离农业生产，如果把河南省农民工计入城市化率范围，2008年，河南省城市化率水平将提高14个百分点，城市化率表现为50%，这与钱纳里一般国家模式的城市化率参考数据49%基本一致。农民工是没有脱离农民身份的进城务工农民，由于河南省在工农业市场阶段还保留着工业优先发展阶段的城乡分离的户籍制度，严重阻碍了农民的户口迁移，农民工生活和工作在城市，却不能享受到与城市居民相同的福利和生活保障待遇，这种制度安排严重阻碍了河南省城市化率的同步发展。而河南省农业劳动力就业份额又包括农民工数量，这就形成农业劳动力转移滞后的假象。不过，在工农业市场化阶段，由于农民工没有脱离农业户口，在农业经营上农民工还经营着家庭承包的土地，农民工对土地的经营和投入是从粮食作物的种植角度来考虑的，不可能从土地种植的集约化经营角度来考虑。因此，农民工徘徊于城乡之间，既是城市发展的推动力量，又是城市社会保障没有完全覆盖的群体。既为城市人口管理提出新的课题，又显示出农业产业化和规模化经营的制度困境。在这种背景下，本书对河南省的城市化率和农业就业份额的分析，依据城乡户籍划分是存在一定的偏差的。河南省第三产业发展数据与参考值相差比较大，这种经济发展格局显示出，河南省在服务业和劳动力转移以及城市化率方面，总体上滞后于工业制造业发展水平。

同时，相对于世界范围先起工业化国家和地区实施"以工哺农"政策时工农业经济结构的数据，2008年，河南省在人均GDP数量、工农业产值比例方面已经达到实施大规模"以工哺农"的标准：在人均GDP数量方面，国际参考指标是人均3500~6000美元之间（按购买力平价计算），2008年，河南省人均GDP数量为2762美元（按当年人民币兑美元汇率计算），按购买力平价计算河南省人均GDP数值远高于3500美元的水平，达到6000美元以上的水平；在农业产值份额方面，国际参考值要求在9%~15%之间，2008年，河南省农业产值份额为14.8%；在工农业结构比例方面，国际参考值显示工农业产值比例为3∶1，2008年，河南省工农业产值比例为2.85∶1；在农业劳动力份额和城市化率方面，国际参考值要求为30%左右，城市化率在50%以上，2008年，河南省农业就业份额为48.8%，城市化率为36%，河南省这两项数值与国际参考值有一定的差距。如果把农民工计算入城市化率，河南省城市化率将增加14个百分点；城市化率提高的同时，相应农业劳动力份额必然下降，数值将在30%左右。城乡分离的户籍制度成为河南省农业劳动力转移的主要障碍，如果城市社会福利和社会保障待遇与农村实现一体化，那么城乡户籍也将实现一体化。可以看出，2008年，河南省工农业发展水平已经达到实施大规模"以工哺农"政策的临界点。

三　工农业互利分析：农业物资消耗与农业劳动力转移

在分析工农业增长速度时，农业对于农业的支撑能力要看人口的增长速度和工业的发展速度。在20世纪80~90年代，河南省实行计划生育政策，人口自然增长率一般在10‰左右，那么农业产值增长率每年保持在4%以上就能满足人口增长和工业发展的需要。不过这种增速对农业部门的积累有较大的影响，农业的产值增长必然伴随农业部门的消耗增长，如果产值与消耗增速相同，农业增加值在绝对量上实现增长还必须在农业劳动力转移上实现相应的增长，否则农业效率的增长就会受到影响。本书选取河南省农业每年度所用的化肥、农药、柴油、塑料薄膜的农用物资使用量增长进行比较，考察河南省在工农业市场化的阶段，农业的实际增长与农业消耗之间的关系。农业消耗的增长一方面可以看到农业生产的成本，同时可以看出农业在吸纳现代生产要素方面能力的增长，也可以看到家庭经营条件下农民对农业土地的投入。农业生产资料在工业优先发展阶段和工农业互动发展阶段以及工农业市场化阶段一直受到国有企业的垄断，政府也垄断了大部分农业剩余产品的收购。工农业市场化阶段还是"以农养工"阶段，政府对农业产品和农业生产资料的双重垄断是工农业产品价格"剪刀差"长期存在的体制障碍。1993～2008年，河南省农业物资消耗量及增长速度如表4-5所示：

表4-5 1993～2008年河南省农业物资消耗量及增长速度

类别 年份	化肥施用折纯（万吨）	化肥施用增速（％）	农药使用量（吨）	农药使用增速（％）	柴油使用量（万吨）	柴油使用增速（％）	塑料薄膜用量（吨）	塑料薄膜增速（％）	农业劳动力数量（万人）	农业劳动力增速（％）
1993	288.0	14.70	50000	4.99	37.0	—	38432	11.47	2910	-1.52
1994	292.5	1.56	65251	30.50	46.5	25.67	48707	26.73	2865	-1.54
1995	322.2	9.13	75576	15.80	51.3	10.32	53190	9.20	2814	-1.78
1996	345.3	7.17	83287	10.20	57.4	11.89	61724	16.04	2822	0.28
1997	355.3	2.90	84925	1.97	67.8	18.12	69454	12.52	2909	3.08
1998	382.8	7.74	90961	7.11	72.7	7.23	74871	7.80	2947	1.31
1999	399.9	4.47	96134	5.69	79.5	9.35	79383	6.03	3305	1.93
2000	419.5	4.90	95513	-0.65	79.6	12.70	91901	15.77	3564	7.84
2001	441.7	5.29	98463	3.09	83.5	4.90	94092	2.38	3478	-2.41
2002	468.8	6.14	101981	3.57	85.1	1.92	98610	4.80	3398	-2.30
2003	467.9	-0.19	98679	-3.24	84.6	-0.59	98809	0.20	3332	-1.94
2004	493.2	5.41	101150	2.50	86.9	2.72	101631	2.86	3246	-2.58
2005	518.1	5.05	105056	3.86	89.8	3.34	108427	6.69	3139	-3.30
2006	540.4	4.30	111602	6.23	93.0	3.56	118414	9.21	3050	-2.84
2007	569.7	5.42	117992	5.73	96.4	3.65	126619	6.93	2920	-4.26
2008	601.68	5.61	119100	0.94	99.2	2.90	130700	3.22	2847	-2.50

注：国家统计局农村社会经济调查司：《改革开放三十年农业统计资料汇编》，中国统计出版社，2009，第133～139页；《河南统计年鉴2010》，中国统计出版社，2010，第121、387页；增长速度系相对于上年的年度增长速度，数据是根据表中数据计算所得。

从表4-5可以看出，1993～2008年，河南省农业物资消耗在绝对量上呈现逐渐上升的趋势，但是，在年度增长速度上总体呈现逐渐下降趋势。从阶段上看，河南省农业消耗可以分为三个阶段，1996年以前为第

第四章 河南省市场化发展阶段的工农业关系（1993～2008年）

一阶段，这个阶段，河南省农业消耗无论是总量还是年度增长速度都出现大幅度的上升；第二个阶段是 1997～2004 年，河南省农业物资消耗在总量上缓慢增长，年度增长速度也呈现逐渐下降的总体趋势；第三个阶段是 2004～2008 年，河南省农业物资消耗总量保持稳中有升的趋势，但在增长速度上除塑料薄膜外，其他农业物资消耗增长速度呈现逐渐上升的状态。

从河南省农业劳动力的变化来看，第一阶段是在 1993～1995 年，农业劳动力呈现负增长，这意味着在这三年农业劳动力转移的速度较快；第二阶段是在 1996～2000 年，农业劳动力在绝对量和增长速度上出现加快上升的趋势；第三个阶段是在 2000～2008 年，河南省农业劳动力在总量上和增长速度上缓慢下降，意味着这一阶段农业劳动力转移速度和数量逐渐上升。不过在化肥的用量上河南省的绝对量和增速大致保持稳定的局面，如果考虑到在工农业市场化阶段河南省耕地面积减少数量，单位耕地面积的化肥使用量是逐渐增加的。河南省农业物资消耗在总量和年增速方面的逐渐上升说明农业的生产成本在逐渐提高，同时也说明在这个阶段河南省农业引入现代生产要素的总量在上升。从反面来看，随着农业生产资料用量的增加，在市场机制的作用下，生产农业生产资料的重工业部门在生产规模上逐渐扩大。而农业生产资料的用量增加必须随着农业劳动力的转移才能实现农业生产率的提高，而河南省在 2000 年后农业劳动力转移的速度较快，1996～2000 年，农业劳动力转移缓慢，农业劳动力数量在逐年增加。1993～1995 年之所以出现大幅度转移，与党的"十四大"确立社会主义市场经济的改革目标有直接的联系。河南省依据中共中央指示，在"十四大"以后，逐步推进农业的产业化经营方式的变革，提高农副产品收购价和降低农业生产资料价格，在逐步缩小工农业产品价格"剪刀差"的同时也提高了农民购买农业生产资料的使用量。

在 1996～2000 年，农业物资消耗量增长缓慢，这是由于出外打工的农民工数量增加，影响到农民对农业的投入。同时，在 20 世纪 90 年代，河南省农民的负担是比较重的，有些地方非法加重农民负担，挤占农用资金，各地频繁出现侵农、害农、伤农和坑农事件；一些地方乱收费、乱罚款、乱集资和乱摊派等现象没有得到彻底治理；同时查处农民负担的问题阻力较大，造成群众集体上访和越级上访；另外河南省不少乡镇财政负担重，存在向农民转嫁负担问题①。这些因素影响到农业生产的积累和投入，从而影响到对农业生产资料的使用量。

在 2000~2008 年，河南省农业物资消耗的增速逐渐加快，这与全国范围开始着手转变工农业关系直接关联。2002 年，党的"十六大"提出新型工业化战略，要求实现经济增长与环境资源相协调的工业化战略，对农业发展强调实行"多予、少取、放活"的方针，对农业的"多予少取"在 20 世纪 90 年代就已经提出，之所以在 2000 年前河南省没有实现对农业发展的"多予少取"政策，实现对农业发展的倾斜，这与工农业发展的结构和水平有直接的关系。河南省在"九五"期间在工农业发展方面着力推进重化工业，在投资和资源配置上向重化工业严重倾斜，重化工业的发展在吸纳劳动力方面是有限的。在 1993~2008 年，河南省第三产业的产值份额没有改变，但是在吸纳劳动力方面上升了近 10 个百分点，这说明河南省工业部门的发展并没有带来相应吸纳劳动力的同步增长。但是，工业部门尽管没有吸纳相应份额的劳动力，而第三产业和农民工的带动实际上推进了农业劳动力的转移。在工农业市场化阶段，河南省城市化率提高了近 20 个百分点，主要有两个方面的原因：一是工农业市场化带来的生产要素市场体系的构建带动了农业劳动力的大幅度转移；二是工业经济的发展带动了城市化率的提高，而城市化的发展必然带动城市和城乡接合部地区服务行业的发展，这些因素也同样带动农业劳动力的转移。

四 发展比例分析：工农业增速与城乡差距逐渐加大

在工农业市场化阶段，河南省在 20 世纪 90 年代经济体制转型后倾向于重化工业的发展。实际上，在市场化体制改革初期农业发展经历了高速增长的时期。随着河南省重化工业发展，农业增长速度快速下降，2003 年出现负增长。2003 年依据中共中央的政策导向，河南省工农业关系完全可以实现从"以农养工"到"以工哺农"的转型。但是，由于政策向工业倾斜的导向没有改变，因此，工农业市场化阶段，河南省工农业发展速度的

---

① 河南省地方史志编纂委员会编《中原崛起之路——河南省六十年发展回顾》，文心出版社，2009，第 473 页。

差距依然较大。1993～2008年，河南省工农业发展速度和生产率的各项指标如表4-6所示：

表4-6 1993～2008年河南省工农业发展速度和生产率比较

年份\项目	农业总产值增长率（%）	工业总产值增长率（%）	工农业增长率之比（农业为1）	农业比较劳动生产率（%）	第二产业比较劳动生产率（%）	第二产业与农业比较劳动生产率对比系数
1993	10.4	22.1	2.13	0.37	2.50	6.76
1994	1.3	21.6	16.62	0.38	2.46	6.47
1995	11.9	17.2	1.45	0.41	2.27	5.54
1996	11.3	16.0	1.42	0.42	2.17	5.17
1997	7.6	10.9	1.43	0.41	2.20	5.37
1998	7.0	9.2	1.31	0.42	2.34	5.57
1999	7.2	7.8	1.08	0.39	2.50	6.41
2000	4.5	11.8	2.62	0.36	2.59	7.19
2001	5.5	9.9	1.80	0.35	2.51	7.17
2002	4.5	11.6	2.58	0.35	2.44	6.97
2003	-2.5	17.0	-6.80	0.29	2.46	8.48
2004	2.8	16.2	1.27	0.33	2.40	7.27
2005	7.5	17.6	2.35	0.32	2.36	7.38
2006	7.3	17.7	2.42	0.29	2.31	0.97
2007	3.8	18.1	4.76	0.29	2.14	7.38
2008	5.5	14.6	2.65	0.30	2.12	7.07

注：工农业的发展速度是按照可比价格计算的；比较劳动生产率是指该部门的总产值在国民生产总值中的比重与该部门劳动力就业份额之间的比率；数据是依据《河南统计年鉴2010》，中国统计出版社，2010，第60、121页的数据计算所得。

从表4-6可以看出，1993～2001年，河南省工农业发展速度总体上呈现逐渐下降趋势，在2001年后工农业发展速度逐渐回升。1993～1996年，河南省农业增速相对较高，这是由于在全国范围建立社会主义市场经济体制所形成的对农业发展政策的调整，带来农业在这一阶段的相对较高速度的增长。在农业获得高速增长的同时，随着政府对国有工业企业的改制，农村乡镇企业迎来发展的黄金期。同时，河南省开始实施重化工业的发展战略。因此，这一阶段河南省工业表现出相同的增长势头，每年保持两位数的增长速度。河南省工业增长速度在重化工业形成生产能力之前主要依靠乡镇企业和非公有制经济成分增长来带动的。

1992年，河南省国有工业企业产值份额为48.7%，集体工业企业产值份额为36.3%，非公有制企业产值份额为15.0%；到1995年，国有工业企业产值份额下降为33.9%，集体工业企业上升为40.3%，非公有制工业企业上升为25.8%；1996年，国有工业企业产值份额继续下降为29.6%，集体工业企业产值份额上升为39.4%，非公有制工业企业产值份额上升为36.3%（以工业总产值为100）[①]。同时，河南省非公有制工业企业的经济效益也比较好，1992年，河南省范围内乡及乡以上的独立核算国有企业增加值占产值的份额为78.3%，集体企业增加值占产值的份额为20.1%，非国有企业增加值占产值的份额为1.6%；1995年，河南省全部工业企业的净产值比重下降为37.4%，集体企业上升为39.6%，非公有制企业上升为23%[②]。可以看出，1995年，河南省非公有制工业企业净产值率相对于1992年提高了21.4个百分点。非公有制工业企业快速发展显示出河南省在工农业市场化条件下，由于实现生产资料要素的市场化，国有工业企业改变了工农业互动发展阶段的政策和体制保护，这就为乡镇集体企业和非公有制私营企业提供了极大的发展空间。不过，社会资源的流动依据市场效益最大化的原则，结果是资源向非农业部门倾斜流动。当然，非公有制工业企业的发展在带动农业劳动力转移方面也起到一定的作用，但客观上导致农业部门在资源配置中处于弱势地位。这意味着工农业市场化条件下，政府政策向工业部门偏斜，单纯依赖市场机制的作用只能导致农业部门生产要素资源向非农部门流动，农业发展滞后的格局无法实现根本性的改变。要改变农业发展在市场化条件下滞后于非农产业发展的格局，规避农业生产资源的逆向流动，必须实现对工农业发展的政策导向的转变。

[①] 数据是依据《河南统计年鉴1993》，第163页；《河南统计年鉴1998》，第321页的数据计算所得。

[②] 数据是依据《河南统计年鉴1993》，第186页；《河南统计年鉴1997》，第338页的数据计算所得。

第四章　河南省市场化发展阶段的工农业关系（1993~2008年）

河南省在工农业市场化阶段，就是实现工农业关系从"以农养工"向"以工哺农"转变的阶段。结合世界范围内先起工业化国家和地区的发展经验，一般实现工农业关系向"以工哺农"过渡的标志是工农业增速比例为3∶1。在这个阶段，河南省工农业发展速度比例出现严重的波动，1994年，河南省工农业发展速度比例为16∶62，这种工农业增速比例实际上严重干扰了工农业关系的协调发展，是一种完全由政府主导下的工业严重偏斜发展。2003年，河南省工农业增长率之比为-6.8。负值是由于农业总产值增长率为-2.5%，这意味着工业偏斜发展导致农业出现负增长。在农业出现负增长的同时，当年农业劳动生产率必然也大幅度下降，非农产业与农业部门比较劳动生产率系数达到空前的8.48。这意味着又到了调整工农业关系的临界点。

党的"十六大"以及2003年中共中央发布的关于"三农"问题的"一号文件"，为河南省调整工农业关系带来契机，工农业发展速度的差距有所缓和。整体上看，1993~2004年，河南省工农业增速比例差距呈现缩小趋势，但是从2005年工农业增速差距开始逐渐加大。河南省工农业增长率之比从2004年的1.27提高到2008年的2.65。国内学者蔡昉认为，从城乡居民收入的差异可以看出河南省对工农业关系实施调整的临界点，当城乡居民收入比例为3∶1时，工农业政策调整就到了制度变革的临界点。[①] 就河南省整体而言，1978年城乡居民人均收入分别为315元和104.71元，城乡人均收入比例为3.02∶1；1992年城乡人均收入分别为1608.03元和588.48元，城乡人均收入比例为2.7∶1；2008年城乡人均收入分别为13231.11元和4454.24元，城乡人均收入比例为2.97∶1，几乎就是3∶1[②]。这就意味着河南省到2008年已经到了改变工农业发展关系的制度变革临界点。

从政策设计和制度安排角度来看，在改革开放以前由于实行收入和消费的计划体制约束，城市居民收支水平高于农村居民，原因在于农民和农业承载着高于发展所需要的剩余，农业的生产经营支出比较大，农民没有积累的能力，在计划供应的情况下城市居民在收入和消费上有着与农民不

[①] 蔡昉：《"工业反哺农业、城市支持农村"的经济学分析》，《中国农村经济》2006年第1期，第11~17页。
[②] 《河南统计年鉴2010》，中国统计出版社，2010，第313页。

同的社会福利待遇。改革开放后，河南省城乡收支差距逐渐加大，主要是"以农养工"的工农业关系格局没有改变，并且农业家庭经营导致农业生产经营性支出由农民承担，同时还存在政府从公共服务领域退出农村后，乡镇基层政府施加给农民过量的负担等，这些因素导致农民生产性和非生产性的支出负担较高。而城市居民随着市场化改革和体制变迁，收入逐渐提高，没有相应的政府施加的各种负担性支出。因此，统计数据层面显示出来的城乡居民收支差距是3:1，实际上城乡居民收支差距达到5:1或6:1[①]。表现在工农业部门发展上，即工业部门产值增速快和绝对量大，相应地增加值就比较大，而分配方面城市居民就占有农民所没有的优势；农业增速慢甚至是负值，绝对量缓慢上升，随着农业生产资料价格的上升，农业消耗的不断增加，农业生产成本必然大幅度上升，再加上某些年份频繁发生的农业自然灾害，农民收入的保障性较差。大量农民为提高收入成为徘徊于城乡之间的农民工，农民在从事非农行业能够有效提高收入的前提下，不可能也不愿意对农业进行过多的投入。因此，在市场化条件下，要维系农业的持续增长，提升农民生产的积极性，必须有赖于政府政策导向的改变，推动社会要素资源向农业部门流动，对农业发展实施制度性的、规范性的直接补贴，从而实现河南省工农业关系向"以工哺农"阶段的转变。

林毅夫对农业采取补贴政策指出，财政补贴对农民增收作用有限，在对农业补贴条件下，农副产品产量必然上升。在市场供需作用下，农副产品产量上升必然导致价格下降。同时财政补贴在形成政府的财政负担的同时，反而会造成农民对政府补贴的依赖。在这种情况下，农产品产量增加所引起的价格降低会抵消财政补贴的作用。目前对农业实施财政补贴会出现少数人补贴多数人的格局，政府财政支出会增加并出现财政赤字，对农业实施补贴，会面临通货膨胀增大的压力。对此林毅夫提出，应取消农业税费和加强农业技术支持，以实现对农业的支持[②]。农业补贴是一种政策

---

① 孙高峰：《城乡平等发展与构建工业反哺农业机制》，《生产力研究》2005年第12期，第60~61页；胡世明：《工业反哺农业、城市支持农村的社会经济分析》，《农村经济》2007年第2期，第6~9页。

② 林毅夫：《中国还没有达到工业反哺农业阶段》，《南方周末》2003年7月17日；宋德勇、姚宏斌等：《工业与农业相互依存的内生增长模型》，《经济学家》2007年第4期，第88~96页。

导向，政府的财政负担也会被农业增长所抵消，因为农业增长不单是带来农业部门的收入，还推动了非农部门的收入增长；农副产品价格下降是相对的，因为农副产品产量的提高必然伴随着农副产品加工和出口的增长，这种农副产品附加值的增长必然会导致农副产品价格的上涨而不是价格的下降，补贴条件下农业发展会对财政补贴形成路径依赖。本书认为，既然在工业优先发展阶段，工业资金积累存在对农业部门的依赖，那么在工业部门形成积累的情况下，农业发展对政府财政的依赖也不会影响国民经济其他部门的发展。同时，农业是一种公益性产业，所谓对农民的补贴会造成财政负担的说法，实际上忽视一点，即农业只有成为公益性的高效产业，或者说高价产业，才能吸引社会资源向农业部门流动，否则农业将始终处于产业发展中的弱势产业。

第三节 政策和制度困境：河南省工农业发展定量分析

河南省工农业实现市场化并没有改变工农业发展结构的偏斜、比例的失调和农业发展的滞后局面，根本原因就是政策向工业部门的倾斜导向，致使"以农养工"的工农业关系格局没有改变。河南省工农业经济结构偏斜完全是政府优先发展重工业的发展战略所致；为了保证工业部门的优先发展，工农业发展"以农养工"的政策导向依然是工农业价格的"剪刀差"和税收金融方式；制度安排使城乡居民收支的拉大严重影响农业的积累，并且影响到农业要素资源的逆向流动，农业持续发展缺乏投入的动力；市场机制在推动市场要素体系构建的同时，由于市场主体追求市场收益的最大化，造成社会要素资源向非农业部门流动的趋势，农业发展依然处于严重滞后工业发展的局面。

一 政策导向困境：河南省市场化阶段经济结构分析

从表4-4可以看出，2006年，河南省农业部门产值份额下降到15.5%，工业部门产值份额上升为48.8%，农业劳动力份额下降到53.3%。在河南省工业部门快速发展伴随着农业产值份额和农业劳动力相应下降的同时，农业在产业化、专门化和规模化经营方面还处于滞后的阶段。对河南省 2006 年的农业现代化程度分析表明：2006 年，河南省农业现代化程度还没有达到国际标准的 1/3，1998～2000 年，河南省中部地区的农业现代化平均指数相当于全国平均水平的 30%[①]。农业现代化水平指数包括农业经营的规模化程度、农业生产率和劳动生产率。而河南省农业劳动生产率的提高有赖于增加投入，改善农业生产条件，实现技术进步以提高劳动效率，实施政策保护以增加农业积累和提高农民生产积极性。

据统计资料显示，在工农业市场化阶段，河南省财政支农的数量和比重整体上呈现逐渐下降趋势。1993 年，河南省财政总支出为 147.73 亿元，支农资金为 14.34 亿元，财政支农资金占财政总支出的比重为 9.7%；1995 年，河南省财政总支出为 207.28 亿元，支农资金为 17.59 亿元，占总支出比重为 8.49%；1997 年，河南省财政总支出为 290.84 亿元，支农资金为 23.47 亿元，占总支出比重为 8.07%；2000 年财政总支出量为 445.53 亿元，支农资金 34.19 亿元，占总支出比重为 7.67%；2003 年财政总支出量为 716.6 亿元，支农资金为 47.92 亿元，占总支出比重为 6.69%；2006 年财政总支出量为 1440.09 亿元，支农资金按照新旧两种不同价格计算分别为 111.34 亿元和 99.12 亿元，比重按照旧价格计算为 6.88%，按照新价格计算为 7.73%；2008 年财政总支出为 2281.61 亿元，支农资金为 209.59 亿元，占总支出比重为 9.19%[②]。可以看出，在 1993～2008 年，河南省财政支出和支农总量逐年增长，但在财政支农比例上却呈现逐年下降的趋势。2008 年相对于以前略有回升，但还是没有超过 1993 年的财政支农比例水平。农业部门在河南省政府财政扶持力度逐渐弱化的情况下，由于农业的弱质性和比较收益的差异性，相对于农业和农村来讲，就造成资源在工农业部门和城乡区域的逆向流动，即在市场条件下，各种市场生产要素资源为追求市场收益最大化，造成市场资源向非农业部门倾斜流动。1993～2008 年，河南省城乡固定资产的数量和份额比较如表 4-7 所示：

从表 4-7 可以看出，在工农业市场化阶段，河南省城乡固定资产投资

[①] 参见连玉明主编《2004 中国数字报告》，中国时代经济出版社，2004，第 85 页。
[②] 《河南统计年鉴 2010》，中国统计出版社，2010，第 279 页。

表4-7 1993~2008年河南省按城乡划分全社会固定资产投资的数量和比例

年份 项目	投资总额（亿元）	城镇投资额（亿元）	城镇投资份额（%）	农村投资额（亿元）	农村投资份额（%）	城镇与农村投资额之比
1993	450.43	337.91	75.02	112.52	24.98	3.00
1994	628.03	475.36	75.69	152.67	24.31	3.11
1995	805.03	600.23	74.56	204.80	25.44	2.93
1996	1003.61	731.90	72.93	271.71	27.07	2.69
1997	1165.19	795.89	68.31	335.59	31.69	2.16
1998	1252.22	831.39	66.39	409.12	33.61	1.98
1999	1324.18	848.28	64.06	435.97	35.94	1.78
2000	1475.72	951.76	64.49	479.95	35.51	1.82
2001	1627.99	1076.76	66.14	505.24	33.86	1.95
2002	1820.45	1226.45	67.37	552.78	32.63	2.06
2003	2310.54	1693.27	73.28	612.27	26.72	2.74
2004	3099.38	2434.88	78.56	664.50	21.44	3.66
2005	4378.69	3528.29	80.58	850.40	19.42	4.15
2006	5907.74	4843.76	81.99	1063.98	18.01	4.55
2007	8010.11	6609.16	82.51	1400.95	17.46	4.73
2008	10490.65	8721.19	83.13	1769.46	16.87	4.93

注：固定资产投资数据和城镇、农村的固定资产投资份额以及城镇、农村的投资额之比是依据《河南经济年鉴2010》，中国统计出版社，2010，第161页的数据计算得出的。

差异呈现先下降然后又大幅度扩大的趋势。1993年，河南省城乡固定资产投资额比例为3.00，1995年下降到2.93，1999年，下降到本阶段的历史最低点为1.78；2000年，缓慢上升到1.82；随后又呈现快速扩大的趋势，2004年，城乡固定资产投资额比例达到3.66；2006年上升到4.55，2008年达到历史最高为4.93。参照表4-6农业产值增长速度数据，可以看出，在工农业市场化阶段，河南省农业部门增长速度与农村固定资产投资增速保持同样的趋势。随着河南省农村固定资产投资比例的下降，造成社会生产要素资源向非农部门的倾斜流动，农业发展由此受到影响。

固定资产投资包括生产性投资和消费性投资，如果农民的积累转向在城市消费，必然会带动城市工农业消费品的需求增加，从而刺激城市经济发展；如果是农业的生产性投资，主要要素资源和生产资料来源于城市或工业部门，带动工业部门的产品流通，刺激工业的发展。在城市消费增加和工业部门产品需求增加的条件下，各种社会资源必然在市场机制的作用下，把生产要素资本投向需求旺盛的产业部门，在工业投资增加的同时，必然会带来工业产值和收入的增加，从而带来从事工业生产的人员收入的提高。另外，工业部门的发展和扩张必然造成对农业生产资料的侵占，比如对土地的占用，农民在土地出租和转让能够带来收入和就业安置的情况下，会积极支持土地资源流向非农业部门。这种情况的延续必然会影响到农业生产的整体基础。尤其是在社会市场化条件下，非公有制成分工业经济和服务业经济的快速发展，形成除政府投资外的社会多元投资主体，无论政府在工农业体制上如何调整，从事非农产业成为追求市场收益最大化的倾向性选择。农民积累达到一定程度后，倾向在城市消费，定居是一种行为的优先选择，因为城市有着相对完善的公共服务设施。这就出现农业生产要素资源向城市的逆向流动。在农业家庭生产经营方式下，依靠农民自发的联合和合作，实现对农业生产条件的改善和农业的技术进步，以及农业的规模化和企业化、专业化和现代化经营，事实上是不可能的。

因此，河南省工农业关系的协调发展重点是农业的持续快速发展，而要保证农业的持续发展必须有赖于工业资本的引入以推动农业的产业化、机械化、企业化和规模化经营；必须实行向农业部门倾斜的政府政策导向，以调动社会生产要素资源向农业流动；必须建立完善的农村社会保障体系，取消城乡居民流动和农业劳动力转移的制度障碍；必须建立完善的农业生产社会服务体系，即实现农业生产要素市场体系的构建，才能为农业发展提供成熟的外部市场环境。这一切均有赖于政府在工农业发展的政策导向上实现从"以农养工"向"以工哺农"的转变。

二 发展战略困境：市场化阶段"以农养工"数量分析

在工业优先发展和工农业互动发展阶段，工农业价格的"剪刀差"是农业剩余流向工业部门的主要方式。在工农业实现市场化的条件下，工农业产品的价格逐步过渡到由市场机制来调节，可以实现工农业产品价格的市场化。但是，河南省工农业部门的劳动生产率是不同的，即使劳动生产率在工农业两大部门之间处于同等状态，还存在着市场供需关系的差异。由于工农业产品价格弹性不同和部门间的技术水平以及劳动生产率等差异的存在，彻底消除"剪刀差"是不可能的，但是，缩小工农业价格的"剪刀差"是可能的。1992年12月，江泽民在中央农业和农村工作座谈会上，

第四章 河南省市场化发展阶段的工农业关系（1993~2008年）

针对工农业产品价格"剪刀差"逐步扩大的问题指出要努力提高工农业效益，降低工农业生产成本，在搞活城乡交流和调整价格体系等方面采取措施[1]。当时全党还没有提出建立社会主义市场经济体制的改革目标，工农业部门存在生产资料的政府垄断和城乡物资交流的体制阻碍问题。1993年12月，中共中央具体部署社会主义市场体制的构建，党的十四届三中全会提出建立主要由市场形成价格的机制，具体措施是在保持价格相对稳定前提下，有些竞争性商品和服务的价格放开，对由政府定价的少数商品和服务价格给予调整；逐步取消生产资料价格的"双轨制"[2]。从1993年开始，全国范围内开始加大对农业的投入，提高农副产品收购价，制定农副产品最低保护价。但是，在市场机制的作用下，政府对农副产品的收购最低保护价还是低于市场价，同时国家垄断的农业生产资料价格出现上涨，农业部门比较收益相对于非农业部门处于较低的状态。

1993年，河南省粮食价格比1992年上涨了5.2%，而农业生产资料价格比1992年上涨了9.1%[3]；相对于全国平均水平，1993年，全国农业生产资料价格上升了11.2%，农副产品的收购价格只上升了5.5%，全国通过工农业产品价格"剪刀差"汲取的农业剩余量高达2194.5亿元，1994年为1284.04亿元，1995年为1406.3亿元[4]。在20世纪90年代前期，尽管全国范围内工农业产品价格的"剪刀差"数量总体上呈现下降态势，但是，市场化条件下政府垄断剩余农副产品的大部分收购和农业生产资料的销售，农副产品价格的上涨幅度低于农业生产资料价格的上涨幅度。市场化条件下的矛盾现象就是政府加大对农业的投入，农业增产后产品价格下降，农民收入受到影响。而农业减产造成市场供给紧张，导致农副产品价格上涨，而国家的收购价又低于市场价。同时，农副产品供给紧张会造成农副产品原料价格的上涨，导致生活消费品价格的上涨，而消费品价格的上涨会带来生产资料部门成本的上升，最后引起农业生产资料价格的上

---

[1] 《江泽民文选》第1卷，人民出版社，2006，第267页。
[2] 《中共十四届四中全会以来历次全国代表大会中央全会重要文献选编》，中央文献出版社，2002，第287页。
[3] 数据来源于《河南统计年鉴1994》，中国统计出版社，1994，第330页。
[4] 马良华、郑志耿：《经济增长、充分就业和农业发展》，浙江人民出版社，2004，第227、247页。

涨，而农民要承受粮食减产带来收入减少和生产资料价格上升带来农业生产成本上升的双重影响。这种情况下，农业增产会出现"粮贱伤农"，粮食减产会出现价格上涨；市场化条件下，农业缺乏完善的市场保护体系，农业在市场竞争中处于不利的地位。同时，市场化体制的确立，取消生产资料价格的双轨制，为乡镇企业和农村工业的发展带来了发展的机遇，从事非农行业能够带来较高的收入成为农民提高收入的主渠道。由此，农民对农业生产的投入积极性受到严重影响。而工业产值规模扩大和发展速度的加快，一方面使工业部门吸纳大量的社会生产要素资源，另一方面会造成工农业关系失调，工业部门对农业汲取剩余量的增加。1993~2008年，河南省农民出售农副产品价格低于价值的幅度如表4-8所示：

表4-8 1993~2008年河南省农民出售农副产品价格低于价值的幅度

类别 年份	中国工人折合成农民的数量（个）	河南省农业可比劳动力（万人）	河南省工农业可比劳动力（万人）	河南省农业劳动力占工农业劳动力份额（%）	河南农业净产值（亿元）	河南省农业消耗量（亿元）	河南省农产品价值（亿元）	河南省农业总产值（亿元）	农产品低于价值幅度（%）
1993	2.5234	2910	4229	68.81	649.25	118.55	767.80	410.45	46.54
1994	2.5582	2865	5075	56.45	764.47	150.53	915.00	546.68	40.25
1995	2.5822	2814	5213	53.98	964.62	250.89	1215.51	762.99	37.23
1996	2.6116	2822	5402	52.24	1125.36	293.39	1418.75	937.64	33.91
1997	2.6410	2909	5579	52.14	1207.29	355.07	1562.36	1008.55	35.45
1998	2.6704	2947	5516	53.43	1287.96	381.04	1669.00	1071.39	35.80
1999	2.6998	3305	5770	57.27	1430.65	387.34	1817.99	1123.14	38.22
2000	2.7292	3564	6230	57.20	1599.42	410.55	2009.97	1161.58	42.21
2001	2.7586	3478	6228	55.84	1703.09	435.59	2138.68	1234.34	42.28
2002	2.7878	3398	6292	54.00	1795.44	472.20	2267.64	1288.36	43.18
2003	2.8172	3332	6386	52.18	1921.62	525.16	2446.78	1198.70	51.00
2004	2.8466	3246	6515	49.82	2388.42	692.37	3080.79	1649.29	46.47
2005	2.8760	3139	6737	46.59	2779.03	823.16	3602.19	1892.01	47.48
2006	2.9054	3050	6975	43.73	3160.83	719.90	3880.73	1916.74	50.61
2007	2.9348	2920	7284	40.09	3546.43	880.18	4426.61	2217.66	49.90
2008	2.9642	2847	7483	38.05	4208.58	1144.21	5352.79	2658.78	50.33

注：工人折合农民的系数来源于李溦《农业剩余与工业化资本积累》，云南人民出版社，1993，第299页；《河南统计年鉴2010》，中国统计出版社，2010，第59、121页。其中农副产品的收购总量取自于省级财政对农业的支出量；数据来源于《河南统计年鉴1995》第133页；《河南统计年鉴1997》第338页；《河南统计年鉴1998》第326页；《河南统计年鉴2005》；《河南统计年鉴2007》能源与工业栏目的统计数据。

第四章 河南省市场化发展阶段的工农业关系（1993~2008年）

从表4-8可以看出，1993~2008年，河南省农民出售农副产品时价格偏离价值的幅度先是逐渐下降然后从1998年开始又呈现逐渐上升的趋势，农业可比劳动力占工农业可比劳动力的份额从表中显示呈逐渐下降的趋势，这种趋势与表4-6中所显示出来的农业劳动生产率与工业劳动生产率的比较结果是一致的，农业的年增长速度呈逐年下降，工业的年增长速度呈逐年上升；农业的劳动生产率呈下降趋势，工业部门的劳动生产率呈大幅度上升趋势，工农业部门的比较劳动生产率的比率到2008年达到7.07。由此可见，工农业劳动力的对比折合系数是低估了工农业劳动力生产率的差距。同期的1993年，农民出售农副产品的数量为141.59亿元，按照价格低于价值幅度46.54%计算，本年农民在出售农副产品少得到的价值量为65.9亿元，1994年农民出售农副产品为167.51亿元，少得到的价值量为67.42亿元；1995年农民出售产品205.49亿元，少得价值量76.69亿元；1996年农民出售产品185.69亿元，少得价值量为62.97亿元；1997年农民出售产品247.33亿元，少得价值量为87.68亿元[1]。1993~1997年，农民出售农副产品价格低于价值的幅度之所以呈现逐渐下降的趋势，原因在于这几年政府调整工农业发展关系，采取提高农副产品收购价和降低农业生产资料价格的措施带来的结果。农副产品收购价1993年比1992年高7.9%，1994年比1993年高50.2%，1996年比1995年高5.1%，1997年比1996年降低5%；同期农民购买生产资料价格指数1993年比1992年高9.1%，1994年比1993年高24.4%，1996年比1995年高7.9%，1997年比1996年低0.7%[2]。因为1995年采取新价格计算，工业品的价格指数显得偏高，但总体上工农业产品价格幅度上升差别不大。但是，1998年后农副产品低于价值的幅度大幅度上升，这主要是由于国有工业企业深入改革带来的市场化的趋势，在工业品价格的市场取向造成农业生产资料价格的大幅度上涨，农业消耗的增加必然造成农业成本的提升，而农副产品价格的上升空间是有限的。

在工农业市场化阶段，市场逐渐在社会资源的配置过程中起主导的作

---

[1] 数据来源于《河南统计年鉴1995》，第297页；《河南统计年鉴1997》，第452页；《河南统计年鉴1998》，第437页。

[2] 数据来源于《河南统计年鉴1994》，第328、330页；《河南统计年鉴1995》，第323、326页；《河南统计年鉴1997》，第238、248页；《河南统计年鉴1998》，第238页。

用，尤其是1998年国有工业企业改革以后，工农业各种生产要素都趋向由市场来调节，工业部门在获取发展所需要的资金时，逐渐不再直接用强制性的方式从农业部门汲取，而主要趋向用市场的方式、金融的方式获取。尽管在工农业市场化阶段，基于工农业部门劳动生产率的差异，工农业产品在交换时农副产品处于不利的地位，工农业产品价格的"剪刀差"依然存在，并且在2000年后呈现逐渐扩大的趋势。但是，随着工农业的发展，人民群众生活逐渐告别短缺经济时代，农业部门的剩余绝对量相应地大幅度增加，这就为地方政府采用财政税收渠道汲取农业剩余提供了条件。90年代以后，河南省工业部门汲取农业剩余的方式除工农业产品价格的"剪刀差"之外，政府通过财政税收渠道使农业剩余的流出量不断增加。1993~2008年，河南省农业税和耕地占用税的总量如表4-9所示：

表4-9 1993~2008年河南省农业税和耕地占用税总量

类别/年份	农牧业和耕地占用税(万元)	农牧业和耕地占用份额(%)	河南省农业税(万元)	河南省农业税份额(%)	类别/年份	农牧业和耕地占用税(万元)	农牧业和耕地占用份额(%)	河南省农业税(万元)	河南省农业税份额(%)
1993	53528	3.9	35798	2.6	2001	105359	3.9	67304	2.5
1994	116172	12.4	58280	6.2	2002	39227	1.6	373122	12.6
1995*	69708	5.6	66331	5.3	2003	45450	1.3	377052	11.2
1996	91020	5.6	97952	6.0	2004	55448	1.3	240728	5.6
1997	106308	5.8	95856	5.2	2005	89560	1.7	740000	—
1998	99394	4.8	96602	4.6	2006	147835	2.2	—	—
1999	111910	5.0	80907	3.6	2007	200004	2.3	—	—
2000	109916	4.5	81285	3.3	2008	300500	3.0	—	—

注：*1995年后农牧业和耕地占用税改为农业特产税和耕地占用税；农业税份额是指农业税在财政收入中的份额。《河南统计年鉴1994》，第358页；《河南统计年鉴1995》，第341页；《河南统计年鉴1997》，第490页；《河南统计年鉴1998》，第474页；电子版《河南统计年鉴2001》，第16-2显示的地方财政收入；电子版《河南统计年鉴2003》，第16-2显示的地方财政收入；电子版《河南统计年鉴2005》，第16-2显示的地方财政收入；电子版《河南统计年鉴2007》，第8-2显示的页地方财政一般预算收入；电子版《河南统计年鉴2008》，第8-3显示的地方财政一般预算收入；《河南统计年鉴2010》，第281页。

表4-9显示出在1993~2008年，河南省通过农业税汲取的农业剩余总量为167.1291亿元；通过征收耕地占用税和农业特产税汲取农业的剩余总量为174.1339亿元；农业税、农林特产税和耕地占用税共计341.263亿

元。从河南省征收的农业税数量来看,市场化阶段征收的农业税数量呈现逐年上升趋势。2004年,征收的农业税总量是1993年的6.72倍。但是,农业税在河南省财政收入中的比重呈现逐年下降然后又呈现逐年上升的趋势,1994~2001年,农业税的财政收入份额逐渐下降,2001年相对于1994年共下降了3.7个百分点,相当于1993年的水平。但在2002~2003年,农业税的财政收入份额分别上升到12.6%和11.2%,2002年农业税收总量是2001年的5.54倍,2003年相对于2002年略有下降,但2003年依然是2001年的5.6倍。从表4-6可以看出,2002年,河南省农业增长速度为4.5%,2003年,河南省农业增长速度为-2.5%,这就是过多汲取农业剩余造成的结果。2004年,河南省农业税收总量大幅度下降,这一方面是调整工农业关系恢复农业部门的增长需要,另一方面2004年全国范围开始对农业实施保护和支持的政策所致。整体上看,这一阶段,河南省汲取农业税总量的财政收入份额相当于或大于农业增长速度的年份是1994年、2002年和2003年。1994年,河南省农业税的财政收入份额为6.2%,农业增长速度为1.3%,2002年,农业增速与农业税的财政收入份额相等。2003年,尽管农业税财政收入份额低于2002年,但是,农业增长率为-2.5%。由此可以看出,当农业税的财政收入份额低于当年农业增长速度时,农业就能保持稳定的增长,如果农业税的财政收入份额高于农业的年增长速度,必然导致农业增速的大幅度下降。1994年,河南省农业税的财政收入份额为6.2%,农业增长速度为1.3%,按照国家规定农业税收标准相当于当年主要农作物产量的15%左右,1994年,河南省主要粮食作物产值为326.82亿元,当年提取的农业税总量为5.828亿元,占产值总额的1.78%;当年农业粮食作物的增加值为322.57亿元,农业税总量占增加值份额的1.81%[1];而当年农业种植业的物质消耗占产值的42%。对照当年农业的增长速度,可以看到当年河南省农业税的财政收入份额超过了农业增长速度。

从农业特产税和农业耕地占用税来看,1993~2008年,河南省在这两项的税收方面出现三个波峰:第一个波峰是1994年,第二个波峰是1999~2001年,第三个波峰是2006~2008年,这三个波峰中两项税收的最高值

---

[1] 《河南统计年鉴1995》,中国统计出版社,1995,第92~93页。

与 1993 年相比，1994 年是 1993 年的 2.17 倍，1999 年是 1993 年的 2.09 倍，2008 年是 1993 年的 5.6 倍。这两项税收汲取农业剩余量部分是不同的。农业特产税是由农民承担的，耕地占用税一般是由用地单位和个人承担。1994 年耕地占用税相对于 1993 年大幅度上升。原因是工农业政策的调整带来乡镇企业和农村工业的发展，同时农业的产业化和集约化经营同样需要对耕地的占用，因此，耕地占用税大幅度上升。1999 年后，耕地占用税和农业特产税波峰出现的原因是城市国有工业企业的改革为农村工业发展提供产业转移的空间和条件。农村耕地大量被农村工业占用，同时城市国有企业的改革也为国有企业的发展注入了活力。伴随着河南省国有工业企业的发展和城市化的推进，也增加了对农业耕地的占用。2006 年后，河南省农业税收完全被取缔，地方政府的财政收入对农业的征收主要集中在城市的扩张带来的对耕地的占用。据统计 2000 年减少耕地面积 44.58 千公顷，当年增加耕地面积 93.91 千公顷；2005 年减少耕地面积 17.18 千公顷，当年增加 16.14 千公顷；2008 年减少耕地面积 10.1 千公顷，当年增加耕地面积 10.4 千公顷[①]。全省耕地面积的减少量呈现下降趋势，而耕地占用税收总量的增长主要来源于耕地使用价格的变化。

河南省除了通过财政税费渠道汲取农业剩余之外，地方乡镇基层政府附加于农民的税费负担也是比较大的。农民的税费负担表现在上缴的农业税收、屠宰税、农业特产税、宅基地税、农副产品出售税以及基层政府提留统筹以及各种摊派费用，还有各种农民义务工劳动等。1990~2008 年，河南省农民家庭收入与支出比较如表 4-10 所示。

从表 4-10 可以看出，1990~2008 年，河南省农民税费总额在 2000 年以前呈现上升趋势，2005 年后随着国家对农业税费改革几乎可以忽略不计。但是，河南省农民的税费负担不仅体现在农业税收以及其他各项规定的税收量上，还体现在乡镇和行政村出于公共事业开支的需要征收的提留和统筹费用上。尤其是 20 世纪 90 年代，政府在征购农副产品过程中出现的"打白条"现象，拖欠农民的卖粮款；农民为乡村教育发展所出的教育捐款和教育事业支出款，农民为农村基础设施和农业生产条件改善付出的

---

① 数据来源于《河南统计年鉴 2010》，中国统计出版社，2010，第 382 页。

第四章 河南省市场化发展阶段的工农业关系（1993~2008年）

表4-10 1990~2008年河南省农民家庭人均年收入与支出

项目 年份	农民年人均总收入（元）	农业年人均总支出（元）	农民年人均支出占总收入份额（%）	每年农业财政投入（亿元）	支农占财政支出份额（%）	农民每年人均承担的税费（元）	税费占每年农民收入比重（%）
1990	773	688	89.0	10.74	13.4	41	5.30
1995	1883	1605	85.2	15.09	14.1	80	4.20
2000	2726	2120	77.8	34.19	13.9	97	3.60
2005	3946	3107	78.7	82.28	15.4	3	0.08
2006	4459	3638	81.6	99.12	14.6	3	0.07
2007	5197	4213	81.1	152.51	17.7	4	0.08
2008	5994	4832	80.6	209.59	20.8	3	0.05
增长率%a	675.8	602.3	-8.4	198.85	7.4	-38	-5.23

注：a表示2000年相对于1990年的增长率；数据来源于《河南统计年鉴2010》，第340~341页；《河南统计年鉴1998》，第260页。

劳动力和摊派款等，这些收费项目常年存在。在河南省农民税费负担中，1990~1995年农民承担的乡村提留和统筹费用占的比重比较大，2000年后比重逐渐下降，最后随着税费的取消，农民不再有税费负担。从农民的总收入来看，这一阶段呈现逐渐上升趋势，不过农民个人的支出份额也是比较大的。农民的收入和支出与工业优先发展阶段和工农业互动发展阶段相比较，可以看出工业优先发展阶段与后两个阶段有所不同。人民公社时期之所以能够维持社会的稳定，关键在于城乡居民在压低消费的同时，城乡公共服务几乎全部由政府承担。在工农业互动发展阶段开始，政府实际上退出了农村的公共服务领域，农民在20世纪80~90年代几乎承担了农村公共服务项目支出。从教育、医疗和农业生产条件的改善到行政村的运转费用，实际上农民承担着村民自治机构的运行费用。尤其是在工农业市场化阶段，河南省在政策导向上向重工业发展倾斜，社会资源趋向城市和工业部门，在工业部门形成积累之前，工业资本与农业发展的结合是有限的。从表4-10可以看出，2005年后河南省对农业部门的财政投入呈现大幅度增长的趋势，这种政策导向有利于改善农业生产条件和调动生产积极性，也有利于工业资本进入农业生产加工领域。但是，政府对农业财政投入的增加，并没有改变从农业部门汲取资源和剩余。如果说在工业优先发展阶段，国家通过强制性的政策和制度安排汲取农业剩余，那么在工农业互动发展阶段，工业部门是通过计划保护下的生产资料价格的"双轨制"来汲取农业剩余。工农业市场化阶段，政府取消了农业税费，但农民的负担依然存在。这种负担来源于政府在政策保护下对农业生产要素资源的占用，比如随着城市化率的提升带来城市的扩张，农业面临土地流转实施规模化经营的需要，那么农民面临失去土地后需要完善的社会保障，如果让农民承担社会保障的支出费用，不可避免会增加农民的负担。

在工农业市场化阶段，随着中共中央对农业政策的整体调整，工农业关系开始向"以工哺农"转变。农业发展从基础设施到生产规模都在发生根本性的变化，这些因素对农民带来的是收入水平的提升。而农民在社会保障不完善的情况下，对农业部门投资积极性必定会受到影响。农民收入通过金融渠道储蓄时，在工农业扩张的情况下，一方面面临着通胀的风险，一方面地方政府通过金融渠道汲取农业剩余用于非农业部门的发展也是必然选择。1993~2008年，河南省利用金融方式汲取的农业剩余量如表4-11所示：

表4-11 1993~2008年河南省通过金融方式汲取的农业剩余量

项目年份	农民家庭人均收入（元）	农民人均收入年增长率（%）	储蓄与贷款的差额（亿元）	河南省GDP年增长率（%）	项目年份	农民家庭人均收入（元）	农民人均收入年增长率（%）	储蓄与贷款的差额（亿元）	差额占工业投资比重（%）
1993	1046	21.2	0.69	15.8	2001	2916	7.0	3.15	9.0
1994	1394	33.3	1.23	13.8	2002	3060	4.9	3.02	9.5
1995	1883	35.1	1.71	14.8	2003	3036	-0.8	3.18	10.7
1996	2331	23.8	2.18	13.9	2004	3536	16.5	3.29	13.7
1997	2502	7.3	2.68	10.4	2005	3946	11.6	4.25	14.2
1998	2537	1.4	2.49	8.8	2006	4458	13.0	5.73	14.4
1999	2597	2.4	2.35	8.1	2007	5197	15.9	6.78	14.6
2000	2726	5.0	3.08	9.5	2008	5994	15.3	9.90	12.1

注：表中的差额指的是河南省农民在金融机构存款与农业贷款的差额；工业投资指的是工业部门每年的基本建设投资量；数据来源于《河南统计年鉴2010》第60、340~341、573页；《河南统计年鉴2010》第487页；《河南统计年鉴1997》第266页；《河南统计年鉴1998》第258页；《河南统计年鉴2001》、《河南统计年鉴2003》、《河南统计年鉴2005》关于农民年总收入数据。

第四章 河南省市场化发展阶段的工农业关系（1993～2008年）

从表4-11可以看出，1993～2008年，河南省农民用金融方式为工业部门提供的农业剩余量总额为55.71亿元，相对于1979～1992年工农业互动发展阶段，农民用金融方式提供的农业剩余总额2.89亿元，在绝对数量上明显大幅度上升。从表4-11可以看到，河南省农民的存贷款差额是逐渐增长的，但是，农民家庭的年人均总收入（包括从事非农业的货币收入）的增长率，在1993～2003年间是逐渐递减的，从2004年起取消农业税收后农民的年收入增长率才大幅度上升，但是2008年又趋于下降。同时，自1997年农民的年人均总收入增长率相对于河南省每年的GDP增长率相差较大，除了2004年这种态势一直持续到2008年。这说明农民的年收入落后于GDP的增长速度，工农业经济快速发展，农民收入并没有随之大幅度增长。即使增长在某种程度上也是农民从事非农业收入带来的增长，1995年，河南省农民人均总收入为1883元，来自农业的收入为1482元，比例为78.7%，来自非农业的收入为149元，比例为7.9%；2000年，农民人均收入为2726元，来自农业的收入为1767元，比例为64.8%，来自非农业的收入为367元，比例为13.5%；2005年农民人均总收入为3946元，来自农业的收入为2532元，比例为64.2%，来自非农业的收入为434元，比例为11%；2008年农民人均收入为5994元，来自农业的收入为3577元，比例为59.7%，来自非农业的收入为10.6%[①]。由此可以得出结论：在工农业市场化阶段，工业部门汲取农业剩余的方式虽然发生了根本的改变，但是，农业产业的弱质性决定在市场竞争中处于不利的地位，农业的收益低下，就不能吸引社会生产要素进入农业部门，农民人均收入的增长率低于GDP增长率就是证明；农业的小农经营方式决定农民也不可能大规模的投入，一方面是收入与产出的关系决定农民没有投入的动力；另一方面农民在从事非农业生产可以大幅度提高收入的情况下，必然导致对农业部门的投入动力的减退。在这种情况下，农业部门的剩余不断流入非农业部门，农业发展严重滞后与非农业部门的发展是必然的结果。

三 制度安排困境：河南省城乡居民收支差距分析

在工农业市场化阶段，河南省城乡居民收入呈现逐渐上升的趋势。

---

① 参见《河南统计年鉴2010》，中国统计出版社，2010，第340～341页。

1993年城乡居民人民币储蓄存款年底余额为11.44亿元，到2008年上升到152.55亿元；1993年的年增加额为2.08亿元，到2008年年增加额达到26.79亿元[①]。城乡居民的人均收入也相应增加，农村居民家庭人均纯收入从1993年的695.85元上升到2008年的4454元；城镇居民的人均可支配收入从1993年的1962.75元上升到2008年的1323.11元；按照可比价格，以上年的收入指数为100，农民的纯收入1993年增长率为9.0%，城镇居民1993年增长率为10.4%，2008年农民纯收入增长率为7.2%，纯收入量是1993年的6.4倍，城镇居民可支配收入2008年是1993年的6.7倍[②]。在这个阶段城乡居民收入水平的提高原因在于：一方面是我国经济的快速发展；另一方面是多种经济成分的发展推动了城乡居民就业收入的多元化。这两个因素促使河南省居民收入在国民生产总值中份额的上升。据统计，1993年城乡居民收入为1071.16亿元，占当年河南省GDP的64.5%，到2008年城乡居民收入为8530.67亿元，占当年河南省GDP的47.34%[③]。1993～2008年，河南省城乡居民收入与恩格尔系数比较如表4-12所示：

表4-12　1992～2008年城乡居民收入及恩格尔系数

年份 \ 项目	农村居民家庭人均纯收入绝对量(元)	城镇居民人均可支配收入绝对量(元)	城乡居民人均收入之比	农村居民家庭恩格尔系数(%)	城镇居民家庭恩格尔系数(%)
1993	695.85	1962.75	2.82	59.2	49.6
1994	909.81	2618.55	2.88	58.2	49.8
1995	1231.97	3299.46	2.68	58.6	50.1
1996	1579.19	3755.44	2.38	55.6	47.8
1997	1733.89	4093.62	2.36	54.6	44.6
1998	1864.05	4219.42	2.26	56.5	42.6
1999	1948.36	4532.36	2.33	53.0	40.8
2000	1985.82	4766.26	2.40	49.7	36.2

[①] 参见《河南统计年鉴2010》，中国统计出版社，2010，第573页。
[②] 参见《河南统计年鉴2010》第313、343页；《河南统计年鉴1994》第509页；《河南统计年鉴1997》第259页。
[③] 数据是按照《河南统计年鉴2010》第59、103、313页的数据计算所得。

续表

年份\项目	农村居民家庭人均纯收入绝对量（元）	城镇居民人均可支配收入绝对量（元）	城乡居民人均收入之比	农村居民家庭恩格尔系数（%）	城镇居民家庭恩格尔系数（%）
2001	2097.86	5267.42	2.51	48.6	34.7
2002	2215.74	6245.40	2.82	48.0	33.7
2003	2235.68	6926.12	3.10	48.2	33.6
2004	2553.15	7704.90	3.02	48.6	35.0
2005	2870.58	8667.97	3.02	45.4	34.2
2006	3261.03	9810.26	3.01	40.9	33.1
2007	3851.60	11477.05	2.98	38.0	34.6
2008	4454.24	13231.11	2.97	38.3	34.8

注：《河南统计年鉴2010》，中国统计出版社，2010，第313页。

从表4-12可以看出，1993~2008年，随着城乡居民收入水平的逐步提高，河南省城乡居民恩格尔系数也发生了变化，城乡居民生活支出比重的下降，显示出城乡居民消费水平实现相应提高。在工农业市场化阶段，河南省城乡居民收支水平的差距呈现逐渐扩大的趋势。从表4-4可以看出，1993~2008年，河南省农业产值份额下降了10个百分点，2008年农业GDP总量是1993年的10.85倍，按照可比价格计算，河南省2008年GDP总量是1993年的5.33倍[①]；2008年农民人均纯收入总量是1993年的6.4倍。这一阶段，河南省农业部门与工业部门相比较，2008年，河南省工业总产值数量是1993年的13.75倍，2008年河南省城镇居民人均收入数量是1993年的6.74倍。这些数据显示出，随着河南省工业增速超过农业增速，城镇居民收入也超过了农民收入。城乡居民收入差距的加大实际上是工农业部门发展差距的体现。河南省城乡居民收入水平差距呈现逐渐扩大的趋势，1993年城镇居民人均收入是农民的2.82倍，虽然在1997~2001年差距有所减小，但随后差距又逐渐扩大，到2003年达到最高值，城镇居民人均收入是农民收入水平的3.1倍。从代表消费水平的恩格尔系数来看，1993年城乡居民恩格尔系数相差9.6，到2008年相差

---

① 数据是根据《河南统计年鉴2010》第60~61页的数据计算所得。

3.5。从表4-4可以看出，2008年，占全省总人口48.8%的农村人口占有14.8%的国民生产总值，而相应的人均收入水平只相当于城镇居民收入水平的1/3。农民收入水平的低下说明农业发展的落后和农业劳动力转移的滞后，农民收支水平落后必然影响到农业部门的积累和农民对农业投入能力的提升。由于河南省城市化率低与农业人口数量庞大相对应，农民收入的提高直接影响到消费水平的提高，同时也影响到工农业产品的市场需求。在工农业市场化阶段，农民消费水平的低下直接影响到市场需求的乏力，在工业产品流通出现疲软的情况下，影响工业部门的需求和发展，也影响到农业收入的持续增长和农民收入的增长。在收入增长缓慢的情况下，农产品供给出现紧张局面必然会引发工农业产品价格上升的连锁反应。

四 市场机制局限：河南省工农业增长与资源环境关系分析

在工农业市场化阶段，河南省实现重化工业优先发展，在对农业实现挤压和汲取剩余的同时，对社会资源的市场化配置也出现政策导向下农业资源的逆向流动。重化工业的发展在吸纳农业劳动力转移方面能力有限，重化工业部门占用大量社会市场资源，造成其他有利于转移农业劳动力部门发展的滞后。农业在滞留大量剩余劳动力的条件下无法有效提高生产效率。另外，重化工业的优先发展对农业生产条件造成的损坏，对农业生产要素资源的侵占，加剧了工业发展与环境资源承载能力之间的矛盾。在工农业市场化阶段，工业部门发展挤压了农业部门发展的供给和消费空间，城乡居民收支差距加大，农民消费能力的弱化造成工业产品流通空间狭小，农村市场消费严重不足，不单是不利于城乡物资的流通，关键在于农业积累能力受到抑制的条件下，农业可持续发展受到影响。在工农业市场化阶段，河南省工农业发展的问题主要表现在以下三个方面。

其一，市场化条件下农业资源出现逆向流动，影响到农业积累和持续发展。在工农业市场化阶段，河南省工业优先发展占用了农业耕地资源。1993~1999年，河南省平均每年减少耕地面积21.7千公顷；1995年，世界人均耕地面积为3.6亩，其中美国为10.65亩，印度为2.7亩，俄罗斯为13.5亩，法国为5.0亩，而同期河南省人均耕地面积（按统计面积计算）只有 1.1218 亩①。2000 年后，河南省通过开荒等方式增加耕地面积。1995~1999 年，河南省粮食产量年平均增速只有 0.51%，人均粮食产量为 969 公斤；在 1979~1984 年，河南省人均粮食产量为 1211 公斤，两个阶段相比较，河南省人均粮食产量减少 242 公斤②。对于全国各省耕地面积逐渐减少的趋势，党的"十五大"报告强调要"依法限制农用地转为建设用地，严格执行基本农田保护区制度"③。在人多地少的情况下，河南省工农业发展将始终面临工农业经济发展与耕地资源短缺之间的矛盾。在市场化的条件下，在工业优先发展导致耕地逐渐减少的同时，出现农业部门生产要素资源向非农部门流动的趋势。结合世界先起工业化国家或地区的工农业发展经验，工业部门增长必然带动农业劳动力的转移和城市化率的提高，河南省在这个阶段，主要是第三产业的发展带动农业劳动力转移。在农业劳动力、技术资本、人力资本和农民消费都向城市倾斜的条件下，河南省三大产业部门对国民经济增长的贡献也出现严重的偏斜发展。1993~2007年，河南省三次产业对经济增长作用比较情况如表 4-13 所示：

表 4-13 1993~2007 年河南省三次产业对经济增长的作用

单位：%

年份\项目	GDP增长速度	第一产业 贡献率	第一产业 拉动率	第二产业 贡献率	第二产业 拉动率	第二产业中工业部门 贡献率	第二产业中工业部门 拉动率	第三产业 贡献率	第三产业 拉动率
1993	15.8	18.4	2.9	60.1	9.5	56.2	8.9	21.6	3.4
1994	13.8	2.5	0.3	70.7	9.7	66.2	9.1	26.9	3.7
1995	14.8	19.0	2.8	56.1	8.3	52.4	7.8	24.9	3.7
1996	13.9	18.7	2.6	56.7	7.9	49.4	6.9	24.6	3.4
1997	10.4	16.4	1.7	52.7	5.5	43.7	4.5	30.8	3.2
1998	8.8	17.5	1.5	52.8	4.7	45.0	4.0	29.7	2.6
1999	8.1	19.1	1.6	48.8	4.0	44.7	3.6	32.0	2.6
2000	9.5	10.2	1.0	62.6	5.9	55.4	5.3	27.2	2.6
2001	9.0	14.0	1.3	49.7	4.5	42.2	3.8	36.3	3.3

① 董锁成主编《中国百年资源、环境与发展报告》，湖北科学技术出版社，2002，第 199 页；人均耕地是依据河南历年统计年鉴的数据计算而得。
② 董锁成主编《中国百年资源、环境与发展报告》，湖北科学技术出版社，2002，第 212 页；人均粮食产量是根据《河南统计年鉴 2010》第 103、392 页的数据计算而得。
③ 《十五大以来重要文献选编》上，人民出版社，2000，第 567 页。

续表

年份\项目	GDP增长速度	第一产业 贡献率	第一产业 拉动率	第二产业 贡献率	第二产业 拉动率	第二产业中工业部门 贡献率	第二产业中工业部门 拉动率	第三产业 贡献率	第三产业 拉动率
2002	9.5	10.6	1.0	55.8	5.3	49.2	4.7	33.6	3.2
2003	10.7	-5.0	-0.5	74.6	8.0	65.2	7.0	30.4	3.2
2004	13.7	17.5	2.4	58.4	8.0	53.3	7.3	24.1	3.3
2005	14.2	9.8	1.4	62.2	8.8	58.1	8.3	28.0	4.0
2006	14.4	9.0	1.3	64.1	9.2	59.8	8.6	26.9	3.9
2007	14.6	4.1	0.6	67.0	9.8	65.0	9.5	28.9	4.2

注：产业贡献率是指各产业增加值增量与GDP增量之比，以前是指各产业在国民收入中的比重，本表按可比价格计算，以GDP为100；产业拉动率指GDP增长速度与各产业贡献率的乘积，按可比价格计算；《河南统计年鉴2010》，中国统计出版社，2010，第60、63~64页。

　　从表4-13可以看出，河南省在工农业市场化阶段，比较三次产业对经济增长的贡献率，显示出农业的份额最小，并且下降幅度最大。农业部门贡献率从1993年的18.4%下降到2007年的4.1%；而工业部门贡献率呈现大幅度上升的趋势，从1993年的56.2%上升到2007年的65%，上升了8.1个百分点；第三产业对经济增长的贡献率从1993年的21.6%上升到2001年的最高值36.3%，到2007年又下降到28.9%，总体上呈现徘徊和停滞的状态。从河南省三次产业对经济增长的贡献率的比较可以看出，在工农业市场阶段，河南省农业对经济增长的贡献率出现下降趋势，是伴随着农业生产要素资源流向非农业部门，并且工业部门发展对农业发展形成严重挤压的结果。因为河南省农业贡献率份额的下降并没有带来第三产业在国民收入中份额的上升，第二产业尤其是工业部门对经济增长的贡献率呈上升趋势。由此可见，河南省的城乡第三产业发展是严重滞后的。按照钱纳里提出的一般国家模式，人均GDP在400美元（按1964年美元）时第一产业的份额为22.8%，第二产业为27.6%，第三产业为49.6%；人均GDP在500美元（1964年美元）时第一产业的份额为20.2%，第二产业的份额为29.4%，第三产业的份额为51.3%；人均GDP在800美元（1964年美元）时第一产业的份额为15.6%，第二产业的份额为33.1%，第三产业的份额为51.3%。对照表4-4中河南省工农业经济结构各项数据指标，可以看出河南省经济发展水平在钱纳里提出的人均400~800美元（1964年美元）的交叉阶段。在人均GDP400~800美元的阶段，农业产值份额应在 15.6%～22.8%之间，在 2008 年，河南省农业产值份额为 14.8%，当年河南省农业增加值占国民收入的比例只有 6.5%。这显示出按照国民收入计算，河南省农业净产值或增加值的增长速度和幅度都是比较低的；第二产业产值份额为 51.8%，而河南省工业部门国民收入份额为 65.3%，这显示出河南省工业部门在工农业经济结构中依然保持偏斜发展的态势，即在国民收入中的份额最大；河南省第三产业在市场化阶段的发展滞后是非常明显的，根据钱纳里一般国家模式在人均 400～800 美元（1964 年美元）相对应的第三产业产值份额应在 48.3%～51.3%之间，而从表 4-13 显示的数值看，2008 年河南省第三产业在国民收入中的份额只有 25.0%。河南省工业产值份额和国民收入份额的上升显示出政策导向下社会资源向工业部门倾斜流动的趋势。

在河南省三次产业对经济增长的拉动率方面呈现同样的趋势。河南省农业对经济增长的拉动率，从 1993 年的 2.9%下降到 2007 年的 0.6%；工业对经济增长的拉动率从 1993 年的 8.9%上升到 2007 年的 9.5%，第三产业从 3.4%上升到 2008 年的 4.2%。河南省三次产业对经济增长的贡献率和拉动率大致出现相同的趋势，原因在于一方面是河南省工业产值份额上升带来农业产值份额同步下降，但没有带动第三产业产值份额上升。另一方面，政府在市场化阶段，有些服务性行业如金融、通信、邮政、医疗和教育等的垄断局面并没有从根本上打破，造成市场机制在这些领域的缺位。按照钱纳里关于一般国家发展模式数据，在人均 400～800 美元（1964 年美元）时，第三产业产值份额应为 50%左右，相应地第三产业国民收入份额和贡献率在国民经济结构中应占主导的地位，而河南省第三产业发展出现严重滞后于工业部门发展的状况。可以看出，在政府保证工业优先发展的政策导向下，市场机制的作用将使社会资源向工业部门流动，因为工业部门优先发展必然对生产要素资源形成大规模的需求，而社会要素资源在总量上是有限的。

当市场机制下社会资源向工业部门倾斜配置时，必然影响到农业和第三产业对社会资源的利用。市场要素资源向工业部门流动，必然造成工业部门偏斜发展，由此工业部门对经济增长的贡献率和拉动率最为突出。工业部门发展必然导致国民收入中积累率的提高和"以农养工"幅度的加大，在影响农业部门发展的同时，也影响到第三产业的发展，因为在社会市场中的资金、技术、信息、劳动力、设备等被工业部门占用，必然造成市场生产要素的供给紧张，如果需求继续扩大，生产资料资源的价格必然上升，而产业发展的成本必然提高；因此在工业部门优先发展的情况下，由于占用了大量市场要素资源，造成市场要素价格上涨的风险，在市场机制追求收益最大化规律的作用下，成本提升必然导致其他产业部门发展滞后。这一阶段，河南省第三产业的滞后发展与市场生产要素的供需关系紧张有着直接的关系。1999年11月，在中央经济工作会议上，为促进三次产业协调发展，江泽民提出要继续调整产业结构，要注意防止忽视农业的倾向，由于第三产业比重，低于发达国家和许多发展中国家的水平，因此必须加快信息、文化、教育、旅游、社区服务和中介服务的发展[1]。而第三产业发展滞后与工业占用资源条件下对市场要素资源的垄断有直接关联。在工农业市场化阶段，乡镇企业和农村工业处于快速发展的时期，形成政府主导下的多元社会投资格局，但是，第三产业中的某些行业在政府垄断条件下，出于获取垄断性市场收益的需要，对市场准入限制过大，出现对第三产业发展进行计划体制的保护，这种局面不利于社会多元投资主体的进入，造成第三产业发展滞后。因此，2001年12月，国家计委发布《关于"十五"期间加快发展服务业若干政策措施的意见》，提出今后我国扩大就业的主要渠道是服务业，服务业部分行业垄断的局面必须打破，服务业市场准入标准必须放宽，逐步形成服务业公开透明、管理规范和全行业统一的市场准入制度[2]。

其二，市场机制下工农业增长与资源环境的矛盾。在工农业市场化阶段，河南省优先发展重化工业，在工业增长方式上不可避免地形成对高消耗、高投入经济增长方式的路径依赖。"八五"时期，河南省GDP总量为2053.92亿元，相对于"七五"时期累计增加固定资产投资598.91亿元；河南省每增加1亿元GDP产值平均需要增加固定资产投资0.29亿元；"九五"期间，河南省GDP总量累计增加了2064.62亿元，固定资产累计增加投资为670.69亿元，平均每增加1亿元GDP产值需要增加0.33亿元固定资产投资；"十五"期间，河南省GDP总量累计增加了5534.43亿元，固

---

[1] 《十五大以来重要文献选编》中，人民出版社，2001，第1071~1072页。
[2] 《十五大以来重要文献选编》下，人民出版社，2003，第2132~2134页。

定资产投资累计增加 2902.97 亿元，平均每增加 1 亿元 GDP 产值需要增加 0.53 亿元的固定资产投资[①]。与全国平均水平相比较，河南省"八五"期间，国家每增加 1 亿元 GDP 产值需要固定资产投资 1.6 亿元，"九五"期间，国家每增加 1 亿元 GDP 产值需要固定资产投资 4.49 亿元；2001～2003 年，国家每增加 1 亿元 GDP 产值需要固定资产投资 4.99 亿元。与世界其他国家或地区相比较，在产业部门的劳动生产率方面，我国第二产业的劳动生产率只相当于美国的 1/30，德国的 1/12，法国的 1/16，日本的 1/18 和韩国的 1/7；我国每吨标准煤产出效率是美国的 28.6%，欧盟的 16.8%，日本的 10.3%[②]。上述数据显示，在工农业市场化阶段，从全国来看，工业部门的经济效益呈现逐渐下降的趋势；与国际上的发达国家相比较，工业部门高消耗、高投入与低效率的增长方式依然在延续。河南省经济增长质量和效益的低下，一方面是受工业优先发展的增长模式影响，另一方面是片面依托地区资源优势发展重化工业，导致严重的重复建设，为追求产值而造成对资源浪费和忽视对环境污染的治理。1993～2008 年河南省能源的生产和消费情况如表 4-14 所示：

表 4-14　1993～2008 年河南省能源生产和消费情况比较

单位：%

年份\项目	GDP 增长速度(%)	能源生产增长速度(%)	能源生产弹性系数	能源消费增长速度(%)	能源消费弹性系数
1993	15.8	-0.3	—	5.0	0.32
1994	13.8	0.6	0.04	6.2	0.45
1995	14.8	4.6	0.31	4.0	0.27
1996	13.9	3.6	0.26	2.8	0.20
1997	10.4	-2.3	—	0.9	0.09
1998	8.8	-5.6	—	7.9	0.90
1999	8.1	-14.0	—	1.9	0.23
2000	9.5	-5.1	—	7.3	0.77
2001	9.0	9.8	1.09	5.7	0.63

---

① 数据是根据《河南统计年鉴 2010》第 59、161 页的数据计算出来的。
② 吴敬琏、刘福垣等：《转变经济增长方式刻不容缓》，《四川党的建设（城市版）》2006 年第 3 期，第 21～23 页。

续表

年份\项目	GDP增长速度(%)	能源生产增长速度(%)	能源生产弹性系数	能源消费增长速度(%)	能源消费弹性系数
2002	9.5	15.0	1.57	8.2	0.87
2003	10.7	27.8	2.60	17.0	1.59
2004	13.7	23.0	1.68	23.4	1.71
2005	14.2	11.0	0.78	11.9	0.84
2006	14.4	3.3	0.23	11.0	0.76
2007	14.6	-2.7	—	9.9	0.68
2008	12.1	6.1	0.50	6.4	0.44

注：能源生产弹性系数反映能源生产增长速度与国民经济增长速度之间的比例关系；能源消费弹性系数反映能源消费增长速度与国民经济增长速度之间的比例关系；数据来源于《河南统计年鉴2010》，中国统计出版社，2010，第60、252~253页。

从表4-14可以看出，在工农业市场化阶段，1993~1997年经济增长速度较快，这主要得益于市场机制的作用，工农业政策的调整为乡村工业的发展带来机遇，同时河南省实施重化工业发展战略，对工业部门实施投资拉动。1998~2002年，河南省经济增长出现一个增速缓慢时期，这主要是对国有工业企业实施产权制度的改革，推进国有工业企业建立现代企业制度，发挥市场主体地位，实现国有工业企业效益的提升，扭转亏损企业依靠政府补贴的局面；2003~2008年，河南省经济增长速度较快，这是由于前期对重化工业的投资已经形成生产能力，同时全国对农业政策的调整，逐步实现工农业关系向"以工哺农"方向的转变，为经济发展提供了有利的条件。

从能源的生产和需求消费视角来分析经济增长的效率，从表4-14可以看出，1993~2000年，除1995年和1996年外，河南省其他年份能源生产增速低于能源消费增速，总体上看是能源消费高于能源生产。2001~2003年，河南省能源生产增速高于能源消费增速；2004~2008年，河南省能源生产增速又大大低于能源消费增速。将河南省能源生产与消费增速与国民经济增速进行比较，可以看出，1993~1997年，河南省国民经济增速较快，同期能源生产增速（除1995年和1996年外）低于能源消费增速，能源的生产和消费增速都低于国民经济增速。这种格

第四章　河南省市场化发展阶段的工农业关系（1993～2008年）

局显示出这一阶段河南省经济部门的生产效益较高。1998～2000年，河南省能源生产出现负增长，而能源消费相对于1993～1997年略有上升，其中1999年的能源消费增速较低，这种结果是源于河南省依据中央指示规范对能源生产的管理。政府取消"五小"企业的生产经营，同时国有工业企业处于改制阶段，对能源生产和需求普遍降低。2001～2003年，河南省经济增速出现回升，能源生产和消费同步出现大幅度上升，这显示出经济增长与能源生产与消费出现同步增长。同时能源生产和消费增速均超过经济增速，说明经济增长的效率在大幅度下降，仍然依靠高能耗式的增长方式。2004～2008年，河南省经济出现高速增长，同期能源生产增速低于能源消费增速，但是，2004年河南省能源生产和消费增速大大超过了经济增速，这显示出经济每增长1个百分点，都需要能源生产和消费来支撑更高速度的增长。2005年后，随着经济保持高速增长，能源生产和消费增速低于经济增速，显示出经济增长质量的改善。2003～2008年，能源生产远远低于能源消费的增速。显示出河南省这一阶段的能源生产能力大幅度地萎缩，随着能源消费的增长必然造成能源消费的对外依赖。

其三，市场机制下经济增长导致环境污染严重。在工农业市场化阶段，河南省的经济效益在逐渐提高。1990年，每1万元国民生产总值耗费5.57吨标准煤，1995年耗费2.16吨标准煤，1997年耗费1.65吨标准煤，2005年耗费1.38吨标准煤，2008年耗费1.219吨标准煤[①]。显示出河南省单位国民生产总值的能耗是逐渐降低的。但是，河南省环境问题却日益突出，在废水排放量、大气污染指数、工业固体废物产生量等方面呈现逐渐上升的趋势，环境的污染和破坏对河南省的社会经济发展产生深远的影响，农村的贫困人口大部分生活在环境生态比较脆弱的山区，环境的破坏将加大自然灾害发生的可能性，对河南省的经济发展是一种负担，影响河南省工农业经济的可持续发展。河南省在"十一五"计划的前三年即2006～2008年，环境污染和破坏事故情况如表4-15所示：

---

① 《河南统计年鉴1998》，中国统计出版社，1998，第70页；《河南统计年鉴2010》，中国统计出版社，2010，第26页。

表4-15 2006~2008年河南省环境污染和自然灾害事故情况表

年份 \ 类别	环境污染直接经济损失（万元）	自然灾害直接经济损失（万元）	自然灾害受灾人次（万人次）	环保投资占GDP比重（%）	农作物受灾面积（千公顷）
2006	109.7	1724.4	62.01	0.76	1474.79
2007	60.0	3029.2	60.37	0.76	2577.68
2008	180.0	1613.1	0.29	0.60	1.47

资料来源：《河南统计年鉴2010》，中国统计出版社，2010，第658页。

从表4-15可以看出，在"十一五"计划的前三年，环境污染造成的直接经济损失2008年相对于2006年是直线上升的，自然灾害造成的损失2007年远超过2006年，自然灾害的受灾人数稳定在60万人次左右，农作物受灾的面积2007年比2006年高出许多。这显示出河南省生态条件非常脆弱，对环境的损害直接影响能源的生产条件和城乡居民的健康；对环境的破坏也加剧了自然灾害的发生，而农业发展对自然条件的依赖是至关重要的。在这个阶段，河南省逐步改善环境状况，但是，经济部门尤其是工业部门的高速发展必然造成对环境保护力度的弱化。

五 前提条件：河南省实施"以工哺农"政策的经济能力

工农业发展关系从"以农养工"向"以工哺农"的过渡和转变不是基于主观上的随意判断，而是河南省在工业化初始阶段工农业发展关系历史演变的必然结果。工农业发展关系就是资源在工农业两大部门之间的配置关系，在市场化条件下，农业在资源配置的过程中由于市场机制作用处于弱势的地位，社会资源在追求市场收益最大化的情况下流向非农产业部门。当农业部门的发展相对于工业等其他非农部门处于滞后状态时，就影响到工业甚至整个国民经济的持续发展。因此对农业进行支持和保护是国民经济持续发展的需要，同时河南省的工业经济能力以及国民经济发展的整体水平为实现对农业部门的支持和保护提供了有力的物质基础。2008年，河南省的工业化已走出初始阶段，达到相当程度，经济发展水平具备了"以工哺农"的条件和要求，标志着工农业发展关系进入大规模"以工哺农"的阶段。2008年是河南省工农业发展关系发生根本性转折的临界点，开始了从"以农养工"向"以工哺农"阶段的转变。

判断河南省的经济发展水平是否具备大规模"以工哺农"能力的标准可以参照国际上先起工业化国家在实施大规模"以工哺农"时的各项经济指标，但这只是一个方面。如果只是单纯依据国际上的参考值，由于国家之间存在各种差异性，不可避免地出现时机选择上的提前或滞后。如果实施大规模"以工哺农"的时期提前，必然会导致农业产品供给过剩，市场价格下降，政府就必须加大保护力度，造成财政负担和通货膨胀的压力；同时，提前反哺农业必然影响到工业等非农产业的发展。如果在反哺农业部门的时机选择上迟滞，农业部门的发展必然滞后，城乡差距加大，经济结构比例失调，工业的发展速度必然下降，国民经济发展出现整体的波动。因此，在判断"以工哺农"的时机时，不但要借鉴国际经验，更重要的是分析本国或地区经济发展的实际水平，尤其是工业发展的速度、规模和效益是否达到"以工哺农"的标准。本书从工农业经济结构、国家财政收入和支出、工农业产品的市场供需、对外贸易的结构、国民经济的积累、农业在财政收入中的比重等方面，对河南省在2008年国民经济发展的各项经济指标进行分析，以确定河南省2008年的经济发展水平达到了实施大规模"以工哺农"的要求和标准。

其一，比较分析农业部门与国家财政收入和支出的关系。实施"以工哺农"主要是对农业支持和保护的政策安排，支持农业的发展，推进农业采用现代生产要素，提高农业的生产率和农民收入；保护农业是指对农业部门参与市场和国际竞争过程中避免处于不利的地位而实行的各种保护措施。"以工哺农"与地方政府财政的关系主要是指农业部门与财政的关系，一方面考察农业部门在政府财政收入中所占比重；另一方面考察政府财政的支农比重和财政预算在社会投资中所占份额。如果农业部门在财政各部门收入中的份额较小并呈现下降趋势，而财政支农的数量又超过了农业部门提供财政收入数量，这就说明进入"以工哺农"时期。同时，当财政预算资金在全社会固定资产投资中的份额逐渐下降并且份额较小时，可以说明，政府作为社会投资主体的地位呈下降趋势，意味着国民经济的各产业部门已具备较强的部门积累资金能力，国家财政可以对农业部门实施倾斜。1993~2008年河南省农业与财政的关系如表4-16所示：

表 4-16 1993~2008 年河南省农业部门与财政收入和支出的关系

项目 年份	财政收入总量 （百万元）	各项税收收入总量 （百万元）	财政支出总量 （百万元）	财政支农占支出（%）	城镇投资（亿元）	工业投资（亿元）	农村投资（亿元）	民间投资（亿元）
1993	139.20	126.36	147.73	9.70	337.91	181.93	112.52	155.58
1994	171.38	81.77	169.62	8.90	475.36	238.54	152.67	215.51
1995	124.63	103.45	207.28	8.49	600.23	301.69	204.80	303.96
1996	162.06	126.63	255.29	8.27	731.90	357.97	271.71	427.83
1997	192.63	152.09	290.84	8.07	795.89	365.52	335.59	539.44
1998	208.20	160.60	323.63	7.94	831.39	337.88	409.12	595.69
1999	223.35	176.12	384.32	7.39	848.21	310.45	435.97	639.42
2000	246.47	195.04	445.53	7.67	951.76	343.04	479.95	698.79
2001	267.75	226.70	508.58	7.26	1076.76	373.95	505.24	781.97
2002	296.72	242.24	629.18	7.12	1226.45	407.74	552.78	911.76
2003	338.05	264.40	716.60	6.69	1693.27	675.30	612.27	1228.28
2004	428.78	307.12	879.96	7.50	2434.88	1083.87	664.50	1526.42
2005	537.65	365.67	1116.04	7.37	3528.29	1668.16	850.40	2434.94
2006	679.17	471.80	1440.09	6.88	4843.76	2406.37	1063.98	3600.76
2007	862.08	625.02	1870.61	8.15	6609.16	3656.02	1400.95	5573.14
2008	1008.90	742.27	2281.61	9.19	8721.19	4885.10	1769.46	7659.96

注：农业的财政份额是指国家财政收入中农业部门所占的比重；财政支农的份额是指在国家财政支出中农业部门所占的比重。按城乡划分对全社会固定资产投资进行划分，选取四种投资方向；数据来源于《河南统计年鉴 2010》，中国统计出版社，2010，第 279、161 页。

从表 4-16 可以看出，河南省财政收入的总量小于财政支出的总量，政府每年出现的财政赤字依靠发行国债来平衡预算。农业对国家财政收入的贡献主要依靠农业税收，农业税收在政府财政收入中的比重保持在 3%~5%，同时河南省财政支农在财政支出中的比重高于农业税在财政收入中的比重；并且政府财政的支农份额总体上保持下降的趋势，从 1993 年的 9.7% 下降到 2008 年的 9.19%。1993~2008 年农业部门在国民生产总值中的比重在总体上呈下降趋势，从 1993 年的 24.7% 下降到 2008 年的 14.8%。随着取消农业税政策的落实，国家财政收入全部来源于非农业部门。为了保护和支持农业发展，政府财政的支农份额不应当下降，至少应保持稳定。

从全社会固定资产的城乡构成来看，河南省社会固定资产投资的倾向主要在城镇地区。1993 年全社会固定资产投资总额为 450.43 亿元，城镇地区投资总额为337.91亿元,占投资总额的75.02%;2008年总额为10490.65亿元,城镇投资总额为8721.19亿元,占比为83.13%,这说明社会的固定资产投资中城镇作为投资的主要方向,农村地区相应的投资动力严重不足。同时,民间投资逐年上升,1993年民间投资总额为155.58亿元,占投资总额的34.54%;2008年民间投资总额为7659.96亿元,全社会投资总额为10490.65亿元,民间投资占全社会投资总额的73.02%。这说明政府不再是社会固定资产投资的主体,社会的投资主体逐渐趋向多元化。

投资主体的多元化说明,河南省三次产业部门已经具备部门积累的能力,在市场机制的调节下,资源的流动遵循市场的规律向市场收益最大化的部门流动。国家不再充当社会的主要投资主体,而是依靠市场的调节,国家对经济领域的影响和干预主要是发挥宏观调控的作用,引导社会资源的合理配置和流动。因此,实现对农业部门支持和保护下的"以工哺农"关键是依靠政府的政策支持,引导社会资源向农业部门的倾斜性配置。对2008年农业部门与国家财政收入和支持的关系以及社会投资主体多元化的分析可知,政府财政对农业部门的依赖程度最低,农业部门为工业部门提供资金积累的任务已经完成,非农部门已经形成部门积累的能力,不需要牺牲农业部门来促进其部门的发展。

其二,河南省进入大规模"以工哺农"临界点的经济发展总体水平。2008年是河南省实施大规模"以工哺农"政策的临界点,河南省的经济发展总体水平在人均GDP数量、国家财政收入、贸易结构、商品流通、城市化率和工业经济水平等方面表现出足够的实力来实施大规模"以工哺农"的政策。1993~2008年河南省经济发展的各项指标如表4-17所示:

表4-17 1993~2008年河南省经济发展的各项经济指标

项目 年份	财政收入增速(%)	财政收入占GDP比重(%)	出口金额(万美元) 出口额	贸易顺差	外商投资(万美元) 历年外商投资	存款余额(亿元) 存款余额	消费品零售总额(亿元)
1993	13.87	8.38	75546	19669	157768	1143.66	577.96
1994	23.12	7.73	102242	41291	79168	1602.95	790.17
1995	33.51	4.17	135759	48600	86748	2131.69	957.76
1996	30.03	4.46	124001	51147	92166	2707.65	1194.76

续表

项目 年份	财政收入增速（%）	财政收入占GDP比重（%）	出口额	贸易顺差	历年外商投资	存款余额	消费品零售总额（亿元）
1997	18.86	4.77	128663	67627	86799	3271.76	1427.53
1998	8.08	4.83	118675	64154	57333	3772.51	1565.88
1999	7.28	4.94	112889	50734	61832	4198.10	1691.20
2000	10.35	4.88	149338	71190	69921	4753.41	1869.80
2001	8.63	4.84	171548	63840	62188	5530.10	2071.93
2002	10.82	4.92	211876	103401	101964	6451.59	2292.75
2003	13.93	4.92	298041	124442	182560	7618.03	2539.33
2004	26.84	5.01	417610	173874	205383	8631.79	2938.26
2005	25.39	5.08	510093	246582	235176	10003.96	3380.88
2006	26.32	5.49	663497	347400	336788	11492.55	3932.55
2007	26.93	5.74	839145	397789	483538	12576.42	4690.32
2008	16.94	5.60	1071890	395846	604146	15255.42	5815.44

注：初级产品在出口总额中的份额是依据表中的数据计算得出；参见《河南统计年鉴2010》，中国统计出版社，2010，第59、225、232、279、543、573页。

从表4-17可以看出，河南省的财政收入在2008年增长速度为16.94%，在GDP总量中的份额从1995年的4.17%上升到2008年的5.6%。河南省财政收入的高速增长以及在GDP总量中份额的逐步上升说明河南省财政能力逐步增强，这就增加了政府对经济的宏观调控能力。2008年，河南省的对外贸易得到快速发展，出口额从1993年的7.5546亿美元上升到2008年的107.189亿美元，增长了13.2倍；河南省进出口贸易发展迅速，出口顺差逐年加大，这意味着河南省工农业产品广泛参与国际竞争并处于有利地位。河南省贸易顺差总额2008年是1993年的近20倍。这说明河南省在2008年的工业技术水平和市场竞争能力已经达到新的高度。

1993~2008年，河南省吸引外商直接投资数额也是逐年大幅度上升，2008年河南省外商投资总额是1993年的近3.8倍，绝对数量从1993年的15.7768亿美元达到2008年的60.4146亿美元，外商投资已经成为河南省民间投资的重要渠道。工农业发展在资金方面不但可以广泛利用国内外的市场融资，同时更重要的是随着河南省工农业的发展，金融机构的存款余额在工农业市场化阶段呈现大幅度增长，2008年的金融机构存款余额是

1993 年的近 13.3 倍，金融机构的存款为河南省工农业经济的发展提供了有效的资金来源。

2008 年，河南省的社会消费品零售总额达到 5815.44 亿元，而 1993 年为 577.96 亿元，2008 年是 1993 年的近 10 倍。其中 2008 年河南省农产品物流总额达到 370.91 亿元，工业产品物流总额达到 295.86 亿元；2008 年，河南省限额以上批发零售企业的农牧产品销售总额为 901.18 亿元，消费品销售总额为 5815.44 亿元[1]。河南省限额以上批发零售贸易行业购销存的数据说明工农业部门生产供给能力是比较强的，总体上社会商品供给超过社会总体需求，这说明经济发展已经完全告别短缺经济，进入经济快速发展的时期。"以工哺农"的前提条件就是对经济能力的要求，在市场供给能力超过需求的情况下，工农业生产能力过剩，农业过剩会造成价格下降，影响农民的生产积极性和农民的纯收入，工业的生产能力过剩说明市场需求不足，扩大内需主要是扩大农村市场的需求能力，而要扩大农村的市场需求，就必须在农业生产出现剩余的情况下对农业进行保护，落实大规模"以工哺农"的政策。

从上述各种指标可以看到，河南省工农业部门的资金积累已经告别了资金短缺的时期，工业经济的发展不需要农业为工业部门提供积累，工业的任务转变为在保持本身快速发展的同时，应该使积累的资金大量回流农业部门，促进农业的现代化和集约化进程。通过对河南省在 2008 年经济发展水平的综合分析，可以得出结论：河南省已经完成"以农养工"的工业化初始阶段，开始进入实施大规模"以工哺农"政策的战略机遇期。

---

[1] 《河南统计年鉴 2010》，中国统计出版社，2010，第 520 页。

第五章
"以工哺农"的政策考察与国际经验

　　河南省工农业发展的"以工哺农"阶段与工业化初始阶段的工农业关系有着本质的区别。在工业化初始阶段，河南省主要追求工业部门的优先发展，实现地区工业化是工农业发展的目标。在工农业发展的"以工哺农"阶段，河南省主要致力改变农业发展滞后的局面，实现农业的产业化、规模化、专业化、企业化、国际化和现代化经营。农业的产业化伴随着农村的城镇化和农民的非农化，没有农民的非农化，农业就不可能实现生产资源的集中，为农业规模化提供基础条件；没有农村城镇化，实现农民的聚居，就不可能实现城乡公共服务产品供给的一体化；同时城乡基本建设，尤其是农民生产生活的基础设施建设就不可能实现城乡一体化的规划和推进。因此，在河南省工农业发展的"以工哺农"阶段，农业产业化、农村城镇化和农民非农化是并行不悖的进程。在政策导向上，工业化初始阶段河南省实施"以农养工"政策，以保证资源向非农业部门的倾斜配置，由此带来农村和农业发展滞后于城市和工业部门。在工农业发展的"以工哺农"阶段，河南省主要通过财政反哺农业、制度反哺农业、要素反哺农业、综合反哺农业和工商企业反哺农业等方式，致力推进河南省工农业实现协调发展。在农业劳动力转移方面，工业化初始阶段主要依赖城市非农产业的发展来带动农业劳动力转移；在"以工哺农"阶段，河南省主要通过农村新型城镇化建设来推进农业劳动力转移。在制度安排方面，工业化初始阶段河南省实施对国有工业企业的政策支持和保护，对农业采取汲取剩余的方式，即使在工农业发展的市场化阶段各级政府对农业采取相应的保护措施。工业汲取农业剩余的方式主要通过城乡隔离的户籍制度，对农业产品实施统购统销制度，以及工农业产品价格的"剪刀差"等方式进行的。结果是地方政府致力优先发展工业政策导向的同时，城乡二元社会经济结构得到强化，农业发展和劳动力转移依然处于滞后的局面。在"以工哺农"阶段，河南省政府在制度安排上不再重复为保证工业优先发展的路径依赖，而是为了保证反哺农业的效能，实施强制性和诱导性的制度变迁。在市场机制作用的发挥方面，工业化初始阶段，政府要么在计划经济体制下采取强制性汲取农业剩余的方式，要么在市场机制作用下实施城乡之间农村生产要素资源的逆向流动。在"以工哺农"阶段，政府对城乡生产资源的配置采取宏观调控的方式，推动市场资本、技术和劳动力等生产要素资源向农村和农业部门倾斜流动。

因此，河南省在工农业发展的"以工哺农"阶段，工农业关系的特征是：工业化与城镇化逐渐实现同步协调发展，工农业发展趋向协调。第三产业逐渐成为转移农业剩余劳动力的主要部门，农业生产经营方式发生根本转变。工业汲取农业剩余的格局得到根本改观，工农业产品价格的"剪刀差"逐渐缩小，工农业产品趋于市场等价交换的局面初步形成。城镇化带来的农业剩余劳动力的转移，必然致使农业生产要素资源加快市场化流动的趋势，农业土地等生产要素资源的集约化和规模化经营成为主要方式。在工农业经济发展方式层面，工农业部门的协调发展兼顾到资源和环境的承载能力，实现工农业部门的持续发展。在新型农村社区建设的推动下，城乡差距逐渐缩小，城乡在制度和政策、公共服务和基础设施建设等方面逐渐趋向一体化。在农民的市场地位方面，工业化初始阶段的国有和集体产权制度逐渐呈现实现方式的多元化，农民在农业经济合作组织渐趋扩大和完善的前提下，由市场的不完全主体地位向市场完全的主体地位转化。

第一节 "以工哺农"：以中央文件为主线的政策考察

新世纪中共中央对工农业关系政策的根本性调整一方面基于工业化初始阶段已经结束，工业发展已经形成本部门积累，不需要再汲取农业剩余来保证工业的倾斜发展；另一方面在市场机制作用下农业发展无法占据市场的优势地位，必须依赖政府政策导向来保证发展。另外，我国加入世界贸易组织，农业面临国际现代化农业的竞争，以家庭为单位的小农经营方式的农业无法与规模化、集约化的大农业进行有力的竞争。因此，中共中央适时调整工农业关系的发展政策，既符合世界工农业发展的一般规律，同时也是基于我国工农业发展的现实需要。

一 以中央全会文件为主线的反哺农业方针考察

从党的"十六大"开始，中共中央对工农业关系的发展提出"少取"，强调"多予"。反哺农业就是政府主导下社会资源向农业部门倾斜流动，"多予"首先是财政上的扶持，"十六大"报告指出对农业发展的主要方针是"全面繁荣农村经济，加快城镇化进程"，具体措施是"统筹城乡经济社会发展，建设现代农业"，"继续推进农村税费改革，减轻农民负担"，目的是"发展农村经济，增加农民收入"。[①] 发展现代农业主要是通过农业实现产业化经营的方式；发展城镇化主要是为了转移农业剩余劳动力；统筹城乡发展是新型城乡关系的展示；推进税费改革是为了保护农民利益。很明显，党的"十六大"从政策上完成了工农业关系从"以农养工"到"以工哺农"的转变，从2003年起，各级财政向农业转移支付资金达到2626亿元，是1997年的3倍还多。[②] 就河南省来说，2003年财政总支出为716.6亿元，支援农业36.09亿元，农业支出占财政支出的比重为5.04%；1997年河南省财政支出总额为290.84亿元。其中支援农业为20.09亿元，农业支出占财政支出的比重为6.91%；2003年河南省支援农业的财政支出比重相对于1997年呈现下降的状态。[③] 从全国来看，河南省在政策导向上没有实现向反哺农业的转变。主要原因在于河南省当年工农业发展并没有达到反哺农业的水平。但中央的政策已经不再单纯重视城市工业的发展，而是统筹城乡的发展。2003年1月，中共中央在全国农村工作会议上再次强调统筹城乡发展，并阐述了城乡经济之间紧密的关系，中央指出城市与

[①] 《十六大以来重要文献选编》上，中央文献出版社，2005，第17~18页。

[②] 张新光：《十六大以来中国农村改革进程的基本判断与前瞻》，《商洛师范专科学校学报》2006年第1期。

[③] 数据来源于《河南统计年鉴2004》，中国统计出版社，2004。

农村经济是"相互联系、相互依赖、相互补充、相互促进"的关系,具体表现为"农村发展离不开城市的辐射和带动,城市发展也离不开农村的促进和支持"。① 统筹城乡发展首先是从农业部门"少取",然后才是"多予"。"少取"主要是减轻农民负担,在2004~2006年,全国范围逐步取消农业税和基层提留款,每年减轻农民负担1000多亿元,延续几千年的"皇粮国锐"从此成为历史。应该说,中央关于工农业发展指导方针的转变是农业税费取消的根本性动力和推动力量。

2007年,"十七大"报告围绕工农业关系指出:"解决好农业、农村、农民问题,事关全面建设小康社会大局,必须始终作为全党工作的重中之重。要加强农业基础地位,走中国特色农业现代化道路,建立以工促农、以城带乡长效机制,形成城乡经济社会发展一体化新格局。"② 这标志着中共中央关于工农业关系从"少取"向"多予"方针的转变,反哺农业就是在资源配置上多给予农业部门支持,从2007年开始,国家财政支出中支援农业的数量和比例逐年上升。2007年,国家财政支出用于支援农业的总额为3917亿元,比2006年增加520亿元。③ 2007年底,中共中央又对各级政府财政支农的比例作出规定,要求"推动国民收入分配切实向'三农'倾斜","坚持并落实工业反哺农业、城市支持农村和多予少取放活的方针,坚持做到县级以上各级财政每年对农业总投入增长幅度高于其财政经常性收入增长幅度",这就意味着中央把财政支农作为反哺农业的重点安排。2008年,中央财政安排支农的总额为5625亿元,比2007年增加1307亿元;2009年,中央财政支农总额为7161亿元,比2008年增加1206亿元;2010年,中央财政支农总额为8183亿元,比2009年增加930亿元;2011年中央财政支农总额为9884.5亿元,比2010年增加1304.8亿元。④ 可以看出,"十一五"期间是改革开放以来中央政府财政支农力度最大的一个时期。

---

① 《十六大以来重要文献选编》上,中央文献出版社,2005,第120页。
② 《十七大以来重要文献选编》上,中央文献出版社,2009,第18页。
③ 《十六大以来重要文献选编》下,中央文献出版社,2008,第941页。
④ 2009年数据《十七大以来重要文献选编》上,中央文献出版社,2009,第312、900页。2010年数据《十七大以来重要文献选编》中,中央文献出版社,2011,第571页。其他数据来源于历年中央《政府工作报告》。

2012年，党的"十八大"报告对工农业关系继续强调，"坚持工业反哺农业、城市支持农村和多予少取放活方针，加大强农惠农富农政策力度，让广大农民平等参与现代化进程、共同分享现代化成果"，"形成以工促农、以城带乡、工农互惠、城乡一体的新型工农、城乡关系"。为了实施反哺农业的战略部署，"十八大"报告围绕"三农"提出四条措施：一是发展现代农业，增强农业的综合生产能力；二是把基础设施建设和社会事业发展放在农村；三是构建集约化和社会化的农业生产经营体系；四是实现基础设施和公共服务等方面的城乡一体化。"十八大"报告提出的"强农惠农富农"政策延续了"十七大"以来处理工农业发展的方针，过去五年全国农村居民人均纯收入年均增长9.9%；中央财政"三农"累计支出4.47万亿元，年均增长23.5%；对种粮农民的补贴资金从2007年的639亿元增加到2012年的1923亿元；涉农贷款余额从2007年末的6.12万亿元增加到2012年末的17.63万亿元；粮食总产量连续6年稳定在万亿斤以上并逐年增加。① 考察党的"十六大"到"十八大"报告，可以明显看出，21世纪中共中央把"以工哺农"作为"三农"发展的重点，以构建新型城乡关系和工农关系为主线，减轻农民负担，取消农业税费；发展现代农业，构建现代化农业生产经营体系；培育和尊重农民的市场主体地位，发展农村多种经济合作组织；致力于推进基础设施建设和公共服务的城乡一体化，以发展新型城镇化作为农业劳动力转移的有效渠道等，这些措施有效地改变了农业发展滞后于工业发展的局面，对工农业实现协调发展提供了有力的政策支持。

二 以中央涉农"一号文件"为主线的工农业政策考察

中央全会提出的工农业发展政策导向是21世纪处理工农业发展反哺农业的方针，在具体的落实和部署中从哪些方面实施"以工哺农"的政策导向，如何改变过去不合理的城乡关系和工农关系，构建新型的城乡关系和工农关系？这是实践层面需要探讨的问题。为此，中共中央从2003年开始重新发布有关"三农"问题的"一号文件"，到2013年中共中央连续发布11个涉农"一号文件"，从宏观到微观，从农民收入增长到农业基础设施

---

① 数据来源于温家宝所做的《2013年政府工作报告》，新华网，2013年3月5日。

建设，从城乡一体化的构建到农业经营方式的改进，从农业生产到农副产品的市场流通，从农业生产服务体系的建设到农民市场主体地位的重塑等，中央涉农"一号文件"均做出详尽的部署和安排。中央"一号文件"紧紧围绕解决"三农"问题为核心，其中注重提高农民收入的是2003年和2005年的中央"一号文件"，2003年重点是推动农民增收；2005年着力推进农业税费改革。2008年重点是加强农业综合性体制保障；2009年是为促进农业发展的政策保护力度。强调现代农业发展基础的是以下年度的"一号文件"：2004年重点是提高农业综合生产能力；2006年重点是推进现代农业体系的发展；2007年重点是加强农业基础设施建设；2010年重点是加大统筹城乡发展力度；2011年重点是推进农业水利基础设施建设；2012年重点是推动农业科技创新。"一号文件"从不同的视角设定"三农"发展政策，从不同层面展示"三农"政策的内涵和理论创新，从不同的视阈提炼工农业发展的历史经验。

中央涉农"一号文件"主要从两个视角制定"三农"发展的政策。一是理论创新视角。21世纪"一号文件"实现了从农业依靠自身积累发展向保护和支持农业转变；农业部门从个体经营农业向现代农业转变；工农业关系从"以农养工"向"以工哺农"转变；从"三农"互动发展向统筹城乡互动发展转变；从农业生产、分配和流通层面改革向夯实农业发展基础转变；从改善农业发展宏观环境到推进农业发展微观环境改革的转变。二是问题对策视角。"一号文件"主要解决农业与生产方式、农民与分配、农业与市场、农民与政府、农业与生产要素、农业与制度环境、农业与非农产业的发展关系等问题。在内容上"一号文件"从三个层面展示农业发展内涵：一是历史演变层面。20世纪80年代中央"一号文件"解决农业个体经营的生产、分配和流通问题，21世纪中央"一号文件"解决农业现代化发展的基础问题。二是在工农业关系层面。21世纪中央"一号文件"主要是为了调整城乡关系和工农业关系，推进城乡一体化发展。三是宏观和微观层面。20世纪80年代中央"一号文件"对农业发展的宏观制度和政策环境实现改革和创新；21世纪中央涉农"一号文件"在四个方面实现了理论创新："一号文件"是结合地方实验创新与"三农"问题政策导向实现的方法创新；"一号文件"是结合"三农"外在宏观经济环境与农业现代化的内在要求进行的体制创新；

"一号文件"是结合党对"三农"问题探索的经验与市场经济特征进行的政策创新;"一号文件"是结合"三农"政策演变与"三农"发展需要实现的制度创新。同时中央涉农"一号文件"又是对以往工农业发展实践经验的总结,即加快农业劳动力转移,推进农民非农化;实施城乡统筹发展,推进农村城镇化;转变农业生产方式,推进农业现代化;构建农村社会保障体系,推进农民保障社会化;培育农业市场化主体,推进农业发展服务市场化。

——工农业发展关系的转型。工农业发展关系从"以农养工"向"以工哺农"转型,意味着在政府的政策导向下,社会生产要素资源向农业和农村倾斜性配置和流动。为了实现工农业关系的转型,2003年中央"一号文件"要求增加对粮食主产区的投入,"现有农业固定资产投资、农业综合开发资金、土地复垦基金等要相对集中使用,向主产区倾斜";对于农业的产业化经营,文件要求各级财政要"较大幅度地增加对龙头企业的投入";对于农业技术的推广,要求"增加农业科技成果转化资金";对于粮食转化与加工,国家"通过技改贷款贴息、投资参股、税收政策等措施",支持农产品加工企业;同时建立健全"财政资农资金的稳定增长机制"等[①]。2003年文件的重心是在减轻农民负担的同时,从各方面加大对农业和农村的资金投入。制约农村发展的主要因素是资金和技术生产要素资源的紧张,单纯依赖财政投入是不能解决问题的,因此,2004年"一号文件"推进农村金融改革和创新,要求县域内金融机构明确资金"用于支持当地农业和农村经济发展的比例",采取有效办法,吸引"资金回流农村"[②]。资金等要素资源依赖市场机制回流农村是有困难的,中央强制性的政策引导和约束为农业发展提供资金来源是21世纪工农业关系转型的主要表现。但是,农业的发展只是"三农"发展的一个方面。2005年,"一号文件"围绕新农村建设继续强调加大对农村投入的问题,要求"扩大公共财政覆盖农村的范围,建立健全财政支农资金稳定增长机制",对于农村的生产技术要素的增长和培育,文件指出"鼓励企业建立农业科技研发中心,国家在财政、金融和技术改造等方面给予扶持",同时强化对农业和

---

① 《中共中央国务院关于促进农民增加收入的若干政策的意见》,2003年12月31日。
② 《中共中央国务院关于进一步加强农村工作提高农业综合生产能力若干政策的意见》,2004年12月31日。

农民的直接补贴①。21世纪的前三个中央"一号文件"从对农民减负增收到对农业的加大投入,再发展到对农村地区的整体性反哺规划,展示出中共中央对于工农业关系完全转型的政策导向。

——农业生产方式的转型。要从根本上实现工农业关系的转型,必须改变农业生产经营方式,即从家庭个体的经营方式向产业化、集约化、规模化和企业化的方式转型。只有转变农业经营方式,才能提高农业经营效率,以往在家庭经营条件下,农业产量的提高主要依赖土地生产率的提升,不是依赖劳动力生产率的提升。实现农业的产业化经营有赖于土地、资金、技术和劳动力要素条件的具备。因此,2003年中央文件提出"加快发展农业的产业化经营",为此要求在加大对龙头企业投入的同时,也加大对农户的支持力度。2004年中央提出加强农业发展的综合配套体系建设,主要是"种养业良种体系、农业科技创新与应用体系、动植物保护体系、农产品质量安全体系、农产品市场信息体系、农业资源与生态保护体系、农业社会化服务于管理体系""七大体系"建设;同时号召"大力发展特色农业","整合特色农产品品牌,支持做大做强品牌产品"。② 2005年,中央"一号文件"在强调推进农业产业化的同时,提出发展"循环农业",实现农业发展与环境的协调。2006年,中央"一号文件"重点针对发展现代农业问题,在继续强调加大对农业投入和加快农业基础设施建设的同时,提出推进农业科技创新,发展现代农业产业体系和农村市场体系等措施。由此可见,"以工哺农"阶段的农业,是产业化经营的农业,是依赖资金、技术和政策集中综合推动的农业。中央"一号文件"的发布和实施效果显著,"十七大"后的五年:2007年农业产值比2006年增长3.7%;2008年农业产值增长率为5.4%;2009年农业产值增长率为4.2%;2010年农业产值增长率为4.3%;2011年农业产值增长率为4.3%。③ 农业能够保持高速稳定的增长,得力于中央持续反哺农业政策的实施。

---

① 《中共中央国务院关于推进社会主义新农村建设的若干意见》,2005年12月31日。
② 《中共中央国务院关于进一步加强农村工作提高农业综合生产能力若干政策的意见》,2004年12月31日。
③ 数据来源于《中国统计年鉴2012》,中国统计出版社,2012,第2~4国民生产总值总指数图表。

——农业劳动力流动方式转型。农业劳动力转移主要是通过到城市非农产业就业的形式，不过转移到城市的劳动力由于没有城市户口，不能享受到城市居民的福利待遇。同时，由于农民工的组织程度较低，合法权益受到侵害而无法实施有效保障。2003年，中央"一号文件"对进城农民的合法权益专门规定，要求城市主管部门切实把进城农民的子女入学、劳动保障和职业培训等事项纳入财政预算；同时加强对进城农民的职业培训等。2005年，中央文件要求取消对进城农民工的歧视性规定和不合理限制，并逐步建立农民工生活保障制度。要求开展农业劳动力技能培训，指出各级政府要大力发展农村职业技术教育，以提高农村劳动力的素质。2006年，中共中央提出"培育新型农民"的政策导向。由此，全国城市化率稳步提高，2007年城市化率为45.89%，2008年上升到46.99%，2009年城市化率为48.34%，2010年为49.95%，2011年上升到51.27%[①]。这一时期是改革开放以来城市化率增长最迅速的时期，其中农业劳动力转移的加快是推动城市化率提升的主要因素。

——农村公共服务体系转型。在农村税费改革之前，乡镇政权对农民收取统筹提留款，农村的公共服务由基层政府负担，在基层政府主导下医疗卫生、文化教育、金融信贷、通信交通、基础设施、治安防护等事项开支多由农民负担，20世纪90年代基层政府对农民的乱收费和乱罚款现象的出现，很大程度上与农民承载的公共服务负担有直接联系。在农村完成税费改革后，基层政府没有收费权，农村公共服务需要政府的投入，财政支持成为重要因素。2005年，中央"一号文件"提出建设新农村的政策举措，围绕新农村建设展开农村公共服务体系的构建。文件要求加强农村基础设施建设，不但包括农业生产设施，还包括乡村基础设施建设，改善农民的居住环境；对于文化教育，文件提出该年度西部地区农村免除义务教育学杂费，2007年全国实施这一措施；对于医疗卫生事业，文件指出2008年，全国基本普及新型农民合作医疗制度；建立农村社会保障制度体系，包括社会救助体系、养老保险制度、社会优抚制度、农村生活低保制度等。

——加强农业基础设施建设。对于农业基础设施建设，2004年中央

---

① 数据来源于《中国统计年鉴2012》，中国统计出版社，2012，第3~1人口数及构成图表。

"一号文件"要求加大农村小型基础设施建设力度,包括农村饮水、公路、能源、电力和贫困地区的农村基础设施建设。同时加快对农副产品流通和检查检测设施建设,对农村集贸市场、期货市场、现代物流、网络营销、产品冷藏、连锁配送、绿色通道、农副产品认证许可等方面的基础设施建设给予政策上指导。2005 年中央"一号文件"在延续 2004 年加强农业基础设施建设的基础上,提出加强村庄规划和人居环境的治理,要求各级政府要安排资金实施乡村建设规划和环境治理,指出农村基础设施建设不能增加农民负担。2006 年中央"一号文件"重点是全面推进新农村建设,文件对"三农"的政府投入、农业基础建设、农业科技创新、农业产业体系、农村市场体系、培育现代农民市场主体和农业发展的体制改革等方面提出了总体设计框架,文件为农村和农业发展提出了明确的发展方向。2007 年中央"一号文件"在强调以前农业发展政策的基础上,提出加快推进农业机械化的措施,要求粮食作物生产实现全程的机械化,对机械生产和应用实施税收优惠政策,财政扶持农机专业大户和农机合作社,推进农业全面实施机械化的进程。

三 河南省工农业关系政策转型的历史考察

依据党的"十六大"关于工农业关系转型的政策导向,2003 年 7 月,中国共产党河南省第七届五次会议审议通过了《中共河南省委、河南省人民政府关于全面建设小康社会的规划纲要》,将推进新型工业化、城镇化和农业现代化作为建设小康社会的根本途径。不过在 2003 年河南省并没有真正实现工农业关系的转型,《纲要》制定的国民生产总值到 2020 年翻两番的目标主要是通过发展重化工业来带动的。从表 4-7 可以看出,2003 年河南省基本建设在城市的投资比重达到 73.28%,城市投资是农村投资的 2.74 倍;从表 4-14 可以看出,当年河南省能源生产增速超过 GDP 增速 17.1 个百分点,能源消费增速达到 17%;这说明河南省工业增长的高耗能方式没有从根本上得到改变。2005 年,河南省环境污染的破坏性事故次数达到 7 次,直接经济损失达到 109.7 万元;工业污染源治理投资为 20.68 亿元,占 GDP 总量的 78%。[1] 党的"十七大"明确提出"建立资源

---

[1] 数据来源于《河南统计年鉴 2010》,中国统计出版社,2010,第 658 页。

节约型、环境友好型社会"的奋斗目标,提出2010年我国单位GDP能源消耗比降低20%左右,主要污染物排放总量减少10%的任务。河南省立即将节能减排作为转变经济增长方式的主要起点,2008年,全省规模以上工业企业增加值能耗下降9.1%,经国家核算确认,上半年河南化学需氧量和二氧化硫排放量比2007年同期下降5.38%和5.68%,是全国唯一实现"双下降"超过5%省份。① 应该说,党的"十七大"后的2008年,河南省工业开始实现增长方式的转型。

在河南省逐步实现工业增长方式转型的同时,2004年,河南省贯彻执行中央涉农"一号文件"精神,在全省降低农业税率3个百分点,全省农民当年减负增收34.24亿元,2005年全省开始免征农业税,河南省免征农业税比国务院规定的期限提前一年,2005年全省县乡财政收入减收10亿元左右。② 在减轻农民负担的同时,河南省在党的"十七大"后全面实施"以工哺农"政策,2008年,全省仅粮食直补和农资综合直补累计达77.8亿元,比2007年增加38.3亿元,增长97%。③ 而实施"以工哺农"政策不单纯是对农业和农民实施直接补贴,更重要的是改善农业的生产经营环境,实施农业的产业化和规模化经营,提高农业劳动力的转移速度,实现城乡公共服务的一体化。

首先,加大对农业的投入,表4-16可以看出,2006年,河南省财政支农总量为111.34百万元,占财政支出总额的6.88%;2007年财政支农总量为1870.61百万元,占财政支出总额的8.15%;2008年,财政支农总量为2281.61百万元,占财政支出总额的9.19%。河南省财政支农在财政支出份额的上升,意味着河南省在实施工农业发展关系的转型迈出了关键性的一步。

其次,实施农业的现代化和产业化经营。现代化农业是科技含量逐渐提高的农业,是一种高附加值农业,是现代生产要素广泛介入并提升生产效率的农业。河南省在"以工哺农"阶段大量推行优质良田工程,用立法的方式强化对耕地的保护,对农业生产的基础设施建设设置专项资金,构建农业保护体系,包括农业科技良种推广体系、农副产品质量监控体系、

---

① 《中原崛起之路——河南60年发展回顾》,文心出版社,2009,第141~142页。
② 《中原崛起之路——河南60年发展回顾》,文心出版社,2009,第568页。
③ 河南社会科学院编《河南改革开放30年》,河南人民出版社,2008,第93页。

农副产品流通信息技术服务体系、农业社会化服务管理体系等。

最后,河南省大力推进城乡一体化工程,即实现城乡制度、基础设施建设和公共服务的一体化。依据中央的指示,2003年河南省开始在全省推行新型农村合作医疗,省政府在7月与全省18个省辖市签订了责任书,全省约有1210万人参加了农村合作医疗体系,农民与城市居民一样享受一定比例的医疗报销。河南省建立农民合作医疗的资金投入体系,2003年投入金额达到3.6亿元,加上来自各级政府和农民个人的缴费投入,用于改善农村医疗条件的投入达到10亿元。① 到2006年全省共筹集到新型农村合作医疗资金21.98亿元,全省参加农村合作医疗的农民达到4109.97万人,补偿总金额为15.72亿元,基金支付率达到71.52%,294.91万人享受大额住院补偿,达到封顶线5000~10000元补助的参合农民达13162人;2007年全省开展新型农村合作医疗的县(市、区)总数达143个,覆盖农村人口7107万人,占全省人口总数的92%;2008年1月,全省参加新型农村合作医疗的县(市、区)达到157个,人口达到7203.2万人。② 城乡实现一体化最终必须依赖产业发展的一体化,用城镇化建设带动农民身份的转变,实现农民的市民化。为此,河南省在"十七大"以后大力推进城镇化建设,以城镇化带动农业劳动力的转移,提高河南的城市化率。劳动力的转移有赖于产业的支撑,而城乡第三产业的发展壮大是转移劳动力的有效途径,为此河南省加大对生产要素市场的培育,在加大农村基础设施建设力度的同时,加快培育技术、资金、土地、劳动力和产权等要素市场,增强城乡非农产业吸纳农业劳动力的能力。

河南省在实施"以工哺农"政策的转型后,2008年后的工农业发展呈现新的特点。2009~2012年河南省工农业经济结构的各项指标如表5-1所示。

从表5-1可以看出,2009~2012年,河南省人均GDP数量增幅较大,4年期间人均数量增加了近1500美元以上。不过河南省经济增长的主要拉动力来源于工业部门,因为工业化率始终保持在50%以上。应该说依据河南省的人均GDP数量,河南省经济发展已经达到中等工业化发展的水平。

---

① 《中原崛起之路——河南60年发展回顾》,文心出版社,2009,第547页。
② 河南社会科学院编《河南改革开放30年》,河南人民出版社,2008,第283页。

依据表2-9中钱纳里提供的关于一般国家的经济结构参考数据，在人均国民收入3000美元（2003年美元）时，农业份额为20.2%，工业份额为29.4%，服务业的份额为50.4%[①]。对照河南省的数据可以看出，2009年当河南省人均GDP达到3000美元时，农业产值份额为14.3%，低于钱纳里20.2%的水平。但是，工业产值份额比钱纳里的参考数据高出近20个百分点，与此相对应，河南省第三产业的产值份额低于钱纳里参考数据30.3个百分点。这说明，在反哺农业初期，河南省工农业经济结构还处于偏重于工业发展的状态，经济的主要拉动力来源于工业部门，第三产业发展严重滞后。2009~2012年，第三产业的产值份额保持徘徊的状态，4年间产值份额只增加了1.1个百分点。在城市化率方面，钱纳里的数据显示人均3000美元（2003年美元）时，城市化率为52.7%，而2009年河南省城市化率为37.7%，低于钱纳里数据15个百分点。在就业结构方面，钱纳里数据显示第一产业为39.5%，河南省2009年农业的就业份额为46.48%，高出钱纳里数据近7个百分点。不过这里存在农业劳动力转移的形式问题，2009~2012年，河南省每年外出务工的农民工人数没有计算在工业部门就业的范围内，而这些农民工是外出到城市从事非农行业的农民。

表5-1 2009~2012年河南省工农业经济结构的各项指标

年份\项目	GDP/人（美元）	GDP/人（元）	农业GDP/比率 数量(元)	农业GDP/比率 份额(%)	工业GDP/比率 数量(元)	工业GDP/比率 份额(%)	农业就业份额(%)	城市化率(%)	第三产业比重(%)
2009	2944.15	19431	2768.99	14.3	9858.40	50.90	46.48	37.70	29.1
2010	3418.36	22493	3263.20	14.2	11950.82	52.10	46.50	39.50	28.1
2011	4121.03	25962	3512.06	12.9	14401.70	52.89	43.10	40.57	28.8
2012	4480.93	28275	3772.31	12.7	15357.36	51.52	43	42.43	

注：工业化率是工业部门增加值在GDP中所占比重；另外一个计算方法：工业化率=工业增加值÷第一产业增加值，本书采取第一种计算方法。人均GDP数量按照当年人民币兑美元汇率计算得出。数据是依据2010~2013年历年《河南省国民经济与社会发展统计公报》中的数据计算所得。

---

① 根据美国劳工部资料，经过对通货膨胀率调整，1964年1美元相当于2003年的5.94美元，表中按6美元换算；数据资料来源于〔美〕霍利斯·钱纳里等《发展的型式（1950~1970）》，经济科学出版社，1988，第31~32页。

2012年，河南省人均GDP数量为4480.93美元，对照钱纳里参考数据当人均收入在4800美元（2003年美元）的水平时，城市化率为60.1%，第三产业产值份额为51.3%，第一产业的产值份额为15.6%，就业结构中第一产业为39.5%。2012年河南省人均GDP数量与钱纳里的参考值相差不大，不过在人均GDP数量达到4500美元左右时，城市化率方面的数据为42.43%，低出钱纳里数据17.67个百分点；第一产业的产值份额为12.7%，低出钱纳里数据2.9个百分点；第一产业就业份额为43%，高出钱纳里数据3.5个百分点；钱纳里第二产业的工业产值份额数据为25.8%，河南省工业产值份额为51.52%，高出钱纳里数据25.72个百分点。可以看出第一产业的产值份额和就业份额与钱纳里的数据相差幅度不大，与钱纳里数据相差较大的是工业的产值份额和第三产业份额。这种差距说明河南省在实施反哺农业政策后，农业的劳动力就业份额和产值份额都在下降，基本符合钱纳里的一般国家的发展趋势。但是，第三产业产值份额和就业份额都低于钱纳里数据，说明河南省第三产业发展严重滞后。从河南省工农业发展的整体状况来看，工业发展是经济发展的主要拉动力，工业提供的财政税收支持并为反哺农业提供了有效的途径。不过依据发达国家反哺农业的经验，在工业反哺农业时，农业就业数量和份额呈现大幅度下降的趋势。当反哺农业发展到成熟阶段时，农业劳动力就业份额一般都降低到5%以下，这意味着农业生产效率已经达到极高的水平。因此，在反哺政策实施的背景下，河南省工农业发展面临着农业就业份额下降的问题。也就是说河南省农业劳动力的转移问题是反哺农业的重点。在一般国家模式中，显示出第三产业是农业劳动力转移就业的主要渠道。但是河南省在反哺农业，推动农业产业化和规模化经营，重点还是发展第三产业，以推动河南省农业劳动力的大幅度转移。

第二节　国际视野：发达国家或地区"以工哺农"的经验

相对于全国来讲，河南省在工农业关系向"以工哺农"转型方面处于滞后的状态，由于本书对全国工农业关系考察是以数据的平均数为依据的，河南省作为中部省份，在工业发展和城市化率方面远落后于沿海发达省份，在综合经济实力方面，2003年前后，河南省远没有达到实施"以工哺农"的水平。因此,全国开始从"以农养工"向"以工哺农"转变的情况下,河南省只能是在宏观政策的调整上贯彻落实中央的指示精神,如对农民建立新型农村合作医疗体系等。但是,实施大规模"以工哺农"政策需要在体制机制、工业化道路选择、农村生产要素资源的整合、城乡关系的调整、农业生产经营方式的变革等方面给予全方位的政策调整和体系构建。应该说,从全国到地方,调整工农业关系既符合世界工农业发展关系演变的规律,又是破除中国长期以来存在的二元社会经济结构的必然选择。不过,河南省的现实省情和工农业演变的轨迹又与西方先起工业化国家或地区的工农业发展存在明显的差异。先起工业化国家或地区在工农业发展的同时也是市场经济体制培育、发展和逐步完善的过程。先起工业化国家在推进工业化的进程中有着相对比较广阔的海外市场予以支持和配合,某种程度上海外市场弥补了国内原料资源的缺乏和市场的狭小。另外,西方先起工业化国家在工业化的推进过程中,虽然存在农业对工业的支持,农业发展滞后工业发展。但是,先起工业化国家如英国在原始资本积累时期,连续出现"圈地运动"的浪潮,采取的方式不存在"交易先于产权的影子",即在几百年的"圈地运动"延续中存领主暴力侵占农民土地,但最终英国实现了"私有产权"的兴起[1]。国内外在工农业发展中的差异决定了河南省在实施"以工哺农"政策时,无论是时机选择,还是指标考察;无论是政策设定,还是路径选择;无论是理论建构,还是制度安排等,相对于先起工业化国家或地区必然表现出相应的差异。不过,先起工业化国家或地区在处理工农业发展关系方面的经验,对河南省工农业实现协调发展提供了有意地参考;西方研究工农业发展关系的相关经济理论模型也为河南省处理工农业关系提供理论上的借鉴。

一 直接补贴农业:美国实施"以工哺农"的政策重心

1929~1933年,世界爆发空前的经济危机,美国工农业生产陷入衰退,农业生产受到严重影响。1933年,富兰克林·罗斯福政府颁布《农业调整法》,这标志着美国开始了大规模实施"以工哺农"的政策。当时,美国农业受到经济危机的巨大冲击,如果以1927年农产品生产者价格指数

---

[1] 舒建军:《待清偿和清偿过的权利》,《读书》2001年第2期。

为100,到1928年,美国农产品价格指数为64.8,1932年降低到29.5,其中谷物和牲畜的价格指数分别下降了63%和56%;农场主现金收入也从1929年的113亿美元降至1932年的47.5亿美元,农场纯收入由61.5亿美元降至20.8亿美元,分别下降了58%和67%。[1] 到1930年,美国负债农场达252万个,占农场总数的38.5%。[2] 当时,美国农业已经实施资本化和规模化经营,刚刚从大萧条中走向复苏的农业经济受到政府的保护和支持。美国的农业经营者成立各种农业组织,这些组织可以通过与政府谈判的形式享有话语权和定价权,因此根据《农业调整法》规定,农场主和农业加工商可以与美国联邦各级政府谈判并签订农产品销售协议,保证农产品价格和农业经营者的收入。美国政府利用农业组织和农业收入支持政策,强制性地实现了政策上从"以农养工"向"以工哺农"的转变。这标志着美国工农业关系"以农养工"阶段的结束和"以工哺农"阶段的开始[3]。在"以工哺农"阶段,美国反哺农业的政策主要有以下几个方面。

——农业的大力补贴政策。美国联邦政府针对经济危机中农场主收入的大幅度下降,制定以提高农场主收入为目标的补贴政策。政府在加大农业投入的同时,实施税收优惠和补贴投入等措施,对农产品销售实施价格补贴计划,保证农场主的收入稳定;同时限制农业生产,防止出现市场供给过剩导致的价格大幅度下降,在开拓农产品国内市场的同时,美国政府实施出口补贴政策,鼓励农产品出口,推动农场主摆脱产品滞销的困境。在补贴投入制度方面,美国财政对农业生产、流通和贸易的转移支付总额称为狭义财政补贴,一般用生产者支持估计(PSE)来表示,1933年美国PSE数量为9.87亿美元,1950年为44.67亿美元,1970年为139.31亿美元,1989年为386.37亿美元,2000年为522.78亿美元。2002年5月,美国制定《农场安全与农村投资法》,这项法案有力地加大了美国农业的补

---

[1] 周泽扬、张远英等:《21世纪农科研究生教育的发展趋势探讨》,《高等农业教育》2000年第6期。
[2] 王洪会、何彦林:《1929~1933年经济危机后的美国农业政策及其启示》,《长春理工大学学报(社会科学版)》2011年第8期。
[3] 范毅:《从"农业支持工业"到"工业反哺农业"——"两个趋向"的路径依赖之中外比较》,《中州学刊》2006年第3期,第38~41页。

贴力度，狭义的财政补贴呈现下降趋势；广义的财政支付，即政府对农业的公共性投入在增加①。美国的农业补贴政策在保护国内农场主利益的同时，也加强了美国农业的国际市场竞争力。美国的农业补贴不只是为了提高农场主收入的直接补贴，还包括稳定农业产量和农产品销售价格补贴、信贷低息补贴。美国农业在政府的巨额补贴之下，使占全国人口2%的农民为3亿美国人提供农产品需求，同时美国还成为全球最大的农产品出口国；美国的农业补贴包括固定直接补贴、贷款差额补贴、反周期补贴；政府直接补贴已占农业市场总收入的11%，占农业市场净收入的42%；每个农户每年能够从美国政府获得的补贴总额达到1万多美元②。美国对农业的巨额补贴不但保证了农业的稳定发展，同时增加了与世界市场上不发达国家的农业贸易摩擦。因为经济落后国家没有能力对农业实施巨额补贴，美国现代化农业的市场竞争力在政府补贴下得到保证，而没有能力补贴农业的欠发达国家在世界贸易中必然处于不利的地位。

——农业的生产保险政策。因为农业是弱质产业，自然灾害对农业生产和销售的影响较大，美国的中小农场主对农业自然灾害的抵御和防范能力不足以保证农业生产的稳定，因此美国农业保险对农业的支持力度也相应加大。对于特大自然灾害政府提供农业保险政策，即农民只需对每种作物缴纳60美元的手续费，便可以参加农业保险。这种保险政策的保险范围只适用实际产量低于正常产量50%的情况，保险额度在实际产量低于正常产量50%的部分的赔付率为55%；同时美国还制定多种灾害保险政策，包括单个农场的产量保险、作物收入保险、以县为单位的产量保险等③。美国的《联邦作物保险法》最早是《农业调整法》的一部分，随后美国对保险法进行年度修正，形成日益成熟的保险法，美国以立法的形式对作物保险技术层面的问题做出详尽规定，主要涉及保险公司对农作物实施的附加保险，即农户的投保水平不超过单产的85%或面积产量的95%。每种作物保险的价格水平应不低于预计市场价格，或者由联邦作物保险公司随机设定，基数应当是收获时的市场价。保险承保价格不得低于联邦保险公司拟

---

① 梁謇、孙平：《美国农业补贴政策演变趋势透析》，《学术交流》2011年第12期。
② 《美国政府的巨额农业补贴政策》，夏树译，《福建农业》2009年第6期。
③ 耿明友：《美国现代化进程中的增加农民收入政策及其启示》，《边疆经济与文化》2004年第7期。

订的价格选项，保险公司不得突破联邦作物保险公司设定的最低价格①。其他还包括农作物产量保险、生产成本保险等，美国以法律的形式对于农作物投保范围、投保水平、价格选择和认定、特大自然灾害保险、地方州价格保险和管理手续费等方面都做出严格规定。

——农业的基础设施建设支持。美国政府在对农业生产和市场流通给予保护和补贴的同时，对于改善农业生产经营环境，改善农业生产条件，加大农业基础设施建设的力度方面也实现政府财政投入。农业和农村基础设施建设的范围包括水电供应、通信网络、燃气用水、交通道路、灌溉设施、堤坝水库等。对于农村建设，发达国家尤其是先起工业化国家城乡基础设施建设实现城乡一体化，城乡差距并不明显，农业基础设施建设和农村建设的加强不但可以改善农业生产条件，提高农业生产率，同时也可以推动非农产业的就业。与农业基础设施建设同步推进的是美国在"以工哺农"阶段的工农业发展，致力于推进农业的机械化发展。因为美国农业发展具有人少地多的特点，在改善农业生产条件的同时，对农业技术的选择倾向于节约劳动力和提高土地生产效率的方面。美国在罗斯福新政时开始实施"以工哺农"政策，在推进农业机械化方面成就显著。1930年，美国农业拥有拖拉机数量为92万台，1940年达到156.67万台；联合收割机数量从6.1万台上升到19万台；有挤奶器的农场从10万个增加到17.5万个。美国在推进农业机械化耕作的同时，还致力于推进农业生产的电气化，1930年，美国用电的农户占总农户数量的10%，1935年达到34%，1945年达到50%，1948年达到90%②。美国政府对农业和农村提供的这些服务和政策，是不可能依赖市场机制的作用实现的，美国政府是在"以工哺农"政策导向下以公共产品的形式对农业给予大力扶持，农业才保持稳定发展的态势。

——农业社会化服务体系的构建。美国农业按提供农业服务产品的主体划分，服务体系主要包括公共农业服务系统、合作社农业服务系统和私人农业服务系统。③ 其中公共服务系统主要由政府部门和科研部门组成，

---

① 李超民：《美国农作物保险政策与农业支持——兼论我国农业保险立法原则》，《农业经济问题》2009年第5期。
② 杜芳、乐波：《罗斯福新政与美国农业现代化及其启示》，《江西社会科学》2008年第11期。
③ 顾瑞兰、杜辉：《美国、日本农业社会化服务体系的经验与启示》，《世界农业》2012年第7期。

主要职责是在联邦政府和地方财政支持下实现农业发展的生产、研究和推广技术的一体化;政府不干预服务机构的事务,只是强化服务条件和环境的改善。合作社农业服务系统主要由农场主和农户基于农业生产和流通需要以及共同利益诉求的需要建立起来的互助性合作组织,这些非政府型的经济合作组织,是美国农场主和农户的自治性共同体组织,合作组织对农业生产环境的改善、生产环节的监控、农作物良种的培育、市场信息的交流共享、农业水电资源的供给、农业基础设施的建设、农业资金的信贷等方面提供全方位的服务。这些合作组织分全国性的和区域性的,尤其是在合作组织与市场消费主体的价格谈判、对政府政策的调整以及农业问题的反馈等方面起到利益表达主体的作用。作为私人农业服务系统,主要是由从事农业生产经营的企业组成,这些涉农企业在延伸农产品的产业链条、农业产品的市场信息和联通国内外农产品市场流通方面起到重要的作用。尤其是美国以立法的形式实施农业科技的推广服务,农业技术推广体系依法构建,对农民提供技术服务;农业技术推广与农业教育相结合,学校教育包括农业技术的学习课程。同时,美国在致力于发展农业经济合作社时,对合作社实施财政补贴政策。1933年,美国联邦政府对于合作社中的农场主给予经营贷款补贴、销售环节补贴、科研教育补贴和农作物保险补贴等。农业的长期补贴主要是农业基础设施建设补贴,1930～1969年,美国政府出资88亿美元用于发展农村交通运输和供电行业[①]。美国经过罗斯福新政,在第二次世界大战后跃升为世界头号资本主义国家,在经济发展水平上有着强劲的实力实施"以工哺农"政策。美国农业在政府的大力保护和支持下,一方面成为世界农业产品出口大国,同时美国也是农业实施机械化和集约化经营的农业强国,美国农业的高耗能和规模化经营是农业发展的重要特色。

二 农业结构调整:德国实施"以工哺农"的政策重点

1913～1945年,德国实行工农业发展的"以农养工"政策,到1945年第二次世界大战结束时,德国工农业经济遭到严重破坏。当时,德国工

---

① 彭成娅、谢元态:《美国财政金融对美国合作社发展及启示》,《中国集体经济》2011年第4期。

农业发展水平处于实施"以工哺农"政策之前,农业处于传统小农经营与大农场农业交叉重叠的状态。1945 年,德国 250 万个最小农户占有的全部土地比为数只有 1‰的容克地主大庄园土地还要少,而小农户负债总额却达到 130 亿马克;没有土地的农户几乎占农户总数的 60%;5% 的农户是资本主义农户;其中资本主义农户占有超过全部土地和耕地的一半,并占有 1/5 的农业工人和一半以上的雇佣工人[1]。德国经过战后的恢复重建,1953 年,发布《15~20 年农业结构改革规划》,这项规划标志着德国工农业关系从"以农养工"转向"以工哺农"时期。德国实施"以工哺农"的具体政策重点是调整农业生产结构,从财政和金融方面支持农业,增加对农业部门的投资,全面实施对农业的保护,这些政策使德国农业迅速实现了机械化、专业化和良种化[2]。

——"以工哺农"背景下农业生产结构的调整。德国在第二次大战后发生分裂,这使西德失去了 710 万公顷可耕地,占整个德国耕地面积的 25%;由于战乱造成大量人口流入西德,到 1950 年流入西德的人口达到 900 万人[3]。战争对德国工农业生产的破坏,以及所引起的国内政治分裂造成农业生产基础的弱化。当时西德政府必须调整农业发展政策,才能维系国内农副产品的需求。首要的政策选择就是调整农业生产结构,实现农业的规模化经营。1955 年,西德通过《农业法》和《土地整治法》,使土地可以进入市场买卖,推动小农场主发展成大农场主,农场规模扩大的同时农场数量大幅度减少。在扩大农业经营规模的同时,德国政府还利用信贷、补贴等经济手段来调整土地结构,1965 年,德国政府对出售土地和牲畜的农户给予财政补贴,帮助这些农户转向非农产业,土地出租超过 12 年者,每亩土地补贴 500 马克;1950~1970 年,德国用于土地结构调整的财政补贴总额为 42 亿马克[4]。其中重点是扶持大农场主,即农场规模越大政府金融扶持额度越大,1952 年,10 公顷以下的农场主获得信贷数量为

---

[1] 张新光:《农业资本主义演进的普鲁士范式和德国的农业现代化》,《燕山大学学报》(哲学社会科学版) 2009 年第 2 期。
[2] 马晓河、蓝海涛等:《工业化中期阶段的农业发展政策研究——国际经验与中国的选择》,《农业经济问题》1999 年第 8 期,第 15~25 页。
[3] 胡才珍:《试论第二次大战后初期至 50 年代末德国西部地区农业的重建与发展》,《江汉论坛》2004 年第 5 期。
[4] 刘英杰:《德国农业和农村发展政策特点及启示》,《中国农业信息》2004 年第 12 期。

2825马克；10~20公顷的农场主获得信贷数额为3704马克；25~50公顷的农场主获得信贷数额为5123马克；50~100公顷的农场主获得信贷数额为7433马克；100公顷以上的农场主获得信贷数额为12219马克[1]。德国政府在调整土地规模的同时，也在调整农业产业结构。在保证种植业发展的同时，德国重视畜牧业的发展，畜牧业产值占到农业产值的60%以上，1986年，畜牧业产值达到农业产值的68%。[2]同时德国还重视农产品加工业的发展，德国种植业结构与产品加工行业、市场生产消费成正相关关系，农产品加工业和畜牧业的发展成为德国农户收入的重要来源。20世纪90年代，德国政府鼓励农民发展工业作物种植业，即种植那些化工原料的替代作物。1995年后，德国政府每年拨款5500多万马克发展工业经济作物，1998年，德国工业经济作物已达60万公顷以上，当年仅收集化工作物原料价值达11.5亿马克，此前5年年均增速高达30%[3]。德国农业产业结构的多元化经营成为德国实施"以工哺农"政策的特色。

——"以工哺农"条件下农业发展补贴政策。农业化肥补贴发生在20世纪50年代中期，当时西德农业现代化高潮刚刚开始，农民购买化肥时其价格的12%~14%由政府财政支付。1956~1963年，财政为农业化肥补贴共支付了18亿马克。从1956年起德国开始实施农机补贴，即农民购买使用农机燃料，政府补贴23%~50%，到20世纪70年代，政府每年为农机补贴支付4亿马克，其数额占当时农机使用燃料支出的1/3[4]。从1953年起，德国开始实施农业柴油补贴，1996年国家预算中每年用于农用柴油补贴为8.3亿马克，1999年达到10亿马克[5]。20世纪60年代，欧盟建立农业共同市场，成员国的农业发展受到欧盟农业发展政策的支持，欧盟的收入预算来自欧盟各成员国的全部农产品关税和增值税的1.4%；如果收入

---

[1] 胡才珍：《试论第二次大战后初期至50年代末德国西部地区农业的重建与发展》，《江汉论坛》2004年第5期。
[2] 李晓俐、陈阳：《德国农业、农村发展模式及对我国的启示》，《农业展望》2010年第3期。
[3] 《德国发展现代农业的经验》，《领导决策信息》2000年第8期。
[4] 李琼：《德国财政哺农政策与我国农业综合开发财政政策选择》，《现代商业》2010年第7期。
[5] 李剑、张晓光：《从欧盟和德国的农业财政政策看我国农业财政政策如何调整》，《农村经济与科技》2006年第1期。

与支出出现缺口，各成员国负担的分摊数额不能超过本国 GDP 总量的 1.7%；欧盟在财政支出中对农业的支持占有主要地位，1998 年，欧盟财政支出为 1560 亿马克，其中用于农业支出为 867 亿马克，约占总支出的 56%；德国对农业财政补贴在很大程度上依赖欧盟，1996 年德国财政支农 121 亿马克，但来自欧盟的为 110 亿马克[①]。德国在财政补贴农业之外，财政补贴的事项还包括产品市场差价补贴、农业基础设施建设补贴、农业技术培育补贴、农业信贷补贴、农业休耕和限产补贴、农业生产环保补贴等，这些财政补贴措施在保证农业稳定发展的同时，也成为提高农民农业收入的主要来源，同时也带来较高的农业生产率。据统计，目前德国 1 个农民供给 124 个德国人的农副产品供给；德国农业税收约占联邦政府财政收入的 1.7%，但是，财政对农业的投入约占财政总支出的 7%；2000 年，德国 60 万农民从欧盟获得的补贴为 151 亿马克，从联邦政府得到的补贴为 151 亿马克，农民人均补贴数高达 4.5 万马克，而德国农民人均年收入不过 6.3 万马克[②]。这意味着德国农民的收入来源主要依赖欧盟和政府的补贴。

——德国的农业经济合作组织。农业是生产效率较低、抵御市场风险较弱、抗拒自然灾害能力较差、销售价格弹性不高的弱质性产业。德国的单个农户为了抵御市场交易的风险，提升话语权和市场定价权，就自发组织农业经济合作组织。德国的农业经济合作社有些不只是单纯的生产性合作社，而是农民共同缴纳股份、共同参与劳动和管理的企业型合作社，农民与合作社的关系通过劳动来调节，农民的土地通过合作社租赁的方式来调节。这类合作社实际上是一种市场化的生产经营型企业[③]。德国还有些是服务型农业经济合作社。德国政府为了有效扶持农业的持续发展，保护农民的经济权益，对农业经济的服务型合作社（组织）同样给予政策上的支持和财政上的一定补贴。德国的农业经济合作组织一般分为三类：生产服务类，即合作社提供种子、化肥、科技、机械和技术培训等业务。产品流通类，即合作社负担农副产品的加工和销售，为农副产品的市场销售找

---

① 农业财政政策培训团：《德国的农业和农业财政政策》，《农村财政与财务》1999 年第 3 期。
② 朱立志、方静：《德国绿箱政策及相关农业补贴》，《世界农业》2004 年第 1 期。
③ 何广文：《德国东部农业合作社发展的特征与启示》，《德国研究》2001 年第 3 期。

到有效的途径。农业信贷服务类,农业产业结构的多元化必然带来农业生产经营的投资,农业的合作金融是专门为农业发展服务的,农民可以通过合作金融机构获取低于市场利率的贷款。合作社由农民出资建立,农民享有合作社清晰的产权,合作社不是市场盈利组织,而是农业服务型组织。因此,合作社的收入归农民所有。德国的农业经济合作组织改变了农民作为单个市场主体在交易中的弱势地位,可以实现农业生产收益的最大化。截至2009年12月31日,德国农业合作社共有2675个,其中,农村商品和服务合作社2504个,商品信用合作社165个,主要合作社6个。农业合作社拥有合作社成员约180万人,占德国总人口的近1/5,几乎所有的德国农民都是一个或多个农业合作社成员[①]。应该说,德国在"以工哺农"时期,在调整农业结构实现规模化的同时,还注重农业发展的组织化和市场化。农业合作社不但采取农民自愿和互助的方式整合农业资源,还采用严格的审计制度保障合作社的有序运行。为此德国专门制定《合作社法》,规定合作社成立时加入合作社审计协会,并定期接受该协会的审计。审计协会对合作社的审计内容包括合作社的资产经营、业务往来和经济效益等,审计结果必须向合作社成员通报。德国的合作社有效地促进德国农业的发展,如今德国是世界上第四大农产品出口国,其中畜牧产品的1/3来自于农业合作社,奶制品合作社每年加工2000万吨产品,农业合作社每年创造39亿欧元的产值,2009年,德国农业合作社的销售总额为384欧元,提供了10万个就业岗位[②]。德国农业的发展极大地促进了德国非农产业的发展,这成为德国农业发展的一大特色。

三 政府直接补贴:英国实施"以工哺农"的政策核心

相对于美国和德国,英国是较早发展资本主义的国家。在工农业发展关系方面,英国在自由资本主义阶段也是依靠市场机制的作用推动资本主义的发展,结果是英国农业资源实现高度集中的情况下,到19世纪末期农业发展出现严重滞后于非农产业发展的局面。1900年,英国农业产值占国民经济产值的5%~6%,1891~1911年,英国农业劳动力就业份额为

---

① 李敬所:《德国农业合作社的历史、现状及发展趋势》,《中国农民合作社》2010年第9期。
② 李敬所:《德国农业合作社的历史、现状及发展趋势》,《中国农民合作社》2010年第9期。

9%，1900~1911年，英国进口谷物数量占总需求的85%，肉类占到45%[1]。造成英国农业衰落的主要原因是在19世纪以前作为殖民大国，农业产品供给可以依赖庞大的殖民地生产。而英国工业在自由竞争的市场经济条件下，依托殖民地的市场和原料获得长足发展，这就造成英国农业的严重滞后。在英国拥有大量殖民地的情况下，农业产品供给没有问题。但是，随着英国在世界殖民体系中的衰弱和世界竞争的加剧，尤其是经历了两次世界大战，殖民体系崩盘，造成英国农业不只是衰退，发展更是陷入困境之中。由此，英国政府为了推动本国农业的发展，在第二次世界大战后就开始实施"以工哺农"的政策来保证农业产品的国内供给。1947年，英国在实施"以工哺农"政策时，工农业经济结构中人均GDP数量为6307美元，农业占GDP份额为6%，工农业GDP数量比例为88：12，农业劳动力就业份额为5.7%，城市化率为77.9%[2]。英国在实施"以工哺农"政策时，经济结构方面的各项指标远高于其他国家的水平，原因是英国是老牌先起资本主义国家，在工农业经济发展水平上处于领先的地位，因此，英国在实施"以工哺农"政策时有着更为有利的条件。

——对农业基本建设的补贴。英国在第二次世界大战后为了改变农业发展滞后的局面，首先强化农业的基础设施建设。1947年英国《农业法》规定农场面积最低保持在80~100公顷，农业耕地的集中有利于推进规模化经营，对农业生产基础设施建设也提出要求，为此英国政府对土地改良和农业水利设施建设提供补助金，如整理归并土地可以得到68%的补助金，为愿意合并的小农场主提供所需费用50%的财政补贴，对愿意放弃经营的小农场主提供2000英镑以下的补贴或者终身养老金；对于园艺农场改良土地和购买设施提供15%~25%的补贴；对于农场主修建道路、田间设施和水利堤坝以及供电设施提供总投资2/3的财政补贴等[3]。同时，英国政府为了提高农业生产率，自第二次世界大战后大力发展农业机械化，1944年，英国的农用拖拉机只有17.34万台，联合收割机只有2500台；

---

[1] 牛瑞华：《1870~1914年间英国各农业阶层状况考察》，《史学月刊》2004年第8期。

[2] 马晓河、蓝海涛等：《工业反哺农业的国际经验与我国政策调整的思路》，《管理世界》2005年第7期，第55~63页。

[3] 张新光：《农业资本主义演进的"英国式道路"及其新发展》，《四川行政学院学报》2008年第4期。

到1990年，英国农业拖拉机达到50多万台，联合收割机达到4.7万台，平均每个农民拥有1台拖拉机和0.5台联合收割机；农业机械化的推行使英国很快摆脱农产品需求依赖进口的局面，1994年，英国每个农民生产谷物38.4吨，肉类6428公斤，牛奶29364公斤，鸡蛋1224公斤[①]。

——对农产品的价格补贴。第二次世界大战期间，由于德国攻击英国海上的商队，英国国内农产品供给实行配给制。战后由于殖民地的先后独立导致英国农产品供给不足，由此英国实施对农业的支持和保护政策，短期内就实现了农业产量的大幅度提高。农业产量增加必然带来价格的变化，为了保护农场主的利益和农业生产的积极性，政府对主要农产品制定了最低保护价制度。当实际市场价格低于保护价格时，英国政府补贴其中的差额。同时政府根据农场所处的地理位置的差异，给予环境条件较差的农场直接补贴，这种补贴是通过保证作物面积的形式实施的。英国法律规定，1公顷作物面积可以获得欧盟和英国政府直接补贴220.5英镑，而在英格兰等农业适宜区补贴更高，1公顷作物面积获得欧盟和政府补贴225.8英镑；对于畜牧业政府补贴力度更大，1头公牛农民可获得补贴93.11英镑[②]。不过英国等欧洲国家对内实行农业价格补贴和对外实施农业保护，在欧盟成立后也为欧盟财政带来巨大负担，同时为了应对世界贸易的农产品价格谈判，欧盟决定逐渐降低价格补贴，调整为对农民直接补贴，其费用由欧盟和成员国共同承担，如承担世界农产品贸易中谷物损失的50%，牛肉损失的85%，奶制品损失的65%等[③]。这种直接补贴农民的目的是增强欧盟成员国的农产品竞争力，保护农民的生产积极性和稳定本国农业的持续发展。

——对农业的信贷补贴。英国的农业信贷模式与大多数国家不同，其他国家设立专门的农业银行和农业信用合作社金融机构等，而英国的农业信贷主要是通过农业商业金融机构实施的。农业商业银行在政府支持下向农民提供无抵押的短期贷款，而农民的长期贷款是由政府主导建立的农村信贷联合委员会负担的，农民长期贷款的利率略低于商业银行的贷款，同时由政府支持的抵押公司提供贷款担保。不过这些长期贷款有着严格的审

---

① 陈伟超：《英国农业发展对我们的启示》，《广西农学报》2004年第2期。
② 董宏林：《英国农业补贴及农业保护政策》，《农村工作通讯》2006年第8期。
③ 龙才：《英国、意大利的农业补贴政策及借鉴》，《中国财政》2003年第3期。

核制度，贷款多由经营规模较大的农场获得，而相对较小规模的农场一般得不到长期贷款[①]。从某种程度上说，英国政府替商业银行承担了农业信贷的风险，这种农业信贷模式有赖于政府强大的财力支撑，因此一般不被其他国家采用。但是，政府支持的农业信贷与商业银行在对农村金融服务方面形成相互竞争的局面，更有利于农业部门获得信贷支持。

——对农业的技术服务。英国政府为了推动农业生产，在第二次世界大战后开始免费向农民提供技术和农业信息服务，从中央到地方设置专门的农业科研机构，具体业务工作由国家设立的农业研究委员会统一计划统筹协调。农业科研机构不但承担农业技术的开发、农业良种的培育和市场信息的数据分析，同时还承担农业技术的推广和农业教育。农业技术推广工作由农业发展咨询局负责，其中英格兰和威尔士的农业发展咨询局有5000多名工作人员，在当地共建有8个区域性总推广机构和4个分支机构，设有植物病理、昆虫和兽医三个中央实验室[②]。这些机构和人员负责两地区的农业技术推广应用。对于农业的教育，英国政府在全国各地设立农业综合性大学和农校，专门培养农学人才。对于农民的利益诉求，英国设有公益性质的各种农民协会，农民协会发挥合作组织的作用，重点是提供生产和流通服务。早在1908年，英国就成立国家农民协会，目前在英国的英格兰和威尔士的农民协会会员达到6万多名，国家农民协会在各地都设有分支机构，主要是针对农民和农业发展的问题听取建言和研究对策，以及与当地政府沟通交流，开拓市场、游说政府和咨询认证等是农民协会的主要职责[③]。

四 政府强力干预：日本"以工哺农"的政策特点

1950年，日本经过战后一段时间的经济重建和恢复，随着朝鲜战争的爆发，日本迎来了经济发展快速增长期，战时的物资需求量提高了日本的投资率，这是靠国民较高的储蓄率来保证的。战时物资需求的增加要求农业增加产量，日本为了刺激农业生产减轻农业税负，对战时统购农产品采

---

① 陆俊龙：《"特立独行"的英国农业金融制度》，《中国报道》2008年第12期。
② 李媛：《英国农业概况及成功经验》，《云南农业》2003年第1期。
③ 国务院农村综合改革工作小组办公室考察团：《英国农业支持与保护体系建设考察报告》，《财政研究》2008年第1期。

取最低保护价措施。1961年，日本政府颁布了《农业基本法》，政府用法律的形式加大对农业保护的力度，提高农产品价格，保证增加农民收入，这项法律的实施标志着日本工农业关系转向"以工哺农"时期。在实施"以工哺农"的当年，日本工农业经济结构的各项数据是：农业占GDP份额在13%以下，农业劳动力就业份额降至30%左右，工农业产值份额比例为76∶24，城市化率为63%，人均GNP数量达到2690美元（1980年美元）[①]。日本的工农业经济结构显示出政府具备反哺农业的经济能力。随后，日本政府持续对农业的扶持和保护政策，日本反哺农业的措施主要有以下几个方面。

——农业主要依赖政府的补贴。第二次世界大战后，日本农业依然是以传统生产经营方式为主的产业，从农业劳动力人数为1699万人来看，1950年日本的农业劳动力总量占45%，农业的GDP份额为25%，农业家庭收入占非农业家庭收入的38%[②]。日本政府针对本国农业资源相对稀缺，就制定了合理利用能源资源，提高农业生产效率的政策，1961年，日本发布《农业基本法》，该法的实施有效地打破农业细碎化经营的局面，日本农业开始向集约化和企业化经营方式转变。为了推动日本农业的转变，政府对农业首先进行生产性补贴。对于大型水利设施由政府出资兴建，对于小型水利设施，政府补贴投资占60%，政府对于有些工程的出资比例达到90%；对于农用机械如拖拉机、联合收割机、大型农产品加工设施和育苗设施等，日本政府的补贴一般为50%；对于养殖行业的基础设施、塑料大棚和冷冻储藏室的建设，政府补贴建设费用的40%；对于农民对农业投资所需要的资本，除政府补贴之外可由信贷方式解决，政府可以通过低息贷款的方式为农民提供，利息一般低于市场利率的1/3~2/3；日本是多地震和多风暴海啸的国家，农业受灾害的影响较大，为了保护农民利益，政府强制农户参加保险，由政府直接参与农业保险，政府对农作物的保费补贴为50%~80%；政府对农业投资力度的加大带来农业资本生产要素比例的提升，1960~1970年，日本农业资本生产要素比例为9.01%，第二次世界

[①] 冯海发：《经济发展与反哺农业》，《学习与探索》1995年第6期，第4~16页。
[②] 郭利京、卞琦娟：《刘易斯转折点后日本农业劳动力转移和农业发展》，《江苏农村经济》2012年第1期。

大战前资本要素比例年均为0.99%[①]。日本政府对农业的高额补贴持续到20世纪80年代，每年的补贴金额达4万亿日元以上，日本农民收入的65%来自政府补贴；到2000年，日本农业占GDP份额为1.1%，而日本农业补贴金额占GDP总量1.4%[②]。不过日本是农业资源稀缺的国家，日本不鼓励农产品出口，对于进口农产品，日本采取进口农产品高关税的政策，以避免与本国同类农产品形成激烈竞争。

——政府对农产品价格的强力干预。日本农业资源有限导致农产品供不应求，日本的高价农业源于农业资源禀赋特点。大米是日本的主要农产品，但农产品的市场价格弹性较低，如果政府不实施价格干预，日本极有可能出现粮食危机。但政府干预价格实施粮食的统购，又会增加政府的财政负担，引发粮食财政赤字，为此政府主要对粮食产品实施价格补贴措施。首先是粮食的价格支持，如大米的价格补贴采取生产大米的农业劳动日价格与非农业劳动日价格相当的计算方式，这样大大提高了大米的生产价格，政府补贴大米生产价格与市场价格的差额[③]；其次是农产品的最低保护价政策，对于市场供过于求的农产品价格，政府采取保护价，以保证这些农产品的供给；再次是政府直接干预农产品价格，即政府对于肉类农产品采取直接购入和卖出的方式，以稳定这些农产品的价格；最后是价格差额的直接补贴制度。政府对于市场价格波动较大的农副产品实施直接价格补贴。当市场价格低于生产价格时政府补贴，当市场价高于生产价格时，农民可以在市场上自由交易。政府对农业的高额补贴在50年代占财政支出的25%左右，到21世纪初，日本对农业的补贴占农业GDP的40%[④]。日本政府财政对农业的补贴主要来源于农产品的关税收入，在世界各国都在降低关税的背景下，日本农产品关税的税率是比较高的，2004年，日本农业保护总额52830亿日元，其中91%来源于农产品的高关税，这个比例远高于美国的35%、欧盟的53%和世界平均水平的60%；尽管以后日本

---

① 张珂垒、蒋和平：《日本构建发展现代农业政策体系及其对我国的启示》，《科技与经济》2008年第6期；张辉、张欣途：《浅析日本的农业保护政策及其启示》，《日本问题研究》2008年第2期。
② 陈颂东：《日本农业保护的经验值得借鉴》，《财经科学》2008年第2期。
③ 耿庆彪：《日本工业反哺农业的实践与启示》，《淮北职业技术学院学报》2009年第4期。
④ 范东君：《日本农业发展经验对中国农业发展方式转变的启示》，《当代世界》2010年第11期。

农产品平均关税的税率下降到64.9%，但仍高于欧盟15.7%和美国10.9%的水平[1]。日本农产品的高关税和主要依赖政府的财政补贴，使日本农业成为世界上得到政府保护力度最大的产业。

——农业的保护性立法制度。日本的整体性保护和扶持农业发展的政策都是通过农业立法的形式实施，以保证对农业反哺长效机制的构建。早在1938年日本就颁布了《农业保险法》，1947年又颁布了《农业损失赔偿法》，这些法律的实施有力地增强了农民抵御农业生产风险的能力。日本国内与农地有关的法律有几十种之多，主要包括农业土地和土地利用两大部分；农业土地利用有20多部法律，土地利用有40多部法律[2]。日本人多地少，因此法律对农业土地转化为宅基地、非农用地和商业用地等做出严格的限制性规定，以保护农业土地资源，实现农业的稳定发展。其中最重要的是1961年日本发布的《农业基本法》，该法的实施对农业从传统农业转向集约化、专业化、规模化和企业化经营方式提供了制度保障，该法规定"农场具有足够大的经营规模，使从事农业的家庭成员能够全力工作，并获得可与非农享受同样生活水平的高收入"[3]。该法使日本有选择地发展农业规模化生产，加速了日本农业现代化进程。而随后颁布的《蚕种检查法》《肥料管理法》《农业协同组织法》等，进一步细化了对农业发展的总体设计，对农业生产环节的加强起到重要作用。日本为了持续推进农业的集约化经营，在颁布《农业基本法》的第二年又修订了《农地法》，放宽了对农地拥有面积的标准。日本农业立法的权威性使农业支持政策具有制度保障，有利于农业发展长效机制的构建；日本农业立法的全面性使各种法律之间相互引证，规避出现法律条文相互冲突的现象，保证农业法律的有效实施；日本农业立法的完整性使农业法律涵盖政府要实施的方针、政策和制度，以及执行的主体和执行的程序，保证法律的实施效果。

——农业的组织化服务体系。日本农业的组织化是通过建立全国统一的农民协会组织来实现的。农民协会与全国各级行政组织相应建立，承载着农业发展的各项服务功能。日本农协的服务项目包括生产性服务，即农业生产资料的购买、农副产品的销售、农业生产的金融服务、农副产品的

---

[1] 陈颂东：《日本农业保护的经验值得借鉴》，《财经科学》2008年第2期。
[2] 梁书民：《日本的土地制度与农业政策及启示》，《农业经济问题》2011年第9期。
[3] 陈颂东：《日本农业保护的经验值得借鉴》，《财经科学》2008年第2期。

加工储藏、农产品良种的培育和农业机械的提供和保护等；还有对农民的服务，包括农业生产的计划安排、农民的医疗保健、农民生产技术的培训指导、农民个人消费信息的咨询、农民家庭的事务性服务等[①]。农民协会是非政府的非营利性组织，为农民提供全方位服务，当然也包括农民利益的诉求和代表农民进行市场谈判等，以保证农民市场主体地位的实现。概括地看，日本农协主要有四项业务，主要业务被称为经济关联业务，即信用业务、销售业务、购买业务和保险业务等四种基本业务；此外还有务农指导业务、农业行政管理和文化活动等次要业务[②]。为了吸引农民加入农协，日本政府给予农协会员税收优惠，同时农协在农副产品销售方面的垄断地位又提供了价格的优惠；农协建立储存农副产品的仓库、加工农副产品的设备和维修设备等，政府还提供高达80%的投资成本补贴[③]。日本的农协在实施对农业的保护方面发挥了积极的作用，但是农协的垄断地位妨碍了农业市场竞争机制作用的发挥，农协的低效率经营局面长期存在，客观上导致农业服务功能的弱化和农业效率的低下。同时，农协的垄断和政府的强力保护影响了农业比较优势的发挥。日本作为农业资源紧缺的国家，对农业的保护是必要的，但是，由于保护范围过大造成农业发展的路径依赖，保护过程中形成的既得利益群体对农业政策的调整起到阻碍的作用。对农业过度保护的结果是农业缺乏国际竞争力，农业发展依赖农副产品关税的提升来增加本国农业竞争力。长此以往必然导致农业领域在增加国际贸易摩擦的同时也使本国农业更加依赖政策保护。

五　发展现代农业：韩国"以工哺农"的政策特色

相对于先起工业化国家，韩国属于后起工业化国家。在经济结构上，在朝鲜战争后韩国产业结构依附于美国等发达国家，工业发展主要靠技术含量较低的劳动密集型产业。农业在20世纪50年代，韩国面临粮食不足的局面，为此韩国在财政吃紧的条件下对农业发展给予政策支持和保护。

[①] 陈军民：《日本现代农业发展经验对我国农业发展的启示》，《消费导刊》2009年第10期。

[②] 藤荣刚、周若云等：《日本农业协同组织的发展新动向与面临的挑战——日本案例和对中国农民专业合作社的启示》，《农业经济问题》2009年第2期。

[③] 刘雨欣、费佐兰：《日本农业扶持政策体系及启示》，《中国集体经济》2011年第1期。

1969年，韩国开展"新农村运动"，旨在提高农业生产率和调整农村和农业产业结构，农业保护政策在推动农业发展的同时也增加了政府的财政负担。同时对农业机械实施购买补贴，导致农业产业化和规模化经营受到中小农户的限制，中小农户更愿意购买农业机械供出租获利，而不愿出租土地[1]。1972年，韩国调整工农业发展战略，重点发展重化工业，最后导致工农业关系严重失调，1980年，韩国发生严重的经济危机。由此，韩国开始调整工农业关系，实施对农业的保护和支持政策，从政策导向上实现从"以农养工"向"以工哺农"的转变。在构建农业服务体系和提供农产品价格、金融和技术信息方面提供支持；以关税保护农产品国际贸易，实现土地的商业性开发，提升农产品加工行业的生产水平；加强对农业基础设施的投资和建设等，这些支持和激励措施的实施使韩国农业走向高效农业和现代农业[2]。韩国反哺农业政策主要表现在以下几个方面。

——农业的补贴政策。韩国大部分农民参与大米的生产，大米的补贴政策是韩国农业政策的核心。20世纪70年代，韩国对大米实施"购销倒挂"的价格的双轨制，由政府高价购进大米然后廉价卖给城市居民，差价由政府补贴[3]。由于政府对大米补贴的政策偏好，导致农业其他产业发展受到影响，同时国际贸易中关于农产品进口低价承诺和削减大米补贴的社会舆论，使韩国在20世纪80年代后逐渐减少对大米的补贴；到1995年政府才开始按市场价格收购大米。由于随后韩国成为GATT成员国[4]，按成员国谈判协议要求取消粮食价格补贴，韩国对农业的补贴转化为直接补贴农民的方式。韩国政府实施农业直补金额在农业预算中的比重逐年递增。2001年农业总预算为60968亿韩元，其中农业直补预算为2509亿韩元；2005年农业总预算为73406亿韩元，农业直补预算为10041亿韩元。农业直补预算比重从2001年的4.1%增加到2005年的13.6%，韩国政府计划到2013年农业直补预算比占到农业预算的22.9%。2003年农民户均直补金额为50.9万韩元，占农民户均收入的1.9%；2004年的直补金额为69.9

---

[1] 金恩斌：《韩国农业政策的演变及启示》，《经济导刊》2010年第11期。
[2] 吴敬琏：《中国增长模式抉择》，上海远东出版社，2005，第77页。
[3] 强百发、黄天柱：《韩国农业支持政策及其启示》，《吉林工商学院学报》2008年第5期。
[4] GATT作为国际组织已不存在，取而代之的是WTO。但GATT作为协议仍然存在，但已不再是国际贸易的主要规则，而且已被更新。

万韩元，占农民户均收入的 2.4%；到 2013 年农民户均直补金额将达到 428.5 万韩元，占农户所得的 10.0%[①]。韩国农业直补的对象还是大米生产者，直补的依据按照种植面积决定直补数量。韩国农业直补对农民收入的影响不像先起工业化国家，使财政直补成为农民收入的主要来源。但是，韩国农业对农民直补政策对维持本国农产品供给和工农业关系的协调方面起到决定性的作用。

——农民的合作组织。农协是韩国农民的互助合作组织，但是，农协的建立和发展是在政府的直接干预下实施的。韩国在 1948 年开始实施土地改革，实现"耕者有其田"，由于农业的家庭经营，农民自发志愿组织合作社。20 世纪 50 年代，韩国政府认为有必要统一整合农村的合作组织，以强化对农村的管理和控制。1957 年对农协实现立法，颁布《农业协同组合法》，1961 年又修订这部法律，对韩国农协中央会与农业银行合并，成立韩国农协（NACF）。[②] 韩国农协的主要业务首先是推动农业生产业务，主要包括指导农民从事农业生产，帮助农民改善农业生产经营管理，降低能源生产成本，实施农副产品加工技术的培训，指导农民提高农副产品的附加值。对于农用生产的各种要素，如水电设施、农药化肥、良种培育、养殖栽培、灾害防护等提供信息咨询和物资供应。尤其是农业生产资料，农协组织统一采购，会员享受价格优惠，对农业机械和农药化肥的统一供给降低了农业生产成本。农协的业务作用最明显的表现是承担农副产品的销售，这就弥补了农民与市场对接的局限，农协处于农副产品销售的垄断地位，对政府的协议谈判中代表农民的利益，保障农民在产品销售中的话语权和定价权。农协在全国范围设置销售网点，负责市场信息的收集和货物的采购发送。农协的销售存在采购销售、代理销售和委托销售三种，农协在全国设有 201 个收购中心，141 个设备先进的仓库，76 个农产品销售中心，44 个超级市场；1990 年，韩国农业联合会销售总额为 9200 亿韩元，基层农协直接销售 20880 亿韩元，其中粮食占 31.1%，蔬菜占 24.2%，水果占 21.4%，畜产品占 13.1%。[③] 韩国农协在农业发展中的作用是巨大的，也是政府联系农业和农民的主要渠道，由于韩国农协合并了农业银

[①] 赵贵玉：《韩国农业直补政策的主要内容及启示》，《北京农业》2007 年 8 月中旬刊。
[②] 柳金平、刘媛媛：《韩国农协全接触》，《中国农民合作社》2009 年第 6 期。
[③] 管爱国：《韩国农协的事业和活动》，《中国供销合作经济》1994 年第 5 期。

行，农协还负责为农民办理信贷业务和保险业务。农协是政府直接参与下的经济合作组织。因此，韩国农协具有半官方的性质，不只是农民的经济互助合作组织。这种模式有利于农协的发展壮大，运作过程不但受到政策支持和保护，还受到法律的保障。

——农业的现代化发展。韩国农业现代化的特色是实现农业的机械化耕作、信息化服务、市场化运营和生态化发展。首先是韩国的机械化发展，在20世纪50~60年代，韩国由于强化对农业购买机械的补贴使弱小的财政不堪重负；到20世纪80年代，韩国经济增长带来财政能力的提升，政府在农民团购农机时，给予50%的补贴、40%的贷款资金，使机械化团购组织发展迅速，达1.9万多个，平均每2个村1个[1]。韩国农业机械化的发展与韩国非农产业的发展和城市化率的大幅度提升直接相关，由于农业劳动力的逐渐减少，机械代替人力成为不可避免的趋势。其次是韩国的农业信息化服务。随着农业的发展，韩国建立全国性的农业信息网，对于农副产品的动向随时通过现代信息技术和卫星遥感技术进行分析预测；同时构建农副产品的电子商务体系，随时为农户提供农业技术和市场信息；另外还建立全国农业技术信息服务咨询平台，随时为农民提供全方位的技术服务和农业生产指导[2]。再次是韩国农业的生态化发展。韩国农业广泛采用生物技术，农业科研部门广泛收集和管理国内外谷物品种及优质品种，并分析检测优质农作物成分，以开发出适合本地生产和符合消费者口味的高品质农作物，另外科研机构还注重对生态环境的监测和研究，以保证工农业发展对环境影响在可控的范围之内[3]。为了保证农业发展与环境的协调，韩国政府机构组织对土壤进行定期分析和检测，对土壤的生物、养分、水分和农药等信息进行综合统计，构筑农业生产环境信息网络。同时加强对农副产品生产和销售的质量检测，制定食物质量的安全测评指标体系，实施普及推广农作物栽培的环保技术，以净化农村生活和生产环境。韩国农业的市场化与工农业发展是同步的，依赖市场机制韩国农业获得长足发展。但是，市场机制作用在转移韩国农业劳动力的同时，也为韩国农业实现现代化和规模化的经营方式提供了有利的环境。韩国在农副产品销

[1] 黎海波：《韩国农业机械化发展的国家扶持经验》，《当代韩国》2005年第3期。
[2] 王鸿涌：《韩国现代农业及农业机械化发展特点》，《农机质量与监督》2006年第3期。
[3] 王燕燕、刘承礼：《韩国农业发展考察报告》，《经济社会体制比较》2006年第4期。

的局面。尤其是台湾地区加入世界贸易组织后，为了应对世界农产品贸易的竞争，台湾地区开始实施农业产业结构的转型，以种植业为主向农业多元化经营发展。2011年种植业产值从20世纪80年代的45%下降到30%左右，渔业产值从不足20%上升到30%左右，畜牧业产值比重达到35%左右①。农业的多元化经营改变了农业的产业结构，也调整了农产品的贸易结构，扩大了农民收入来源，这是台湾地区农业发展的必由之路。

——农业的产业化经营。农业产业化要求土地的规模化、农业经营的机械化、农业生产的资本化和产品流通的市场化。对于土地规模化的实现，台湾地区在20世纪80~90年代积极推动土地的流转，政府为农户扩大土地经营规模提供农业贷款，农户可以通过合作、出租和委托等形式实现土地的流转经营，提倡创办家庭农场。1995年，台湾地区颁布《农地释出方案》，1998年颁布《农业发展修正草案》，2000年颁布《农业发展条例》。这些法律条例的实施实现了对农业耕地的分类管理，放宽农地承受人资格，为公司制农业的发展创造了条件；同时防止农地炒作，赋予农民土地流转的自由签约权②。台湾实施的土地流转政策为土地的规模化经营提供了制度保障。农业的机械化经营。产业化离不开机械化，机械化农业是提高农业生产率的主要途径。台湾的农业机械化推广较早，1982年台湾基本上实现全程农业机械化，1986年，台湾97.9%的耕地实现机械化，插秧机械化占98%、收割机械化占97.2%、玉米脱粒机械化占90%、杂粮播种机械化占64%等；1990年拥有耕作机械115390台，插秧机40193台，联合收割机14084台，喷雾器87923台等③。农业的资本要素供给。2003年，台湾出台《农业金融法》，依据该法台湾设置农业金融机构，其中的农业金库是服务于农业发展的企业机构，机构资本总额不得低于200亿元新台币，农业金库经营所得用于农业发展经费。台湾农民经营费用的70%依靠借贷，台湾每年拨出总预算的3%用于技术推广、教育培训、试验计划、农业基本建设等事项④。台湾的农业产业化经营起步早，农业发展效

---

① 丁继平：《台湾现代农业发展的特点及其启示——台湾农业考察报告》，《安徽农学通报》2012年第1期。
② 黄金辉：《台湾农业产业化支持政策及其运作》，《思想战线》2003年第2期。
③ 刘克辉、赵玉荣等编著《台湾农业发展概论》，福建大学出版社，1997，第88页。
④ 《台湾农村金融与农业发展关系密切》，《华夏星火》2008年第12期。

果显著,到 2008 年,台湾地区农业产值为 4000 亿元新台币,合人民币 895 亿元;农业人口 400 多万人,占台湾总人口数的 19%;农民家庭平均收入 94 万元新台币,合人民币 21 万元,占非农业家庭收入的 79%[①]。台湾地区农民与非农家庭收入差距如此之小,说明农业现代化已经发展到一定的水平。

——农业经济合作组织。在实施反哺农业支持之前,台湾出于政治掌控需要曾取消农民合作组织。在工农业政策转型后,开始认识到农民合作组织有利于整合农业生产资源,提高农业规模化经营水平,推进农业耕作的机械化,于是在 1974 年,颁布法律,允许农民成立合作社。1997 年底,共有各种农业合作社 486 家,其中单位社 481 家,联合社 5 家;农业合作社社员约有 22 万人,占农业劳动力总数的 25% 左右,法人社员 411 人;合作社总股金 19923 万元新台币,人均拥有股金约 9000 元新台币[②]。台湾农业经济合作社的首要业务是推动农业的专门化生产,对于种植业和养殖业以及畜牧业,在保证规模的前提下,合作社提供农业技术的指导和培训,农业生产要素的提供,农副产品的市场营销和市场拓展,农业技术的研究开发和推广等都由合作社统筹安排。合作社为农业的产供销一体化经营提供了有效的保障,同时合作社的统筹安排和市场分析等,也增强了台湾农业的市场竞争力,实现小生产与大市场的结合。合作社推动产销一体化主要是通过市场服务的方式,对于农副产品的生产和技术提供指导的同时,对于农副产品的销售、合作社建设储藏基地、提高加工技术、改善包装质量、投资兴办农副产品加工企业,延伸农业生产链条。台湾地区的合作社包括农民成立的农会组织,政府对于农会为促进农副产品的销售所建立的各种批发市场给予财政支持,规定农副产品批发市场具有公益性质,不具有盈利特征。农业批发市场的投资中政府占 45%,农会占 25% 左右,批发市场所用土地一般是各地政府低价租给农会,农产品经销商只需缴纳货物成交额 3% 的管理费就可以在批发市场经营[③]。农业合作组织还为农民提供农业金融服务,政府直接参与持有股金,农户参与经营分红,办理存

[①] 兵团农业产业化考察团:《台湾农业产业化发展考察报告》,《新疆农垦经济》2010 年第 5 期。
[②] 苑鹏:《台湾农业合作社的历史演进与发展现状》,《中国农村经济》1999 年第 4 期。
[③] 刘崇高、孟苗等:《农民合作组织在推进农业现代化中不可或缺——对台湾农会的考察报告》,《中国合作经济》2012 年第 1 期。

贷业务、资本流通、资产评估和农业保险等业务。合作社农业金融业务的开展有效地规避了农业资金流入其他行业，合作社为农业发展提供资本生产要素，对农业产业化的持续发展提供了有力的动力支撑。

第三节 发达国家或地区"以工哺农"的异同

一 发达国家或地区"以工哺农"的相同点

比较世界先起工业化国家或地区在实施"以工哺农"政策时的各种方式，可以看到这些国家或地区在选择政策实施方式上的相同点。

其一，这些国家或地区对农业和农民实施补贴措施，世界贸易组织成员方经过谈判后，这些国家或地区都把补贴措施转向对农民的直接补贴，改变价格补贴的政策。对于农业的补贴又不限于价格补贴，还包括农业设施建设补贴、农业良种补贴、农机购买补贴、农业信贷补贴、农村民生补贴、农业技术推广补贴、农产品出口补贴、农业耕地整理补贴、农业灾害补贴、生态农业补贴等。这些数量繁多的政府财政补贴甚至成为农民收入提高的主要来源。

其二，这些国家或地区在实施反哺农业政策时，有农业经济合作组织的参与是必不可少的因素。农民与市场的连接主要通过合作组织来实现，这些合作组织得到政府政策的大力支持和财政上的极大扶持。合作组织的业务不但是服务于农业的生产、流通和产品销售，对于农业的市场发展前景、市场分析和调查、农业技术的应用推广，甚至对农业基础设施建设的规划投资以及对农业政策的影响等方面都发挥着积极的作用。应该说，在工农业发展的"以工哺农"阶段，农业经济合作组织不只是经济层面的组织，同时还承载着代言农民利益的功能。

其三，这些国家或地区在实施"以工哺农"政策时，政策的目标都是推动农业的产业化、规模化、企业化和专门化经营，延伸农业生产的链条，发展农业的多元化经营，甚至通过农业的发展推动农业第二、第三产业的发展。在推进农业产业化经营过程中，农业企业的作用可以以农场方式存在，也可以以经济合作社的形式存在，还可以以加工企业或公司的形式存在。实际上这些国家或地区从事农业服务的人员超过从事农业生产经营的人员。在反哺农业时都构建了全国性的农业发展服务体系。这些服务体系包括生产型服务、流通型服务、教育型服务和技术型服务。这些服务多采用信息化网络技术，能够超越时空限制给农户提供各种服务产品。尤其是农业技术的研发和推广、农业良种的培育和开发、农业技术的培训和宣传以及农业项目的咨询和论证，在农业持续发展方面起到举足轻重的作用。农业服务行业已经成为支持农业发展的庞大产业群和利益群体。这些服务农业的产业和利益群体成为政府制定农业发展政策的主要考量。某种意义上说，农业的现代化首先表现为农业服务的现代化、市场化和信息化。而农业服务行业的产业化和市场化同样有赖于政府的政策和财政支持。

其四，这些国家或地区在反哺农业的同时也在大力转移农业人口，提升城市化率，由此农业具有提升劳动生产力有利的外部环境。欧美国家的农业劳动生产率是相当高的产业，平均每个农民可以为100多人提供农产品需求。虽然这些国家是先起工业化国家，有着雄厚的工业积累作为反哺农业的物质基础。韩国和日本也都是在战后才开始反哺农业的，与中国的台湾地区类似。目前这些国家或地区的农业产业化和企业化的发展已经使农村不存在农民问题，只存在农业发展问题，这些国家或地区的经验确实值得我国在反哺农业时予以借鉴。也就是说，农业产业化和现代化只有在农业劳动力大量转移出去的情况下才能具体实施，或者说农业现代化与农业劳动力转移是同步的进程。

其五，这些国家或地区在反哺农业时都进行大量的农业立法。这些国家或地区在实现工农业发展政策转变时都以立法的形式来明确政策导向，或者是规范农业生产要素的流动。主要是以立法的形式规范政府财政对农业的补贴，随后在农业生产要素如资本、土地、企业、技术、农机、基础设施等方面做出详尽的规定，以推动农业生产要素的集中。农业生产与环境生态密切相关，受到生态环境的制约。政府对农业发展的推动、保护、风险承担、农业信用等都是通过法制化的形式予以规范，实际上也是政府的政策导向。社会生产要素资源只有在政府的强力导向下才会向农村和农业倾斜性流动。

二 发达国家或地区"以工哺农"的不同点

发达国家或地区在反哺农业时，在方式上存在差异。经济发展水平越高的国家对农业实施财政补贴的水平越高，欧美国家农业补贴水平高于东亚国家或地区，尽管日本反哺农业力度最大，但是，日本农业资源稀缺，农产品贸易额有限，农业发展主要是为了满足国内需要。中国台湾地区的农业补贴水平低于欧美国家，相对于日本和韩国也是处于较低的水平，台湾地区的农业资源与日本相似。欧美国家补贴数量巨大在于欧美国家的农业劳动力人数相对较少，欧美国家农业劳动力所占比例和农业的产值份额更低。欧美国家不但对农民补贴，对于农业合作组织也实施财政补贴。但是，欧美发达国家政府参与和介入合作组织程度较低，这些组织就是单纯代表农民和农业利益的非政府组织。不过台湾地区的农业合作组织是政府直接介入参与的经济组织。可以看出，欧美国家对农业反哺带有一种农业福利的色彩，这种模式对于市场资源流动是一种强力干预。欧美国家干预资源配置是通过农业要素资源的集中来实现对农业的保护目标的。包括农业规模化经营所需要的土地资源集中，像德国是采用政府直接补贴和提供养老金的方式实现土地的规模化经营。土地规模化经营建立在较高的城市化率和发达的非农产业基础上，从而通过财政补贴农民和非农产业带动农业发展。这些国家反哺农业解决的不只是农业发展问题，同时还解决了城乡一体化和提高农民收入的问题。

先起工业化国家在反哺农业时采取的都是同步配套措施，中国台湾地区与韩国在反哺农业方面采取的是阶段性的推进步骤，台湾地区并没有真正摆脱资源不足的困境[①]。对先起工业化国家或地区的反哺农业政策重新进行反思，可以看到一方面是欧美国家在社会福利的重压下财政出现巨额赤字，对农业的补贴是否可持续，同时农业领域形成的既得利益集团又导致这种巨额补贴的政策很难改变，这就形成农业发展与财政支出的内在冲突。尤其是世界贸易组织成员方关于统一降低农副产品关税的协定约束，使过去依赖提高关税收入来补贴农业的做法受到限制，农业补贴主要依赖财政补贴，这将给欧美和日本等国带来更大的财政压力。另一方面，农业资源紧缺的国家或地区，即使政府给予农业大力补贴和政策保护，但是，农业发展依然需要大量进口，而政府对农业补贴和保护更多是为了应对国

---

① 舒展：《台湾现代农业发展困境与闽台农业合作机制探析》，《内蒙古农业大学学报》（社会科学版）2007年第4期。

际贸易的竞争。农业作为弱势产业,可以说政府保护和补贴农业的目标并没有实现,同时又不能取消对农业的保护和支持政策,这同样导致农业补贴的福利化倾向。

另外,对于农业领域还存在大量剩余劳动力的情况,农业生产经营方式多以家庭为单位,大幅度和大规模补贴农业事实上是不可能的,即使给予农民和农业生产等多方面补贴,对农业产量和质量的影响并不明显。如果实现农业的规模化经营,必然要求土地的集中,而土地的集中必然出现农业剩余人口的安置,这不是单纯依赖政府就能完全解决的。农业人口转移更多需要城乡发展非农产业来解决,而非农产业的发展对农业和农村资源流动又会产生不利影响。通过上述的分析,从世界范围来看政府对农业的大幅度补贴,其可持续发展问题值得探讨。对于农业资源匮乏的地区或国家,即使政府补贴也不能解决农产品供给问题,补贴更多是为了应对农业的国际贸易竞争。对于农业人口较多的国家或地区,单纯的农业补贴并不能解决农业规模化经营问题。由此可以得出结论:发达国家或地区补贴农业的政策值得发展中国家或地区借鉴,但是,发展中国家或地区对农业补贴难以达到发达国家的水平;对于人多地少、农业人口较多的国家或地区,在还没有实现完全规模化经营的条件下,政策上补贴农业的效果有限;这种财政补贴不足以推动农业的现代化和规模化经营。即使通过补贴来推动农业的规模化和专业化经营,还有赖于非农产业的发展,而非农产业的发展和扩张必然导致对农业资源的侵占。

三 河南省实施"以工哺农"的经验借鉴

落后国家或地区要借鉴先起工业化国家或地区反哺农业的经验,必须在理论上反思工农业发展的理论;在政策上厘清农业补贴与农业规模化经营的关系;在制度安排上兼顾农业发展的外在变量;在农业发展战略上保证具有清晰的目标导向。这样才能从先起工业化国家反哺农业的经验中吸收到有益的经验。

——城乡二元结构生成逻辑理论与实施"以工哺农"政策的动力重构。城乡二元社会经济结构体制的生成与政府历来对城市发展的行政化干预和推动直接相关。新中国成立后城乡二元体制生成也是政府公司主义作用的结果,不过政府是基于小农身份和经济属性离散化特征做出合理性政策选择。由此在城市工业体系构成前规避了小农冲击和破坏，但也造成二元结构体制固化，即随着农业产值份额的下降并没有带来农业劳动力的同步转移，这说明"在中国直接由二元结构向一元结构转换是不可能的，这也与中国二元经济结构的特性有着直接的关系。换句话说，不论是通过农业人口大量涌入城市，还是依靠在城市中扩张工业部门来转换二元结构，都不仅是不可取的，也是不现实的"①。因此，需要把理论视角转向农村，改革开放以来，农业劳动力转移速度提高，一方面是城乡工业发展的结果，更重要的是城乡工农业发展互动作用的结果。也就是说，改变了城市工业单一吸收农业劳动力转移的局面，转化成为通过城乡非农产业发展转移农业劳动力。也只有在农业劳动力大量转移出去的情况下，农业才能实现规模化经营，政府对农业的反哺才能起到提高农业生产率的效果。同时，城乡非农产业的发展能够吸收并转移足够的农业劳动力，也就意味着地方财政也具备大规模反哺农业的能力。但是，实施"以工哺农"政策不是单纯由政府单方面推动，而是在政府的保护政策下吸引市场要素向农业部门流动。因此还有赖于市场机制作用下农民市场主体地位的培育，而农民市场主体地位的确立有赖于农民通过多元经济合作组织形式来实现。因为农业规模化和集约化经营不能单纯靠集中农业的土地等生产资料就可以实施，必须吸引农民广泛地参与，如果把农民排除在农业集约化经营之外，只是单纯集中农业生产的物质生产要素，农业的剩余劳动力必不能被现代非农部门吸收，最终影响工农业协调发展。实施"以工哺农"的根本目的是实现农业的现代化、农村的城镇化和农民的市民化，三者是并行不悖的过程，单纯重视任何一方面，都会出现农业发展的迟滞，最终影响"以工哺农"政策的实施效果。

——农村产业结构演进理论与实施"以工哺农"的政策设计。实施"以工哺农"政策的根本目的是促进统筹城乡可持续协调发展，而不是以提高效率和内需为首要目的。经济发展和市场消费主要靠城市和工业发展，强调效率和扩大内需很容易导致城乡非农产业的优先发展，最终导致农业生产资源向非农业部门倾斜流动，结果是农业发展受到影响。因此，"以工哺农"是农业产业演进和结构提升的过程，是基于区域差别的阶段

---

① 李克强：《论我国经济的三元结构》，《中国社会科学》1991年第3期。

性工农业协调发展过程,是农村生产要素资源实现市场化流动和配置的农业产业化过程,而不是单纯依赖政府行政实施资源配置的农业产业化过程。即农业产业结构的调整包括农业生产结构的调整和产业部门的调整,生产结构的调整从零碎化农业经营向规模化生产经营转变,产业结构从种植业为主向多元产业结构转变。农业产业化和规模化的经营通过延伸拉长农业生产链条,吸收更多的农业人口就业,提升农副产品的技术含量和商业含量,增加农副产品的附加值,从而提高农业就业人员的收入。西方先起工业化国家如德国在实施"以工哺农"政策的初期,首先调整农业的生产结构,从个体农户经营向规模化经营转变,政府给予转让土地的农民以财政补贴或提供终身养老金;其次在调整刺激农业多元化生产方面,补贴种植业以外其他农业产业的发展;再次对农业的生产、流通和技术等服务通过农业经济合作组织来实现,政府对经济合作组织也实施巨额财政补贴政策。政府与合作组织多方进行协商沟通,在政策设定方面全面吸收合作组织的建议,保护农业生产者的利益,使德国的农业生产率大幅度提高。德国成功的代价是政府的政策和财政补贴,使德国成为欧洲第四大农产品出口国。尽管我国乃至河南省与德国相比较没有德国发达的工业生产能力和财政能力支持,但是,实施"以工哺农"是一个持续发展的过程,借鉴国际经验,应看到发达国家实施"以工哺农"政策的长期过程,而不仅仅关注这些国家实施"以工哺农"政策的效果。

——农村产权制度变革理论与推进"以工哺农"的制度安排。在现有产权制度下,农村产业发展与农业文化建设不同步。农村市场主体发育不充分,不能有效配置各种资源,或者说农民缺乏小农与大市场有机连接的形式和渠道。发达国家通常采取建立经济合作组织的方式来保障农民的市场主体地位。对于河南省来说,成立农民合作社是需要资本支持和制度保障的。小农为合作社提供资本从理论上说是可行的,但是,农业合作社资本的运作以及政府财政支持的落实是需要制度保证。发达国家采取农业发展立法的形式来实施农业发展的合作化,我国整体上对农业合作化的立法略显滞后。这就导致合作化缺乏制度上的保证,由此造成农民缺乏市场主体权利和能力,不能抵御市场投机行为的冲击,甚至农村成为假冒伪劣产品的集散地。由于农民对土地的产权认识不清晰,因此农民在放弃农业生产时,对土地的转让、出租和委托经营就缺乏安全感,由此农民对土地流转出现意愿上的抵制。如果说农民不愿意流转土地是出自补偿费用高低的问题，不如说更多农民还是把土地作为最低保障措施。政府对农民经营的土地实施补贴，事实上是变相对农民实施补贴，目的是推动土地流转。发达国家对于土地集中的补贴属于全程补贴，即首先对流转土地的农民进行补贴，然后对实施规模化经营的农场实施补贴，包括规模化经营的基础设施建设、产品流通和技术支持等方面实施补贴，产品出口可以实施税收和关税补贴，资本缺少可以实施金融补贴等。这样流转出土地的农民已不是传统意义的农业生产主体，农民向土地食利者阶层转化的倾向。或者说这些农民要么转移到非农产业，要么参与土地集中后的农业经营，要么成为收入主要依赖政府补贴的农民，发达国家农民收入主要依赖政府补贴。由于农村产权制度配置的高度政治化特性，导致现实中的农业产业化经营运行机制出现扭曲，造成反哺农业背景下资本下乡不能发挥理论上推动农业规模化经营和农村产权制度变革的优势，反而加剧农村市场机制的不规范。因此，农业产业化和规模化经营必须要求农村产权明晰化。

——农村社会形态变迁理论与推进"以工哺农"路径选择。农业生产要素在"以工哺农"政策推动下趋向集中，农民也必须实现集中聚居，以承载农村公共服务的城乡一体化建设，农民的分散性居住一方面不利于土地的集中，另一方面不利于农村公共设施的建设和规划。新型农村社区建设改变了农村自然聚居形式，农村社区是基于社区居民共同利益趋同下实现自组织形态的民主自治共同体，社区建设承载"以工哺农"政策背景下农村的城镇化和农民市民化的实现。农民通过社区建设实现聚居后，面临的主要问题就是农村人口的就业。实现土地集中后，紧接着就是农业的规模化经营和产业化经营问题。规模化经营能够集中农业基础设施的投资建设，产业化经营能够延伸农业产业链条，推动农民就业和增加农民收入，实现农村人口的就地转化。如果说改革开放以来农村工业化和第三产业的发展加快了农业劳动力的转移，那么未来农业人口的转移不只是非农产业的发展，农业产业化、企业化、信息化和国际化趋势的发展将扩大农民就业的渠道。发达国家从事农业生产的人口远低于从事农业服务和农产品加工人员的人口数量。为了保证农村新型社区建设带来的农业经营方式和农民身份的变迁，农村社区建设必须把握三个清晰方向：一是生产资源归属清晰，社区党组织应当成为社区的利益主体代表。二是社区组织与社区行政性组织权利边界清晰。三是生产资料归属权清晰，首要是农村土地的归属权清晰。我国农村土地的归属是集体所有制，集体所有制是国家所有制的实现形式，农村土地归属集体是归属国家的表现形式，农民实际上只拥有土地的使用权，对土地的所有权是以国家所有的形式来体现的。社区对于农民集中聚居后所衍生的土地流转收益以及其他资产经营收益如何管制，社区居民如何实现社区利益代表的主体地位？我国沿海发达地区有些采取集体经济合作组织的形式，但这些集体经济合作组织的领导者和组织者是社区的党组织。因为社区内存在本地居民和外迁居民，二者在享有社区经济收益方面存在差别，社区党组织是社区群众利益的代表，代表社区居民的利益主体地位。社区党组织作为社区政治组织，在农村社区化的进程中发挥着政治职能和经济监管职能，这应是农村城镇化的主要特色。只有在"以工哺农"背景下通过政府的扶持才能实现农村社区化，只有社区利益主体清晰，社区居民利益才能得到保护，也只有清晰社区组织与行政性组织的界限，政府对社区居民的农业补贴、服务型补贴和政策支持才能落到实处。同时农村社区建设必须因地制宜，区别对待。不能搞一刀切，不能搞"大跃进"。社区建设必须以工业发展为基础，基于"三化"协调的发展要求进行规划与实施。

——小农社会身份生成理论与推进"以工哺农"的战略选择。中国小农经历了血缘纽带支撑的宗族化小农，民主革命时期经历了阶级组织外在嵌入生成的革命化小农，改革开放新时期经历了追求货币收入最大化承载货币压力的社会化小农。但是，已有社会身份的小农没有市场完全的主体地位，农民市场主体地位的弱化决定了小农在市场交易中话语权和谈判权的缺失，小农的市场竞争力和抵御风险能力比较低下。因此，"以工哺农"必须基于小农市场地位的强弱实施农业产业结构的多元化发展战略，逐渐实现小农社会经济身份的终结。实施"以工哺农"政策的过程就是小农社会身份趋向终结的过程，这个过程就是通过农业产业化、农村社区化和农民市民化的方式实现农村社会的一元化市民形态。在实施"以工哺农"政策的背景下，如果直接把小农纳入社会市场的博弈体系中，小农面临市场激烈的竞争必然会导致破产。发达国家或地区在实施"以工哺农"政策的过程中，农产品流通几乎处于价格垄断的状态，这种垄断受到政府的政策支持和保护，如日本和中国台湾地区的农民协会是政府直接参与和介入下建立和运行的组织，这些组织承载的任务不只是为农业服务，同时还肩负着政府与农民沟通，农民与市场衔接的任务。小农向大农转变有赖于农民组织化的实现，这种组织化既是经济上的组织化，同时也是权益保护的组织化。组织化形态的农民已不再是生产性的小农，而是经营性的大农。但"以工哺农"过程中推动小农向大农的转变不是一蹴而就的过程，大农需要产业化和市场化的农业经营体系予以支撑。依据农业生产的资源禀赋条件，在河南省小农与大农会长期处于相互并存的状态。因为优质的土地资源具有的特征不是任何一个地区都具有的，环境条件对农业的影响是必须一致关注的因素。因此"以工哺农"的政策设计必须对不同的农业资源条件实施区别对待。在小农社会身份转变过程中，也会出现专业小农、兼业小农和专业大农的分类，大农实际上已经不是农民身份，而是从事企业化和市场化生产的农业生产经营者。而专业小农是延续农业公司制生产链条的末端，成为初级农产品的供给者。而兼业小农，部分可以是兼顾农业和非农产业，部分可以是转让土地的非农产业人员，不过身份依然是小农。无论是何种小农，"以工哺农"政策背景下可以区别对待，但是不宜为了推动农业产业化而弱化对小农利益的保护。

——包容性增长理论内涵与实施"以工哺农"政策的多元推进方式。包容性增长理论是科学发展观的现实体现，其主要内涵包括社会经济发展对环境生态的包容，包括不同产业部门之间协调发展的包容，包括不同阶层的利益群体共享社会发展成果的包容，包括经济发展需要对资源供给相对稀缺的包容等。实施大规模"以工哺农"政策存在践行包容性增长的理念，体现出农业发展对社会、道德和公平的感悟力和包容性理念。既然实施"以工哺农"政策是为了推动农村、农业和农民的根本性变革，这就要求实施"以工哺农"政策在推动农业发展的同时，必须兼顾农副产品的质量监管问题和环境保护问题；要求在推动农村城镇化的同时，必须兼顾农民自身利益和政府政策选择问题；要求在推动农民社会身份转变的同时，必须兼顾现代部门对农业人口的吸纳问题和社会发展的整体和谐问题。时下各地出现的"瘦肉精"和"毒奶粉"等恶性的食品质量事件，提出对于农业的产业化经营中出现的农副产品的质量监管问题。对于河南省来说，农业经济发展与资源短缺的矛盾将长期存在，农副产品的质量问题恰恰反映出产品供给不足问题。对于农副产品存在的社会刚性需求，尤其是随着城乡居民收入的提高，这种需求态势更加明显，而市场供给方又存在农副产品的成本问题。发达国家某些农副产品属于高价农业产业，原因在于一方面这些产品的流通处于社会市场的垄断地位，农业产品生产者享有一定的话语权和定价权；另一方面农副产品的出售是在农业生产者享受高额补贴的前提下实施的。由于存在政府补贴和国家配套的质量监管，因此农民收入的主要来源是政府补贴，农副产品的质量相对有保证。对于河南省的农民来说，对农副产品没有定价的权力，同时农业产品的销售补贴和风险补贴略显滞后，在现实中农民常常是受害者。尤其是伴随着农业产业化和农村城镇化进程，农村常出现"暴力拆迁"等损害农民利益的事件，这同样是缺失包容性增长理念的现实表现。这里面不排除个体农民对政府的"敲诈"，但是，农民对政府的"敲诈"与政府的"搭便车"现象是并存的。另外农业生产资源集中后，农民转让了土地，但是非农产业部门有没有足够的能力和空间吸纳农业劳动力，这就出现疯狂"造城"运动背后失地农民由于社会保障的缺失而造成的反弹，有些地方由于新城建设而出现的农民大量上访现象，多是失地农民被排斥在非农业部门之外而出现利益诉求的行为。

第六章

理论视角：河南省"以工哺农"的整体推进

　　河南省实施大规模"以工哺农"政策，必须实现农业产业化、农村城镇化和农民非农化整体推进的政策目标。单纯实施推进农业的产业化经营，没有农村人口的聚居，必然会因农业土地资源的分散化而影响农业产业化推进。同样，没有实现农民非农化，农业产业化的效果也不可能保证。因此，河南省实施"以工哺农"政策，首先，要从理论上厘清农村产权变革的必要性，即农村集体产权如何在农民个体层面上得到实现，农民作为市场主体如何在产权清晰条件下与大市场实现成功的对接。其次，必须从理论上厘清"以工哺农"导向下体制改革的必要性。"以工哺农"政策的实施，其重要环节是实现公共服务和基础设施建设的城乡一体化和均等化，从制度上逐渐消除城乡隔离的国民待遇差别，城乡隔离户籍制度的局限性已经成为农民非农化的制度性障碍。同时城乡在财政支持上的差异也是基于体制的约束和规制，如何通过体制的改革消除城乡一体化推进的壁垒，这有赖于农村城镇化的推进，制度的变迁主要是为推进农村城镇化服务的。农村只有实现城镇化，公共服务的城乡一体化才有可以实施的现实条件。再次，河南省实施"以工哺农"政策必然要调整乡村治理模式。但是，在民主监督、民主决策和民主管理层面还需要制度上的创新和理论上的探讨。民主选举只能选择委托人，并不能真正确定自治机构权力的边界。要实现乡村治理的民主化，不仅需要理念上的更新，更有赖于对农民民主能力的培育和农民组织的创建。最后，河南省实施"以工哺农"政策必然要求三次产业部门之间的互动性发展。改革开放以来，农业劳动力转移幅度的加大，主要在于市场机制下产业发展的互动，以往计划经济条件下单纯依赖城市工业发展带来的农业劳动力转移，事实证明这种模式是不成功的，如美国学者刘易斯所说，没有理由期望传统部门总是从现代部门的扩张中获益。因为经济系统中既有使传统部门得益的力量，也有使其受到损害的因素；受益的因素主要有就业、分享物质设施、传播现代思想和贸易等，受损害的因素包括贸易因素，可能最终损害本国经济[1]。在理论上厘清河南省"以工哺农"背景下农村产权制度的变革、体制改革的重心、乡村治理模式的变化和产业部门的互动等问题，就可以明晰农村产权变革对实施以工哺农政策的支撑，资源配置方式的均衡对实施以工哺农政策的促进，实现组织化治理的乡村治理模式对实施以工哺农政策的保障，产业部门互动协调发展对实施"以工哺农"政策的强化。

第一节 "以工哺农"视野下的产权变革论

农民在社会中的政治地位和经济地位的外在展示，表现为一定的社会身份。而农民社会身份的生成、界定和变迁取决于国家对农村社会提供的产权设计。在历史和现实中所遭遇的各种农民问题，特别是当下所推行的公司下乡政策，虽然表面上与农民就业、农民收入稳定等直接相关，但实质上仍然是农民身份重塑问题。不同产权安排决定农民社会身份在组织、价值和逻辑层面的阶段性历史演进特征。农民社会身份只是趋向小农身份的演变，而没有从根本上融入市场化和社会化经济体系中，原因在于传统共同体对个人权利以及以此种权利为基础的产权刚性化压抑致使自由竞争和经济分化难以形成[2]。因此，尽管在不同时期农民的小农社会身份特征出现各种变化，不过小农的市场主体地位的实现程度始终都不充分。从中国近代外国资本侵入到当前公司下乡，在不同产权安排下，农民对资本化

---

[1]〔美〕W. A. 刘易斯：《二元经济论》，北京经济学院出版社，1989，第150～154页。
[2]〔俄〕恰亚诺夫：《农民经济组织》，中央编译出版社，1996，第18～19页。

第六章 理论视角：河南省"以工哺农"的整体推进

生产的排斥或接纳行为倾向与农民社会身份变迁直接相关。本书从产权安排对农民社会身份变迁影响的视角，来分析农民与资本化生产的关系，以此来厘清"以工哺农"背景下农村产权变革与农民身份界定的关系问题。

一 宗族化小农：家国一体产权对资本化生产的排斥

中国古代社会处于家国一体化政治体系控制之下，产权设计以皇权或国家为中心。国家为了维护自身专制统治，必然会对各种社会性结社组织竭尽所能予以打击、限制。最终，使社会整体处于碎片化状态。只有以血缘为基本纽带的家族因为其生成的自然属性而幸免于难。国家之所以这样安排，除了人类无法消灭家族血缘纽带外，还因为小农碎片化导致社会交易成本太高，皇权无论是为了私利还是为了公共管理，都不可能直接面对碎片化小农，仍然需要将这些碎片化小农进行一定组织，从而降低交易成本。由此宗族就成为皇权在维护自身专制与节省交易成本之间妥协的产物。家族通过获取政府职位扩大家族财富，通过权力支撑来维系着这种血缘关系为纽带的社会地位。[1] 农民社会身份生成为家族势力统御下的宗族化小农。这并不意味着，专制制度会放任家族扩大。从根本上看，"专制国家对宗族组织的支持是为了抑制臣民个体权利，而不是想扩张'族权'，更不是支持宗族自治。"[2] 在产权设计中，国家排斥产权清晰化，始终使产权保持在一个低度清晰化水平上。皇权委任的各级官吏掌握着管辖区的垄断性强制权力，对宗族势力控制的资源可以有取舍的权力，政府官吏也由此与地方宗族存在共谋空间。对此马克思指出：财产的手中并没有政治权力，甚至政治权力还通过任意征税、没收、特权、官僚制度加以工商业干扰等办法来捉弄财产。[3] 权力支配财产是古代封建社会产权特征，官僚在这种产权安排下有着对社会资源进行任意夺取的宽阔空间，这种家国一体化产权设计使农民没有足够的安全感和驱动力去追求财富的积聚扩大，农民在租佃农与小地主身份之间徘徊。此种产权安排旨在使皇权延伸到家族化小农个体之上，由此家族化小农的经营和市场交易规模都受到限制。

尽管中国宗族化小农也从事工商业，但是并没有形成类似西欧国家持

---

[1] 〔美〕巴林顿·摩尔：《民主和专制的社会起源》，华夏出版社，1987，第131页。
[2] 秦晖：《问题与主义：秦晖文选》，长春出版社，1999，第378页。
[3] 《马克思恩格斯全集》第四卷，人民出版社，1999，第330页。

续性资本化生产机制。在中国,国家是土地实际唯一的拥有者,只有国家可以征税,同时对各种金属矿控制也非常严格,商人可以与地方官进行共谋,但是商人财产并没有给予明确的产权界定,因此,"中国的国家政权从来都毫不懈怠地反对资本主义的自由延伸,每当资本主义在有利的条件下成长之时,它最终都被可以称为极权的国家所制服。"[1] 宗族化小农在市场交易遭到政治权力干扰的境遇中,更多倾向于对土地生产的依赖;商人在与官僚共谋取得一定收益的同时,也会倾向于购买土地以作为稳定的收益保障。在农村社会内部,宗族化小农更多赋予宗族组织一种教化和道义经济帮扶功能,宗族化小农由于对外部性问题处理能力的局限,依附于宗族组织作为对外部性因素侵扰的抗衡,由此形成宗族化小农对宗族组织的依附性特征。出于对宗族组织和土地有着强烈依附性的宗族化小农,在市场交易中其身份和地位的伸缩性是有限的,对行业选择也受到限制,即使作为兼业的宗族化小农可以获得一定货币收入,但是要形成投资性资本的交易成本也是比较高的。因此,宗族化小农通过市场交易来实现投资性资本的生成和扩大,事实上在家国一体产权安排下是存在制度障碍的。

此种产权安排在排斥资本化生产的同时,在政府收益和结构功能方面也远低于资本化生产的产权设置水平。近代西方通过战争方式对中国实现资本入侵时,小农生产和宗族化小农对资本化的冲击处于无力抗衡局面。因为产权差异带来的技术差距是中国宗族社会无法在技术层面解决的。在西方资本侵入和政治操控中国政府的情况下,专制国家和小农经济体系都趋向崩盘的局面。中国必须建立现代国家,才能为资本化生产提供产权安排。而在构建新型国家任务面前,农村承载的地主贵族和小农阶级都证明是软弱的;在民族资产阶级建立民主共和国的诉求经过辛亥革命也证明资产阶级的力量薄弱[2];这就意味着近代中国要实现政治经济结构的变迁,为解决建立现代国家问题就必须从根本上寻找其他途径。

西方资本国家对中国的政治和军事侵略裹挟着外来资本与中国封建官僚和宗族化组织的共谋和捆绑,这种政治经济结构所衍生的中国近代军阀政治体系掌控着整个社会的产权安排和界定。农民处于社会底层,其宗族化小农

---

[1] 〔法〕布罗代尔:《资本主义的动力》,北京三联书店,1997,第49页。
[2] 〔美〕莫里斯·梅斯纳:《毛泽东的中国及其发展》,社会科学文献出版社,1992,第6页。

身份无论在政治或是文化层面都不处于优势。军阀政治逻辑演绎下的权力侵值和武力侵值与宗族化小农的"善分不善合"的行为倾向和价值取向相辅相成。以血缘纽带为基础的宗族化小农在马克思看来"好像一袋马铃薯是由袋中的一个个马铃薯所集成的那样"[1]。这种分散的原子形态小农对于西方资本侵入，尽管存在传统宗族伦理与资本契约伦理的冲突，宗族组织与资本组织的对立以及小农经济对资本经济技术层面上的排斥等，但是，宗族化小农及其组织对外来资本的侵入和渗透总体上是无能为力的。不过资本的扩张和增值特性通过资本侵入殖民地的方式，"把东方社会的非历史的、无创新的社会组织形式强行拖入历史进步的轨道。"[2] 正是在西方资本侵入和冲击下，中国生成了民族资产阶级，但是，资产阶级的弱小意味着既不能与封建地主阶级形成稳固联盟，更不能联合农民实现对封建军阀政治的超越，以构建现代新型国家。宗族化小农向革命化小农身份的转变是马克思主义和阶级组织对中国农村外在嵌入后才得以实现。

二 革命化小农：国有产权结构对国家工业化的保障

中国共产党人对农村和农民的改造，是通过农村实现宗族组织让位于阶级组织，以革命化小农身份替代传统宗族化小农身份，以根据地政权为国家资本主义和私营资本主义提供发展和壮大的产权安排实现的。通过对农村的改造，党主要依赖农民等其他社会阶层形成独立雄厚的政治军事力量后，取得了新民主主义革命的胜利。也就是说，革命化身份的农民以阶级利益为转移决定自身的行为选择，以阶级组织的价值判断作为农民自身价值取向，以阶级斗争的革命伦理代替血缘关系为纽带的传统宗族伦理，在建设新型国家的革命目标导向下，革命化小农承载着以公有制作为产权安排的基础。这种以国家为中心的产权安排有利于国家积聚全社会资源财富为工业资本化生产积累资金。[3] 革命化小农认同阶级组织的选择，新中

---

[1] 《马克思恩格斯全集》第11卷，人民出版社，1995，第229页。
[2] 何增科、周凡主编《农业的政治经济分析》，重庆出版社，2008，第12页。
[3] 程漱兰认为：只要工业的资本原始积累任务没有完成，工占农利就仍很重要。以生产队为基本核算单位的农业集体化规范模式，是工占农利既定路线所允许的最小规模，也是在工占农利的既定框架中调动农民生产积极性的最大可能。参见程漱兰：《中国农村发展：理论和实践》，中国人民大学出版社，1999，第207~208页。

国成立后从土地革命时期的个体家庭为单位的小农转向集体经济下的合作组织化小农。这种产权安排消隐了小农的经营性特征，在集体组织约束下的革命化小农只有生产的权利，小农对产品的分配权让位于集体化的阶级组织。国家通过各级党组织实现对农村原有村社共同体的低成本管理。但是这种自上而下的组织管理无法从制度上规避官员"搭便车"现象。为了消除产权设置的缺陷，党和国家发动连续性的以阶级斗争为主题的群众运动，把制度安排缺陷带来的官员"搭便车"现象降到最低程度。①

国有产权结构消除了自由市场功能，资源配置完全受指令性计划体制支配。作为小农经营者失去了市场交易主体地位，农民个体收益与社会收益脱节，收入和消费在低水平层面上徘徊。经济建设重点突出国有重工业生产发展和资金积累，放弃了社会经济发展比较优势的发挥，这种规避农民进入市场进行交易行为的国有产权设置无疑起到有效规制作用。同时，农业剩余受到农业集体组织支配，国家在汲取农业剩余条件下，也为农村居民提供覆盖面极广的公共服务产品，因此，在农业集体经营期间，国家也以较低成本维系了农村社会的稳定。② 但是，也存在诸多消极的影响：首先，国有产权结构无法实现农业技术的改进和产业水平的提升，因为农业机械技术设施在农业产品分配中要占有一定的份额，而在农业剩余有限的情况下，这种技术对农业分配份额的占用遭到农民的抵制。③ 其次，革命化小农在集体经营组织内，无法实现对个体生产积极性和效率的有效监督，存在生产过程中监督成本过高的问题，这就不可避免地造成农业生产效率低下和农业生产过密化。④ 再次，农村农业剩余受到城市非农业部门的汲取，社会生产资源向工业等非农业部门倾斜流动，这种工农业和城乡发展格局严重影响农村非农产业的发展。农村非农产业发展滞后不单是农

---

① 邵丛：《反腐57年：从"运动"到制度》，《新世纪周刊》2006年第23期。
② 辛逸：《试论人民公社的历史地位》，《当代中国史研究》2001年第3期。
③ 林毅夫认为，由于集体生产条件下土地的相对稀缺性，会导致决策者去寻求节约土地的技术类型，而排斥节约劳动的技术类型。林毅夫：《制度、技术与中国农业发展》，上海三联书店，上海人民出版社，1992，第154页。
④ 过密化是农民在单位工作日报酬递减的情况下，通过增加劳动力的使用以增加家庭收入的状态，具体表现为集体化时期农业没有发展的增长。参见黄宗智《长江三角洲小农经济发展》，中华书局，1992，第12页。

村资本积累有限，更为重要的是农民在集体经营组织内通过组织农民集体劳动为国家实现了资本积累，但这种劳动积累的资本无法转变为农民货币收入，从而抑制了农村产业结构多样化，造成农村产业发展单一。最后，在市场机制缺失条件下，国有企业也不具备市场交易主体地位，这就不可避免地导致国有工业企业效益低下。由此造成国有工业企业自身积累能力下降，生产规模扩大不是依赖自身积累，主要依赖政府投入和工农业产品价格剪刀差来实现国有资产的增加。[①]

产权配置正当和制度安排合理是在个人收益与社会收益之间找到平衡点，或者是个人收益趋向等于社会收益，这样才能规避"搭便车"和制度"被绑架"现象。在国家和农民对经济生产组织都不具备"退出权"的条件下，就会出现国家权力"被捆绑"和生产组织"搭便车"行为，具体表现为国有工业企业始终处于国家政策和体制的保护之下，工人和农民在生产过程中无法实现激励机制的设置和构建。对于农民来说，尽管在阶级组织语境中，在频繁的阶级斗争运动中能够彰显当家做主的社会地位，但是集体化组织和强制性的人口流动管制导致农民与集体化经济组织之间形成一次性博弈局面，农民在不具有自主选择退出权的同时，必然影响农业生产效率和积极性。[②]

国家之所以实施国有产权设置，有出于对马克思主义意识形态的认同和践行因素，但主要是基于中国共产党对中国国情的深刻认知和现实把握。如果当时没有进行国有产权安排，依然保持市场化资源配置和允许生产要素私有制存在的局面，从发挥经济发展比较优势视角来看是合理的。但是，不必说当时还存在国际因素和苏联模式的影响因素，就是从革命化小农身份角度去分析，就会发现党和国家当时做出如此选择的合理性和正当性。如果新中国成立初在实施土地改革后没有实施农业集体化政策，反而保留农民市场交易权，允许农民在城乡之间自由流动，在农业剩余极为有限的情况下，政府就会面对农产品销售商和农民"敲竹杠"现象。同时，在国家不能满足城市人口市场消费需求情况下，农村人口大量流入城市，必然造成国家对城市交易成本大幅度提升，以及农村市场化交易必然衍生贫富差

---

① 1952~1978年，国家通过工农业产品价格的"剪刀差"为工业积累资金3400.14亿元。参见李溦《农业剩余与工业化资本积累》，云南人民出版社，1993，第302~307页。
② 林毅夫：《制度、技术与中国农业发展》，上海三联书店、上海人民出版社，1992，第17页。

距加大，最为关键的是经济发展根本无法提供工业化所需的资金积累。因此，当时党和国家对国有产权的设计和安排是唯一正确的选择。

三 社会化小农：产权结构调整对市场化生产的推动

中国改革开放首先在农村获得突破，主要是农业实施家庭联产承包统分结合的双层经营体制，实际上就是对农村产权实现调整，表现为国家从不景气的农业生产和分配领域中退出。[①] 农民社会身份在政治和经济层面发生了根本性变化。政治上随着党和国家对阶级斗争为纲路线的剥离，逐渐弱化阶级组织和阶级话语对农民个体的约束和规制，农民逐渐避免运用阶级斗争运动来规避国有产权安排所带来负面影响，更多以法制化渠道来实现自身的利益表达。农民告别了农业集体经营体制，在生产和分配方面拥有市场自主选择权利。家庭为单位农业经营和产品实现市场化交易，赋予农民以部分社会化和市场化主体地位。由产权调整带来农民社会身份变迁主要表现在农民从革命化小农转向社会化和市场化小农，社会化小农虽然没有摆脱农民身份，但是农民作为不完全市场主体，市场收益最大化规则与农民获取市场货币收入最大化是一致的。[②] 社会化小农既不存在宗族化小农的依附，也逐渐弱化革命化小农对阶级组织的依附，从而农民有着相对独立自主的市场行为选择。

为了推动农业多元经营和繁荣农村市场，20世纪80年代国家发布了关于农村发展的五个"一号文件"，由于农民市场主体地位在一定程度上的回归，家庭经营的农民在生产层面上规避了生产监督的必要性。80年代前期国家调整农业产品收购价格和农业生产资料价格，加大对农业的投入，到1984年，农业粮食产量达到历史的高峰。但是随后几年，粮食产量增长处于徘徊的局面。究其原因，实际上与国家的产权调整直接相关。农业调整初期，农村市场存在培育的过程，农民在政策支持下对农业生产要素投入量是逐渐上升的，因此能够带来粮食产量逐年上升。但是，家庭为单位的农民对农业耕地投入总会达到一定的限度，不会出现无限上升的局

[①] 阳敏：《回望改革——中国人民大学农业与农村发展学院院长温铁军访谈》，《南风窗》2007年第20期。
[②] 邓大才：《"圈层理论"与社会化小农——小农社会化的路径与动力研究》，《华中师范大学学报》（人文社会科学版）2009年第1期。

面；同时，随着农村市场培育，城乡物资流通渠道畅通，农民从事非农行业人数和收益也在逐渐上升，而从事非农产业的货币收入远高于农业产品收入，因此农民积累的生产要素更多倾向于流向非农产业，由此带来农村工业的兴起，主要表现为农村乡镇企业异军突起。[①] 另外，农村工业发展，农民收入提高必然带来农民消费的提升，具体表现为在产权调整后农村住房面积的增加，这就导致农村耕地面积减少。[②] 在这种情况下，农业制度调整的功能和潜力已经发挥到顶点。[③] 在农村产权格局下，粮食产量提升主要依赖国家投入增加，而国家在农民都从事农业生产条件下，二者都没有市场"退出权"，这就出现相互制约的局面。国家不允许农业耕地抛荒，农民不能完全脱离农民身份；而农民在农业生产投入稳定的前提下，农业生产发展很大程度依赖于国家投入，如果国家减少对农业投入，粮食安全就会凸显。[④] 而农民收入增加对农业部门的依赖在减弱，农民从事非农产业能够获得更多的货币收入。

这意味着国家既不能为农民提供完全的市场主体地位，也不能在非农产业领域为企业提供完全的市场主体地位。如果农民具有完全市场的主体地位，农民自由流动就会对城市发展带来人口增长的压力。如果给予所有工业企业以市场完全的主体地位，当时国有工业企业在市场竞争条件下，一方面国家的经济监管技术和制度不完善，另一方面企业在追求市场收益最大化的同时，同样会给就业和社会保障等领域带来诸多问题。因此，以国有产权为基础的产权改革是渐进的，尤其是对企业产权的调整开始阶段实施的是"双轨制"，但是这种双轨制的负面效应也是比较明显的。一方面工业企业原料价格的"双轨制"，造成官员的"搭便车"现象，形成一定范围的"官倒"腐败；另一方面是更多的国有企业和集体企业实施管理体制的调整，采用

---

① 1986年6月，邓小平指出：农村改革中，我们完全没有料到的最大收获，就是乡镇企业发展起来了。参见《邓小平文选》第3卷，人民出版社，1993，第60页。
② 1986~1995年，我国平均每年减少耕地28.39万公顷。参见董锁成主编《中国百年资源、环境与发展报告》，湖北科学技术出版社，2002，第199页。
③ 林毅夫指出，农作制度的改革于1983~1984年已经完成，若无其他因素影响，农作物增长的速度也将放慢一半。参见林毅夫《制度、技术与中国农业发展》，上海三联书店、上海人民出版社，1992，第9页。
④ 财政受到粮食生产的影响，粮食企业也受到财政吃紧的影响而出现亏损挂账。参见李正连《浅议财政与粮食经济的关系》，《中国财政》1992年第6期。

"承包方式",由于对企业的产权界定不清晰,造成权责不明确,既造成难以规避外部干扰,又造成企业经营效益有赖于政府扶持的局面。

另外,农业家庭经营方式对资源配置已经达到最优化状态。① 农民家庭对农业生产投入更多取决于边际收益增加,以家庭为单位与农业规模化经营所采取技术投入不可同日而语,因此,社会化小农把货币收入最大化作为优先选择。不过,随着基层政府财政管理体制的改革,农民在没有被赋予明确产权的情况下,没有权利也没有能力有效规避基层政府的"搭便车"问题,即乡村基层政权对农民的乱摊派、乱罚款和乱捐款等行为,在增加农民负担的同时也造成农民不断上访现象。而乡村政权在对农民进行行政性乱收费的同时,没有有效地对农民和农业发展提供相应充足的公共服务,随着社会资源配置主要由市场发挥基础性作用,农村教育、医疗、消费品和生产要素等都以市场价格购买获取,社会化小农面临更大的货币压力。因为农村产权安排不清晰,农民维权和市场谈判权都受到抑制,最后造成工农业发展周期性波动,这与社会对农民的挤压相关,更为重要的是工业发展速度和规模严重超越了农业所能承受的限度。② 这种产权安排既抑制了农业发展,又阻碍了农村工业化进程。

四 农民市民化:农村产权明晰对现代化农业的支撑

市场化改革使农民市场主体地位不完全发育和农业生产要素趋向市场化配置,以及农村非农产业部门发展。农村非农产业发展提高了工业化率,转移了农业剩余劳动力,提高了城市化率,但同时也带来农业生产要素资源向城市和非农产业部门倾斜流动。国家为了推动工农业协调发展,在 20 世纪 90 年代提出农业实现产业化政策安排,全国各地出现公司加农户经营模式。但是市场现代生产要素资源流向农村面临农村产权不清晰局面,就拿公司加农户的龙头企业来说,在农业产业化违约事件中,龙头企业违约率达到 70%,农户违约率只有 30%。③ 农民在规避产业化发展中企

---

① 舒尔茨为考察传统农业中农民配置生产要素的行为提出假说:在传统农业中,生产要素配置效率低下的情况是比较少见的。参见〔美〕西奥多·W. 舒尔茨:《改造传统农业》,商务印书馆,1987,第 29 页。
② 高军峰:《新中国工农业发展方针的历史考察》,《毛泽东思想研究》2011 年第 2 期。
③ 长子中:《资本下乡需防止"公司替代农户"》,《红旗文稿》2012 年第 4 期。

业违约行为中之所以处于弱势地位，根本上在于农村产权设置不清晰，农民不能依托农业生产要素资源产权地位来实施维权行动。农业资源产权在物的归属层面属于农村集体所有，集体所有是集体组织内部的农民所有，而集体所有要在农民个体层面实现，必须经过一定的组织形式。在全国范围推进农业产业化经营和农业现代化过程中，有些地方在农村建立经济合作组织，受农民委托依据市场规则来处分农村资源，体现出农民市场完全主体地位。农民可以采取集体经济组织方式从事农业资源交易，成为农业生产要素资源的"出租方"。

农村产权清晰化是为了创设农村资源的"卖方"。农村经济合作组织成为农民实现市场交易主体，就规避了基层政府对农业资源处分的替代现象。基层政府不拥有农村资源的产权归属，如果基层政府成为市场"卖方"，就难以规避政府官员"搭便车"和农民"投机"行为。近几年，大量涌现农民越级上访，几乎与农村资源流动直接相关。同时，农村产权模糊，不仅导致市场"卖方"角色定位模糊，主要是造成农业生产要素资源的浪费。有些下乡公司圈占耕地，以闲置和转用其他用途完成对农业土地资源的侵占，这种侵占不排除与基层政府官员合谋，但主要是产权不清晰带来对农业土地资源利用监管乏力，这种结果直接冲击和影响农业现代化推进。

农业现代化是打造现代农业生产、流通和服务体系，基本方式是引入现代资本和技术等生产要素，实现农业的规模化、企业化、产业化、专门化经营。而推进农业现代化必然伴随农业剩余劳动力转移和非农产业部门发展。但是，无论如何农业实行集约化经营，农民依然不赚钱，就是发达国家农民也需要政府对农业实施补贴来维系农业持续经营和发展，同时政府采用立法方式避免资本对土地的吞噬。[1] 这就需要国家在界定农村产权时，既要注重发展农村非农产业转移农业劳动力，同时要注意对耕地保护，以保障粮食安全。当前，随着农村生产要素资源相对价格的变化，土地流转已经成为不可逆转的发展趋势，政府如何在推动土地流转带动农村经济发展与保证粮食安全之间找到平衡点，这是农村产权安排的关键。农村经济发展以农业发展为基础，但是经济发展主体应是农村工商业和服务业。在不影响农村耕地面积的同时，扩大农村经济发展空间的途径是规划

---

[1] 潘维：《农地应"流转集中"到谁手里?》，《红旗文稿》2009年第5期。

农村社区建设，以村社合并方式流转农村的荒地和宅基地等。但是，农村空置土地应流转到农民手中，而不应流转到政府手中，这是形成农民完全市场主体地位的关键。不过，有些农村区域适合社区化，一些经济比较落后的山区农村，在没有资源优势和区位优势的条件下，吸引现代生产要素的下乡流动是困难的。因此，农村社区建设必须区别对待，不能"一刀切"。因为传统农业向现代农业转变与有利的技术供给直接相关。①

粮食等农作物的市场化经营可以在农村社区范围实施农场化经营模式，无论是家庭农场或是公司农场，获取流转的土地是通过与农民直接谈判完成的。社会化小农阶段，因为农村住房建设的刚性需求致使耕地处于保护乏力的局面。② 在调整农村产权后，对耕地保护是农民出自市场收益最大化的现实需要。同时家庭或公司的农场化经营有利于农田水利设施的政府投资、管理和维护，规模化和集约化农业更有利于推动农业服务项目的市场供给。如果依然保持农业家庭为单位的细碎化经营，就不可避免地出现政策预期目标与实施效果相背离局面。农民实现市场自主选择后，在价值取向、行为选择和思维逻辑层面就会趋向市场的契约理性约束和制度伦理约束。在社会身份层面就面临社会化小农向市民化转变。市民是具有完全市场主体地位的公民，农民市民化就意味着农民身份终结。农民市民化的前提是农业生产资源产权明晰化，农村以农民为中心的产权设置不仅保证农民市场完全的主体地位，而且新型农村社区在居民共同体利益支撑下在治理和发展层面上实现自治。

综上所述，农民身份变迁与国家产权安排直接相关，中国传统国家产权安排以皇权为中心，国家既利用宗族组织又限制宗族组织的壮大。在外国资本入侵下，中国封建专制国家与小农经济体系都趋向崩溃，产权安排是国家提供的，封建专制国家在社会经济层面没有能力提供中国资本化生产的产权安排。农村宗族化小农始终不具有市场交易的主体地位，只有使传统专制国家让位于现代新型国家，才能为社会经济发展提供新的产权安排，宗族化小农才能实现以发育市场为主体地位的身份转变。革命化小农身份生成与中国社会深层次内在冲突直接相关，在建立现代国家诉求下，

---

① 林毅夫：《制度、技术与中国农业发展》，上海三联书店、上海人民出版社，1992，第4页。
② 谌种华：《耕地保护新举措——浅谈农村宅基地的清理整顿》，《农村经济》2004年第S1期。

马克思主义和阶级组织对农村外在嵌入实现了农民革命化身份的转变。革命化小农生成过程也是对宗族化小农改造的过程，阶级组织深入到农民生产和生活层面，农民在致力于阶级利益表达和实现过程中处于被组织状态。被组织的革命化小农消除了个人利益最大化的诉求，追求阶级组织利益最大化。农村组织化有利于计划经济体制生成和国有工业企业发展。但是，革命化小农市场交易主体地位缺失和农业集体化经营方式，由于其交易成本过高致使生产监督无法实现，最后致使工农业持续性发展受到影响。改革开放实现了革命化小农向社会化小农的转变，社会化小农具有不完全市场交易的主体地位，农民在政府退出农业生产领域后再次面临碎片化状态。但农民自由流动为农民追求市场收益最大化提供了有利条件。不过农村集体产权不明晰造成农民利益受损和基层政府官员"搭便车"现象。随着农村生产要素资源相对价格变化，如何规避市场化资本对农业生产资源吞噬成为农村产权界定的根本问题。因此，农村产权明晰化为社会化小农走向市民化转变提供了经济前提，在农民个体层面农村集体产权通过农业经济合作组织得以实现。农村市场交易"卖方"以农村经济合作组织承载，农民具有完全市场主体地位意味着社会化小农身份趋向终结。

第二节 "以工哺农"指导下的体制改革论

实施"以工哺农"政策的目标是在政府政策导向下，通过社会资源向农业和农村倾斜性流动，实现工农业协调发展、农民社会身份的转变，以及农村社会趋向城镇化的变迁。而在这些变革中，经济体制的改革调整，尤其是资源配置方式的互动和均衡对于市场资源的流动起着决定性的作用。无论是计划经济条件下的指令性计划或是指导性计划，对社会资源的流动和配置都是以政府的政策导向为依据。即使是在市场取向改革的初期，实施的资源配置方式是计划为主、市场调节为辅，展示的依然是政府对资源向非农业部门倾斜性配置的政策导向；甚至到工农业实现市场化阶段，市场在资源配置中起着基础性的作用，由于非农业部门的发展符合市场主体收益最大化的原则，结果同样是市场资源向非农产业部门倾斜流动。因此，"以工哺农"就是非农业部门反哺农业部门，城市区域经济带动农村经济发展。这就存在城乡工农业关系、农村工农业关系和城乡工业部门之间关系的协调发展。要实现这些部门与区域之间各种关系的协调发展，就必须处理好政府宏观调控与市场体制之间的互动均衡关系。

一 计划体制：城乡工农业部门资源配置的隔离格局

计划经济体制是通过指令性计划和指导性计划对社会生产要素资源实现配置的经济制度。这种经济制度的确立和发展有赖于社会的高度组织化形态，对于计划经济，马克思设想"只有当社会生活过程即物质生产过程的形态，作为自由结合的人的产物，处于人的有意识有计划的控制之下的时候"，"自由人的联合体"才能实现"劳动时间的社会的有计划的分配，调节着各种劳动职能同各种需要的适当的比例"，同时"劳动时间又是计量生产者在共同劳动中个人所占份额的尺度，因而也是计量生产者在共同产品的个人可消费份额部分中所占份额的尺度"[①]。马克思所说的计划经济是在"人的自由联合体"内实施的经济制度，这种自由人的联合体是高度社会化和组织化的共同体。在自由人的共同体内，生产资料的供给和需求的满足都是依据共同劳动计划分配的时间来满足的，共同体的生产和消费过程都是在"人的有意识和有计划的控制之下"进行的。社会主义国家苏联和我国采取的就是马克思设想的计划经济体制，实施计划经济体制不只是践行关于计划经济的论述，更重要的是社会主义国家存在实施计划经济体制的社会条件和制度基础。社会主义国家夺取政权和巩固政权的过程中存在浓厚的计划经济色彩，尤其是我国在中国共产党领导的根据地政权发展时期，为了保证各个阶段战争的胜利，对经济资源采取的就是统一管制的计划经济制度；对于各个阶层也是采取严密组织的方式集中各方面的力量形成独立强大的政治力量和军事力量，才最终取得全国政权。由此形成了计划集中和统一配置社会经济资源的路径依赖，以及对各阶层实现严密组织化的管理机制。在新中国成立后，全国范围内之所以能够实现工业化建设与社会主义改造，固然有宣传和动员的推动因素，但更重要的是对工农阶层的高度组织化管理和教育，以及国家对社会经济资源实行国有化。这两个条件在农业实现集体化和工业实现国有化进程中起到重要的作用。

[①] 马克思：《资本论》第一卷，人民出版社，2002，第96~97页。

第六章 理论视角:河南省"以工哺农"的整体推进

对非公有制的工业和商业,以及个体农业进行社会主义改造是服务工业化建设的[①]。但工业化建设中优先发展的重工业是现代化的大机器工业,有着高度组织化和社会化的特征,当时工业化建设的资金、技术和原料等非常紧缺,主要由农村和农业为工业化建设提供相应的资金积累和原料供应。在农业处于个体经营的条件下,依靠市场机制的推动是不可能完成这一重要任务的。因此,国家采取计划经济体制,全面计划全社会资源的配置,对于农业相应的配套制度就是农业集体化、城乡户籍管制和农副产品的统购统销制度。这些制度的实施有赖于农村和农民的组织化状态的实现,因为分散的农户不但会消耗掉农业生产剩余,同时还会因为没有人口流动管制而大量涌入城市,造成城市工业建设受到冲击。因为城市不能在生产领域大幅度吸收流动人口,城市非生产性人口的增加必然会影响城市集中资源进行工业建设。而工业项目的投资带来城市人口的增加,这些人员对农副产品的消费又需要农村提供,在农业当时主要是小生产为主的条件下,农业产量的提升主要依赖投入劳动力的增加。在工农业有组织、有计划的情况下,我国在"一五"期间工农业都得到长足发展。本来依据这种发展模式可以在工农业部门取得更大的发展,但是,"大跃进"的推行给经济发展带来了严重干扰。

"大跃进"的初衷是为了发挥我国人力资源的优势,采取发挥人力资源优势和提高领导者积极性的方式大幅度推进工业化进程的举措[②]。但是,现实中却演化成工农业生产的极大浪费和衰退。如果说原因在于政策制定的失误,不如说这种运动式的生产运动背离了组织化的计划经济体制要求。计划经济不只是计划目标的政策导向,更重要的是实施计划采取的是组织化方式,而不是群众运动的方式。组织化方式是马克思所说的组织处于人的有意识和有计划的控制之下,当时城市生产依然规制在单位组织化的框架之内,单位"以全能性的组织形态涵盖城市大部分空间,涉及各类城市公共事务。单位生活是城市公共生活的主要内容,城市人的生活方式与价值观念也由之塑造"[③]。而农村的工农业运动式建设从表面上看是基层

[①] 朱佳木:《中国工业化与中国共产党》,《当代中国史研究》2002年第6期。
[②] 〔美〕莫里斯·梅斯纳:《毛泽东的中国及其发展》,社会科学文献出版社,1992,第242~243页。
[③] 崔月琴、袁泉:《社会管理的组织化路径——社区民间组织的"均衡化"发展》,《社会科学战线》2011年第10期。

党组织的计划推进，不过这种推动不是计划经济体制约束下的推动，而是盲目追求提高农民积极性和忽略收益的运动，最关键的是这种组织化的推动是中央权力下放地方造成的无计划的无政府主义运动①。实际上，"大跃进"时期，在推进农村和农民的更高组织化过程中，源自农民首创的"人民公社"受到毛泽东赞成。毛泽东指出要使人民公社成为"最理想的组织形式"，认同人民公社是工农兵学商的一体化组织②。组织化的形式实施的是非组织化的大跃进运动，最后带来灾难性的后果。因为在农业生产水平不能保证农业劳动力大量流出的条件下，农业生产必然受到影响。而城市工业发展衍生的人口增长必然增加对农产品的消费，当农业不能支撑城市工业化建设的要求时，调整和后退就成为必然选择。

经过调整工农业发展重新纳入计划经济的轨道，但由此又出现计划经济体制与城市工业组织化实施之间的矛盾。即城市工业发展带来的农产品需求呈现逐步上升的趋势，但是，农业生产条件和农村人口的增加使农业不足以供给城市需求。结果是农业剩余几乎全被城市工业部门汲取。城市在工业投资和农产品供需紧张的情况必然强化对城市的组织化管制，最突出的表现是强化城乡户籍管理，以限制城市人口的增长。甚至采取向农村下放城市青年的"上山下乡"办法，以此满足城市工业发展的需要。这种循环对农业造成生产的内卷化，对城市工业带来由于竞争缺失而衍生的低效率和高消耗路径依赖。即社会生产和消费的供需关系表现为供给不足，工业生产组织对计划经济的规划和协调刺激反应不足，工业企业缺乏活力。如果继续沿袭计划经济体制，在工农业都缺乏积累能力的同时必然导致发展不可持续，主要表现为城市计划供给消费品的方式需要依赖农村，而农村在贫困和没有解决温饱的层面上徘徊。

二 市场取向：城乡工农业部门资源配置的双向互动

解决工农业部门供给不足的方式只能是提高工农业部门的生产能力，

---

① 1959年6~7月，毛泽东在庐山会议上就经济体制问题指出"四权"（人权、财权、商权、事权）下放多了一些，造成混乱，有些半无政府主义。参见《毛泽东文集》第八卷，人民出版社，1999，第80页。
② 毛泽东指出：我们的方向，应该逐步地有次序地把工、农、兵、学、商组成一个大公社，从而构成为我国社会的基本单位。参见陈伯达《在毛泽东同志的旗帜下》，《红旗》1958年第14期。

而在技术和规模一定的条件下提高生产能力的途径只有靠提高劳动者的积极性。经济体制改革的突破口选择农村和农业，农业集体化的经营方式不只存在计划经济条件下工业对农业部门剩余的大量汲取，从而影响农业部门的积累能力，还存在在集体经营体制下，农业生产中监督非常困难，监督的准确性较低，集体化条件下劳动者的生产积极性低，而家庭农场的优势在于农民生产不需要监督，因为是为自己生产，所以积极性就高[1]。实际上，改革首先在农村获得成功，表现为集体化农业经营方式转化为家庭经营方式，是在农村和农业领域首先实现了对农民作为市场主体的培育。在集体化经营条件下，农民没有生产和处理产品的自主权，也没有从事非农业生产的自由，单一的农业生产结构决定农民只是农业部门的生产者角色。在农业生产方式变革条件下，农民具有生产和处理农副产品的权利，同时农业的多种经营和市场交易培育了农民的市场主体地位。城乡物资的流通逐渐由市场机制来调节，尤其是工业部门的资本和技术开始向农村流动，推动了农村乡镇企业的发展。乡镇企业获得资金和技术生产要素的渠道是通过农村集体争夺市场资源的结果，到20世纪90年代中期，乡镇企业的资金来自基层政权的财政、集体企业的积累和基层政权担保的银行贷款；在技术方面，乡镇企业也是通过聘请城市工业企业退休工程师等方式满足技术需求[2]。这就形成在市场机制作用下，城市资本和技术要素流向农村，农村原料、劳动力和产品流向城市的格局。

乡镇企业的发展是以农村集体的形式参与市场竞争和分割市场资源的。尽管有效地推动了城乡资源的流动，但是，乡镇企业的竞争性经营模式并不适合农业部门。因为农业在家庭生产经营体制之下，缺乏小农与市场连接的有效渠道。出于市场比较收益较高的动力驱使，乡镇企业作为农村非农产业发展的主体，乡村基层政权和农民个人都倾向于从事非农产业以增加收入，由此形成对农业生产的投资，一方面出于农户投资规模的限制，另一方面家庭农业承载的基层负担也使农民缺失农业投资的动力。农民能够维系农业生产的动力主要是作为兼业小农，既可以从事非农产业，也可以把从事农业作为最后的生活保障。对于乡镇企业发达的地区，由于

---

[1] 林毅夫：《制度、技术与中国农业发展》，上海三联书店、上海人民出版社，1992，第8页。
[2] 潘维：《农民与市场：中国基层政权与乡镇企业》，商务印书馆，2003，第168~173页。

基层政权从乡镇企业经营中可以获得税收和提取利润,农民可以由此获得就业收入,因此农业发展的困境并不受到注意。对于没有乡镇企业或者企业经营状况受到资源紧缺限制的地区,农民承载基层负担导致农业发展受到影响的态势就比较明显。不过从整体上看,20世纪80年代后期,农业发展的徘徊局面与城乡非农产业占用市场资源的格局直接相关,即乡镇企业占用农业资源包括资金和劳动力,影响了农业发展,同时城市工业企业还在政府政策的保护之下,粗放型的工业增长模式并没有得到根本改善。造成的结果是国有工业企业缺乏活力,市场供给不足衍生一定程度的通货膨胀;由于农业部门实行家庭经营无法与大市场实现对接,资源配置出现逆向流动。工业部门通过市场、财政和金融等手段汲取农业剩余的局面依然存在,农业持续发展受到严重影响。

这一阶段的经济体制采取的是计划经济为主、市场调节为辅的方式,计划调节主要保护国有工业企业,由此对工业原材料实行价格的双轨制。这种保护计划在阻碍乡镇企业发展的同时,也影响到国有企业的经营效率和竞争能力。市场机制的作用在推动资源在城乡之间流动的同时,由于计划保护国有工业,带来资源流动的制度性障碍。计划是通过规划、协调和配额方式来解决资源供给不足,推动市场供需平衡的经济手段[①]。计划的规划和协调对于城市国有企业来说是保护了低效率和低技术水平的重复浪费,对于农村和农业来说是行政性干预资源的配置流动。造成农村和农业发展需求资源的紧张,计划保护必然衍生地区保护,由此全国市场在商品流动受到区域限制情况下,实际上是全国整体市场被分隔成相互隔离的小市场。政府在从根本上控制资源的配置,而不是市场机制作用下的竞争性推动。而计划提供的配额对于被保护部门和企业只能是持续消耗和浪费的沿袭,企业活力和市场物资紧缺局面并不能从根本上改变。因此,要改善城乡之间和工农业部门之间资源配置的不合理局面,必须调整计划与市场经济手段的关系。在推进工农业效率提升和资源合理配置上,是计划经济体制还是市场经济体制在资源配置中能够起到基础地位,这关系到计划体制与市场体制的关系问题。计划为了弥补市场机制的不足,而不是市场机制的作用填补计划作用领域的空白。市场机制的动力源是市场主体的活

---

① 厉以宁、孟晓苏等:《走向繁荣的战略选择》,经济日报出版社,1991,第188页。

力，如果计划保护下的市场主体缺乏对效率和效益的关注，就会出现"市场失灵"的现象；如果市场主体不缺乏活力，在供给不足的情况下利用计划予以协调，这是计划与市场的相互协同发挥作用的表现，是计划对市场机制作用的辅助；如果计划的制定者和执行者不了解市场供需状况，对市场采取计划干预方式，结果必然是计划和市场的双重失灵。其主要表现是在我国在20世纪80年代后期，计划价格保护下的国有企业缺乏活力，但依然享有国家政策扶持，社会要素资源向国有工业企业倾斜配置；而在市场机制作用下的乡镇企业等市场主体具有活力，但在资源配置层面上处于不利地位。这种资源配置的不均衡格局导致计划保护下国有工业企业效率低下，缺乏竞争力，依赖高投入和市场垄断地位维持生存；而市场机制下的其他市场主体，尤其是农业生产主体由于资源紧缺，造成农业处于严重滞后于工业发展水平的局面，农业发展的滞后最终影响工业部门的发展。

三 市场机制：农村和农业生产要素资源的逆向流动

在20世纪90年代，我国提出发展和建立社会主义市场经济的体制改革目标，实施计划经济向市场经济的转变，粗放型经济增长方式向集约型增长方式的转变。这种转变是基于资源的相对紧缺，工农业部门发展对资源需求大幅度上升的条件下提出的，社会主义市场经济在体制上是在国家宏观调控下发挥市场对资源配置的基础性作用，培育和发展市场主体，建立产权清晰、权责明确、管理科学和政企分开的现代企业制度，提升各产业部门企业的竞争力。市场机制作用发挥的动力来源于企业介入竞争的活力，通过建立现代企业制度来培育和壮大市场主体是发展市场的主要途径。对于城乡之间的资源配置，党的十四届三中全会指出，小型国有企业可以出售给集体或个人，这就为农村乡镇企业的发展提供了有利的契机，对于农业提出调整农业结构，发展优质高产农业，发展农工贸一体化经营[①]。国际经济体制改革的目的主要是培育国内要素市场和企业竞争力，推动城乡资源的交流互动，参与国际分工，充分利用国内外两种市场的资源要素。其中推动私营企业和乡镇企业的发展一方面是为了打造微观市场

---

① 中央文献研究室编《新时期经济体制改革重要文献选编》下，中央文献出版社，1998，第1006、1018~1019页。

环境，同时也是为了推动城市非农产业资源向农村和农业流动。但是，城市资源向农村流动并没有真正带动农业和农村非农产业的持续发展，反而造成农村和农业资源向城市非农产业流动的趋势。

政府作为国有产权的委托者，拥有社会资源配置的权力，这就不可避免地形成政府计划与市场机制之间的交叉。在构建市场经济体制背景下生产要素市场的培育是为市场主体服务的，但是，政府的资源审批权对市场机制又形成一种干预[1]。尤其是在城乡资源的"卖方"或"出租方"不明晰的条件下，市场对资源的配置功能的发挥很大程度上受到政府政策导向的约束和限制。如国有企业的改制推动了城市生产要素资源向农村流动，乡镇企业承接了城市工业产业链条的转移部分，不过乡镇企业承接城市产业转移的同时，也承接了低水平技术和农村资源对城市的支持。乡镇企业之所以在"改制"前能够获得长足发展，固然有通过市场机制的作用获得资源的配置，更重要的是乡镇企业作为集体企业，受到基层政府作为农村与市场的"中介"角色的支持，基层政府在通过整合农村资源、争取政策扶持和连接市场要素方面弥补了农村市场主体的不足[2]。由此，乡镇企业在集体所有制下对于农村劳动力的转移、吸纳城市资源的流动和推动城乡物资交流方面起到决定性的作用。

农村与乡镇企业发展形成鲜明对照的是农业的发展，农业的家庭经营的定位是保持长期稳定，原因是小农经营的农业对农民起到最后保障的功能，从而有利于全国的粮食供应和农村社会的稳定[3]。但是，家庭经营农业与大市场的对接不是单纯通过基层政府的作为就可以解决的。国家为了推动农业的长足发展，在政策上开始逐渐对农业实施保护政策，如降低农业生产资料价格，提高农副产品收购价格，加大对农业的投入和加

---

[1] 吴天昊认为：行政审批是政府对经济社会事务进行管理和干预的重要手段，它有利于国家对社会经济和其他事务的宏观管理，具有积极的意义，但也会产生遏制自由竞争、破坏市场机制、提高企业成本、滋生权力寻租等消极效果。参见《政府主动放权减行政审批，约束权力寻租活跃市场》，《人民日报》（海外版）2012年6月29日。

[2] 潘维指出：农村基层政权能够变成市场中介，因为它们本身就是独立的、微型行政中心。凭借这一资源，基层政权相互竞争，争相为自己扩大关系网，储备更多的行政资源，以待卖给本地的乡镇企业。参见潘维：《农民与市场：中国基层政权与乡镇企业》，商务印书馆，2003，第181页。

[3] 徐唐奇、杨俊：《农地社会保障功能与现代农业发展的现实矛盾与化解途径》，《农业现代化研究》2010年第6期。

强农业基础设施建设。但是，农业通过工农业价格的"剪刀差"、财政税收和金融手段对城市和非农产业支持的格局没有从根本上得到改变①。城乡工业部门汲取农业剩余的格局造成农业剩余劳动力大量外流，农民在比较收益的驱动下大量从事非农产业获得收入的提高。国家为了优化农业生产结构，提高农副产品的附加值，提出农工贸一体化的农业发展思路，采取公司加农户的方式实现农户与市场的对接。而公司作为市场主体在市场收益最大化的驱动下，同样也受到农副产品市场供需价值规律的支配，在市场供给充分的条件下出现"谷贱伤农"的现象实际上损害了农户的利益②。

在农业发展受到抑制的同时，国有企业在计划保护下已经无法实现持续的发展。为此20世纪末开始对全国国有企业进行改制，改制的过程是资产重组和所有权实现形式多元化的过程。为了保证改制后的国有企业在市场竞争中处于有利地位，国家对国有企业的资产范围进行重新界定，由此造成农村区域原材料和能源等资源划归国有企业所有③。为了资源和环境的保护，国家严格限制社会资本对原材料和能源部门的市场准入资格，这项措施带来20世纪末农村"五小"企业的停办，为国有企业发展提供了宽松的市场环境。同时，在国企改革的同时也拉开了乡镇企业改制的序幕，乡镇企业实现资产重组和所有权转移后，由于失去了基层政府中介角色的推动和支持，其负债经营状况的加剧导致无以为继④。伴随国企改革的是金融体制的改革和教育、医疗等体制的改革，这些改革在提高企业经营效率的同时，也使过去由政府保障的服务项目逐渐从农村退出。如金融行业改制的结果是金融服务从农村退出；教育改革的结果是随着高等教育的扩招带来的大学收费政策；乡镇企业的改制带来基层政府财政吃紧情况下，公用服务开支转嫁成为农民的负担⑤。这些改革从市场机制的构建方面起到积极的作用，因为企业的活力带来

---

① 张西营、邢莹：《新时期的剪刀差与剪刀差研究的新时期》，《经济研究》1993年第5期。
② 蔡建华：《三鹿集团"公司＋农户"制度困境的剖析——基于资产专用性视角》，《科学·经济·社会》2011年第1期。
③ 王东京等：《对"五小企业"破产关闭利在千秋》，《中国经济时报》2000年12月28日。
④ 潘维：《农民与市场：中国基层政权与乡镇企业》，商务印书馆，2003，第228～337页。
⑤ 任晓：《农民负担、农村公共品供给与农村基层制度外财政》，《湖南社会科学》2002年第5期。

市场机制发挥作用的动力。但是改革的后果对农村和农业形成一种逆向的资源流动。

服务行业的垄断地位在改制后弱化了公益功能的发挥，强化了企业市场主体功能的发挥。如医疗行业在绝大部分机构设施属于国有的情况下，改制的结果是缺乏市场竞争的环境，带来的是医疗费用的提高，即使国家采取农村合作医疗制度，在医疗机构企业化的操作下实际上转化为本部门收入，城乡居民受益的范围和深度有限。在国有企业改制的情况下，政府通过政策扶持城市下岗工人创业，同时政府加大对城市的基本建设投资，为城市居民提供就业机会，在政策的导向下，社会投资向城市倾斜[①]。而农业作为弱势产业，在政策导向下劳动力和资金向城市流动；同时市场主体追求收益最大化，对农业投资的积极性也受到市场机制作用的约束。农民工的流动一方面是由于城市建设需要劳动力，另一方面是农村和农业要素资源向城市流动的表现，农村出现的"空心村"现象既影响到农业和农村经济的发展，也影响到农村和农业生产要素的集中[②]。而城市在吸收农业劳动力就业的同时，并不能解决农民工的公共服务产品的供给，由此造成农民工无法脱离农业劳动，农业的集约化和产业化经营由于生产要素资源的分散面临制度性障碍[③]。

四 "以工哺农"：工农业部门资源配置和流动趋向协调

国家实施"以工哺农"政策的目的就是从资源配置上弥补市场机制的不足，改变市场机制作用下资源流向城市以及非农产业的局面。"以工哺农"就是国家宏观调控之下的资源向农业部门的倾斜性流动，可以采取行政和立法强制性的方式，也可以采取政策诱导性和推进型方式。既可以采

[①] 我国在工农业市场化阶段城乡固定资产投资的差异呈现逐渐扩大的趋势。1992年城乡的固定资产投资额比例为3.04，1995年上升到3.57，2000年上升到3.92，2003年达到最高值为4.69。城镇和农村的固定资产投资份额以及城镇与农村的投资额之比是依据《中国经济年鉴2006》的数据计算得出的；《中国经济年鉴2006》，中国经济年鉴出版社，2006，第1027页。

[②] 参见陈旭堂《社会转型期农村"空心村"形成机制及其社会影响》，四川省社会科学院2008年社会学专业硕士学位论文。

[③] 李海燕：《我国农业产业化发展的制度障碍及对策研究》，吉林大学2004年产业经济学专业硕士学位论文。

取直接方式，也可以采取间接方式。总之，反哺农业就是直接或间接对农业发展给予财政政策支持，以农业产业化、集约化和企业化发展带动农民市民化身份的转变，以城乡一体化建设推动农村社区化的实现。因为在市场机制作用下，社会生产要素资源只能是向非农产业和城市倾斜流动，这不是单纯依靠行政性干预和对农业的单项支持政策就能够解决的问题。必须有赖于法律手段、财政手段和制度创新手段的综合运用，实施农业支持保护体系的构建，推动城乡基础设施和公共服务的一体化建设，实现农村的社区化、农村的组织化、经济的合作化、服务的社会化和信息化，才能真正实现"以工哺农"推动下城乡和工农业部门之间资源配置的均衡和协调。

对农业发展实施立法手段在发达国家较为普遍，德国在"以工哺农"时期为了调整农业生产结构，实现土地的规模化经营，颁布实施了农业基本法律，对于农业耕地的保护和土地的流转是以法律的形式给予保障，规避农民的利益受到损害[1]。国务院发展研究中心研究员吴敬琏指出，土地是国有的，政府在征购城市用地时在征购价格和土地批租价格之间存在差额，这个差价最低的估计是30万亿元，农民不同意用征购价出租土地，原因是没有形成多方共赢的土地转让格局[2]。吴敬琏提出要调整土地的产权制度，实现土地转让的利益双赢。农业土地资源的流出获得的收益被城市利用，农业和农民在土地流转中的收益无法保证，这不只是政策导向的问题，也是土地流转各方权益的法律保障问题。同样工业发展对农村和农业耕地、水源等造成的损害，不能只靠国家环境的监控和治理，应从法律层面明确权责和补偿改善环境的措施。中国台湾地区对于农地改革实施了两轮，是为推进农业的保护和集约化经营，连续以政府条例、细则和法规等形式规范农业的发展思路和保护措施[3]。

农业生产经营是一个体系，农业生产的弱质性和农产品价格的低弹性决定农业与非农产业部门没有可比性。发达国家对农业的支持和保护体系，即对农业生产、农副产品流通、农业技术开发和推广、农业金融和保险服务、农业基础设施建设、农民的社会保障、农村的公共产品供给、农业的各种补贴等都有具体的法律规定和实施路径。我国对农业保护和支持

---

[1] 卢剑波：《德国的农业发展政策》，《世界农业》2000年第5期。
[2] 吴敬琏：《政府从造城运动攫取的土地差价达30万亿》，凤凰网2013年3月23日。
[3] 蔡天新、陈国明：《现代台湾农业发展模式的历史考察》，《中国经济史研究》2008年第1期。

体系的构建有个逐步完善的过程，只有对农业生产予以保护和支持，才能在不牺牲粮食生产的前提下支持非农产业的发展；只有保护和推动农业的集约化经营，才能提高农业劳动生产率，而不是沿袭以往提高土地生产率的方式；只有实现农业服务体系的社会化和信息化，政府给予农业服务机构以财政和政策的支持，农业服务行业才能成为具有公益性和社会化的行业；只有对农副产品的流通给予经济保险，才能规避"谷贱伤农"的市场风险；只有实现农副产品流通的组织化和社会化服务体系构建，农民才能通过组织化形式实现与大市场的对接，提升市场交易谈判和博弈中的话语权和定价权；也只有实现农业的产业化，才能集中农业和农村生产要素资源，实现农业的集约化经营，同时，农业产业化不只是限定于农业部门，产业化农业的演进必然带来农业生产链条的延伸，带动农村非农产业的发展。农业效率提高的前提是要素资源的集中和劳动力转移后带来效率提高的空间，

农业产业化与农村城镇化、农民市民化并行不悖，也只有这三项进程同步进行，才能彼此形成相辅相成的格局。政府反哺农业，农业实现产业化经营，在农业收入和积累增加的条件下，农村城镇化建设实现了农民聚居，通过节约农村土地，为产业化农业提供更大支持，农业产业结构的多元化实施也就有更广阔的空间条件。同样，农村城镇化必然带来基础设施和公共服务供给的城乡一体化，农民以组织化的形式实现与市场对接，是依赖农民组织化背景下农业经济合作组织来实现的。农民组织化后作为市场主体地位更加充分，在社会身份上不再是传统小农，而是市民身份。当然，实施这一进程不是单靠农业发展产业化就能解决的，世界范围内发达国家的农业是政府补贴维系的，农民收入的主要来源是政府的财政补贴，农民实施农业经营的资本和技术以及组织方式，有的国家采取政府直接参与的方式[①]。我国政府对社会资源的产权所有和直接监管，决定政府的直接参与是农民实现组织化和农村实现社区化的主要决定性因素。发达国家对农业的支持和补贴是全程补贴，我国对农业的补贴也从耕地补贴、机械购买补贴、农业设施建设补贴、农场项目补贴发展

[①] 任军利、张强：《日本、韩国政府在农业发展中的作用及其对我国的启示》，《农业经济》2011年第6期。

到农业合作社补贴、农业服务机构补贴和社区建设补贴等。总之，反哺农业就是政府主导下社会资源向农业部门和农村区域的强制性和诱导性流动和配置。

第三节 "以工哺农"要求下的乡村治理论

实施"以工哺农"政策的目标是推动资源向农村和农业部门倾斜流动，流动的范围包括资本、技术、服务、信息和物资等生产要素资源。而这些资源流向农村和农业的主要渠道包括行政性的计划配置和市场机制作用下市场主体配置。市场环境条件下，农村作为小农经营如何实现与反哺要素资源的合理对接，实现反哺背景下农村社区化、农业产业化和农民市民化，这涉及乡村治理的内在运行逻辑问题。治理是"各种公共的或私人的个人和机构管理其共同事务的诸多方式的总和，它是使相互冲突的或不同的利益得以调和并且采取联合行动的持续的过程"[1]。由此可见，治理是过程，是对共同事务的管理，是协调不同利益冲突，是治理主体采取联合行动的过程。乡村治理以治理主体的多元化为首要内容，实现权力的多元化配置，重塑乡村公共权力的权威，以公共利益的最大化为目标导向，以治理过程的自主化为主要特征的过程[2]。乡村治理体系中的非强制性、协调差异性、联合互动性和利益公共性是乡村治理模式生成的主要特征。但是，乡村治理体系构建对于国家与农民的关系、农民与市场的关系、基层政权与农民关系起到有力的调整和转型的功能。尤其是"以工哺农"政策的实施在于推动农村发展、农民身份和农业经营的根本性变革的背景下，乡村治理体系中治理主体的培育、权力资源的重新配置、目标体系的重塑和农民参与方式的打造都需要实现结构性重置，具体表现为以组织化方式推进乡村治理主体的培育，以合作化方式推进农民与市场的有机衔接，以制度化方式推进乡村公共利益目标实现的最大化，以利益相关耦合方式实现村社居民的自主性参与。

---

[1] 周运清、王培刚：《全球乡村治理视野下的中国乡村治理的个案分析》，《社会》2005年第6期。
[2] 苏敬媛：《从治理到乡村治理：乡村治理理论的提出、内涵及模式》，《经济与社会发展》2010年第9期。

一 组织化重塑："以工哺农"背景下乡村治理多元主体培育

从新中国成立后我国乡村治理实施的均是政府主导的方式，政府主导乡村社会组织的变迁，主导乡村资源的流动，主导农民与国家关系的结构生成[①]。新中国成立初期，乡村的阶级组织有效地整合了乡村社会资源和乡村的权力配置，农民以阶级组织的形式实现利益的诉求和表达。这种过程的推进是通过政党的有效组织和动员群众方式实施的，由于农民的广泛参与和阶级组织的引导，乡村社会快速实现了政治和经济层面的变迁。这种变迁与国家政治权力侵入乡村社会是同步的，由此乡村传统整合资源模式和权威受到极大弱化，政府引领的基层组织成为乡村社会的权威来源，这是政府主导的一元化乡村治理模式[②]。在政府作为乡村治理一元主体的条件下，乡村资源的配置受到计划经济体制的整体操控。但是，乡村生活的基础设施和农业生产设施建设的完成，也是政府主导下以集体化方式来实施运作的。乡村社会的公共服务体系的构建也是通过政府的主导在乡村完成建构，政府权力介入到乡村社会生活的各个层面，乡村阶级组织和经济组织一体化是当时乡村治理的主要特征[③]。但是，这种乡村治理模式也是在实现乡村组织化基础上的治理，因此在动员乡村社会要素资源方面发挥出较高的效能。比如乡村在此阶段的大型农田水利设施建设，由于乡村社会较高的组织动员能力而实现劳动资本积累的成功尝试[④]。乡村社会之所以在较低社会保障水平的层面上能够保持长期稳定，与乡村社会的组织化治理程度较高直接相关。但是这种一元治理主体的模式并没有带来乡村社会的持续发展，组织化保证的"以农养工"使乡村农业滞后于城市工业发展，国家行政性资源对乡村的倾斜配置，其效能也消隐在乡村社会集体化低效经营格局之中。城乡物资短缺和农村的极端贫困导致无法实现传统农业与现代工业的有效对接，实际上是城乡之间和工农业部门之间发展的

[①] 陈洪生：《当代中国乡村治理中政府主导力量嵌入乡村社会的政治逻辑》，《求实》2006年第7期。
[②] 邢成举、张晓娟：《乡村治理主体：从单一管理到多元统筹》，《重庆社会科学》2009年第12期。
[③] 徐勇：《阶级、集体、社区：国家对乡村的社会整合》，《社会科学战线》2012年第2期。
[④] 桁林：《经济增长的源泉：劳动积累与资本积累》，《中共中央党校学报》2003年第1期。

严重错位。由此,乡村社会存在改变一元化治理主体结构的强烈冲动。

这种冲动来源于乡村农业对从事单一种植业的突破,来源于农民自主进行生产和经营的愿望。改革开放首先在农村获得成功,不只是家庭联产承包的双层经营体制调动了农民的生产积极性。在农业人口占绝大多数的条件下,集体化和家庭经营的农业在生产效率上并无本质差别[1],差别存在于投入差异带来土地生产率的提高,带来农副产品产量的增长。更重要的是农村改革改变了乡村治理的一元化主体格局,乡村治理主体由此转变为多元治理主体,原有的政府权力延伸的乡村政权组织由于政府权力从乡村社会的退出受到极大的弱化,政府组织主体让位于乡村自治主体和市场机制下的经营主体。村民自治机构和市场经营中的"乡村精英"对乡村治理发挥了多元主体的功能。由于政府权力从乡村社会结构中退出[2],乡村社会公共组织权威出现缺失,乡村传统的宗族势力、家族认同、精英主导等现象某种程度上填补了乡村社会权威的缺失。不可否认,乡村的家族势力和经济精英在实施村民自治的过程中存在干预自治选择、把持乡村政务、抑制村民参与等负面作用,在农业实现家庭经营的条件下,农业部门积累有限也阻碍了乡村社会自治组织的发展。因为乡村自治组织的生成和运行成本,对于村民来说缺乏相应承载的动力和实力。乡村社会各种生产要素的配置在市场机制作用下向城乡非农产业倾斜流动,村民对温饱和走向富裕的愿望遮蔽了追求公共利益最大化的诉求。乡村政权对农民的经济提留之所以能够维系,不在于农业发展水平能够满足这些提留,而在于农民从事非农产业带来的收入的提高。事实上是农村非农产业的发展承载了基层政权对农村的公共服务开支,农民如果没有开展兼业经营,没有从事城乡非农产业,单靠农业生产承担乡村政权的提留是不可能的[3]。乡村多元的治理格局由于缺失组织化的实现,在

---

[1] 有学者认为,改革以来确实是农业现代化的开始,但是带来的农业高速增长并不持续长久。原因在于"实质上真正达到经济发展的,并不是去集体化的成果,而是政府对于整个农村经济的抽离。正是政府减少了对于农村的控制,农民的经济压力得到大幅度减少,所以才会出现农业经济的重新繁荣",参见《破与立:一个农村集体化经营命题的再反思》,book.douban.com/review/5684132,2013 - 3 - 16。

[2] 建设社会主义新农村目标、重点与政策研究课题组:《部门和资本"下乡"与农民合作经济组织的发展》,《经济理论与经济管理》2009年第7期。

[3] 高政:《对农村提留统筹费的调查与思考》,《中国农村经济》2000年第11期。

推行农业产业化进程中农户无法规避市场风险而受到损害。同时城市的发展，非农产业的扩张以及农业产业链条的延伸不可避免地对农村社会形成冲击。农民由此产生乡村治理主体重塑的动力和愿望，因为伴随着农村城镇化的农村新型社区建设、伴随着农业土地流转带来的农业规模化经营、伴随着城乡一体化背景下农民身份的非农化，原有的无论是乡村治理体系中的政府主体，还是市场经济条件下的市场主体都不足以承载农民的利益代表主体。乡村治理主体的多元实现组织化重组是社会化资源反哺农业背景下的必然选择[1]。

反哺农业政策是基于农业发展滞后和工业发展水平的错位，而采取的政策扶持农业发展的措施总和。乡村社会对市场要素资源的进入必须有相应的市场交易渠道，如农村土地流转过程中双方的谈判，社区建设中治理机构的重建，农村公共服务建设的投入，都需要以组织的形式介入市场交易。如果实施外来要素资源与农户的谈判，必然会导致市场交易成本过高而不能实现交易，因此，在反哺农业的条件下乡村社会必须实现组织化的变迁。这种组织化变迁的动力不是出于家族关系的认同，也不是出于政府追求收益最大化的保证，而是实现村社居民公共利益最大化的设计。以往农村基层自治机构实际上是联系农民与政府的主要渠道，也是接受政策扶持资源的主要平台，同时也是农村公共服务产品提供的协调者。而村党支部对于村民自治机关实施领导和监督的职能，在实际操作中村双委之间的矛盾有制约着乡村治理的效能[2]。在乡村接受反哺农业各种生产要素资源的条件下，村民自治机构应协调与村社民间组织、上级政权组织、农村企业组织等的关系，实施政治权力的多元配置。反哺农业首先是资本下乡和企业下乡，这种市场资源的介入不可能依赖农村内生性积累来完成，需要充分利用市场资源要素来实施。乡村治理方式是协商不是行政强制，所遵循的规则是法律条文，而不是乡村习惯法[3]。这就需要乡村的多元治理主

---

[1] 高宝琴：《农民组织化程度的提升：乡村治理的生长点》，《齐鲁学刊》2010年第2期。
[2] 俞可平指出：大量的研究已经证明，农村两委会的关系问题已经成为严重影响农村社会稳定和发展的关键性因素。两委会矛盾和冲突所导致的财务混乱、村务荒废、村政失控现象已经屡见不鲜。参见俞可平《中国农村治理的历史与现状（二）》，中国改革论坛网2010年1月16日。
[3] 高其才：《新农村建设中的国家法与习惯法关系》，中国政法大学法治政府网2011年2月23日。

体形成协商的机制，最大限度地规避市场风险，保护农民的利益，既实现农民收益的最大化，又实现公共收益的最大化，这是培育乡村组织化多元主体的目标导向。

二 合作化推进："以工哺农"背景下实现农民与市场有机衔接

计划经济条件下农业实施合作化经营方式，合作化作为集体经营的农业形式在初期是尊重农民对生产和产品的自主权的。但是，在人民公社时期的集体化农业经营方式下，农民是没有生产和消费的自主权的。集体化农业充其量是生产合作化农业，在计划指导下，产品的分配和流通受到计划的约束和规制，集体化时期也存在工业对农业的支持，但是，这种支持由于占有产品份额而受到农民的排斥。在实现家庭联产承包责任制的制度背景下，农业的家庭经营方式与市场的对接，由于家庭经营的小农不能有效规避市场风险导致农民利益受损。同时，农业发展的基础设施建设和其他服务设施都不是农户能够单独承担的，农户也缺乏对农副产品实施深加工的技术和资本，因此，尽管20世纪80年代后期有些地方推进农业的规模化经营，但是，中央指出适度的农业规模经营要与当地的生产力水平相适应，以农业劳动力转移、农业机械化程度和农业社会化服务体系的发展为条件，决不能强迫命令一哄而上[①]。而农业的社会化服务体系包括生产、流通、加工、信息、技术和资本等全方位的服务项目，而在20世纪80年代末，全国范围内并没有构建比较成熟的农业社会化服务体系。而这一时期各级政府强调城市居民的"菜篮子"工程，这种状况也同农户与市场对接的程度直接相关。

随着地方产业资本的集聚和兴起，资本进入农副产品加工行业成为趋势，政策引导发展农业的"龙头"企业和公司加农户等经营方式，这应是在延伸农业产业链条基础上的农业生产合作。但是，公司与农户的合作衍生出政府对涉农公司的政策支持，公司由于政策支持而导致在与农户交易中的不对等地位，公司对农户利益的损害由于农户的市场主体地位不完整而得逞[②]。由此农户与公司之间稳定的市场契约关系受到冲击，公司与农

---

① 中央文献研究室编《新时期经济体制改革重要文献选编》上，中央文献出版社，1998，第515页。
② 孙耀武、刘朝：《"公司+农户"组织运行的经济学分析》，《财经理论与实践》2004年第4期。

户合作中的违约现象导致公司发展的不可持续，而由于缺失相应的制度保障农户在公司违约中无法有效规避损失。即使政府加大对农业的投入，加强农业基础设施的建设，扶持农业项目的落实等，但是，这些政策支持一方面建立在农业规模化经营的前提下，另一方面政府扶持农业基础设施建设实施方式会出现乡村精英与外来资源的结合，结果造成具有资本和技术的大农逐渐在反哺农业资源配置中占据有利的优势地位[1]。这些大农可以组织成立农业合作社，对农业生产、加工和流通提供服务，但是，在市场收益最大化的情况下，小农必然处于农业产业链条的末端而受到大农对产品利润的占有。结果是农户无论直接面对市场，还是加入大农组织的合作社，在市场主体的地位上依然处于弱势的地位。要解决农户与市场对接的问题，农业经济合作社是有效渠道，关键在于政府处于掌控社会资源优势地位的情况下必须直接参与介入，发达国家政府直接介入农业合作社的运营并不鲜见。

反哺农业首先要实现农业的适度规模化经营，以最低的成本实现对农业服务项目的提供，以有效的市场流通渠道支持农业的可持续发展。无论是调整农业生产结构，使农业生产趋向适度的规模化，还是调整农业产业结构，使农业开展多种经营，延伸产业链条，提高农产品附加值都需要政府政策的支持。农业作为弱质产业，市场对农产品的供需关系变化的反应首先是价格的变化，而价格变化对农民的影响是较大的。政府反哺农业就是保护和扶持农业，要规避农业合作化中的"精英俘获"现象，要真正构建农工贸一体化的社会化服务体系，政府必须全程介入并发挥主导作用。农业合作社的社会化服务体系不能只是追求市场收益最大化的市场主体，而应该是服务于农业生产者市场主体的合作化机构。政府在农业育种、农业机械购买、农业技术推广、农业基础设施建设以及病虫害防护等方面都提供相应的财政政策支持。但是，这种服务的提供是以部门分割的状态实施的，而不是统一的机构和人员来负责实施的，这就造成农户在服务体系中的收益出现差异。在政府直接干预

---

[1] 温铁军等认为：由于农村经济空间基本被部门、资本和大农占领，真正体现农民主体地位的合作社能够发育的程度极为有限；天生就内在具有"精英俘获"机制的大农主导型合作组织就这样逐渐成为农民合作组织的主体。参见《部门和资本"下乡"与农民合作经济组织的发展》，《经济理论与经济管理》2009年第7期。

下，农业合作社为农户提供农业生产服务时，一方面受到政府财政扶持，另一方面服务机构不属于盈利单位，同时农户可以参与服务机构的运行，这种状况的实现有赖于农户的广泛参与。发达国家的农业合作社能够在某种程度上保证农副产品的流通处于相对垄断的地位，原因在于政府、市场和农户三位一体的合作社服务体系的构建①。政府参与是指合作社建立时可以收到政府按投资成本的一定比例的补贴；市场作用的体现是合作社广泛了解市场信息，对于农副产品的市场行情和加工，合作社都进行预测判断和直接组织加工。但是，合作社不是市场盈利单位，合作社由农户出资享有所有权和分红权；合作社还提供农业贷款和农业保险的业务，这些业务由合作社代表农户与政府部门和企业谈判，收益机会对农户是平等的。因为在政策的倾力支持下，农户的经营风险降低到最低。

通过合作社构建农业社会化服务体系的目的是降低农户经营风险，实现市场收益的最大化。合作社应是农民的集体性共同行为，而不应是农村"精英"的市场投资行为。合作社是农业发展的公益性机构，而不是追求收益最大化的盈利机构。合作社运营是通过降低农户与市场交易的成本来提高农户收益和降低风险的，在农村经济合作社存在的情况下，农户实际上只是生产型农户。农产品的流通、农业技术的选择和农业基础设施的建设都由合作社协调，这实际上赋予农业合作社以农民利益代表的地位②。在乡村治理体系中，合作社是经济领域的机构，其运行的动力来自于农户，也来自于政府的介入主导。在我国广东南海地区，平东村改革乡村治理的一个重要方向在于将原来"几块牌子一套人马"的党组织（党支部）、自治组织（村委会）、经济组织（经联社）分开，所有的经济职能都归入经联社③。合作社是服务于农民与市场对接的，但实现合作社的运营目标不是靠强制性地推动，而是在政策的诱导下出于保障农民利益的需要。

---

① 周衍平、潘劲等：《德国农业协会作用考察》，《农业经济问题》2010年第1期。
② 2004年3月，在全国人大十届二次会议上，中国社会科学院世界经济与政治研究所研究员徐更生指出：合作社代表农民利益，支持合作社就是支持农民。参见徐更生《农业合作社才能真正代表农民利益》，中国网2004年3月8日。
③ 安卓：《广东南海新探索：农村土地股份固化分红》，凤凰网财经栏目2011年12月29日。

三 制度化构建:"以工哺农"背景下乡村公共利益最大化保障

政府实施"以工哺农"政策的目的是推动工农业协调发展,而工农业协调发展从根本上改变农村和农业滞后于城市和工业发展的局面,从本质上讲,还是为了推动农村公共利益最大化的实现,使农村居民共享工农业现代化发展的成果。所谓乡村公共利益是指农村居民在公共空间领域中的共同需要,"公共利益不应是狭隘的功利主义下的个人利益的集合,而应是以公民总体的现实利益与未来利益的统一为出发点进行考量下的公共利益。"[①] 但是,"以工哺农"政策背景下农村公共利益最大化的实现不只是依赖工农业经济快速发展就能够完全实现,农村经济层面的改变为农村公共利益实现最大化提供了坚实的物质条件,物质条件充分并不必然意味着公共利益就实现了最大化的目标。因为,农村公共利益最大化是农村市场主体收益最大化和农村社会收益最大化的均衡点,物质条件充分最多是农村市场主体收益最大化的表现,但社会收益最大化还需要相应的制度安排来保障[②]。反之,如果社会收益没有实现与市场主体收益的均衡状态,市场主体收益最大化的状态也不可能长久持续。因为政府是政策的制定者,而政策的实施和效果的保证是需要制度安排来规制的过程。制度安排可以推动工农业经济协调发展,也可以阻滞工农业协调发展。农村不同于城市的主要表现是城市的产业部门产生大量的剩余可以用来增加城市公共事业开支,增加城市居民的福祉,推动城市公共利益最大化的实现。而农村区域主要以农业产业为主,生产剩余不足以保证农村公共利益最大化的实现,这就需要通过实施"以工哺农"的政策导向,采取城市带动农村,工业反哺农业的途径来推动。反哺农业就是直接对农业部门实施政策支持性的补贴,以弥补农村生产剩余的不足。从理论上说是社会生产要素资源向农村倾斜性流动,实际上是通过提高农业产业内部和产业外部的市场收益来吸引市场资源的流向[③]。

而要实现这一点,必须面对农村人口与农业资源紧缺之间的永久性矛

[①] 公共利益:MBA智库百科,wiki.mbalib.com/wiki/公共利益,2012年12月23日。
[②] 黄小虎:《土地使用制度改革不能片面追求收益最大化》,中国国土资源报网2012年1月4日。
[③] 谢跃辉:《农业产业化:一个资本市场的视角》,《财经理论与实践》2002年第3期。

盾，这种现实国情意味着在农业承载过多剩余劳动力的前提下，即使实施大规模"以工哺农"政策，如此之多的小农也会使政策实施的预期效果消隐于小农经济的结构中①。为此，必须实现农业劳动力的加速转移，如果城市产业发展无法完全吸收这些应转移的剩余劳动力时，强力推行城市化，必然会造成裹挟着城市贫民的缓慢发展。我国城乡之间的户籍隔离格局并没有打破，城市中出现徘徊于城乡之间的农民工阶层。城市不可能为农民工提供与城市居民相等的公共服务产品，但这种制度安排既保证了城市的发展，也为农村生产资源的集中提供了有利条件。因为农民工可以把土地作为最后的生活保障，也可以通过土地流转带来相应的收益。这种安排并不能保证城乡发展的稳定，因为农民工身份在城乡保障体系差异下产生相应的冲突②。农民工既是社会稳定的推动因素，又是影响社会稳定的主要因素。城市农民工在分享公共服务产品时必须回到农村，某种程度上由于在城市居住限制了农民工分享农村公共服务产品的机会和空间。如城市农民工子弟在农村接受义务教育是免费的，到城市也许就面临较高的成本；城市农民工在文化消费上都是自理，农村居民享有文化下乡的政策支持和财政补贴。当然，城市农民工从事非农产业能够带来较高的比较收益，但是，农民工不在农业部门和农村区域就业，还分享政府对农业和农村的政策补贴③。这种格局在增加政府反哺农业成本的同时，实际上变相弱化了反哺农业的效能。

由此，政府在制度安排上必须打破城乡隔离的户籍限制，实施农民向城市的合理流动。农民工转变成城市居民必然增加城市公共开支的负担。但是，农民工作为城市就业者，也为城市财政提供了支持。对于农村和农业来说，农民工转变成市民后空置的农村土地有利于农村土地资源的集中，拓展农业发展的空间④。但是，单纯依赖城市对农业人口的吸收并不能解决我国农村剩余人口的问题，因为城市人口的增加必然导致城市规模

---

① 温铁军：《"三农"问题：世纪末的反思》，《读书》1999年第12期。
② 徐坡岭、郑维臣：《农民工身份转换困境：基于公共物品供给的影响》，《辽宁大学学报》（哲学社会科学版）2011年第4期。
③ 杨同卫、康兴娜等：《论新生代农民工身份认同的困境及应对措施》，《经济纵横》2011年第8期。
④ 刘小年：《农民工市民化：路径、问题与突破——来自中部某省农民进城的深度访谈》，《经济问题探索》2009年第9期。

的扩大，而城市规模的扩大必然导致对农业资源的侵占。即使属于产业支撑下的城市扩张，也必须在保证农业资源量稳定的前提下推进。也就是说，农业土地资源既要支持城市扩张和产业发展所需要的用地规模，也必须保证农业持续发展所要求的环境和资源条件。解决农业土地双重任务的出路在于农村的社区化建设，社区化建设可以推动农民的聚居，实现农村土地的空置和集中，又便于政府实施城乡一体化的公共服务设施建设和产品的提供。不过社区化后农民实现了聚居，农民依然从事小农式的经营还是无法减轻农民的货币需求压力。即使政府对农业种植的财政补贴上升，单一的农业种植并不能解决农民的收入增加问题。由于农业产品的价格弹性决定农业种植的收益有限，也必然还会出现农民工阶层。而城市在无法有效吸收农村居民的情况下，农村和农业发展必然受到影响。如果农村社区化后实施土地的规模化经营，那么规模化后农村的剩余劳动力如何安置又是新的问题[1]。因此，政府反哺农业在首先打破城乡户籍制度限制和实现农村社区化的同时，农业和农村的发展还依赖农业生产部门外的产业结构升级和延伸的支撑[2]。

  发达国家反哺农业是一个全方位的体系，尤其是在制度上给予明确的界定[3]。在实施农业和农村发展全面立法的同时，以制度化的方式对农业服务体系实施立法。这种立法不只是保障农业的持续发展，更重要的是推动农业产业链条的延伸，增加农业人口的就业。如中国台湾地区，从事农业服务人员的数量要远远超过从事农业生产人员的数量[4]。农业的基础设施建设，农村公共服务设施的建设，农业的金融和保险服务，农村的医疗卫生服务，农民经济组织的建设和运营服务，农产品市场流通信息服务，农业产品和科技推广服务，农业产品的质量检测服务，农村的第三产业开发服务，农副产品的加工和包装服务，农业经济作物的工业开发服务，农业观光旅游服务，农业生产高新技术的经营服务等行业，都成为政府制度化规制的重点领域，并成为扩大农民就业的主要途

---

[1] 贾永生：《新农村建设与农村土地管理刍议》，《城市建设理论研究》2011年第12期。
[2] 张步双、夏文红：《按市场要求推进农业产业结构的转换与升级》，《经济论坛》2002年第22期。
[3] 王学兴：《发达国家工业反哺农业的主要经验及启示》，《理论学刊》2007年第3期。
[4] 黄安余：《台湾农业结构和战略转变对就业的影响》，《特区经济》2007年第6期。

径。因为社区化的农民在身份上已经成为具有完全市场主体身份的市民，农业也只有拓展农业之外的产业发展领域，农民才有更为宽广的就业空间。

四 民主能力培育："以工哺农"背景下农民互动参与机制的生成

当政府不再直接组织农村生产和分配，农民组织担负着村社民主管理和民主监督、发展经济和培育市场以及实现农民利益表达的任务。从某种意义上讲，农村公民组织"内部发展起来的契约原则、自治能力和利益格局是社会稳定的控制机制和保险机制"[①]。不过，农民组织在中国广大的农村尽管以多种形式存在，但是并没有发挥其应有功能，农村基层民主需要探索出一条行之有效的路径来协调农民与国家、农民与市场、农民与社会之间关系。用制度形式来规范和指导农村发展，在新制度嵌入村庄后，农民并没有表现出参与积极性。其根源在于村社公私不分的文化环境，公私不分必然导致家族、人情、面子等私人生活领域的元素侵入公共空间，造成公共空间民主和平等公共精神缺失。村社传统观念与私人生活结构直接关联，即使是新制度强制性植入符合农民需要，也无法有效地改变这种村社文化格局。推动农民建立符合自身发展需要的自治组织，以拓展农民利益表达的空间，提升农民话语权和农民合作能力，以实现对村务的自治性管理和监督。采取农民组织方式，旨在通过构建群众性自治组织，以冲破农村私人关系为纽带的社会关系约束，以农民组织的效能覆盖原有的农村自治体系。

农村利益的冲突、农民自治监督的缺位、农民利益表达的强烈诉求在某种程度上被农村传统结构遮蔽和压制。如何启动农民趋向对制度约束的认同，如何提升农民自组织的动力，如何规避和弱化传统力量的羁绊成为乡村治理必须面对的问题。农村利益冲突凸显与解决冲突渠道狭窄的矛盾，这显示农民有着强烈的利益表达愿望，但缺乏正确的利益表达方式和整合利益的农民组织，这种现状显示出农民民主能力的现实困境。农民民主能力是运用组织化的形式平等参与公共事务的能力，在农民民主能力受限的情况下，农民实现利益表达常采用非理性的方式，即

[①] 邓正来主编《国家与市民生活：中国视角》，格致出版社、上海人民出版社，2011，第6页。

使采取理性的方式，也仅倾向于个人利益的诉求，而对涉及集体利益层面的诉求倾向则相对模糊，这就出现农民对村庄公共事务参与缺乏强大的动力，对于村庄事务进行村民民主监督处于自发的状态。农民民主能力有限的根源在于农民利益识别意识、民主责任意识、政治参与意识被传统习惯弱化，同时也受到乡村文化教育条件、法制观念、经济条件的制约。因此，乡村治理重点应是提升农民政治权利意识，同时建立村务监督组织和经济合作组织，监督组织功能的发挥又结合媒体功能的发挥，经济合作组织是整合兼顾经营同行业农民的需求，以经济合作组织作为农民利益表达的平台。不过在发挥农民组织的功能方面，尽管有地方政府的支持和直接推动，对村庄的公共事务可以采取实物介入的方式展开，但是，农民还是受到传统私人关系人情纽带的约束和经济上货币驱动的限制，表现为村民参与村庄公共事务的乏力和监督机制的弱化，这就提出了如何使乡村治理提升农民参与动力和如何转变农民的被参与地位的问题。

村社文化依然存在诸多传统因素，这种文化变量制约着农民公私分明理性精神的彰显。市场经济下农民追求收益最大化的动力驱动使农民个体对经济收益的提高非常关注，对不能带来或提高经济收益的事务关注程度较低。能够推动村庄监督组织功能发挥的有效渠道与以血统关系为纽带的村社传统力量是相互兼容的，并非完全处于相互排斥的状态。民主制度对乡村的嵌入必须与传统相结合，否则制度功能的发挥就会受到影响。在国家、家庭和市场之外农民利益表达的现实需要，成为提高农民民主能力的切入点。提升农民民主能力的重点是运用教育、组织和实务介入的方式，以此来提升农民的意识识别能力、农民的民主合作和监督能力，从而形成农民民主能力提升的内源性力量。尽管这种理论和实践上的探索存在制度和方式的外在嵌入，但是农民能够接受并赋予其实践形态，本身就意味着当代农民利益诉求愿望的上升和公民主体意识的觉醒。因此，推动农民参与的过程，无论是经济合作组织的参与，还是民主选举和监督的参与以及文化教育上的参与等，都联系到村庄家庭的资源配置的问题。在市场机制的作用下，处于家庭经营条件下的农民，在基层民主政治参与上所体现出的动力缺失，与乡村的经济结构体系和生活环境体系直接关联。因为人的行为是理性的这一基本前提不仅适用于现代市场经济，而且也适用于古代传统的以及非市场的经济①。从农民理性行为视角分析，农民参与某种合作组织和民主监督组织，并发挥主体地位，推动这些组织按照一定的制度规则进行运作，根本上不单是这些组织的运行符合自身的利益诉求指向，更重要的是这些组织能为农民家庭的资源配置体系带来收益。如果没有收益，只是单纯的外在嵌入式的启蒙、尝试和实验，其动员农民参与的效果必然受到限制。实际上，农民存在参与的愿望而没有实现参与，并非是单纯的参与能力低下的问题，更为重要的是外部环境和条件。这种环境条件包括乡村民主化治理组织构建和运转过程中传统与现代两种因素的张力，表现为农民被民主和消极参与倾向与"理性—积极性"参与共存的局面。

在乡村从事民主化治理，必然直面村社传统伦理的结构和张力，作为现代民主治理的方式和原则，着重以公共精神为支撑，以现代民主制度和组织体系为框架，实现公民之间契约性制度约束的民主治理方式。传统伦理约束的功能是建立在家族血缘和人情面子基础上的伦理原则，表现为以个人关系上的亲疏来彰显价值判断倾向；而公民契约表现为"每个结合者及其自身的一切权利全部转让给整个集体"，个体服从契约就是"这一结合而使得每一个与全体相联合的个人只不过是在服从其本人"②。在传统文化结构中，村民既面临市场大潮的浸润和冲击，从事多种生产行业得以提高收入，同时也面临公民契约精神的缺失而出现"善分不善合"行为倾向。乡村民主化治理要求公民组织的理念、行为和价值取向，而规避对乡村治理的过多干预和传统宗法人治倾向的沉渣泛起。农民利益表达和诉求需要通过契约组织形式提升权利实现的广度和深度，在农民体验到被监督的权力比没有监督好，合作趋向比分散趋向优越时，自动会形成理性的民主制度文化、民主思维方式和民主行为习惯。

第四节 "以工哺农"条件下的产业互动论

在"以工哺农"的政策背景下，实现农业的产业化经营有赖于政府的政策支持和财政补贴，不过农业产业化经营所需要的外部市场资源支持成

---

① 林毅夫：《制度、技术与中国农业发展》，三联书店、上海人民出版社，1992，第2页。
② 卢梭：《社会契约论》，商务印书馆，2003，第19页。

为农业产业化推进的重要支撑因素。农业产业化既需要政府干预以规避产业的弱质性特征，更需要农业部门内部第二、三产业的发展延伸农业生产经营的产业链条，同时农业部门服务的体系化是农业产业化推行的关键。资本下乡可以提高农业的生产结构水平，实现农业的规模化、企业化和专门化经营。但是，在河南省下乡资本呈现部门分割的条件下，部门资本下乡并不是长效持续的过程，由此造成农业产业化经营缺失有利的制度化外部环境。

不同产业部门的互动、优化和互补与市场经营中的相对价格变化引起的收益和成本的变化是成正相关关系。我国从中央到地方长期形成工农业发展的制度框架是"以农养工"，这种制度框架的生成不仅是产业部门之间比较收益的差异决定的，同时还是制度规制下推动非农产业尤其是工业部门优先发展的制度惯性决定的。由于减少对城市非农产业的基本建设投资，增加对农村和农业的基本建设投资，以及财政上加大对农业的补贴支持，势必会减轻非农产业部门经济增长对投资的依赖程度，非农产业的相对价格必然会发生变化，进而影响资源的配置。更为重要的是社会资本倾向于转向收益比较大的产业部门，如果行政干预投资向农业部门倾斜，就会造成社会资本持有者和政府收益的相对下降。这种局面与政府政策预期目标是相背离的，政府政策走向由此也不会做出这种选择。这种制度框架和市场格局决定政府对农业的支持不是保证农业的优先发展，而是保证农业发展与工业部门发展相协调。或者说，工业部门以及其他非农产业部门发展不致严重超越农业发展的支撑能力。在这种条件下，可以对农业在政策上进行适当的倾斜。

一　农业产业化：现有制度框架下推进农业产业内部互动的政策调整

这种非优先发展农业的政策设计不能有效推动农业部门产业的互动发展，为农业实施产业化经营提供有利的外部环境。在现有制度框架之下，政府选择推进农业产业化的局部制度调整来改善农业产业化发展的外部环境。比如农村和农业领域吸引市场资本要素进入农业领域，这实际上是推动农业规模化经营的单向政策调整和推动，目的是在渐进性的制度和变革的调整中增加整体制度变革的推动力。但是，这一政策实施的前提是农业劳动力的相应转移。如果没有农业劳动力的转移，资本下乡进而整合农业生产资源会面临成本过高的整体困境。即使农业劳动力存在一定程度的转移，由于农业的家庭经营对土地使用权的细碎化使用，整合土地直接面临农民土地流转意愿的问题。让下乡资本的承载主体公司与农户谈判必然增加交易成本，谈判成功的可能性极小。取得谈判成功的主要条件是下乡公司与集体组织谈判，这就为实现下乡资本与农业生产资源的结合提供了有利的外部环境。不过仅有资本与土地的结合远不能保证农业的产业化长足推进问题，还需要相应的政策和财政支持。国家对农业合作化和农业龙头企业的政策扶持，是为了在农业产业化推进方面首先进行单项制度的创新，即实施现代生产要素对农业生产的介入，实现农业产业结构的提升和产业优化互动，以此推动农业和农村整体性的制度变革。

不过，由于农村产权不清晰，政府推动制度变迁是为了实现"租金"的最大化，对于地方政府来说是为了提升财政收入，那么政府在农村生产要素资源的流动中就会设置无效产权，在实际操作中出现政府"搭便车"和政府被利益集团"捆绑"的问题。这种情况就会导致资本下乡推动农村资源整合过程中难免出现农民利益受损问题，当前各地出现严重的"暴力拆迁"导致农民死亡案例就明显突出政府与利益集团捆绑造成的恶果。因此，必须在制度变迁过程中积累推动制度整体变迁的积极性因素，规避和弱化阻滞制度变迁的消极因素。如上述资本下乡对农村资源整合的局部制度变迁，其中积极的因素就是资本与农业资源结合带来的积极效果，及推进农业规模化和专门化经营；农民流转土地的积极性和农民参与农业规模化经营带来收入的提升以及农业劳动力的就地转移；政府在政策支持土地规模化经营的同时带来农业生产结构和产业结构的变革，农业生产效率得到大幅度提升；政府对生态环境和农业持续发展的相互协调中进一步推动农业发展制度安排的整体变革等。

消极因素是政府通过推动土地流转实现收益的提升，为此设置无效产权，通过农村土地流转谋取更大的利益，农民利益受到损害；资本下乡不是为了推动农业的产业化经营，而是为了套取政府财政扶持和金融扶持，利用资金支持从事非农产业带来更大收益；农业规模化经营过程中下乡公司部分要素用于农业经营，大部分资本和技术等生产要素用来从事其他产业经营；政府在推动农业产业化发展的同时，只注重农业要素集中，没有注意农业劳动力的转移和生态的破坏；农民为了支持土地的集中，实现社区化聚居。但是，非农产业没有有效吸收农业剩余劳动力，失地农民的社会保障问题凸显，政府没有采取相应的配套措施等。如果在资本下乡推动农业产业化经营进程中，在政府的制度安排下促进了积极因素作用的发挥，那么农村就会出现下乡资本与农村生产资源的良性整合，农村产业结构之间就会出现相应的互动发展，农业产业化经营与农民身份变迁和收入提高就会并行不悖地发展。如果是消极因素发挥主导作用，政府在农村的产权设置就是无效产权设置，政府的"搭便车"与农业资源的"侵占"并存，最后势必影响粮食安全和农村社会的稳定。

为此，在农业和农村吸收现代生产要素资源的过程中必须有效规避消极因素起到主导的作用。要实现这一点，必须逐渐积累推动制度变迁的集体行动力量。这种推动制度变迁的集体行动力量来源于市场主体或政府能够从制度变迁中得到原有制度体系之下得不到的市场收益。政府推动农业产业化经营，实现农业产业链条的延伸和产品附加值的提高，对政府来说意味着农业效率和产量的提高，同时农业第二、三产业的发展能够转移农业劳动力，为政府提供新的税源。对于农民来说，农业的规模化和多元化经营很大程度上是土地使用权的出租和转让，农民在得到土地出租收益的同时，还能够参与农业产业化经营，或者到城市从事非农就业提高收入。这对农民来说，远高于从事农业获得的收益。对于企业来说，生产要素进入农业和农村领域面临着市场风险，即使在政府的财政和政策支持之下，收益相对于从事非农产业投资经营也存在比较收益的差别。因为下乡资本和公司面临人口与土地资源永久性的矛盾，因此，下乡资本和公司总是把提高收益和规避风险的支点放在政府的政策支持层面。而政府在宏观政策导向的推动下，对下乡资本和公司给予一定的政策支持和财政补贴也成为地方政府的主要措施。但是，政府制度安排下的市场主体在行为选择上都是理性的，在收益上都致力于收益的最大化。在推动农村生产资源整合集中的过程中不可避免会出现农户与下乡公司的市场博弈，也存在政府与下乡公司的利益博弈。农户也并不是在收益相对提高的诱惑面前就立刻理顺转让土地等资源的意愿，下乡公司也并非是在获得政府财政支持和市场金融支持后就着力推动农业产业化的发展。这里存在农民为了获得收益最大化而出现的变相"敲诈"政府的现象，下乡公司资本在获得市场支持和政府支持后也会面临投资方向转向非农产业以获取最大化收益的极大诱惑。

因为在农民社会保障体系没有完善的情况下,农民转让土地使用权的意愿会受到多种因素的干扰,最主要的影响因素有以下几种:租金涨幅与物价上涨速度不适应,租金的货币支付形式与农民意愿不一致,规模经营与管理滞后的矛盾,公司收益与农民收入相互排斥[①]。由此,下乡公司在农业产业化经营过程中也面临多种困境,比如集中农村土地资源的困境,规模化经营的用工困境,经营中的资本短缺困境和农业市场流通的服务体系构建困境。下乡公司与农户进行土地流转的谈判成本过高,所能支付的土地租金不可能满足每个农户的意愿;转让土地的农户,其主要劳动力从事非农产业,留在农村的劳动力没有从事规模化农业经营的能力。但是,这些剩余劳动力却执意要求参与农业产业化经营,公司与农民的意愿出现分歧。农业产业化经营不是一次性投资的过程,而是不间断持续投资的过程,其市场风险包括自然灾害、市场波动、农业设施、流通损耗、资金周转、包装加工、质量保证等环节,产业化经营对流动资本需求较大,而市场机制条件下资本向农业部门流动的动力是有限的。农业服务体系包括农业保险和农业信息服务网络体系并没有真正完善,农业企业承载的经营成本相对较高,下乡公司从事农业产业化经营所承担的市场风险无法有效地规避,结果导致农业产业结构的互动和优化出现制度变迁的动力支撑不足。

二 农民非农化:以产业部门竞争推进工农业均衡互动的制度创新

农业产业化的前提和结果都是农民的非农化。在产业化农业实施前,需要农业劳动力转移,从而为农业产业化经营提供农业土地规模化的空间条件。在农业产业化实施的过程中,也是农民非农化推进的历程。因为农业产业化带来的农业工业部门为农业劳动力转移提供了有利的外部环境。但是,无论是农业产业化前还是农业产业化后,有效吸收农业劳动力转移的并不是农业工业部门,农业劳动力转移主要还要依赖城乡非农产业尤其是工业部门的发展。因此,农业劳动力转移的过程又是工农业产业部门互

---

① 中原农村发展研究中心研究团队赴许昌县、襄城县调研访谈资料。

动发展的过程。尽管传统农业部门并非总是从现代工业部门的发展中受益,特别是经济系统中存在使传统农业部门受益的因素,也存在损害传统农业部门的因素,不过现代部门还是通过推动为传统农业部门提供就业机会,实施部门物资交流,分享现代生产要素和实现部门结构的同质化等方式,使传统农业部门从现代部门的扩张中受益[1]。也就是说,传统农业部门的发展与现代工业部门发展之间始终存在互动性矛盾,即现代部门发展始终存在支持与损害传统部门的冲突。

而支持传统部门还是损害传统部门与国家对不同部门发展的制度安排直接相关。因为,国家"决定产权结构,因而国家最终要对造成经济的增长或停滞的产权结构的效率负责",对于国家来说既要追求经济发展中"租金"的最大化,又要降低交易成本以保证社会产出的最大化,因此国家"带有掠夺(或剥削)和契约的双重性"[2]。国家出于实现"租金"和社会总产出最大化的双重需要,实施国家产权设计,从而排斥其他集团对资源的侵占,其排他性表现为通过计划经济体制对资源流动和配置的制度性约束。计划经济条件下实施的城乡隔离各项政策,就是为了保证城市工业部门收益的最大化,并带来国家收益最大化而设计的制度安排。但是,这种产权安排同时也规避了农业人口向城市的流动,因为放开城乡户籍的管制,在消费品采取供给制的条件下,城市势必会增加财政负担,从而影响国家收益和工业部门的总产出。即使城市增加人口可以从政策上从事非农产业,但同样会带来政府公共开支的增加,而农业生产当时并不能保证城市人口对农产品的需求。但是,这种产权安排必然造成政府官员"搭便车"行为,因为权力的集中会带来体制内权力监督的弱化,为此连续性的群众运动成为弥补制度缺陷的选择。

不过,这种制度安排下的经济发展并不能持续保证社会产出的最大化,政府收益也受到影响。因为工农业部门的互动发展机制受到极大的损害,工农业发展处于相互隔离的状态,农业对工业长期处于高强度的支持,由于农业资源禀赋的限制对农业的支持在深度和广度上也受到限制。在降低交易成本的前提下集体化经营的农业实现了对工业发展的最大程度

---

[1] 〔美〕阿瑟·刘易斯:《二元经济论》,北京经济学院出版社,1989,第150页。
[2] 〔美〕道格拉斯·C. 诺斯:《经济史中的结构与变迁》,上海人民出版社,1994,第13~14页。

的支持，但是，集体化农业部门滞留的大量剩余人口在弱化效率提升能力的同时，也排斥劳动力替代的农业机械化设施的参与。因为农业机械设施要占用相应的农业剩余分配份额，由此工业对农业支持以提高农业产出的举措在实践中出现与预期目标相背离的局面。实际上农业剩余支持工业部门发展，工业对农业支持则面临制度障碍。当工业扩张的规模超过农业发展的支撑能力时，就凸显了农业发展对工业扩张的内在约束力。为了保证农业发展能够满足工业发展的需要，政府在政策上必须回头扶持农业发展，由此造成经济波动的周期性循环是工农业缺乏互动支持发展的主要表现。

要改变这种经济波动的循环，必须相应提高农业劳动生产率，而提高农业生产率必须转移农业人口。如果说改革开放初期农村实现生产经营方式的变革，由此调动了农业劳动力的生产积极性，不如说改革农业生产方式只是扫除了农业劳动力转移的制度障碍。而农业规模化经营和家庭经营在农业生产要素投入差异不大的情况下，在产量上是没有明显区别的。20世纪80年代初期，农业产量达到历史的高峰，学界津津乐道是制度变革产生的效应，而这个效应来自于农业土地生产率的提升，而不是来自于农业劳动力生产率的提升。而土地生产率的提升根源于国家降低生产资料的价格和生产资料市场供给的充足。而在计划经济条件下，农业生产资料的供给事实上是不充分的，因为工业部门在没有形成本部门积累的条件下，资源不可能向农业部门倾斜流动。

改革时期，工业部门形成相对完整的工业体系并具备部门积累能力。国家在这一阶段的产权制度安排，调整了城市产业发展排斥农村资源介入的做法，由此带来城市国有企业外部宏观经济环境的改变。这种改变为城市非公有制经济的发展提供了政策许可的空间。这种城市经济空间的扩大为农村劳动力的转移提供了有利的条件，不过城市宏观经济环境的改善也为城乡产业互动提供了可能。因为城市工业部门也呈现现代部门和传统部门并存的局面，农业人口流向城市也主要是由城市传统部门吸收，城市现代部门并没有大量吸收农业劳动力。由此并没有生成城乡之间劳动力资源的交流互动，城乡二元关系有所缓解，但是发展方向不是良性循环[①]。真

---

① 李克强：《论我国经济的三元结构》，《中国社会科学》1991年第3期。

正担负起农业劳动力转移的是城乡之间新兴的乡镇企业部门,乡镇企业是由乡村基层政府的财政、集体单位的积累和基层政府担保的金融贷款支撑起来的,由于是基层政权主导下的集体企业,参与市场竞争也是在基层政权的扶持之下,由此"城市对工业的计划垄断被农村集体的竞争所淘汰。同时,竞争的规模和程度也迅速升级,最终哺育出了一个相对公平的工业市场"①。乡镇企业是农村工业化的产物,而农村工业化之所以能够展开,还在于政府对农村产权的调整,这种调整使农民在一定程度上回归市场的主体地位。而乡镇企业既彰显了农民的市场主体地位,又突出了农民市场主体地位不完整时进入市场竞争的集体合作方式。乡镇企业在发挥农村工农业关系互动作用的同时,也为城乡工农业发展互动提供了外部经济环境。

由于国家对国有工业企业调整只是在内部区域实施管理方式的变革,并没有从根本上改变国有企业的微观运营环境。国有企业在低效率和高消耗的运营循环中很难满足政府收益和社会化产出最大化的要求,从而造成政府对国有企业的高额补贴和国有企业持续的亏损。调整产权制度以推动国有企业的改革提上日程,国有企业的股份制改革是吸收民间资本进入国企为主要形式的所有权改革,这种改革为推动制度变迁的集体行动力量提供了制度平台。更为重要的是为城乡之间生产要素资源的市场化流动提供了条件,不过市场机制作用下的资源配置还是倾向于向非农产业流动,对农村和农业的作用主要是大幅度推动了农业劳动力到城乡非农产业部门就业。由此在造成农业和农村更加滞后和城乡二元结构更加突出的同时,也为整合农村和农业生产要素资源提供了有利的市场环境。因为农业劳动力的完全转移和不完全转移都是在农业经营不经济的条件下形成的,而农业经营不经济的主要原因是资源向农业部门倾斜流动需要政府的政策导向和制度调整。从产权角度来看,就是使农村产权明晰化,农民具有完全市场主体地位参与市场竞争和分工。要实现这一点,政府必须付出收益代价而促使农业的社会产出最大化格局的生成。而农业在政府反哺政策支持下实现产出最大化,反过来又通过税收和金融渠道弥补了政府收益的损失,但由此所形成的工农业协调发展为非农产业带来更大的收益,从而工农业互动发展才能具有持续的长效机制。

---

① 潘维:《农民与市场:中国基层政权与乡镇企业》,商务印书馆,2003,第167~168页。

三 农村城镇化：城乡之间产业部门同构性的互动发展

在反哺农业过程中，农村城镇化必须实施阶段性和整体性的多元推进。阶段性推进的原因是我国存在区域差别，在沿海发达地区农村城镇化已经全面铺开的情况下，中西部地区农村城镇化进程才刚刚起步。因此，农村城镇化不能"一刀切"，必须依据地区发展的具体情况实施阶段性的发展。农村城镇化整体性推进的原因在于只有在实施反哺农业的条件下才能实施城乡一体化建设的农村城镇化，农村城镇化不只是实现农民的聚居，更重要的是农村城镇化需要有效的产业支撑。这种产业支撑是实现城乡工农业同构性发展基础上的支撑。只有阶段性的城镇化才能避免在没有产业支撑的情况下以政府行政主导强制性推进城镇化。只有整体性推进城镇化，才能有效推动农村产业结构和城乡产业结构的同构性互动。这种同构性产业结构的生成有赖于农村城镇化阶段性推动的支持，因为没有阶段性的政策目标导向，而是跃进式的整体性"造城运动"，势必会给工农业发展带来严重的干扰，造成的后果首先是威胁粮食安全和农村社会的稳定。

农村城镇化过程中追求与城市产业结构的同构性是指实现城乡产业发展集约化、公共服务一体化、资源配置市场化、农村资源资本化和经济发展的持续。由此才能真正实现呈现产业部门之间的同质性互动，这种互动为农村城镇化的推进提供了强大的动力支撑和市场主体建构。如果城乡和农村内部产业结构没有实现产业结构的同质性互动发展，依然停留在城市现代非农业部门和农村传统工农业部门异质性发展，那么城乡二元社会经济结构虽然会随着农村城镇化而有所缓解。但是，农村城镇化生成的新的二元社会经济结构，农村会出现更为严重的两极分化。当然，农村城镇化进程中的城乡产业同构是存在区域差异的，不可能忽略地区的资源禀赋盲目追求城乡产业同构。同时，地区城乡产业的同构一方面是产业结构的调整在推动农村工业化的条件下城乡产业同构局面已经形成，另一方面城乡工业部门因其同构性也在激烈地争夺市场要素资源。在城市工业受到政策保护的条件下，这种城乡工业部门的资源争夺对城市工业部门发展产生不利影响[1]。不过城乡产业同构对农村城镇化是有力的，因为在农村城镇化

---

[1] 李克强：《论我国经济的三元结构》，《中国社会科学》1991年第3期。

过程中，农村有效地承接城市产业的转移，实现市场资源配置的同构。对于地区经济来说，城乡一体化背景下的产业同构既能提高地区产业部门的竞争力，又能推动农村经济发展，还有利于地区产业结构升级[①]。同时，城市工业部门正在向新兴信息化产业部门转型，传统工业部门可以转移到农村，形成农村工业化的主体。这就要求城乡产业部门的互动发展需要城乡产业部门的合理分工，实现资源利用效益最大化的目标。

在农村实施城镇化的背景下，农村工业发展会有效地大幅度转移农业剩余劳动力；农民的聚居为农村经济发展提供了空置的宅基地；农村在居民聚居后实现土地流转有利于农业规模化经营的实现。这在理论上是没有问题的，关键在于农民聚居后能否分享到政府提供的城乡一体化公共服务产品和基本建设投入。在反哺农业和农村的政策支持下，政府可以实施财政支持农村城镇化发展的政策导向。但是，农业的规模化和集约化经营是需要政府全程补贴和市场监管的，农村集体经济的经营和创收是需要重新整合农村资源的。比如农村土地的流转，根据法律规定土地是属于国家的，但国家所有的实现形式就是全民所有，这种所有权的实现实际上表现为各地政府从土地流转中获益。农民从土地流转中只是获得补偿或租金，而政府在征集土地与出让土地之间存在价格的差异，由此带来政府土地转让的收益。而这部分收益对于农村集体来说应该也是有分享份额的，因此，土地流转应流转到农村集体手中，而不应流转到地方政府手中。不过政府在没有获取土地流转收益的情况下是否有能力为农村居民提供公共服务产品，或者说农村城镇化后随着集体收益的增加，公共服务产品的提供是否可以采取市场化途径来获取，这就是反哺农业和农村过程中需要探讨的问题。

所谓农业反哺就是政府通过财政和分配方式对农村和农业实施支持，如果反哺农业的资金还是来源于农村资源的转让收益，那不是反哺农村和农业，实际上还是一种变相的汲取。由此带来农村资源资本化的问题，而资源的资本化需要市场"卖方"和"买方"交易来推动，而农村资源作为"卖方"的农民并没有"定价权"，农村资源的国有或集体的产权设计排斥了农村居民对资源享有的处分权，资源卖方一般是地方政府来承载。这就

---

① 王锐兰、刘思峰：《产业同构的利弊分析》，《财经论坛》2005年第12期。

出现农民在失去生产资源的同时,并没有实现收益的最大化。原因是农民和集体经济合作组织的市场主体地位不完整。或者说农村在实施城镇化的同时并没有实现农村资源的资本化和市场化。农村资源市场化不足带来城乡之间商品流通的阻滞,工农业部门也难以形成互动发展、合作交流的机制。即表现为城乡工业发展伴随着对农村资源的开发和利用,农村工业发展在承接城市工业转移的同时延续了对农村资源的占有态势。而农民在比较收益激励下把资源更多投向非农业部门。即使农村区域实现了一定程度的产业化经营,但是,由于城乡市场流通机制的不完整,工农业产品价格的"剪刀差"依然存在,农副产品流通受到城乡之间信息和交流渠道不畅的限制,农业并没有走出弱质产业的恶性循环。农业产业化受到资金、用工和市场波动的影响对政府补贴形成路径依赖。

因此,城乡产业需要实现同构性发展互动,这种同构性首先要使农村资源的所有权明晰化,集体所有在市场交易中要予以充分体现。农村的集体经济合作组织即是集体所有权实现的主体,农村工业在承接城市工业部门的产业转移时,要彰显农村资源资本化的特征。在短缺经济时期,农村工业在沟通城乡产业部门互动方面发挥了积极的作用,但是由于环境资源与发展的冲突因市场需求旺盛而被忽视,尤其是城市工业部门生产能力出现剩余的条件下,城市产业会倾向于向新兴部门发展。工业化建设时期技术性结构决定产业发展的同构性,信息化时代,因其产业的"模块化"特征而出现的生产流程的标准化和模块化,这与工业化时期的"流水线"结构是不同的。信息化时代生产的标准化可以允许生产环节的分散,而工业化时代要求流水线生产环节的集中。应该说,农村城镇化也是城市产业结构变迁的必然趋势,农村在承接城市产业转移的同时,无形中既吸收了城市产业的工业化技术结构,又吸收了信息化时代的"模块化"特征。这就为城乡工业部门的互动发展提供了有利的条件。而工业化时代的产业发展是以消耗资源和资本大量投入为主要推动力的,尤其是在市场供给不足的条件下,所形成的粗放式发展模式对农业发展产生了严重影响。在实施农村城镇化的条件下,农村工业发展必须顾及农业发展基础而关注农村生态环境。农村产业部门之间的互动是既要推动工业发展,也要优先保障农业产业化的顺利发展,从而形成农村工农业之间的良性互动。

第七章
河南省实施"以工哺农"的路径选择

新时期,河南省始终重视对农业的政策支持和财政投入。但是,在支持农业发展方面,河南省依然沿袭非农产业带动农业产业发展的思路,具体地讲就是农民的非农化、农村的城镇化、农产品加工产业化等方式,这实际上并没有在政策上真正向农业部门实现倾斜。因为这种以非农产业带动农民增收和提高农产品附加值的路径不是以农业为导向,而是以非农产业为导向。这种政策选择的后果是在市场机制的作用下,社会的投资倾向依然是非农产业,而不是农业。在全省普遍采取非农产业带动农业产业发展的路径并不能保证农业持续发展的情况下,真正能够保证农业持续发展的路径是不能单纯依赖市场机制,更要依赖政府的直接介入和政策推动。

第一节 实施"以工哺农"政策的内在机理

在河南省工业化初始阶段,工业部门通过政府的直接干预和特定的制度安排从农业部门汲取了大量的剩余,结果是工业部门在获得长足发展的同时,农业部门的发展处于严重的滞后状态。新时期市场机制在推动非农产业快速发展的同时,也弱化了社会向农业部门的投资动力和农业持续发展的能力,农民收入的主要来源还是非农部门,这表明政府"以工哺农"政策的实施没有实现其预期目标。农民主要通过从事非农产业来提高收入,不过农民在从事非农产业生产经营的同时还经营农业,农民成为兼业小农。这种格局意味着农民从事非农产业多是城乡地带的传统工业部门,而城市现代工业部门对农民工的吸纳能力是有限的,这说明现代部门和传统部门的分离与对立依然存在。这种二元经济格局严重影响到农业部门的发展,因为农民在作为兼业小农的情况下,对农业的投资和农业效率的提升都是不利的。对家庭经营的小农来说是否对农业投资取决于农业投资边际效益的提升,而农业的弱质性和较低的产品价格弹性决定着农业产量与市场价格呈反方向发展,即农业生产投入的边际效益是逐渐递减的。农业效率的提升很大程度上取决于农业生产结构和产业结构的调整,产业结构趋向规模化、集约化、多元化和产业化。农民工不能脱离农业生产经营严重影响到农业生产要素的集中。尽管政府提出可以有条件地实行农民土地承包权转让,但是,农民在缺乏全面社会保障体系支撑的条件下,对土地流转和出让承包权的意愿缺少必要的动力支撑。这就形成农业实施产业化经营与家庭小农经营农业之间的内在冲突,原有农业发展的政策设计已经阻碍农业的发展。

一 河南省实施"以工哺农"政策的实践依据

首先,经济政策无法有效提升市场主体趋向农业部门投资的动力。20世纪90年代以来,河南省政府对农业部门提出逐步实现农业生产经营的规模化、专业化、产业化和企业化。但是,由于政府对农业的财政支出比重逐年递减,在市场机制作用下,社会投资向非农部门严重倾斜,这种政策实现了农业资源的大量非农化,并没有实现农业劳动力的同步转移、农民收入和消费以及农村社会发展水平的同步提高。1993~2008年,总体上,河南省财政支农数量占财政支出份额呈上升趋势,1993年财政支农份额为10.3%,1997年上升到12.2%,2000年为13.87%,2005年为15.4%,2008年为20.8%。[①] 但是,随着河南省政府财政支农份额的逐年上升,全社会对农村的固定资产投资份额却呈现出逐年下降的趋势。1993年城乡的固定资产投资额比例为3.00,1995年下降到2.93,1999年下降到历史最低点1.78,2000年缓慢上升到1.82,2004年城乡固定资产投资比达到3.66,2006年上升到4.55,2008年达到历史最高点4.93。[②] 可以看出,

---

① 参见河南省统计局编《河南统计年鉴2010》,中国统计出版社,2010,第279页。
② 数据是根据河南省统计局编《河南经济年鉴2010》,中国统计出版社,2010,第161页的数据计算所得。

在政府财政支农份额逐年上升的情况下，政府不是社会投资的主体，市场的多元投资主体占据主导地位。在市场机制作用下，城乡固定资产投资差距逐渐扩大，这意味着工农业存在比较优势差距的情况下，市场主体还是倾向于把投资方向锁定在非农产业，对农村和农业的固定资产投资比例逐渐降低，这就严重影响到农业生产经营对市场的依赖程度。农业对市场依赖程度低就意味着农业生产的商品化和市场化程度低，实际上农业表现出市场化和产业化水平不高。农业产业化水平不高说明农业生产经营对市场生产要素资源的利用有限，农业就不能实现从传统农业向现代农业的根本性转变。由此可以得出结论：要完成市场化条件下河南省工农业关系的转变，依靠市场调节机制的作用是不可能的，必须依赖政府提高财政支农的份额，实现政策对农业的保护和扶持，带动社会资源向农业部门的倾斜性配置和流动。

其次，农业资源的流出弱化了农业持续发展的能力。工业发展和城市化的扩张必然带来对农业生产资源的侵占，在工业化进程中，农业生产要素向非农业部门流动是必然的趋势，关键在于农业生产要素的逆向流动与农业劳动力的转移和农业生产经营的规模化是并行不悖的过程。1993~1999年，河南省工业化发展对农业耕地的占用造成耕地面积的逐渐减少，平均每年减少耕地面积21.7千公顷，1995年的人均耕地面积只有1.1218亩，[1] 2000年后，耕地面积才逐渐增加。河南省耕地面积的减少对粮食产量增长影响较大，1995~1999年河南省粮食产量的年均递增率只有0.51%，人均粮食产量为969公斤，而1979~1984年的人均粮食产量为1211公斤，两个阶段相比较，减少的人均产量为242公斤。[2] 由于市场机制追求利益的最大化，农业部门的资源向非农部门大量流动，导致河南省的非农产业部门成为拉动国民经济增长的主要因素。1993年农业产值份额为24.7%，工业产值份额为40.8%；2008年农业产值份额为14.8%，工业产值份额为51.8%；1993年河南省农业部门对经济增长的贡献率为18.4%，拉动率为2.9%；工业的贡献率为56.2%，拉动率为8.9%；

---

[1] 人均耕地是依据河南历年统计年鉴的数据计算所得。

[2] 董锁成：《中国百年资源、环境与发展报告》，湖北科学技术出版社，2002，第212页。人均粮食产量是根据河南省统计局编《河南统计年鉴2010》，中国统计出版社，2010，第103、392页的数据计算所得。

2008年农业的贡献率为6.5%，拉动率为0.8%；而工业部门的贡献率上升为65.3%，拉动率为7.9%。[①] 这显示出河南省农业产值份额在减小，对GDP的贡献率和拉动率也在降低，而工业部门显示出大幅度上升的态势。工业部门获得长足发展但在吸收农业劳动力转移方面有限，按照先起工业化国家工农业经济发展的经验，工业发展伴随着农业劳动力的转移。但是，工业部门吸收转移劳动力的幅度和力度逐渐下降，而第三产业成为农业劳动力转移的主要部门。但是从2000~2008年，河南省第三产业的发展处于严重滞后于工业发展的状态，造成产业发展畸形结构的主要原因，一是政策导向下社会资源向第二产业集中流动，尤其是工农业市场化阶段房地产行业成为社会资本投资的主要方向，地方政府也把房地产开发带来城市土地流转收益作为财政收入的主要来源；二是第三产业尤其是服务行业的垄断格局影响社会资源向服务行业流动；三是现代农业发展需要建立社会化和市场化的农业生产经营信息化服务体系，而这些服务体系的建立和运营需要政府政策支持和财政支持以及制度保障，或者说农业服务体系的生成和运营面临政府的制度供给严重不足的局面。

再次，市场化条件下农民收入的增长主要来源于非农业部门。1997年后，河南省农民年人均总收入增长率与年GDP增长率相差较大，这种态势（除了2004年外）一直持续到2008年。这显示出农民年人均总收入增长速度落后于GDP的增长速度，在某种程度上农民的年收入增长也是农民从事非农业收入带来的增长（农业部门还是农民收入的主要来源）。1995年农民的人均总收入为1883元，来自农业的收入为1482元，比例为78.7%，来自非农业的收入为149元，比例为7.9%；2005年农民人均总收入为3946元，来自农业的收入为2532元，比例为64.2%，来自非农业的收入为434元，比例为11%；2008年农民人均收入为5994元，来自农业的收入为3577元，比例为59.7%，来自非农业的收入为10.6%。[②] 由此可以得出结论：农民从事非农产业成为农民提高收益的有效渠道，但是，农民没有脱离农业生产领域，农民收入来自于非农产业的比例在逐渐上升，来自于农业部门的收入比例逐渐下降，就意味着农业部门的比较收益

[①] 数据是根据河南统计局编《河南统计年鉴2010》，中国统计出版社，2010，第59~64的数据计算所得。

[②] 参见河南省统计局编《河南统计年鉴2010》，中国统计出版社，2010，第340~341页。

正在降低。农业不是高效产业就不会吸引资源向农业部门流动,在市场机制作用下农业生产资源趋向逐渐枯竭的局面。依据先起工业化国家发展农业的经验,农业劳动力转移从事非农产业实现农民社会身份的转变,而从事农业劳动的农民主要收入来源于政府的财政补贴。政府对农业的政策支持和财政补贴是农业发展的政策导向,社会市场主体正是在政府发展农业的政策导向下,意识到从事农业经营的市场收益较高才会把农业作为投资方向,由此带动农业产业化和市场化经营。在工农业市场化条件下,河南省工农业发展的"以农养工"趋向虽然在政策上发生根本的改变,但是,由于"以农养工"条件下形成经济发展的路径依赖,政府政策导向下的资源配置方式使农业部门在市场竞争中处于不利的地位,即农业部门不能实现社会生产要素向本部门的倾斜性流动。农业的小农经营方式决定农民对农业也不可能进行大规模的投入,其原因在于农业的低收益弱化了农民投资农业的动力,同时农民从事非农产业也可以大幅度提高收入。这就必然导致农业生产要素不断流入非农部门,农业发展严重滞后于非农部门的发展。

二 河南省实施"以工哺农"政策的目标体系

家庭承包的农业经营方式只能解决农民的温饱问题,不能解决农民的致富问题。如果说家庭联产承包责任制是由于农业经营方式的制度变迁带来了农业产量的提升,不如说是家庭经营条件下农业生产要素投入的增加带来了产量的提升。因为在1984年我国农业产量达到高峰后,农业发展处于徘徊的局面,原因在于家庭经营农业的农民在农业投资层面存在资源的优化配置问题,增加农业的投资取决于农业投资边际收益的增加。在农业产量提升带来农业产品价格降低的条件下,意味着农业生产的边际收益处于逐渐下降的局面,农民投资农业的动力就会受到影响,更倾向于把投资方向选在相对收益较高的非农产业部门。由此农民致富主要依靠从事非农产业。政府决策者应看到农民靠非农产业实现富裕和农业劳动力的转移,还应注意到农民从事非农产业造成农业生产经营收益逐渐下降,这就必然导致社会生产资源向非农产业流动,农业发展更趋滞后。因此,政府应重新定位"以工哺农"推动农业发展的目标体系。

其一,实现农业发展的公益化和长久化。河南省农业发展总体上属于低价农业,同时也是低效益农业。日本、韩国、欧洲国家和美国的农业都属于高价农业,即一种在政策上实行严格保护的农业。发达国家的高价农业一方面是政府反哺农业的政策导向所致,另一方面这些国家的农民与大市场的对接是通过经济合作组织的方式实现的。农民是市场化和组织化的农民,在农业产品的流通方面农业合作组织几乎垄断了流通的渠道。因此,农民具有市场谈判权和定价权。国外之所以对农业进行严格保护是基于社会和政府对农业弱质性、脆弱性和根本性特点的广泛认同。农业弱质性表现在农副产品在市场竞争中的弱势地位;农业脆弱性是指农业部门抵御自然灾害的能力较弱;农业的根本性就是解决吃饭问题,因此,全社会把农业作为公益性产业来看待。如果以城市为中心来审视农副产品价格出现浮动,社会就会表现出对经济发展前景的忧虑,这是城市中心论者利益本位的表现。对于农业生产不能实现本国自给的国家如日本,对农业的财政补贴和政策保护力度最大,原因在于日本农业作为经济部门的组成部分,政府可以忽视农业部门的发展,农业的低迷和萎缩必然影响国家的竞争力和经济稳定发展;同时日本农业生产之外已经形成农业产业化和市场化服务体系,农业产业结构的多元化已经与第二、三产业形成互动发展的格局,政府对农业政策的调整实际上影响到其他产业的发展。农业发展的长久化指的是农民土地承包制度的长久化,过去中央文件强调"长期不变",现在强调的是"长久稳定",原因在于农民对土地的承包权还在很大程度上对农民起着最低生活保障的作用。家庭经营之所以对我国农民起着最低生活保障的功能,原因在于城市非农产业发展对农业剩余劳动力转移的滞后,或者说城市非农产业的发展没有能力吸纳足够的农业劳动力以推动农业生产结构和产业结构的调整。但是,只要农民增加收入的主要来源依靠非农产业部门的格局没有改变,而农民又不能脱离农业生产,农业家庭承包经营制度的社会保障功能就不可能从根本上得以改变。

其二,实现农业的集约化和合作化。农业承包制的家庭经营是农业发展的基本"细胞",而家庭为单位的农业经营"细胞"在农业生产投入的能力、动力和活力均有限。在这种情况下,农业发展就必须实行产业化和集约化经营。长期以来,农业产业化经营发展战略大都停留在对农副产品的加工方面,2010年,河南省农副产品加工业增加值已占全省工业增加值的25%，农产品加工工业企业年产值4000多亿元，居全国第一①。这种产业化都是非农产业的产业化，与农业关联的就是原料和劳动力，还不是真正的农业产业化。真正的农业产业化不只是表现在加工和流通环节，关键在于农业生产环节和服务环节的产业化。而要实现这一点没有政府的直接推动和介入事实上是不可能的。河南省如新乡市的小刘庄实现了农业的集约化和机械化经营，前提是全村1600多人拥有的工业固定资产达到9.2亿元，年人均分配工业部门红利达到2.4万元，每个村民都有比较完善的生活保障。② 这是小刘庄工农业生产剩余直接反哺于农民的典型范例，但是小刘庄农民问题的解决不是依靠农业，而是非农产业。也就是说河南省新乡小刘庄能够实现农业的产业化和集约化经营，前提是小刘庄乡村非农产业尤其是工业产业的发展已经能够转移足够的农业劳动力，甚至吸收外来务工人员5000多人，这就为反哺农业提供了强有力的物质前提。同时在农业劳动力转移出去的条件下，农业生产要素的集中和流转就没有制度的障碍，不过，小刘庄作为一个小村庄，是在市场经济条件下充分利用市场资源，首先实现乡村工业化建设，在本村劳动力不足的条件下用工业生产经营剩余形成对全体村民从事农业劳动的替代。即使小刘庄工业发展占用全部农业用地，对农业产品的需求也可以从市场中获得。因此，小刘庄的工农业经营模式不可以由此推及至一个地区或一个中部省份，比如河南省要学习小刘庄经验，不能单纯发展非农产业，而小刘庄可以做到，原因在于一个地区或一个省非农部门发展所需的资源不是靠自身就可以实现无限度供给。

其三，实现农业要素的流动化和权益化。农业产业化和规模化经营能够解决农业问题，但是否能够解决农民问题，取决于农业能否实现权益化和规范化。农民在农业产业化经营条件下应从土地中获得主要收益，要尊重土地的承包权。如今政府占地对农民进行一次性补偿，看似合理，实际上地方政府从土地流转中的收益已经成为其财政收入的主要来源。而农民转让的土地大都成为非农业部门开发的主要区域。如今河南省的土地流转，形式上没有减少耕地面积，实际上是政府通过异地买地的方式实现对土地的占用，这必然损害河南省农业发展的根本基础，从长远看并不能真

---

① 党涤寰、莫凡：《靠科技增产，靠调整增效》，《经济日报》2011年1月5日。
② 2009年9月8日前往新乡市七里营镇小刘庄与村民的直接访谈记录。

正解决农民问题。要解决农民问题必须尊重农民对土地的承包权,即尊重农民对土地收益的分配权,保证农民通过土地转让后能够分享到土地开发的收益,这才是长远的土地流转方式。这实际上存在两个层面的问题:一是城市发展和工业扩张带来对农业土地资源的侵占,在制度上必须形成农业劳动力同步转移的机制,即占用多少耕地面积,要求转移多少农业劳动力或安排多少就业岗位,开辟多少财政税收来源等。二是政府征用或者公司企业下乡征用土地,必须以法律形式赋予农民自由选择的权利,同时农民转让的是土地承包权还是土地的集体所有权。从本质上讲,土地的承包权与土地的所有权是一体的,或者说所有权与使用权是一体的。有权承包使用,无权交易所有。在所有权既定的情况下,政府转让的也是土地使用权。政府征用土地与出租土地之间的差额是政府作为土地出租方处于垄断地位。政府作为资源交易的"卖方"在法理上是缺少足够依据的。土地属于集体所有,即集体所有就是集体内部的成员所有,集体所有权必须在成员层面上得到实现。政府以土地国有的名义替代集体行使土地交易权,实际上是对土地集体所有权的剥离。这是政府提供的土地虚假产权制度安排,由此带来的政府官员与市场利益主体的利益"捆绑"衍生的暴力拆迁和损害农民利益现象实际上是制度供给不足的表现。

其四,实现农业要素的市场化和资本化。农业的市场化就是实现小农经济的农业与市场的有效对接,这需要政府提供对农业的"大服务"以弥补小农户与大市场对接的缺陷。政府直接提供农业服务主要是为农业发展提供政策支持、财政补贴和制度供给,在制度和政策框架内吸引市场资源与农村资源实现对接和整合。农业生产要素资源的市场化流动在于农业生产要素资源实现资本化,没有资本形态的农业资源就是政府行政权力掌控下的资源。在"以农养工"时期,工业之所以能够实现优先发展,关键在于政府行政性权力掌控资源的格局为资源流向工业部门提供了制度保障。市场资源是有限供给,不是无限供给。河南省各级政府倾向于向工业部门倾斜性配置资源,结果必然是对农业提供的政策和财政服务太少。有学者曾提出实现农业生产要素的资本化来推动农业发展的观点[1]。但是,河南

---

[1] 温铁军指出,在市场化条件下,农民不能携带股份化的土地和资产等要素进入城市,因此要把土地价值化,使农村生产力要素从实物形态向价值形态转化;参见温铁军:《三农问题与世纪反思》,三联书店,2005,第397页。

省工业化的进程就是农业生产要素资本化的进程，农业的生产要素包括生产资料、资金、劳动力和土地等，农民多余的资金往往是投资非农产业以增加收入，劳动力转移生成农民工阶层，社会角色也不是农业工人，而是承载农民身份的城市工人；土地在农民手里不是资本，转移到政府那里就变成增值的资本。在市场机制下，农业生产要素资本化必须规避农业生产要素的减少和逆向流动，才能保证农业的持续发展。即农业生产要素资本化不是流向非农业部门的资本化，而是实施农业产业化、规模化、企业化、专门化、国际化和集约化生产经营方式。这种方式是农业与第二、三产业实现对接、互动发展的生产经营方式。农业集约化和市场化经营的生产体系、流通体系、服务体系和政策体系的构建不是政府直接推动就可以彻底完成，这取决于市场发展的水平和程度，即农业生产经营利用市场资源的深度和广度；同时取决于市场中产业发展的成熟程度。比如农业市场化服务体系的建立，首先取决于全社会服务体系的发展和成熟，如果没有形成成熟的社会化和市场化服务产业体系，即使实施政策推动，因为制度供给不足和政策导向实现形式的差异也会出现与预期目标相悖的结果。比如"大跃进"时期城乡工业化并举，政策导向是正确的，但是实施方式多元混乱，制度不能规避外部因素的干扰，最终带来灾难性的后果。

三 河南省实施"以工哺农"政策的方式选择

河南省实施大规模"以工哺农"政策的关键在于农业部门与政府财政的关系。如果农业部门在财政部门收入中的份额较小并呈现下降趋势，而财政支农的数量又超过了农业部门提供财政收入数量，这就说明河南省工农业发展进入"以工哺农"时期。同时，当财政预算资金在全社会固定资产投资中的份额逐渐下降并且份额较小时，可以认为政府作为社会投资主体的地位呈下降趋势，这就意味着各产业部门已具备较强的部门积累资金能力，政府财政可以对农业部门实施倾斜。2005年河南省取消农业税，政府财政收入来源于非农业部门。2008年财政支出总额为10490.65亿元，城镇投资为8721.19亿元，比例为83.13%，这说明社会固定资产投资的主要方向是城镇，社会对农业的投资动力严重不足。同时，民间投资逐年上升，2008年民间投资为7659.96亿元，全社会投资总额为10490.65亿元,民间投资占投资总额的比例为73.02%[1]。说明政府不再是社会固定资产投资的主体,社会的投资主体逐渐趋向多元化。不过政府有"以工哺农"的经济能力,不一定必然实施"以工哺农"的政策导向。一般意义上说,非农产业尤其是工业发展必然带来农业劳动力的转移和政府财政税收水平的提高。地方省级财政收入主要来自于非农产业部门就是明证。政府可以在政策设计的预期目标中认为,只要非农产业发展就可以转移农业劳动力和扩大就业,农业会逐渐具有产业化和规模化发展的条件。这种看法对河南省来说至少在短期内是不可能的。发达国家或地区实施"以工哺农"政策之所以能够取得明显的成效,在于人口较少或者是人地矛盾不太突出的缘故。比如西欧各国、日本和韩国,这些国家从人口和国土面积上看都是小型国家。这些国家战后经过资本扩张形成了强大的工业经济基础和成熟的市场经济体制。美国是一个大国又是一个强国,同时具有巨大的农业资源优势和工业经济能力。而我国市场经济体制不成熟不完善,经济结构中第三产业发展严重不足。河南省作为中部省份,在以往的发展中过于依赖地区资源优势使重化工业获得长足的发展。但是,第三产业严重滞后于工业经济的发展,而工业经济主要是重工业,重工业在吸收农业剩余劳动力方面是无法替代第三产业的。因此,河南省实现大规模"以工哺农"政策的关键不仅是要依靠政府的政策和财政支持,引导社会资源向农业部门的倾斜流动。同时,还存在政府提供制度供给,在完善市场经济体制的同时,推动生产要素的资本化和市场化流动,发展第三产业为农业劳动力转移提供有效渠道,才能为实施"以工哺农"政策提供良好的外部条件。

首先,农业补贴政策的实施方式。在政府对农业的保护方面,国外有着典型的范例。2002年,美国农业补贴达到平均每户12500美元,而1/10的大农场补贴金额竟达每户85000美元;2000年欧盟在960亿欧元的总资金中,1/3补贴了农业,如荷兰国家预算,农业每年投入都在人均100美元左右,瑞士每年用于谷物的补贴是谷物售价的4倍,法国不仅对农产品的保护价一般比国际市场价高20%,而且政府的补贴也占农民纯收入的25%~34%。[2] 发达国家对农民的直接补贴提高了农民的收入,保障了

---

[1] 河南省统计局编《河南统计年鉴2010》,中国统计出版社,2010,第161页。
[2] 邹惠艳、傅光明:《完善对农民直接补贴制度若干问题的思考》,《经济研究参考》2004年第69期。

农业的收益，使农业成为高收益、高投入的产业部门，同时发达国家对农业的补贴甚至成为农民收入的主要来源。发达国家财政补贴农业的制度化和长效化一方面与当初实施"以工哺农"政策以推动农业发展直接相关，另一方面在长期的政府高额补贴农业的过程中，推动了农业多元化发展，有些国家在农业资源紧缺的情况下甚至成为区域性农副产品出口大国。也就是说，政府在补贴农业推动农业现代化的进程中，发达国家已经形成以农业部门为依托的产业群和产业集团链条。这些产业集群和产业利益集团已经成为政府补贴政策的既得利益集团，政府对农业的福利化补贴的财政开支已经形成制度化的激励机制。某种程度上说发达国家的政府已经被农业利益集团"捆绑"，而根本无法取消对农业高额补贴的政策。当然，发达国家经济结构中第三产业在创造就业岗位的作用也是比较大的，如果政府取消对农业生产、农副产品的流通贸易、农业服务体系和农业经营环节等各项补贴项目，实际上将损害到整个国民经济体系的良性运行。因此，发达国家和地区在农业支持和保护方面的政策和制度已经体系化和长久化。这种方式对于河南省来说，直接补贴农业就是补贴农民，只有提高农民来自农业的收益，农民才具备对农业的投入动力。但是，政府采用农业生产性财政补贴的方式直接补贴农民，对于家庭经营的农业来说效果并不明显。因为家庭经营的农民市场主体在农业生产的资源配置方面较少出现配置不合理的选择。农民个体对农业经营的投入一方面取决于市场的比较收益，另一方面取决于投资农业的边际收益。目前已有的补贴方式如耕地补贴、基础设施建设补贴、农业技术推广补贴、化肥补贴、农机补贴和销售补贴以及其他生产资料补贴。这实际上把农业生产的稳定建立在政府投入的层面之上，政府不但是要为农业生产环节进行补贴，更为重要的是要为农业市场流通和交易环节进行补贴。农民自发建立的经济合作组织是农民与市场对接的必由之路，农民趋向合作的原因是因为离开合作就不能保证和增加收益，培育农民的市场主体地位，就是要培育农民经济合作组织。市场机制发挥作用应建立在具有活力的市场主体对市场信息和变化的灵敏反应基础之上，农业发展失去农民市场主体地位的活力和完整，农业集约化和产业化经营就有困难。因此，政府财政补贴不能单纯对农民补贴，而应对农民合作组织补贴，同时政府要为培育农业市场主体提供制度供给和政策支持。

其次，农业产业园区建设方式。1995年，世界人均耕地面积为3.6亩，其中美国人均为10.65亩，印度人均为2.7亩，俄罗斯人均为13.5亩，法国人均近5.0亩，而河南省人均耕地面积（按统计面积计算）只有1.1218亩。[1] 河南省人均耕地面积在家庭经营方式下只能解决温饱问题，不能解决依赖农业致富问题。河南省依靠农业经营方式实现社会化的范例是许昌县将官池镇兴办的许昌天和现代农业万亩蔬菜生产基地，这种农业集约化经营的主要特点是：一是机制新，即土地流转既满足了企业的用地需要，又保证了农民的土地收入；农民就近实现了就业，通过以工代训方式，农民掌握了农业生产新技能。二是标准高，即基地全部采用喷灌和滴灌等新技术，农田基础设施全省一流。三是效益好，即通过标准化生产、集约化经营，基地极大地提升了蔬菜产品附加值[2]。河南省有必要推广许昌天和蔬菜生产基地的经营方式，实现集约化农业产业发展的方式与市场经济对接，使农业成为农民收入的主要来源，才是河南省农业发展的出路。许昌天和蔬菜基地的成功存在若干重要的支持因素，主要是政府的政策支持。政府对于下乡公司从事规模化和集约化农业生产经营，政府在土地征用、资金扶持、政策优惠和金融扶持等方面都给予相应的政策激励。但是，据笔者直接访谈河南省许昌天和集团的管理人员，认为天和集团的发展是规模化经营农业的尝试，在经营中依然存在政府政策和制度供给不足的问题。比如征地难，农民在比较收益的驱动下有些不愿意流转土地，甚至对土地流转价格漫天要价。如果下乡公司与农业个体家庭逐次谈判，谈判成功的交易成本过高。如果依托村级自治机构处理土地流转事宜，成功难度和交易成本都会降低。但是，也无法规避农民参与规模化经营的困境。那么由此衍生的问题就是用工难的问题，即积极参加规模化经营的农民实际上即使通过培训也无法掌握相应的经营技术，但流转土地的农民执意要参与经营。不过最困难的是产品的市场营销网络，因为市场化的服务体系不健全，天和需要独自建立市场销售网络，以拓展销售渠道增加经营收益。但是，下乡公司承担农业生产和流通环节的全部经营成本费用，不可避免会面临资金紧张的问题。同时蔬菜生产在周期、保鲜、储藏和损耗

---

[1] 董锁成：《中国百年资源、环境与发展报告》，湖北科学技术出版社，2002，第199页。
[2] 《打造一流绿色蔬菜基地和现代农业旅游景区》，河南人民政府门户网站，2011年6月6日。

等环节都在增加成本。因此，经营难度和市场风险都在加大。这实际上显示农业集约化经营的问题，农业服务体系的完善是农业产业化经营的外在保障。而河南省在农业保险和农业服务体系方面的建设和配套制度多是监管性的，缺少市场支持和激励性的制度安排。

再次，农业市场化服务体系。政府为农业提供的基础设施服务、农业技术服务、产品销售服务、经营管理服务等对农民来说服务越多，而农业的生产成本就越高；补贴越多，乡村政府负债越高，这在中部省份已经不是一个需要掩饰的问题。政府在对农业提供大服务的情况下，应该使这种服务成为一种政策支持和保护的长效机制。保护农业必须以政府为主导，在农业支持工业发展的情况下，政府运用政策设计和制度安排工业部门汲取农业剩余。在实施大规模"以工哺农"政策的条件下，政府应保证农业从非农产业汲取剩余，即非农部门必须对农业让利。或者说政府提供农业的服务项目有赖于市场化经营主体的参与，农业发展产业化和集约化的关键在于对市场中资源依赖程度的逐渐加深，而不是像计划经济条件下的封闭式经营，也不是在家庭承包责任制下的家庭小农经营。小农经营对市场资源存在依赖，但是在深度和广度上都有限，这也是小农经营下农业商品化率较低的主要原因。农业市场化服务体系的构建需要政府政策主导下市场资本、技术和经营主体的广泛介入，由此实现农业产业延伸到第二产业和第三产业的格局。农业产品加工和销售行业即是第二产业对农业部门的参与和介入，政府在搞好农业食品质量监管和政策扶持的同时，实际上还要为拓展农业流通和经营的服务项目提供支持。农业的生产技术服务、农业产品的加工流通和贸易、农业生产经营的金融保险服务、农业的基础设施建设、农业的环境监测与维护、农业良种的培育与推广、农业网络化的信息服务、农业期货和证券行业的发展、农业的网络产业开发服务、农业的旅游和观光项目服务、农业规划和项目咨询服务、农业产品的认证和宣传服务等，都需要政策支持下建构市场化和社会化的联通渠道。发达国家在建立农业全国性的市场化服务方面一是采取相关系统的立法手段，二是采用农业生产经营的全程财政补贴和政策支持的方式，同时政府还直接参与或介入农业经济合作组织的建设和运营。发达国家政府还把政策性金融机构和市场主体交给农业合作组织运营，这些都是推动建立完善的农业服务体系的举措。农业现代化实际上是农业服务和产业多元化的现代化。

最后，农民利益表达方式。农业比较收益低不只取决于农产品的市场供给与需求的关系，农民没有话语权，或者说没有定价权也是关键因素。日本和韩国的农产品价格之所以如此高，关键在于这些国家的农民有话语权和定价权。在农产品的国际竞争中，发达国家不但赋予农民定价权同时给予大量补贴，使这些国家的农民在国际竞争中可以充分利用价格优势，处于有利的地位。在同等价格条件下，发达国家农民收益较高，农民就具备对农业进行持续大规模投入的动力。对河南省来说，由于政府的支持力度不足，农业处于低价和低效益的状态，农民来自农业生产经营的收入不足，那么农业在市场竞争和国际竞争中必然处于不利的地位。发达国家或地区农民的市场定价权和谈判权是如何生成的？这是发展中国家或地区必须关注的问题。首先发达国家都有农民组织的农民协会，农民协会的建立和运营有的国家政府直接参与组织和运营，有些国家不参与，农民协会是农民的非政府组织。农民协会主要代表农业经营者的利益，农民协会承载了农业服务的诸多项目，还承载农民或农场主与政府的沟通。政府在制定农业发展政策或调整农业发展战略，以及处理和调节农副产品的国际贸易纠纷等事务时，都要与农民协会主动交流，听取农民组织的意见。发达国家的农民是权利农民和组织化的农民，农民或农场主对政党选举和国家政策选择上能够发挥有力的影响。农民在政治层面上有组织化的利益表达渠道，在经济层面上有相应的经济合作组织。各种农业生产和流通以及服务型的合作组织是农民进入市场交易的主要形式，这些合作组织的相互联系和横向协同实际上垄断了市场上的农副产品供给。市场垄断条件下，农民合作组织就具有市场谈判的话语权和定价权，这是由市场主体的市场优势地位决定的。发达国家政府不允许其他行业对产业过于垄断。但是，对农业生产经营和流通却支持组织化的垄断。不过在世界贸易组织体系内，这种垄断局面遭到激烈的国际竞争。因为进入国际市场的农副产品都是集约化和现代化经营条件下的农业产品，同样也受到本国政府的财政支持和政策补贴，这就对合作组织的价格和流通垄断提出了严峻的挑战。由此，农业产品出口贸易大国之间经常出现农业贸易摩擦，实际上是由不同国家的农业经营企业之间的激烈竞争所致。尤其是农业生产不能实现自给自足的发达国家，本国农业资源紧缺或受到地理环境条件的制约，对农副产品的需求满足主要来源于国际贸易，这就出现双重的困境。一方面必须接受大量的农副产品进口，同时又必须防止外来农副产品对本国同行业造成严重的冲击。整体上，发达国家的权利化农民和组织化农民地位的实现是通过组织形式实现的。河南省实际上存在诸多社会非政府组织，但是，这些组织功能的彰显还需要制度的规范和保障。

第二节 实施"以工哺农"政策的路径选择

通过对世界发达国家或地区实施"以工哺农"政策的梳理，发达国家表现出对农业实施大规模反哺的政策导向，产生的结果是农业生产经营者的主要收入来源于国家的财政支持。同时从事农业部门服务的人数超过从事农业生产的人数，而服务农业发展的机构和组织同样受到国家财政的政策性支持。发达国家和地区在反哺农业初期并没有实现农业的产业化和专门化经营，农业的产业化、规模化和国际化经营格局的形成是反哺农业的结果，而不是实施大规模反哺农业的前提。产业化农业的机械化、信息化、市场化和多元化等特征展示出现代农业的发展方向。但是，发达国家或地区反哺农业条件下生成的现代农业发展体系是农业劳动力份额处于较低层面上实现的。也就是说，发达国家在非农产业转移农业劳动力方面的成功，是农业实现规模化和产业化经营的前提。同时，发达国家转移的农业劳动力多从事现代部门的生产经营，而不是传统部门。如果在城市的传统部门吸收了大量的农业剩余劳动力，由此形成农业产业化发展的前提，城市发展必然会受到城市贫民的阻碍。在城市内部会强化传统与现代部门的二元社会经济结构。拉美国家之所以在工业化推进过程中衍生"拉美化陷阱"，其主要原因就是陷入了将城市作为吸收农业劳动力转移主要渠道的误区。实际上，对照河南省人多地少的基本省情，在农业人口比例处于一半的情况下，反哺农业以推动农业产业化经营只能是一个渐进的过程。因为制度变革的主要动力来源于政府，政府要实现收益的最大化和社会产出的最大化的双重目标。而规模化农业在现代生产要素供给充分的条件下，家庭农场经营与规模化经营的农业在产量上没有本质区别。如果说农业制度变革的动力来源于农村和农民，那么农民也是有希望制度变革能够带来收益提高的预期的，而规模化农业经营未必能够带来农民收入提高的预期。在农民没有被赋予完全的市场谈判权的情况下，对农业资源的流转存在收益的不确定时,农民就会对制度变迁产生抵制。如果是社会非农市场主体作为制度变革的推动者,也是存在制度变革带来市场收益最大化的优先考虑的。由此可见,政府反哺农业与市场资源、农民利益直接关联,政府要实现农民收益提高与市场产出提高双重目标,必须在制度层面上理顺市场资源向农村和农业倾斜流动的渠道,实现市场资源要素向农业流动能够带来更大收益的动力支撑。组织层面实施农民与大市场的对接,在家庭农业条件下存在交易成本的问题,农民实现与市场的对接必须采取组织对接的方式,以提升农民市场谈判的话语权和谈判权。财政层面上对农业实施全方位的财政补贴,企业层面上实施工业部门对农业部门的带动,生产要素层面上实施政府和市场对农业生产要素投入的补贴和政策支持,综合发展层面上构建农业生产发展的市场化和社会化的服务体系。

一 制度反哺:构建农业发展服务制度体系是反哺农业的关键

对于制度反哺的内涵,有学者认为制度反哺是为了改变农业发展制度供给不足的局面,通过制度创新增加农民发展的能力和机会,最终改善农民生活和推动农村发展[1]。实际上,提出制度反哺概念的同时暗含一个判断,"制度歧视才是'三农'问题的主要根源",反哺农业需要制度创新和保障[2]。而制度变迁是需要动力支持的,尽管政府是政策的主要供给者,但是缺少制度变迁的集体性行动力量的推动,尤其是在原有制度框架下既得利益群体对制度变迁的阻碍,制度变迁事实上是比较困难的,由此有学者依据国内发达地区反哺农业的实践经验,提出地方政府强制性实施制度变迁的思路[3]。但是,实施工农业关系从"以农养工"到"以工哺农"的制度变迁,由于不同行为主体推动制度变迁的动机和效果不同,在制度变迁的过程中都遵循市场收益最大化的原则。因此,在原有制度框架下的既得利益集团必然在保证自身收益不受损失的条件下才会积极推动制度变迁,或者是预期收益超过预期成本的条件下才会成为制度变迁的主要推动力量。人们过去的选择决定现在可能的选择,制度变迁一旦生成或启动,

---

[1] 张秋:《制度反哺:我国工业反哺农业的重点》,《现代经济探讨》2009年第5期。
[2] 闫恩虎:《"三农问题"的制度根源与改革思路探析》,《经济经纬》2004年第4期。
[3] 钱方明:《工业反哺农业的机制和途径:基于嘉兴经验的理论分析》,《农业经济问题》2009年第4期。

就会形成一种自我强化的机制，就是路径依赖。

河南省实施工农业发展"以农养工"政策的路径依赖就是政府主导下对城乡人口和生产资源实施统一的计划管制，或者说政府用制度安排的方式保证生产要素资源向工业部门倾斜流动，以保证工业部门的优先发展。即使是在实现工农业发展的市场化阶段，这种政府主导下的制度变迁已形成严重的路径依赖。社会市场资源的流动和配置与政府的政策导向直接相关。政府始终在资源配置中起着决定性的作用，而并非是市场真正掌控了社会资源的流向。这种政府公司主义的路径依赖尽管能够维持资源和社会化秩序的稳定状态，但是，这种制度框架在稳定结构条件下很容易失去创新的内生性机制。因此，要实现工农业发展的转型，实施大规模"以工哺农"政策，必须在政府主导下完成工农业发展关系转变的制度变迁，主要是强制性的制度变迁。

发达国家只存在农业问题，不存在农民问题。因为农业劳动力已经被转移到非农部门，农业部门留存的是农业农场主和农业生产工人。即使是发达国家没有完全实现规模化经营，甚至依然保留了农业的家庭经营方式。但是，发达国家如日本也不存在农民问题，日本的农民本身就是家庭农场企业经营者。在日本政府最强有力的农业补贴之下，日本农业经营者的收入完全得到保证并维持较高的水平。对于我国来说，农业的根本问题还是人地矛盾凸显的基本国情问题。在人地资源紧张的条件下，工农业经济发展既要考虑工业发展与环境资源承载能力之间的平衡，又要考虑农业劳动力滞留在农业部门内应采取的政策。从工农业关系角度分析，河南省农业发展的最大障碍是农业剩余劳动力没有被非农部门吸收到足以保证农业产业化经营的水平，或者说存在农业产业化经营的内在需求与农业部门滞留大量剩余劳动力之间的矛盾，对工农业发展形成一定的制约。对照西方发达国家农业部门就业人口只有5%左右的水平，要使河南省在农业人口占总人口近一半比例的情况下实施与发达国家同样的反哺农业政策措施肯定是不现实的。

为了提升农业生产效率，河南省在工农业市场化阶段曾提出大力推进农工贸一体化的生产经营模式。但是，农工贸一体化的农业生产经营模式发展到现在，也因农业市场化和社会化的服务体系的缺位而频发"菜贱伤农"等现象。如湖南省汉寿县围堤湖种植蔬菜5万多亩，其中白菜3万多亩。却因为白菜市场滞销，蔬菜流通大户没有按协议支付合同余款直接经济损失2000多万元。白菜本身几分钱一斤，但经过割菜、装卸和加工等环节成本价上升到8毛钱一斤，而长沙白菜批发价6毛钱一斤。省政府农业部门的负责人对此表示要建立全国性的生产、销售信息网，加快菜农与超市对接等[1]。超市的需求量也是有限的，几分钱的白菜经过中间环节成本增加到八毛钱一斤才是问题的所在，这种情况下规模化种植没有家庭种植能够适应市场。关键的问题在于农业社会化和市场化经营服务体系的缺失，规模化和集约化农业经营必须理顺生产者与市场的关系，流通大户违约的成本和损失由菜农承担，这是市场规则不完善和市场监管不到位的表现。或者说农户生产缺乏经济合作的机制，农户没有市场定价权和谈判权。这是农业规模化经营的整体服务和监管问题。这种趋势的发展只能使传统农业部门滞后于非农业部门的发展水平，农业的弱质性与农民的弱势地位相互对应并予以强化。政府实际上在"以工哺农"政策导向下应给予菜农或流通主体以相应的财政补贴，否则长此以往势必因损害农业生产者的利益而影响农业的持续发展。要改变农业生产者的市场弱势地位，必须采取制度和组织外在嵌入的方式，这是政府行为，也是政府反哺农业的必要措施。只有实现农业生产者的组织化，才能最大限度地规避农业生产的市场风险。发达国家对农业采取相应的保险措施，并通过立法的方式强制性地实现农业生产者投保，为的就是把农户利益受损降低到最低。但是，政府对农业生产和流通实施补贴，必然会增加政府财政负担，长期实施补贴，也会造成农业生产缺乏应有的市场竞争力。对于湖南汉寿县菜农来说，市场并不是出现供给严重超过需求的局面，而是白菜收割和运输的中间环节大大增加了成本。这与农用运输机械的投入成本过高有直接联系，很有必要建立区域性农业生产服务体系，这种体系用农民合作方式来实施是比较有效的。发达国家农民经济合作组织从建立到运行都受到政府的直接参与或高额的政府补贴。但是，农民经济合作组织不是营利性的企业组织，而是农民享有所有权的服务型组织。农民投入资金兴建并参与合作组织运营。这样农民自身只是作为生产者推动农业生产，根本不用为市场价

---

[1]《汉寿农民自毁万亩蔬菜原因：菜贱难卖对策，加快"农超对接"》，《湖南日报》2013年4月2日。

格波动和风险担忧。合作社建立和运营的结果是有效推动了农业的产业化经营，更为重要的是加大了农民的就业，这类就业是在农业部门的第二、三产业就业，既保证了农业的生产经营效益，也为农民实现劳动力的转移提供了有效的涉农就业渠道。

河南省实现工农业协调发展不能沿袭我国沿海发达省份的工农业发展经验。沿海地区是我国经济发展程度较高的地区，在农业劳动力转移和农村城镇化推进方面已经基本完成，还没有完成的是沿海省份经济比较落后的地区，这些地区要么受制于区域地理环境条件的限制，要么农业劳动力已经转移到发达地区，而本地区又缺乏农业规模化经营的条件。因此，尽管沿海省份没有完全实现农村的城镇化建设，但是，沿海省份的整体经济实力比较雄厚，在反哺农业方面有着更加优越的条件。这些省份由于过于追求非农产业的发展，农业发展实际上已经退居次要部门，在沿海省份能够看到的是非农产业的大幅度发展，在农业发展方面的成就和经验乏善可陈。实际上是工业发展占用了农业发展的资源，沿海省份的农副产品需求某种程度上是在全省或者全国市场上获得供给的。随着沿海地区经济的发展河南省农业劳动力转移倾向于向这些地区流动，广东省成为首个外来人口超过本地人口的省份，结果是广东省常住人口和流动人口总量居全国首位。随着沿海地区经济水平的提升，廉价劳动力的比较优势逐渐弱化，沿海部分劳动密集型行业逐渐向内地迁移，这就为内地转移农业劳动力提供了有利的条件。但是，非农产业的发展必然侵占农业生产资源，如果只是从比较收益视角出发去规划地区发展，那么发展非农产业承接区域产业转移是必要的选择。但是，从粮食安全和农业发展视角来分析，内地在发展非农产业的同时必须把农业发展放在首位，即在不牺牲粮食和生态环境的前提下实现工业化、城镇化与农业现代化的协调发展。

工业等非农产业的发展需要土地、资本、技术和劳动力，资本和技术随着城市和发达地区的产业转移可以解决，而土地是紧缺资源。推动农村的社区建设，进而实现农村的城镇化和农民聚居，为工业发展提供了巨大的空间条件。但是，农业发展和农村社会的变迁不是单纯依赖农村城镇化建设和非农产业发展就可以解决的。因为内地廉价的农业剩余劳动力大多从事传统的劳动密集型的非农部门。也就是说，承接传统劳动密集型的产业转移只能是扩大传统部门的就业量，而不能从根本上改变城乡传统部门与现代部门的二元化社会经济结构的对立和矛盾。真正对农业劳动力转移起到长效作用的是城乡第三产业的发展。依照世界先起工业化国家工农业发展的经验，在工业化中期阶段，对农业可以实施反哺的政策，但是，社会就业主要是依赖第三产业来实现扩大就业的，第一产业农业的就业份额大幅度下降。如何实现农业劳动力的转移和大幅度就业，专门依赖城乡工业和建筑业的发展并不能改变二元经济结构的内在矛盾，只能靠发展第三产业（主要是服务行业）。而农业服务行业的大幅度发展不只是为农业发展提供了有利的外部环境，更为重要的是农业服务行业也是扩大第三产业就业的有效渠道。发达国家和地区从事农业服务行业的就业数量和份额超过从事农业生产人数和份额就是有力的证明。而农业发展的持续性和高效性主要不是依赖于农业生产的集约化，而是依赖农业服务体系的社会化、市场化和信息化。

河南省反哺农业在推动资源向农业部门倾斜流动的同时优先保障农业的发展。那么在推动农业劳动力转移方面，既要利用非农产业尤其是城乡工业的发展吸收剩余劳动力，还要依赖农业服务体系的构建大量吸收农业劳动力。对农业反哺首先要体现在对支持农业服务体系构建方面的政策和财政支持。依据发达国家或地区构建农业服务体系的经验，主要分为农业生产性服务体系、农业流通性服务体系、农业市场信息化服务体系、农业金融和保险服务体系等。农业生产性服务体系是指服务于农业生产环节的政策、制度和机制的综合。政府要推动农业的产业化经营，首先在改进农业生产条件方面要予以财政和政策支持，比如农业基础设施的建设，农业良种、肥料、电力、水源和环境的提供和保护，尤其是农业生产性基础设施，这不是家庭经营条件下市场主体可以承载的投资项目，而是有赖于政府的投入。农业流通性服务体系包括农业流通机构的设置、市场流通信息的提供、农副产品的加工和包装以及运输、农业质量的检测和保证、农业价格变动产生的农副产品流通困难等事项。政府在农业流通的各个环节都需要显示出反哺农业的力度和强度。发达国家或地区主要是采用农业经济合作社来保证农业产品流通的，为此全国范围设置专门的农副产品经济机构，农业经济组织对农副产品的运营流通几乎处于垄断的地位。这实际上有利于农业生产和流通的发展，政府对农业合作社的制度性保障和扶持大大增强了农业部门的市场竞争能力。农业的市场化信息服务是在政府直接支持下为农业提供国内外市场变化的信息。实际上是政府在承担农业生产的风险，对农副产品出口补贴不但意味着保证本国农业的发展，更是为了保障涉农就业人员的收入稳定。由于农业的弱质性，对自然灾害的抵御能力有限，为了保证农业生产者的利益，将受损程度降低到最低限度，有的发达国家强制农场主实施农业生产和经营投保，这实际上是变相对农业生产和流通经营环节实施反哺。由此看来，决定农业持续发展的并不是单纯的生产性服务和流通性服务，决定性因素是农业全方位服务体系的构建，为农业发展提供完善的制度保障体系。尽管发达国家农民收入主要来源是政府财政补贴，政府补贴有力地保证了第三产业的就业稳定。有些发达国家如日本等国农业不能实现产品的自给，对农业补贴却是全球范围力度最大的国家，同时在对农业发展的立法层面也是全球范围内比较系统和完善的国家。

二 财政反哺：政府主导下形成社会多元反哺农业的投入途径

有些学者提出"以工哺农"就是政府对国民收入的再次分配[1]，在政府的主导下，形成社会多元投入农业的格局。在社会主义市场机制下，财政转移支付形成"以工哺农"的主通道和实现机制[2]。有学者认为"以工哺农"的主通道是财政转移支付，形成以财政投入为导向，财政投入、外资资本、民间资本和金融投入相结合的多元化投入机制[3]。无论是财政投入农业，还是社会对农业的多元投入，都可实现农业从低效农业向高效农业转变，尤其是在社会多元投入格局的形成方面，只有高效农业才能吸引社会多元性投资，而农业本身的弱质性和低效性影响社会投资向农业部门流动。由此可见，财政反哺就是政府通过财政支出向农业部门的倾斜性分配，带动社会资本要素资源流向农业的反哺方式。结合发达国家和地区财政反哺农业的经验，可知财政支持和反哺农业首先是对农业经营规模的反哺，如德国以财政补贴的方式推动农业结构和产业结构的调整。对于中部地区如河南省来说，财政反哺首先要支持农业规模经营格局的形成，对于失地的农民要给予直接的财政补贴和社会保障，以激励农民对土地承包权

---

[1] 卢坤、郑风田等：《现阶段中国工业反哺农业战略实施探析》，《社会科学家》2006年第2期。
[2] 胡同恭：《论工业反哺农业》，《现代经济探讨》2005年第3期。
[3] 吴群：《论工业反哺农业与城乡一体化发展》，《农业现代化研究》2006年第1期。

的转让，推动农业产业化和规模化的经营。对于规模化和集约化经营的农业，政府应在土地的整理、农业基础设施建设、种子和农药以及农业机械的提供方面给予补贴。但是，财政支持农业发展是一种政策导向，关键是要吸引社会市场化的资本要素进入农业部门，这就是市场化条件下的资本下乡。市场资本资源进入农村，可以直接经营农业的生产，也可以进入农副产品的加工，农业产业化的休闲和旅游行业，可以从事农业的多元化经营，也可以从事农业的信贷和保险事业等。资本存在市场收益最大化的属性，资本扩张是资本属性的本质表现。而资本下乡是伴随着市场主体下乡，一般采取公司化形式，因此，资本下乡又可以成为以公司下乡为载体的形式。对农业部门来说，资本或公司下乡是农业部门对市场资源的利用；对于公司来说，资本下乡是拓展资本扩张的空间以实现增加资本收益的目的。资本下乡伴随着公司企业组织的下乡，必然存在公司等企业组织与农村居民的交易成本问题。公司下乡的预期是交易成本小于市场收益的前提下实施的。如果以农户与下乡公司直接对等谈判，交易成本必然大幅度提升，交易必然失败。即使交易成功，农户也没有足够的执行力来规避公司损害农户的行为。如果交易不成功，农户损害公司利益的行为必将成为社会化和市场化多元投资格局的障碍。

  从某种意义上说，在市场经济条件下公司下乡对农村资源重新整合是一个不可避免的过程。作为市场主体的公司有着追求收益最大化的本能，工业发展的原料资源并不在城市，农村实际上早已成为公司下乡的主要方向。不过片面追求工业优先发展条件下的公司下乡对农业资源造成的是侵占而不是反哺。即使在改革开放初期，农村乡镇企业的兴起也是以形成农村新的二元社会经济结构为代价的。有学者认为我国二元社会结构直接向一元社会结构转变是不行的，必须依赖城乡工农业三元社会经济结构的发展才能实现社会结构的一元化[①]。这种观点为城乡二元结构的解构提供了新的思路。但是，当农业直接面临城乡工业发展对农业资源占有的情况下，农业发展必然受到影响。这种思路对于区域经济发展是有效的，比如沿海经济发达地区实现城乡一体化建设所形成的城市群和城市带，由于存在省内和区域内农业对城乡工业发展的支持，工农业发展失调的局面并不

[①] 李克强：《论我国经济的三元结构》，《中国社会科学》1991年第3期。

明显。对于粮食主产区的河南省，利用公司下乡致力于工业的发展必然出现以牺牲农业为代价的后果。国家要求保持18亿亩耕地的红线，工业发展不能以牺牲粮食为代价，这就为中部地区的省份发展城乡工业及非农产业提供了界限和标准。因为农业在没有实现集约化，仍然保持细碎化经营的条件下，农民仍然处于分散型的居住状态，尤其是平原地区农民宅基地占用的土地面积是较大的。随着城市的扩张，农村土地的相对价格发生变化，在城乡接合部地带已经成为社会资本投资的主要对象。而在广大的农村地区，由于政府推行农业的产业化经营，在政策和财政上对产业化经营的农业园区和私营农场给予财政上的扶持和相应的资金补贴，因此，下乡公司在财政补贴的导向下，积极参与农场资源的整合，对农业产业化经营起到巨大的推动作用。

在财政支持下，从事农业服务的公司承担土地的集中、提供农业生产的良种化肥、农业基础设施的统一配置、农业收割和管理的协调、农副产品的市场流通等业务。河南省政府在财政上对从事农业服务行业的公司实施财政支持，这些下乡公司在开展农业服务的过程中既收取服务成本，又接受政府财政补贴，其经营收益远远超过经营成本。农民在接受国家对土地补贴的同时，对于农业服务项目要承担成本，但是，农业生产的维护、管理和经营环节都由下乡公司承载，最后农业产品由下乡公司统一收购，扣除服务成本，剩余收入归农民所有。农民实际上成为集体农场的受益者，这种财政支持引导下的公司下乡实际上是政府作为农业经营成本的承担者，而农民和下乡公司是政府反哺农业的直接受益者。此时下乡公司从事农业服务行业的经营，实际上承载了农业社会化服务体系的功能，不过这种功能的发挥有赖于政府的财政补贴。下乡公司的市场化服务面临的是分散的农户，而不是规模化经营的农场主，这与发达国家有着重大区别。但是，社会化和市场化的农业生产服务体系是组织化和企业化的运作方式，这种企业化和市场化的农业服务体系有效地把分散的小农整合成组织化的生产单位。2012年3月，河南省发布《关于建设高标准粮田的指导意见》，提出到2020年，全省将完成6000万亩（亩产超吨粮）永久性高标准粮田的建设任务，全省争取在2017年完成万亩高标准粮田的水、电、路、林等田间生产设施建设；到2020年，高标准粮田要全部实现高产稳产和生产全程机械化，并争取新培育8~10个具有自主知识产权的突破性优良品种，主要粮食作物品种实现两次更新换代，全部实现良种覆盖、测土配方施肥、病虫害专业化统防统治和农业社会化服务等。为此，河南省还出台扶持农业基础设施建设、农业科技创新推广、农机农艺融合、农业组织化程度提高等项目在内的金融、财政和考核激励等配套措施，并将对建设过程中的先进单位和个人予以奖励和表彰[1]。政策主导对农业的反哺可以延伸到林业、牧业、副业和渔业等行业，对农业其他行业的反哺在推动农林牧副渔业现代化的同时，必须建立农业反哺的制度体系。如果反哺制度不健全，反哺没有统一的标准，而是依赖产业化经营的农业市场主体的无序性竞争，就会造成反哺的对象和范围出现偏差。因为反哺农业的财政支持是政策导向，同时财政反哺在某种程度上也会形成利益主体与政府捆绑的"合谋"，从而影响到反哺其他农业市场主体的效能。因此，制度化的农业反哺可以有效规避市场准入和竞争的无序问题。政府的财政反哺应是长效行为，不应是短期行为。即使是规模化经营的农业，在生产和流通等各个环节没有政府的制度化长效性的反哺机制的构建，反哺农业背景下的农业产业化经营都是不稳定的。

对于种植业以外的其他行业，政府财政反哺的制度设计和安排不只是推动农业生产经营的展开。农业本身是弱质产业，在经营收益超过投入成本时，农业经营在资源配置上已经达到一定的水平。不过市场农副产品的价格波动往往与农业收益较高成反方向发展。这就意味着农业经营水平较高可能会成为市场供给过剩的受害者。由此政府财政反哺在推动农业生产的同时，必须保证农副产品流通中的利益。"粮贱伤农"和"菜贱伤农"就是农产品流通环节需要政府财政保护和支持的证明。规模化经营使生产和流通的中间环节增多，会造成农副产品成本的提高，而小农经营由于缺少中间环节，或者说中间环节由小农的劳动替代，同时小农进入农副产品的市场门槛较低。因此，规模化经营农业的高成本带来的产品高价位，与小农劳动替代中间环节的隐性低成本进行市场竞争，规模化农业常处于不利的地位。因此，高效农业一定是高价农业，而高价农业来源于农副产品流通的垄断地位。如果按照市场供需关系，以市场价格推动农副产品的流通，政府财政应对规模化经营的农业给予流通补贴，或

---

[1] 李鹏：《河南打造6000万亩永久性高标准良田》，新华网，2012年3月10日。

者对规模化经营的农业给予农业的金融保险。财政可以对流通产品实施产量补贴,也可以按照种植面积实施土地补贴或保险。下乡实施规模化农业经营的公司在市场经济条件下会出现农业经营替代现象。比如下乡公司在维持原有经营规模的同时,在生产和流通环节获得河南省政府财政的高额补贴,同时还可以利用农业的经营实体套取金融机构的贷款。但是,这些资金并不是用于农业规模化经营的扩大和深化,而是用这些补贴和支持性贷款从事非农产业,以获得较高的比较收益。这就需要对财政补贴的资金实施监管,财政补贴一般是项目补贴和专项补贴。政府对补贴资金的用途和效能实施法律监管,规避财政补贴和金融扶持资金投向非农产业的倾向。

三 企业反哺：工商企业反哺农业的产业互动发展路径

"以工哺农"主要是工商企业反哺农业,在"以农养工"阶段,农业发展是为了向工业部门提供剩余。在"以工哺农"阶段,工农业发展有赖于工业企业让利,只有工业部门让利才能真正做到工业反哺农业。工业企业反哺农业的方式主要有两种:一种是工业企业对农业部门的反哺;一种是工业部门对农业企业的反哺。邓大才认为"以农养工"就是将农业的剩余或者资源用来发展工业;"以工哺农"是工商企业以市场的方式为农业的发展提供新的机会和条件,并提出工商企业反哺农业的九条实现路径[①]。而这些实现路径就是工业企业让利,在没有政府强制性经济控制手段的前提下,单纯依赖市场机制的作用,在事实上是无法实施工业对农业让利的。潘锦云认为,河南省要促进农业崛起,必须发挥工业企业的反哺作用;中部城市劳动密集型工业要下移,中部城市工业要扶持农村培育和发展现代农业[②]。这实际上指出城市产业转移到农村,由此推动农村工业的发展和农业的发展。在市场机制作用下,工业的比较收益高于农业,即使农村实现工业化的速度较高,同样也会造成对农业资源的侵占,农村工业发展并不必然带动农业的现代化经营。张益丰、刘东等学者认为"以工哺农"的路径就是向这些现代农业企业实施反哺,同时建立"企业+合作

---

① 邓大才:《工商企业以工补农的九大途径》,《领导决策信息》2003年第13期。
② 潘锦云:《我国中部地区以工促农的困境与新思路》,《经济问题探索》2006年第5期。

社+农户"的微观组织架构来规范农业企业行为[①]。如果只是单纯向农业规模化企业实施反哺,还存在对家庭经营的农业如何实施反哺,对农业企业实施反哺并不能保证家庭经营的农业同样受到反哺,或者说对农业企业反哺成为反哺农业的主要路径,就意味着家庭经营方式的解体,因为这种农业经营方式不能在农业反哺中受益。学界提出的工商企业反哺农业的方式总体上看是依赖于非农产业促进农业部门的发展。本书认为,"以工哺农"主要是依靠工商企业反哺农业,这种反哺依然要在政府的政策主导之下,工商企业反哺农业不是单纯的反哺,而是通过反哺推动农业与工商企业的互动性发展,进而实现工农业的协调发展。

首先,政府推动农业服务型工商企业的发展。为农业提供服务的第二、三产业是政府支持的对象,现代农业的主要特征是服务的社会化、市场化和信息化。没有完善的农业服务行业,农业产业化就不可能持续。河南省农业发展中的农工贸一体化并不是由农业生产的市场主体来构建,农业生产主体也没有能力去建立对市场信息反应灵敏的服务网络。农业生产主体要获得相应的农业服务就要从市场中去获得,而不是自身建立相对封闭的服务体系。政府在支持和推动农业服务体系建立时,主要是通过工商企业的方式来实现,政府也不可能对农业发展提供各种具体的服务项目,政府是政策的制定者和制度的提供者。农业服务体系的缺失主要是政府制度供给的不足,制度需求来源于农业市场主体的发展需求。因为在农业经营收益低于经营成本的情况下,本身就是制度供给不足的表现。政府不能期望农业和农业服务行业出于市场收益最大化的目的,把农业服务推向市场。全世界的农业都不是相对收益较大的产业,尤其是发达国家对农业的高额补贴不只是对农业生产环节,对农产品的流通和加工环节同样提供财政支持,并且把这类支持和保护法制化。结果是发达国家从事农业服务行业的人员超过从事农业生产的人员,这样就形成农业发展的产业体系。政府制度和政策支持下农业服务体系的构建不只是保证农业的持续发展,更为重要的是形成农业劳动力转移的重要渠道。通过构建农业服务体系的渠道,农产品加工行业、农业市场信息行业、农产品流通行业、农副产品包

---

① 张益丰、刘东:《工业反哺农业的组织创新及其路径选择——简评现代化农业建设若干流行观点》,《江西财经大学学报》2010年第5期。

装行业、农业技术开发和推广行业、农业金融保险行业、农副产品物流保鲜行业、农业机械设备行业、农业肥料生产行业、农药生产行业、农业观光旅游行业、农业植物工厂行业、农业技术培训行业、农业信息出版行业、农业产品广告行业、农业产业化设计规划行业、农业国际贸易行业都能够成为农业劳动力转移的主渠道和新的经济增长点。政府应对涉农的服务型行业给予制度的健全和完善，建立严格的市场准入和市场监管制度，对涉农行业市场主体的违约行为给予诚信记录考核和相应的惩戒，不过市场监管与政策扶持涉农服务是相互辅助的过程。

其次，非农工商企业占用农业资源应承载反哺农业的责任。工商企业的发展是经济增长的主要依赖，也是政府财政税收的主要来源。计划经济条件下，国家通过相应的制度安排和政策设定保证农业对工业发展的大力支持，市场机制作用下政府也把发展工商企业作为经济增长的重点。但是，工商企业的快速发展与占用农业土地资源是同步的过程，因为城市的扩张伴随着工商企业的支撑，工商企业在扩大城乡就业人员的同时，农业发展必然受到影响。即使是实施农村的社区化建设，农村能够空置大量的非农业用地，农民实现聚居后，政府提供基础设施建设和公共服务产品的费用主要也是来自于工商企业的税收。实际上政府通过财政二次分配的方式对农业实施反哺。按照工商企业的市场理性化行为选择，对农业采取志愿性服务的方式只能是短期行为，工商企业不可能违反市场收益最大化原则对农业实施福利性的支持和反哺。但是，占用农业土地资源的工商企业在对周边环境保护承担责任的同时，还应对农村人员的就业提供支持。工商业是生产和流通的市场主体，同时工商企业的生产和经营人员也是农副产品的庞大消费群体。工商企业的招工可以在同等条件下优先对农村务工人员实现倾斜，也可以分担农村公共基础设施的建设费用。比如农村的水利设施，因为工商企业发展在占用农村土地的同时，对农村地下水资源也形成侵占，有些工商企业还存在对水源和空气的污染问题。尽管随着城乡一体化推进，农村公共服务的基础设施逐渐由政府承担，但是，在"以农养工"阶段，随着政府权力从农业生产和流通领域的退出，农村公共服务产品的提供和基础设施建设的费用主要由农民负担。在反哺农业背景下，政府负担农业和农村基础设施的建设费用，地方政府尤其是基层政府存在财政负担过重的问题。中部省份甚至形成国家财政反哺农业的力度越大，基层政府负债越高的局面①。这种局面显示出基层政府的财政能力有限，而财政能力与农村工商企业的发展水平直接相关，尤其是中部省份工业资源相对稀缺的地区，基层政府的财政来源渠道受到工商企业不发达的限制。因此，农村工商企业的发展成为反哺农业的基础条件。

最后，发展农村工商业为反哺农业提供经济支撑。各级政府在通过财政渠道和制度提供反哺农业的同时，主要推动了农业的持续发展。但是，在地区工业发展水平不高的条件下反哺农业，地方政府的财政负担必然加大。实际上，政府支持农村工业的发展才是反哺农业得以持续的根本出路。反哺农业依赖工业企业反哺的前提是工业发展到足够反哺的水平，政府对农业财政支持彰显的是政策导向，地方政府在反哺政策导向下显示的是财政支付能力。中部省份发展农村工业的劳动力比较优势依然存在，沿海地带劳动密集型产业的转移为地方政府发展工商企业提供了有利的外部条件，而地方政府也要为承接产业转移提供相应的投资环境。农民实现非农部门就业既是农业产业化和市场化经营的前提，又是农业市场化和商品化发展的结果。以往农民到城市或外地非农部门就业以提高收入，由此成为兼业小农。政府把家庭经营土地作为农民工的最后保障，这是基于工业发展没有达到反哺农业的水平，工业部门还要侵占农业剩余，家庭经营农业只能维系较低的商品化水平。产业化农业是市场化和商品化程度较高的农业，农业发展不只是满足农民消费的需要，更重要的是使农业成为追求市场收益和扩大市场交换的产业。农民作为市场主体不能以小农身份对接市场，只能以农业经营者的身份充分利用市场资源和环境。由此商品化水平较低的农业家庭小农经营转化成为市场化农场经营。市场化农场经营不是滞留大量农业劳动力条件下的经营，而是土地和劳动的高效率经营。此种农业经营方式必然以转移大量的农业剩余劳动力为前提。当前采取农民工方式实现农业劳动力的半转移只会强化城市二元社会经济结构，并不能真正消除二元结构。真正消除二元结构的途径并不是城市非农业部门发展带来农业劳动力的转移，因为城市产业结构的升级，尤其是城市资本和技术资源倾向于新兴产业。农民工在城市就业的空间逐渐萎缩，而不是逐渐

---

① 温铁军：《中央支农资金配套制度对中国乡村负债影响的一个初步估算——以中西部地区贫困县为例》，《中国农村经济》2009年第2期。

扩大。当然城市传统产业部门还大量存在,但是传统产业部门的市场比较收益相对于信息化的新兴产业部门是逐渐降低的。农民工直接转化为市民,无论是产业支撑或者是政府财政提供相应的公共服务,在当前都是不现实的。真正能够实现小农社会身份的转变,并能够承载农业劳动力转移的渠道是农村非农产业的发展。农村工业化不只是带来地方政府财政税收的增加,同时随着农村工业化的推进带来农村城镇化的推进。地方政府在农村工业化和城镇化推进发展的进程中,通过扩大财政税收来源支持农村城镇化,而农村城镇化实现农民聚居,又为农村工业化和农业产业化提供了发展的空间条件。因此,城乡工农业发展互动,工业化、城镇化和农业现代化的协调发展,最终的突破口还在于农村非农产业的发展。只有在农村非农产业充分发展的情况下,在"以工哺农"政策背景下无论是政府的财政支持还是制度供给都会具有强有力的经济保障。

四 要素反哺:培育新型农民的市场化反哺农业路径

现代农业的生产经营要素包括资本、技术、劳动力、生产设施和流通网络体系,以及推动现代农业发展的制度体系等,政府提供制度供给的目的既是为了提高政府收益,也是为了保证农业生产的产出最大化。农业生产经营的其他要素资源要在农业经营中获取相应的市场收益,有赖于农业经营者对农业要素资源的整合利用。因此,对农业实施生产要素的要素反哺首先是以农业人力资本开发为中心的农业劳动力要素反哺,农民素质高低直接影响到现代农业的成败[1]。因为农民是农业生产要素的积累者、整合者和经营者,农民是市场体系中的农业市场主体。作为市场经营主体的农民与传统农业中的农民有着明显的不同。传统农业生产体系中的农民从事农业劳动主要是为了消费,而不是通过市场交换获取市场收益。现代农业生产经营体系中的农民是完全的市场主体,从事农业生产经营的目的主要是为了农产品的市场交易,通过市场交换获取市场收益。因此"要素反哺"的关键在于农村人力资本的培育[2]。不过反哺农业并不是反哺农民,农民如果在农业反哺政策的导向下成为脱离农业生产的"食利阶层",必

---

[1] 杜娟:《论现代农业建设和新型农民培养》,《山西高等学校社会科学学报》2009年第2期。
[2] 刘艳梅:《工业反哺农业的未来战略选择》,《理论前沿》2009年第19期。

将影响现代农业的发展。因为反哺农业的资源是有限的，财政对农业的支持和补贴是为了提高农业生产效率，而不是单纯向农民发放货币形态的社会福利。

反哺农业是为了推动农业产出的最大化，农业产出最大化是建立在提高农业土地生产率和农业劳动生产率基础之上的。要提高农业劳动生产率的最大化有赖于农业吸收现代生产要素，以农业机械化替代农业的手工劳动；提高土地生产率有赖于现代生产要素对土地的投入。对农业的人力资源要素实施反哺，是为了适应传统小农生产者向现代新型农民社会身份的转变。反哺政策背景下的农民已经不是倾向于服务于家庭消费的农业生产者，而是为了满足社会市场消费者需求的农业经营者。现代农业经营者是市场的农场主，首先必须了解市场的供给与需求信息，以规划和调整农业生产的结构。市场化的农业经营者必须提升农业生产的技术含量，以实现最小的劳动量获得市场收益的最大化。现代农民是组织化的农民，是有着市场行情认知和市场谈判权的市场主体，组织化的农民是基于市场经营共同需要的自我组织，是基于共同经济利益而实现广泛参与合作的市场主体，是具有最大程度规避市场风险，以组织化手段参与政府政策制定和制度供给的农民。

因此，政府要保证反哺农业的效能，首先要推动传统小农向现代经营型农民的转变。农民身份的转变取决于相应的制度安排和农村产权的变革。古代社会家国产权一体化的制度体系中，农业经济占据社会生产的主导地位，农业剩余的有限规定了农业商品化的广度和深度。应该说农民没有能力提升农业的商品化水平，古代农业生产对市场的依赖程度较低。农业的发展伴随着对外部市场资源的依赖程度逐渐加深的过程，即使是传统农业也存在对市场的依赖，至少农业生产工具是从市场中获得的，工业农业体系中农业工具不可能由农民提供，而是由城乡生产农具的手工业者提供。古代农业剩余量较少既是依赖市场程度较低的表现，也是市场依赖程度较低的结果。新中国集体化经营的农业是在封闭的环境下实施农业生产的部门，由于工农业产品的交换是凭票供给，不存在市场交换，因此集体化农业生产对市场依赖的程度也比较低，因此农业生产率和农业产出量也受到限制。

改革开放以来，农业生产效率的提升带来农业产量的持续提高，起着决定作用的是农业生产市场化依赖程度的提升，同时带来农业商品化程度的相应提升。农业生产对市场依赖程度的加深与农业生产的消耗呈正相关关系，农业生产的消耗量越大，对市场的依赖程度越深。从表4-5可以看出，1993~2008年，河南省农业生产消耗呈现逐步上升，物质消耗主要包括化肥、农药、柴油和塑料薄膜使用量；而这期间农业劳动力的投入量呈现逐渐下降的趋势。农业的家庭经营阻碍了农业商品化程度的提升。小农家庭经营的农业对农业生产要素的投入不存在逐渐上升的机制，农业消耗量的增加与生产资料价格的上升直接相关，由此农业发展主要通过政府加大投入来保证农业产量的提高。在家庭承包经营农业的条件下，政府对农业的投入没有市场退出权，实际上政府被小农"捆绑"。直接后果是农业比较劳动生产率呈现逐渐下降的趋势，从表4-6可以看出，1993~2008年，1993年河南省农业比较劳动生产率为37%，1998年上升到最高值为42%，以后逐年下降，2002年为35%，2005年为32%，2007年下降到29%[①]。这说明河南省农业商品化程度的提升是以农业比较劳动生产率的下降为代价的。原因在于小农经营农业的不经济，制度安排带来的生产成本的逐渐提高和生产收益的逐渐下降的恶性循环。

由此要提高农业生产率必须推进农业的集约化和市场化经营，但是，农业的弱质性需要政府实施反哺农业的政策导向。单纯依赖反哺农业的政策导向并不能解决农业效率提高的问题，关键在于推动农业市场化和产业化经营的制度供给和安排。制度变迁的动力来自于市场预期收益高于市场交易成本。对于政府来说农业制度变迁既能实现政府收益最大化的目标，又能保证农业产出的最大化。最能体现制度安排效能的是市场主体的活力，市场机制的作用表现在市场主体推动市场发展的动力和活力。而市场主体包括个体和企业组织，最根本的是市场中的农业生产经营者，人的因素最终起到决定性的作用。因此，农业制度变迁首先保证农业生产经营者的转型。

政府的制度安排应有利于农民市场主体地位的充分发育。计划经济条件下的农民既没有外部市场可以进入，又不是承载市场交易的市场主体。农业市场主体是承载着市场供需交易双方的利益主体、法律主体和市场契

[①] 比较劳动生产率是指该部门的总产值在国民生产总值中的比重与该部门劳动力就业份额之间的比率；数据是依据《河南统计年鉴2010》，第60、121页的数据计算所得。

第七章 河南省实施"以工哺农"的路径选择

约履行主体。改革开放首先在农村和农业部门获得突破，其标志就是农业市场交易主体的重塑，农民在家庭承包责任制下，拥有农业生产和产品处分的自主选择权，不过有限的农业商品化程度在市场比较收益驱动下，农民更愿意把资源投向非农产业以获得市场的最大化收益。这是影响农业商品化发展的内在约束机制。农业市场化和商品化发展的外在约束机制就是农民对农村生产要素资源具有使用权，而缺失交易权。工农业市场化阶段随着社会主义市场体制的确立，政府推动市场监管下的农民土地承包权的有偿转让，因为工业和城市化的发展，带来对农业土地资源的占用必须在制度层面上完善土地流转的规则，以保证农业资源市场交易的规范和有序。不过，政府在征用农业土地与出租土地的价格之间存在巨大的差额，土地流转中的价格差额成为地方政府流转土地的市场收益，并成为财政收入的主要来源之一。实际上土地归国家所有的产权制度设定，保证了政府在土地流转中的"出租方"地位。农民事实上被排斥在农业土地资源的市场交易方之外，农民得到土地使用权的财政补偿，但是农民失去了土地经营和流转的机会成本。农民更像是租用土地者，而不是土地的市场交易者。农业土地资源的流失事实上在缩小农业商品化和市场化的空间。农业要提高商品化水平，首先必须重塑农业资源实施市场交易的"卖方"，也就是农村生产要素资源的"出租方"。土地所有权归国家（集体）所有，这种所有权还存在实现形式的问题，也就是说对土地的集体所有权要在农民层面上有所体现，而不是地方政府以国家或集体的名义享有农业土地资源的所有权和处分权。因此，潘维曾经指出，土地应该流转到集体手中，而不是地方政府来操控土地的处分权[1]。对农业实施人力资源反哺的目的就是培育新兴农民，新型农民是具有完全市场主体地位的农业市场化经营者，而不是政府设置的模糊产权条件下的不完全市场主体地位的小农。

农业市场化、商品化和产业化的标准不只是农业的集约化和规模化经营，而是农民在具有完全市场主体地位的前提下实现农业生产要素资源的资本化运营。因此，对新型农民的打造意味着必须是农民作为市场主体要充分了解市场规则和市场规律。市场经济作为法制化经济和利益主体经济，要求立法机构对农业要素的市场交易环节实现法制化，发达国家农业

---

[1] 潘维：《农地应"流转集中"到谁手里?》，《红旗文稿》2009年第5期。

现代化推进的过程也是农业发展法制化的进程。而我国在农业资源的市场交易方面还缺少法制化的建构，或者说法制化程度不足，农民从事产业化和市场化经营，在技术层面上面临技术积累和准备的不足。政府应针对区域农业的种植生产结构，对集约化经营的农民生产者给予定期和分类的技术推广培训，特别是种植农业经济作物的农民，在作物栽培、嫁接、防虫、修剪、施肥、市场营销等方面进行培训，提升农业多元化经营的市场竞争力。还应包括养殖畜牧业、渔业、农副产品加工业、产品包装行业以及产品品牌的培育技术等。农民应是农场化经营的农业企业家，提升农民的技术操作能力，不只是农业企业的管理经营职责，更是政府政策支持的项目。政府政策上对新型市场化农民的培育是提高农业市场主体活力的举措，只有农业市场主体具有适应大市场的能力和活力，市场激励机制才能真正对农业部门起到应有的调节功能。只有在市场机制作用下农业部门具有农业市场主体的活力支撑，政府对农业反哺的政策和措施以及制度效能才能真正发挥出来。

五 综合反哺：实施"以工哺农"政策的农村建设路经

反哺农业的主体包括政府主体和市场主体。政府提供政策反哺、财政反哺和制度反哺，市场提供生产要素反哺和农业服务反哺。实际上，所有的反哺农业方式又可以分为经济层面的反哺和政府政策方面的反哺，经济反哺是改变农业在资源配置和国民收入中的不利地位；政策反哺是从政策上保障对农村和农业发展的长久支持[①]。依据反哺农业体系中反哺对象的差异，反哺的深度和广度，范围和时限又存在较大的阶段性差别。"以工哺农"分为保护性反哺、发展型反哺和持久性反哺三个阶段，保护性反哺是指对反哺的对象实施保护，让其更好进入市场，而不是排斥市场的作用；发展性反哺是指政策和制度的调整，并保持足够的灵活性；持久性反哺是指对农业技术的反哺，在具体实施以工哺农政策时要注意反哺内容的相对独立性[②]。保护性反哺农业是静态性反哺，是为了保证反哺对象增加市场竞争力，保持农业发展的稳定；发展型反哺主要是提高农业的生产结

---

① 罗恢远、原毅贤：《对我国实施工业反哺农业几个问题的思考》，《华南理工大学学报（社会科学版）》2006年第5期。
② 赵德起：《工业反哺农业的政策论析》，《农业现代化研究》2007年第5期。

构和产业结构的发展水平，推动农业现代化发展。持久性反哺是动态反哺，比如农业的技术和服务体系，这些项目对象对农业发展水平的提升直接相关。政府反哺主体与市场反哺主体的反哺途径不同，政府是用"有形之手"实现工业对农业的利益反馈；市场是用"无形之手"实现工业对农业发展的市场化推动[1]。政府反哺农业是外部性因素推动农业发展；市场化推动反哺农业是通过市场机制的作用增强农业集约化和规模化经营的水平。或者说市场机制是"以工哺农"的一种自组织机制，通过市场自组织动力和政府他组织的作用，共同打造农业产业链品牌，"以工哺农"就是政府的他组织与市场自组织动力发挥作用的统一[2]。总体上看，政府要改变农业部门在市场中的不利地位，市场为农业提供各种发展的要素和条件，政府与市场的作用就是要推动农业的高效化、集约化和规模化，使农业部门成为农民获取主要收入的主要来源。如果单纯强调农业劳动力向非农部门转移，没有实现农业高效化发展，最终还是没有改变农业的市场弱势地位。

反哺农业不只是包括农业部门的发展，同时也是推动农民市民化和农村城镇化，为实现城乡一体化提供公共服务和基础设施的建设。也就是说反哺农业是内部农业现代化与外部工业化、城镇化相结合的反哺。"以工哺农"需要农村内部和外部的共同发展，内部发展是指农业从传统农业向现代农业转变；外部发展是指工业化与城镇化相适应[3]。政府反哺政策和反哺农业制度的安排包括推动农业的现代化进程，也包括农民聚居后各种社会保障项目的提供，以及农业发展对农村工业化的支持和推动。因此，政府对农业反哺应是多头并进的综合反哺。政府反哺农业的政策主要有价格政策、信贷政策和财税政策[4]。这些政策主要是政府主导下的反哺措施。政府反哺农业是政策和制度体系，既有对粮食主产区补偿机制的构建，又包括对农用生产资料的有效供给，还侧重于加快农产品加工业的发展，吸收私营企业参与为农村提供公共物品等[5]。总体上，反哺农业有赖于政府

---

[1] 杨国才、潘锦云：《"以工哺农"、"以工促农"与我国传统农业现代化》，《经济学家》2008年第3期。
[2] 李杰义：《工业反哺农业机制构建的机制基础及对策建议——基于农业产业链的分析视角》，《价格理论与实践》2010年第3期。
[3] 肖兵玲、谢庆龙：《工业反哺农业：新农村建设的快车道》，《求实》2007年第2期。
[4] 李佐军：《工业化国家和地区工业反哺农业的经验》，《红旗文稿》2007年第12期。
[5] 陶良虎、向阳：《工业反哺农业的路径选择与政策建议》，《理论视野》2008年第3期。

与市场的结合，比如农业公共服务的提供，私营企业进入农业部门提供服务，同样是遵循效益最大化的市场规则。反哺农业要提升政策实施的整体性和综合性的效能，必须遵循反哺农业应有的原则：

首先，反哺农业内生性机制的生成培育。所谓反哺农业的内生性机制就是在市场机制作用下生产要素资源向农村和农业倾斜性流动的机制。当然这种资源配置的方向离不开政府的财政支持，财政对农业生产经营环节的补贴是最直接的反哺农业方式。但是，财政对农业生产经营环节的补贴必须有助于拓宽农业资源利用的渠道，财政支持和补贴不是造就农村食利阶层的生成，而是要提升农业市场主体参与市场竞争的能力。发达国家财政补贴农业要么是调整农业的生产结构和产业结构，要么是推动农业服务网络的建立，要么是推动农业生产效率的提升。即使是农民收入主要来源是财政补贴，但发达国家农业发展是稳定的，农业补贴力度较大的欧洲国家都是农副产品的出口大国。为什么在政府不能增加农业部门收益的情况下还要维持这种补贴性的集约化经营？原因在于农业作为重要的产业部门，农业内部产业结构的多元发展对增加就业和维护农民利益是必要的。发达国家的农民是权利农民和组织化的农民，农业部门的政策制定是在农民组织的直接参与下和谈判中进行的。农民作为社会阶层，政府决策者必须兼顾农民的利益和意愿，同时农业产品不能实现自给，完全依赖进口，对整个国家的持续发展是不利的。对于发展中国家来说，农业的基础地位决定工业发展的速度和规模以及粮食安全和社会稳定，反哺农业的内生性机制就是扩大农业资源的利用途径，如美国的肯德基和麦当劳，以及国外知名的饮料品牌，实际上都是扩大农业资源利用渠道的经典案例。河南省是一个有着悠久历史文化底蕴的大省，但是，河南省没有跨国性的世界性食品品牌，这就是农业产业的创新能力问题。河南省的食品品牌往往是区域性的和短期性的品牌。农业市场容量的扩大在于农业市场主体的经营拓展，这不只是农业生产经营的方式问题，而是用工业方式发展农业，延伸农业产业链条的发展能力问题。比如美国的麦当劳等世界品牌产品要求必须要用美国的土豆，世界品牌的巨大商业价值对美国的土豆产品的生产和销售形成强大的市场拉动能力。河南省是以小麦生产为主的省份，但是以面粉为主要原料的产业也并没有形成强大的品牌，生产挂面和方便面的厂家也多是区域性的，全国性的粮食加工产业品牌并没有形成国际效应。这说明河南省农业产品生产的市场主体在提升内生性创新能力方面存在严重欠缺。反哺农业就是弥补这种内生性创新能力的欠缺。通过拓展农副产品的利用和开发渠道,增加农业产业的国际竞争力,这是发展农业的根本性目标。

其次,反哺农业效能的制度保障。反哺农业的最佳效果要看反哺政策实施条件下区域农业劳动力转移的数量和比例,农业经营规模化的程度和效益,农业信贷生产要素应用的广度和深度,农业经营的市场化和商品化发展水平,农业反哺在农村城镇化和农业现代化层面的制度安排等。要实现上述的各项细分目标,反哺农业必须坚持多头并进,把人力资本反哺、制度反哺、资金反哺和技术反哺有机结合,以达到最佳反哺效果[①]。但是,最根本的是通过反哺农业政策的具体实施和总结实践的经验,形成一整套反哺农业的行之有效的制度安排。"以工哺农"不能单纯依赖政府的财政和税收支持,政府的外在财政补贴起到政策引导和推动反哺农业的作用。反哺农业效能最主要表现是在政府政策支持下,工商业市场主体在农业高效发展的基础上实现地方财政能力的提升,而农业部门在反哺条件下形成具有竞争力的市场主体,工农业部门形成互动发展的局面。高效吸引工商企业参与农业的产业化和市场化经营体系,切实实现工业带动农业,城市带动乡村发展的格局。反哺农业需要市场化的动力支撑和反哺主体的能力支撑,动力支撑是指政府反哺主体和市场反哺主体具有反哺农业的积极性,具体地说就是政府和市场主体反哺农业的市场收益处于逐渐提高的状态,如果政府或者市场主体反哺农业没有市场收益,或者说是出于公益需要对市场收益忽略不计,这实际上是不符合市场理性的要求,反哺农业的动力支撑必然会逐渐弱化。所谓能力支撑是指政府和市场主体在反哺农业资源积累方面的条件,政府反哺农业主要依赖财政能力和政策的提供,市场主体反哺农业的能力主要体现在整合和利用农村和农业生产要素资源的能力。实际上市场是真正对农业实施反哺并能够发挥长效机制的主体,而政府主要是解决反哺农业过程中制度供给不足的问题。

反哺农业的制度建设对农业发展是一种保护和支持,也是对农业市场主体进行规范和监管。这种监管和规范主要是针对调整农业生产结构的制度安排,农业从小农经营向规模化经营转型,存在土地资源的流转集中问

---

① 卜爱华:《我国工业大规模反哺农业机制研究》,《改革与战略》2010年第11期。

题，是采取农户土地入股的方式，还是采取出租委托的方式，土地流转的补偿和土地入股责权利的界限和分担等都需要制度层面给予完善。时下河南省有的地方出现下乡公司对农民土地的暴力拆迁和整理，引起公司与农户之间的各种司法纠纷，这些实际上是土地流转中的制度供给缺失的问题。对于公司化运作的农业生产经营企业对农村公共服务和基本建设责任的承担，实际上也需要完善公司与农民之间的权益和义务。对于农民趋向合作而建立的农业经济合作生产经营型组织，需要政府政策和财政税收层面的扶持，农业经济合作社是农民与大市场衔接的主要形式和渠道。农业合作社运营的成败关系着农业经营状况的优劣，即对合作社的建立、扶持和监管以及政策支持等都需要以法律的形式予以规范和引导。对于农村工业企业与农业的关系，政府需要从制度层面给予理顺，工业发展带来的资源侵占和环境问题需要政府给予法制化监管。同时农村在推进城镇化和产业化发展的过程中，农民实施社区化的聚居，对于合村建设新型社区后的自治机构建设和社区各种组织的完善，政府有必要给予科学的政策性引导和制度建设层面的规范。反哺农业效能的保证很大程度上取决于农村产权设置清晰，产权清晰化就能够规避基层政府"搭便车"和同利益主体"合谋"的现象。也就是说，农村产权清晰能够带来农民市场主体地位的完整。农村发展的最大障碍就是资源的产权归属不清晰，农村实现资源的资本化经营面临制度障碍。产权清晰可以使农村资本、土地、劳动力和技术形成合力，在市场层面上各种生产要素能够从市场交换中获得。当前土地的集体产权归属如何在市场交易中顺利实现流转，有赖于土地流转市场的构建。但是，农村土地资源的市场"卖方"不清晰，实际上影响到土地的流转，或者在土地流转中由于土地产权不清晰出现农民与政府、公司之间相互博弈的局面。因此，政府和市场主体对农业的反哺要保证其效能，必须实现农村资源的资本化，如果不是通过市场机制作用进行农村资源整合和流动，农村必然会成为市场资本侵占的对象，农民的利益将受到损害。

最后，反哺农业的资源配置优化。在政府实施农业反哺政策时，不只是对农业实施保护和支持的政策，这只是从经济层面推动农业产业部门的发展。借鉴发达国家反哺农业的经验，即发达国家在制定反哺农业政策时，存在农民利益表达的诉求和渠道问题。也就是说政府制定农业政策主要是农业经营者推动的结果，不只是单纯从产业发展的视角推动工农业协调发展的需要。因为发达国家农民有着自治性农民协会组织，有些国家的农民协会是在政府直接介入和参与下运营的。农民协会作为国家与公民之间的社会组织，对反哺农业背景下农村资源配置起着组织保障的作用。比如发达国家农民协会承载农业发展的金融贷款和农业生产保险业务，这些业务相对于社会市场中的商业金融机构和保险机构在利率和服务项目方面是不同的。这就形成农民、农民协会和政府之间的有效互动，从而实现了发达国家农村在宏观政策设计上的积极参与和农村资源配置上的结构优化。而河南省农村在金融体制改革和社会保险领域的改革中，为了推动金融保险行业成为市场化的竞争主体，开始实施企业化的改革，但最终的结果是这些服务型行业逐渐退出农村发展和经营领域。既然市场机制作用下社会资源型农村是逆向流动，就需要政府的政策干预。但是政府又不能过于对市场实施行政性的干预措施，这就需要设立专门性农业发展的政策性金融机构和保险机构，以推动农业的长效发展和农村建设的到位。因此，"以工哺农"首先是实现农业生产要素优化的新路径，即实现城乡的统筹发展优于对农业的保护政策；其次是提高农民整合土地、农产品和劳动力等要素的能力；再次是加强农村社会均等化和农村市场秩序正常化的全面建设[①]。

城乡建设的统筹是指城乡在公共服务产品和基本建设方面的一体化建设和规划，政府公共服务对城乡完全覆盖，这实际上对城乡各级政府的财政能力提出了要求，统筹城乡一体化建设就是要在文化教育、医疗卫生、交通通信、环境保护、物资流通、市场发展、水利电力、食品加工、技术培训、信息传播、法律普及和生活设施等方面进行全面规划和阶段性建设。这些公共项目的建设和投入来自于政府财政和工商企业市场主体的支持。新农村建设中，河南省出现国家财政补贴农村建设而要求基层政府给予财政配套，这使地方基层政府负债率提升。

但是，农村建设的福利性公共开支始终处于滞后的局面，这与政府的政策导向和市场主体的行为倾向有直接联系。因为农民缺失自组织的利益表达途径和渠道，村民自治性管理机构往往成为基层乡镇政府权力延伸的机构。农村社会建设的资源配置优化有赖于农村基层党组织利益代表主体

---

① 何代欣：《非农业化是工业反哺农村、农民的唯一产业路径吗？》，《财贸经济》2011年第4期。

地位的发挥。农村基层党组织在城乡一体化建设中应成为农民利益表达的主体，承载政府与农民之间的互动沟通的有效渠道。基层党组织没有组织的本位利益，只有农民群众的利益。农民只有在存在共同利益认同和需求的条件下才能趋向合作，农民只有在组织内才能实现身份和地位的均等化。农村资源要素有些在产权归属上是属于集体所有，集体的利益代表主体应是组织的形式，同时党组织监管下的经济合作组织才能承载市场的主体地位。但是，农村建设和农业发展必须实现政治组织和经济组织的有机衔接，政治组织代表农民的利益诉求，经济组织承载农民与市场对接的形式。农民规避利益受损的组织保障和参与市场竞争的组织承载是新农村建设提升农民市场交易话语权和谈判权的有效途径。

第三节 实施"以工哺农"政策的阶段演进

河南省实施"以工哺农"政策无论在制度层面还是在反哺力度层面都存在逐步渐进的阶段性发展过程。因为从工农业发展的"以农养工"转向"以工哺农"不是一蹴而就的过程，而是在政策设计、制度安排、财政补贴能力、反哺形式等方面逐渐积累和探索的过程。"以工哺农"的不同阶段解决不同的问题。河南省工农业发展从"以农养工"向"以工哺农"转型的阶段是政策转型和制度调整的阶段，这个阶段主要解决工业发展对农业挤压的问题，政策的重点是对农业采取"少取"政策，在制度层面推动农业的税费改革，对农业发展实施政策性保护和支持。不过单纯对农业采取"少取"，以减轻农民负担的政策措施并不能规避农业资源的流出，农业发展滞后的局面并不能得到有效的改善。要改变农业发展滞后的局面，政府必须对农业资源的配置实施直接的调控，这就进入"以工哺农"的中期阶段，这个阶段是解决市场资源向农业部门倾斜配置的问题。市场生产要素资源要向农业部门倾斜流动，必须在使市场主体预期市场收益大于投入成本的前提下才能实现市场要素进入农村和农业领域，而农村的农业经营方式使生产要素琐碎化，这就要求政府调整相应的制度安排，推动农业生产要素实现集中，因此这个阶段是改变农村和农业社会结构和生产结构的阶段。不过河南省农业人口数量巨大，调整农村社会结构和农业生产结构需要相应的产业支撑和农业劳动力的大幅度转移，政府还要保证粮食安全和农村社会稳定,转移农业劳动力幅度再大也不可能达到发达国家农业人口占5%以下的水平。因此,在河南省实施"以工哺农"政策背景下,要保证政策实施的效能,必须深化对农业的反哺,使农业发展成为现代化生产经营体系。农业现代化是现代生产要素被农业部门吸纳和应用普及的过程,脱离政府对农业利用现代生产要素的支持和补贴,河南省限于平原少山区丘陵多的地理条件,在实施农业产业化、农民市民化和农村城镇化方面必然会面临诸多障碍。这些障碍包括出于比较收益的差别,农民多从事非农产业以增加收入,农业发展的投入不足;城市不能够吸纳足够的农业劳动力,农村依然滞留大量的失业人口,现代生产要素进入农业部门因农业收益较低问题而出现现实困境等。这些问题的解决只有在河南省各级政府的支持和引导下才能逐步实现农村和农业发展的诱导性制度创新,以推动农村和农业的现代化发展。

一 "以工哺农"起步阶段:政策和制度的过渡转型阶段

2004年,河南省依据中央"一号文件"的指示,把农业税的税率降低了3个百分点;2005年河南省完全取消了农业税、牧业税、农业特产税和契税等。在废除农业各税的同时,乡村基层政权的"三提五统"费用也被取消,农村的各种行政性集资和政府基金以及"三乱"等强加在农民和农村的各项负担彻底消除,农村因行政性收费带来的干群矛盾和紧张关系得到缓解。对农民减负是为了"少取",在增加农村剩余、农业积累和提高农民收入的同时,最终还是为了"多予"。因此,河南省在取消各种农业税的同时,对农业和农民实施直接补贴政策。对农业的补贴包括对种粮农民的直接补贴、政府给予的良种补贴、农机购置补贴、农业生产资料综合直接补贴、小型农田水利设施建设补贴、农业救助补贴、农业科技和教育补贴、农业生态建设补贴等[1]。2006年河南省直接补贴农业和农民的总额为30.45亿元,2007年河南省八项重点补贴达到45.9亿元;2005~2006年,河南省对农业和农村的投入合计在300亿元以上,2007年对农业和农村的投入就达200多亿元[2]。河南省对农业和农村的投入直接推动了农业发展和农民收入的增加,2004年河南省农业增长速度为18.8%,2005年

---

[1] 郑有贵、李成贵主编《一号文件与中国农村改革》,安徽人民出版社,2008,第216~218页。
[2] 河南省社会科学院编《河南改革开放30年》,河南人民出版社,2008,第105页。

为 7.7%，2006 年为 7.7%，2007 年为 4.7%，2008 年为 4.7%，2009 年为 2.9%；农村居民家庭人均纯收入大幅度增长，2000 年河南省农民人均纯收入 1986 元，2005 年上升到 2871 元，2006 年为 3261 元，2007 年 3852 元，2008 年为 4454 元，2009 年为 4870 元[①]。河南省为了进一步提高农民收入，积极推动农业劳动力在非农产业部门就业，同时河南省也是全国范围最早对进城农民工实施立法保护的省份。2005 年 9 月 1 日，河南省出台《河南省进城务工人员权益保护办法》，对进城农民工的劳动报酬保障、农民工参加工伤保险、农民工平等待遇、农民工子女义务教育等方面作出规定。2007 年，河南省转移农民从事非农就业达到 1974 万人，劳务收入达到 1316 亿元，占当年农民纯收入的一半以上[②]。河南省在推动农业发展和农民提高收入的同时还致力于农村建设，改善农村发展的基础设施条件，2007 年，河南省共修建农村饮水工程 2032 处，解决 2859 个村 347 万人的饮水安全问题，新增农村通电户 13.8 万个，完成 3600 个 20 户以上的农村广播电视网点建设，改建农村公路 2.4 万公里，总里程达到 21.4 万公里，全省 48081 个行政村全部完成了水泥和柏油路路面硬化建设，行政村通客车率达到 95% 以上，新型农村合作医疗县试点发展到 143 个，覆盖农业人口 7071.9 万人，农民参合率达到 90% 以上等[③]。可以看出，河南省在实施工农业发展关系转型方面主要从农业的税费改革、政府的农业补贴、农民工的社会保障、新农村建设四个方面实施的。而河南省实施"以工哺农"的根本目的是为了改变农业琐碎化的经营方式，提升农业生产效率，实现农业的产业化和集约化经营。在工农业的政策过渡和转型阶段，河南省不可能完全解决农业劳动力转移和农业生产要素集中以及现代化农业生产经营体系建立的任务。因此，在过渡转型时期，河南省工农业发展还面临诸多问题。

首先，是河南省农业剩余劳动力转移问题。河南省城市化率远远滞后于城市和非农产业的发展，农业在国民生产体系中不占主要地位，但是农业部门滞留的劳动力依然处于居高不下的状态，这种格局就导致实施"以工哺农"遇到结构性障碍。西方发达国家实施"以工哺农"政策几乎都是多数人反哺少数

---

① 河南省统计局主编《河南统计年鉴 2010》，中国统计出版社，2010，第 343、379 页。
② 河南省社会科学院编《河南改革开放 30 年》，河南人民出版社，2008，第 104 页。
③ 河南省地方史志编辑委员会编《中原崛起之路——河南省 60 年发展回顾》，文心出版社，2009，第 595 页。

人，而不是少数人反哺多数人。农业剩余劳动力不能大幅度转移出去，一方面是城乡非农产业发展程度问题，另一方面是非农产业的现代化水平越高，对用工的要求也就越高，农民工实际上被排斥在城市现代部门之外，只能从事城乡传统的非农业部门。同时，如果要求河南省城市化率达到发达国家的水平，会面临农民工职业技术不足的困难局面，这就意味着城市人口将大幅度增长，资源和环境以及经济支撑也就不堪重负。河南省依赖农民工的形式转移农业剩余劳动力只是在从业方面得到缓解，农民工的社会身份依然是农民，还占用着农村的生产要素资源，某种程度上农民工还把土地作为生活的最后保障。况且农民工数量和比例相对于河南省农业总人口来说都处于较低的水平，2000~2009年，河南省农业劳动力的就业结构如表7-1所示：

表7-1 2000~2009年河南省农业劳动力的就业结构表

单位：%

主要行业\年份（年）	2000	2005	2006	2007	2008	2009
第一产业	80.8	66.7	63.8	61.9	60.5	58.1
第二产业	8.7	17.3	19.1	20.4	21.4	23.2
第三产业	10.4	16.0	17.2	17.7	18.1	18.7
就业地点						
乡　　内	88.3	79.9	78.1	77.4	77.4	73.1
县内乡外	2.9	2.5	2.8	2.6	3.1	5.0
省内县外	3.0	4.4	4.6	5.0	5.0	5.8
国内省外	5.9	13.2	14.5	15.0	14.5	16.1
文化程度\年份（年）	2000	2005	2006	2007	2008	2009
识字很少	6.1	6.6	6.6	5.9	5.8	5.0
小学程度	23.3	18.5	17.0	16.6	16.1	16.2
初中程度	57.6	61.2	61.9	61.5	61.5	61.8
高中程度	11.0	10.5	11.1	12.3	12.4	12.5
中　　专	1.7	2.1	2.4	2.6	2.8	2.7
大专以上	0.4	1.0	1.0	1.1	1.4	1.8
农业劳动（月）	—	4.7	4.4	4.1	4.0	3.8
非农劳动（月）	—	3.3	3.6	3.8	3.8	4.2

注：表中的主要行业人员是每百个农村就业劳动力从事各行业的人数；就业地点是每百个农村就业劳动力主要就业地点的人数；文化程度是每百个农村劳动力具有不同文化水平的人数；农业劳动是每个农业劳动力年内从事农业和非农行业的时间（月）。数据来源于《河南统计年鉴2010》，中国统计出版社，2010，第338~339页。

从表 7-1 可以看出，河南省在 2000 年后农业劳动力的就业结构还主要是从事农业劳动，即使到 2009 年，在农业领域就业的劳动力份额依然是 58.1%，就业地点在乡村内部占据多数，2000 年河南农业劳动力在乡内就业的比例为 88.3%，2009 年依然保持在 73.1%。也就是说，在 21 世纪初河南省外出就业劳动力的比例并不高，主要是在乡内和省内就业。这种就业结构与河南省农业劳动力的文化程度直接相关，2000 年，河南省农业劳动力具有高中以上文化程度的只有 13.1%，2009 年这个比例上升到 17%；从行业分类来看，2000 年河南省农业劳动力人均每年从事农业劳动的时间是 4.7 个月，从事非农业劳动的时间是 3.3 个月，到 2009 年，河南省农业劳动力每年从事农业劳动的时间是 3.8 个月，从事非农业劳动的时间是 4.2 个月。这意味着河南省农业劳动力从事非农行业较低的态势与农业劳动力文化程度较低直接相关。劳动力文化程度低，也只能从事城乡传统非农业部门或类似部门，文化程度较高可以从事现代部门的生产和服务型行业。不过河南省农业劳动力具有初中文化水平的数量和比例占据绝大多数，这意味着农业劳动力具有提升专业技术能力的条件。不过具有中专以上教育程度的农业劳动力比例过低，直接影响到农业技术的普及推广和劳动力进入现代化生产部门的比例。对于地方基层政府来说，根据河南省农业劳动力就业结构和文化水平的现状，对农业劳动力广泛实施技术培训，提高农业劳动力的职业技能和职业素质，拓展农业劳动力在非农产业的就业渠道，将成为农业劳动力转移的主要途径。

其次，是农业补贴的效能问题。对种粮农户实施财政补贴目的是提高农民的生产积极性，提高农民从事农业经营的收益。但是，现实中对种粮的补贴并没有提高农业的经营效益，只是变相降低了农业生产成本。因为在从事非农产业有较高的比较收益条件下农民把更多的劳动投向非农产业，但是毕竟外出务工的劳动力占少数，有些种粮农户把土地租给其他农户经营，造成不种粮的农户得到政府种粮补贴，而真正种粮的农户没有得到补贴的结果。或者说种粮补贴实际上是补贴耕地的，但是这种补贴并没有落实到农业生产的环节上。同时，政府对种粮补贴依据的是耕地，在耕地获得补贴的情况下，实际上演变成对拥有耕地经营者的补贴。目前农村自治机构的行政支出没有来源，行政村就采取集体用地出租的方式，用租金作为村委会的主要收入。这些土地租给村民耕种，村委会收取租金和获得政府种粮补贴，但真正的种粮户并没有得到补贴。同时，出于村委会集体收益的需要，农村耕地没有随着人口的增减而实施适当的调整。导致农户人口减少却没有退地，农户人口增加却没有分到责任田。没有随着人口增加分到地的农户只有租种村委会集体土地来保证粮食的需要，当然这些农户也得不到政府的种粮补贴。有些村委会干部干脆把村委会掌握的集体用地转化为个人从事非农产业的经营，以带动农村剩余劳动力就业的方式实施对集体土地的变相侵占。农户既没有看到集体土地转化为非农功能用地的土地租金，也没有得到集体土地实施非农业经营的经济收益。也就是说，村集体土地的经营收益被农村干部或精英变相占有。上述各种现象涉及"以工哺农"政策实施背景下的农村土地产权调整问题，农村土地产权的制度安排已经影响到农村土地经营和政府补贴的效能。因为政府对农业的补贴并不只是单纯提高农民的收入，而是为了提升农民经营土地的收益。如果补贴农业没有提升农民从事农业经营的收益，补贴演变成对农民的农业经营福利，这并不能彰显政府补贴农业的效能。因此，政府反哺农业的政策导向和制度安排只是"以工哺农"起步阶段的必要环节，真正保证"以工哺农"效能的是培育农民的市场主体地位。只有农民具有完全的市场主体地位，农民经营农业才能充分利用市场的各种生产要素资源，政府对农业的补贴才能对农业市场经营起到有力的推动作用。

再次，是反哺农业带动农村的全面发展。反哺农业在推动农业现代化发展的同时，是为了缩小城乡差距，实现农民社会身份的转变，即推动农村、农业和农民全方位的变革，农村逐步实现城镇化，农业实现现代化和农民实现市民化。在"以工哺农"的起步阶段，要实现农村三个方面的变革，农村城镇化面临基层政府财政能力与城乡一体化建设要求之间的冲突，农业现代化面临农业现代化发展与农业要素资源琐碎化之间的矛盾，农民市民化面临农民市场地位完整与农村产权不清晰之间的矛盾。城乡一体化建设是通过政府财政的二次分配，逐步实现城乡公共服务均等化和基础设施建设的一体化，而农村公共服务产品和基础设施建设的投资主要由政府承担，这主要与地方基层政府的财政能力有关。当前，河南省基层乡镇政府几乎都是负债运营，特别是农村税费改革以后，乡镇政府失去了重要的财政来源。为了开辟财源，政府机构的主要任务就是招商引资，同时农村公共服务产品的提供主要由乡镇政府承担。对于农业产业化经营在20

世纪 90 年代就已经成为农业发展的导向,有些地区采取"公司+农户"的方式推行产业化经营。由于农业产品市场的价格波动或是其他不可抗因素等,公司与农户的市场交易常出现违约现象,这种现象既增加了交易成本,也影响农业产业化的推进。主要原因是农业市场主体的发育不充分,小农与市场的对接缺少中间环节,同时农村生产要素资源的资本化受到农民市场地位不完整的影响,政府对农业市场的监管和农业生产和流通的保障体系不完善等,这些都是影响农业产业化经营的主要因素。对于农民市民化,农民只有具有完全市场主体地位才能参与市场交易和竞争,农民只有实现组织化和权利化,才具备有效的利益表达渠道和市场谈判权,这些都是农民实现市民化的前提条件。推进农村社区化建设,即使政府提供财政支持承载农村社区的公共服务产品的供给,农民没有实现组织化和权利化,还是无法实现与大市场的对接,农民市民化只能是一种愿望。

二 "以工哺农"中级阶段:生产要素流向农业部门阶段

河南省在"以工哺农"的起步阶段只是完成了工农业关系过渡和转型的制度调整和政策转型,对农民实施减负增收措施,并提出新农村建设的基本框架。但是,这种政策导向和制度安排并不能实现河南省农业劳动力转移到农业实施产业化发展,政府财政补贴农业的效能受到限制,农村建设受乡镇基层政府财政能力的限制。河南省要实现农村城镇化、农业产业化和农民市民化的反哺农业目标,必须针对农村和农业发展内在的结构性矛盾,实施强制性和诱导性的制度创新,推动和实现市场生产要素资源向农业部门倾斜流动。也只有农村和农业充分吸收和利用市场资源,农业才能得到现代生产要素的支撑而趋向产业化和市场化经营。但是,河南省不能规避人口与农业资源相对紧张的矛盾,无法规避城乡之间长期存在的二元社会经济结构的制约,依然存在国有产权结构下资源配置受到政府主导的路径依赖,无法消除农副产品的社会刚性需求带来的市场不规范竞争的现象等。因此,河南省在"以工哺农"的中期阶段,必须实现农村产权的变革,以生成和培育农民市场完全的主体地位;必须致力于城乡第三产业的发展,有效大幅度地转移农业剩余劳动力,从而为农业产业化提供有利条件;必须生成和培育现代农业生产经营体系,形成农业发展的产业集群和社会化服务体系;必须尊重城乡发展的二元结构，在有差别推进的进程中逐步实现城乡一体化建设。

首先，农业产权清晰推动农村制度创新。农业现代化有赖于社会市场中非农产业的正常发展。如果非农产业发展过于迅速，不只是造成工农业发展比例的失调和农业发展的严重滞后，更为重要的是农业发展长期受到非农产业尤其是工业部门的挤压，农业将弱化本部门积累和发展的能力。现代部门的发展不必然带来传统部门的受益，而传统部门的发展滞后也不必然带来对现代部门的制约。比如在政府大量投资和出口替代战略的导向下，只要国际市场有利，现代非农产业部门依然能够保持高速度的发展，从而掩盖国内或区域内经济发展的深层次结构性矛盾。21世纪初，河南省工业部门的高速发展是在投资驱动和出口拉动的条件下获得飞速发展的。但是，当国际市场不利于出口带动的条件下，单纯依赖投资拉动必然会带来政府扩张性财政政策和工农业产品市场价格的通货膨胀。尤其是全社会在致力于工业等非农产业发展的同时，农业部门没有大量吸纳现代生产要素资源，某种程度上还处于传统部门生产水平的层面上，带来的结果必然是更加严重的城乡二元结构和贫富分化程度的加剧。处于传统部门的大量农民更是无法与现代市场实现对接，国民经济结构将处于严重畸形发展的状态。在这种情况下，经济结构调整、制度变迁和创新将更加困难。因为农民没有完全市场主体地位，农业的弱质性和价格弹性较差在市场交易和竞争中处于更加不利的地位。城市工业产品由于内需不足和出口萎缩，只有依赖加大投资来实现增长，由此，工农业经济发展将处于滞涨性增长状态。不过，我国在加入世界贸易组织的同时，就已经开始实施工农业发展的政策转型和制度调整，对农业开始实施向"以工哺农"的转变。尽管在21世纪初，河南省依然实施工业优先发展的政策导向，但是，河南省农业发展并没有停留在传统农业的层面，而是在农业产业化经营体系上进行了有益的探索。农业产业化和市场化探索的核心问题就是农民市场主体地位的打造和培育，在中央涉农"一号文件"的推动下，河南省农民在宽松的政策空间中逐步实现诱导性的制度创新，为农业的持续高效发展提供了有利的条件。在农村现有产权制度的框架内，存在农村产权模糊的政府"搭便车"现象，也存在农民在政策和制度框架内为发展市场主体地位而实现的农业经营方式上的突破。由此可见，在"以工哺农"的中期阶段，就是政府政策导向下农民通过市场主体培育来推进农业发展产业化和现代化经营的过程。

其次，农业合作社推动农民市场主体地位的培育。在农业产业化经营层面，河南省以县为重点区域实施农业生产的专门化经营，如许昌的鄢陵县实施园艺花木的专业化经营，许昌县实施万亩良田和万亩蔬菜为主要特色的专业化经营；豫北的肉鸡产业带，豫南的水产产业带，豫东的原奶养殖产业带等。这些专门化生产的农业产业带都是农业专门化和市场化经营的范例。随着这些产业带的兴起，农业生产以企业形式进入市场交易和竞争的趋势得到发展，在延伸农业产业链条的同时展示农业多元化经营的格局。同时，在农业产业化发展的同时，在农业经营方式上也趋向互助合作，为了降低农业生产成本，根据市场竞争需要趋向合作，成立合作社成为最优选择。依据我国的《农村合作社法》，河南省各地建立各种不同的专业合作社，包括农林牧副渔各行业的合作社，构成农业多元化生产经营的市场化服务体系。对于河南省来说，工农业发展是在不牺牲粮食生产和生态环境前提下的"三化"协调发展，粮食生产成为经济发展的首要前提。但是，在农业部门滞留大量剩余劳动力的情况下，政府强力推行农村土地的有偿流转不一定顺应农民的意愿。这就要求在现有农村产权制度安排的框架内实现土地的集中，实现规模化经营，在有条件的地区可以在转移土地承包权的前提下，实现土地流转以推进产业化和规模化经营。在农民不愿意出让土地承包权的情况下，河南省农民采取合作社推动土地委托经营的方式实现土地资源的规模化经营。具体方式是乡村农业合作社提供各种农业生产的专业化服务，同时合作社统一购置农业生产资料，合作社在购置生产资料时受到政府的财政补贴和税收支持。农民在降低生产经营成本的同时把农业生产的灌溉、施药、病虫害防治、农业技术指导培训和农副产品的流通委托给合作社运作经营。在去除生产经营成本后的剩余是农民生产经营的纯收入。农业合作社与农户之间由此建立长期稳定的合作机制，实现个体农户与大市场的有效对接，降低生产风险的同时也有效规避了市场风险，或者说农民通过合作社方式把农业生产经营的市场风险降低到最低。这是具有极大实践价值的诱导性制度创新。土地承包权不变，但是，农业粮食种植的服务经营方式发生实质性的变迁。家庭经营的土地承包制与社会化、市场化、合作化的农业生产服务并行不悖，既尊重了农民的土地承包权，又实现了规模化种植，提高了粮食产量，增加了农民收入。合作社形式是河南省培育农民市场主体地位的有效渠道，也是农业产业化、专门化和市场化经营有效推进的合理途径。

再次，河南省城乡公共服务体系的一体化。农村实施税费改革后，乡镇基层政府没有向农民收费的权力，农村公共服务产品的提供纳入政府的统一财政预算。为了推进城乡一体化建设，政府开始推行新农村合作医疗体制的改革，城乡居民社会生产和生活保险的全覆盖，城乡区域免费义务教育制度的共享，城乡基础设施建设的统筹规划和安排等。不过政府在推进城乡一体化建设过程中，面临基层政府财政能力不足的现实问题。而基层政府财政能力的不足主要表现在乡镇层面，而在县域范围内，经济发展已经到达新的水平。实际上，城乡一体化建设应实施县政府统一规划，乡镇政府协同实施的方式。从"十六大"实施壮大县域经济的政策到2008年，河南省县域经济取得六大突破，经济发展实力已经具备承载城乡一体化推进的财政能力。河南省到2007年底，县域经济GDP总额突破10000亿元，占全省GDP总量的70.6%；对全省的经济贡献率达到77%；工业增加值达到5427亿元，占县域经济生产总值的51.1%，对县域经济的贡献率为65.3%；河南省县域粮食连续两年突破千亿斤大关[①]。县域财政一般预算收入在3亿元，财政支出在8亿元，农村公路里程突破21万公里，居全国第一位；农民人均收入连年快速增长，河南省县域经济发展成为推动城乡一体化建设的主要支撑力量[②]。不过，城乡一体化建设一方面需要农村不断转移农业剩余劳动力，另一方面需要农村工业化发展来提升乡村财政支撑能力。转移劳动力某种程度上可以形成城市多数人反哺农村少数人的格局；同时农民完全从农村转移或以农民工形式实施半转移农业劳动力，可以弥补区域基础设施建设对劳动力的需要，对县域经济发展也是一种支持。从表7-1可以看到，河南省农业劳动力转移就业的地点主要在乡内就业，2009年实现乡内就业的农业劳动力比例为73.1%，县内乡外就业的比例为5.0%。这说明农业劳动力转移的地点主要在乡内，并不是通常所说的"离乡不离土"的转移方式占据主导地位。当然"离乡不离土"的农业劳动力转移方式也存在一定的比例，2009年县外

[①] 河南省地方史志编辑委员会编《中原崛起之路：——河南省60年发展回顾》，文心出版社，2009，第605页。
[②] 河南省社会科学院编《河南改革开放30年》，河南人民出版社，2008，第185页。

农业劳动力转移就业的比例为21.9%,这个比例应该说是比较高的,数量也占到河南省农业劳动力1/5以上,县外就业主要是青壮年劳动力,由此带来农村不同程度的"空心村"现象。但是,这种农业劳动力转移的方式不足以说明农民工是农业劳动力转移的主要方式,应该说河南省农业劳动力转移的空间还很大。当然没有在县外实现转移的劳动力存在文化技术水平较低和年龄结构偏大等特点,但这些滞留在农村的剩余劳动力从事农业生产劳动是没有问题,关键在于如何为这些劳动力提供多元化就业的渠道。这些农村剩余劳动力存在文化层次低、体力差和年龄大等特点,所以从事现代非农产业存在一定的难度,从事高强度的传统部门的生产劳动条件也不够,农村留守人员只能从事传统农业劳动和乡村服务部门的职业。

最后,乡镇政权管理服务体制的改革。早在河南省农村实施农业税费改革时,河南省乡镇行政事业机构从改革前的19811个减少到2005年的16694个,减少了3117个,乡镇领导职数减少7269人,净减少乡镇153个;清退临时人员20551人,分流超编人员170022人[①]。乡镇政府改革是为减少财政开支和转变政府职能的需要,改革后乡镇政府作为连接基层群众与县级以上政府的基层政府,对农业发展和农村建设的资源整合和提供公共服务起着有效的沟通和连接的功能。改革后乡镇数量和各种人员减少,实际上更多是为了发挥服务的功能。从计划经济体制到市场化经济体制的改革中乡镇政府职能也发生了历史的变化。计划经济条件下人民公社是政府机构也是生产管理机构;改革开放时期乡镇政府是农村收费机构,也是扶持农村乡镇企业和私营企业发展的机构;在实施"以工哺农"时期,乡镇机构主要是服务机构,对农业生产经营管理和农村公共服务产品的提供起着不可替代的作用。主要表现在农村基础设施的建设、农业土地生产资源的流转、农村文化教育的组织管理、农村社会的社会化管理、农业市场化流通的税收管理、农村扶贫和社会救助的实施、农村人口计划生育、监督农村民主自治的运作和农村工业建设等。尤其是新时期农村新型社区建设、乡镇政府对社区建设的试点实验、基

---

① 河南省地方史志编辑委员会编《中原崛起之路:——河南省60年发展回顾》,文心出版社,2009,第569页。

第七章 河南省实施"以工哺农"的路径选择

层乡村民主化治理、支持和监管公司下乡以及农村城镇化的全方位推进等事项起着政策宣传引导和实施推行的职责。乡镇政府在发挥服务功能的同时必须尊重乡村自治权,还要明确乡村资源的产权。尊重乡村自治权是指政策层面要推进乡村民主化治理的进程,实现农民广泛参与乡村民主监督和民主管理的进程;明确农村资源的产权归属,就要求乡镇政府不能行政性干预农村土地资源的流转,资源应流转到集体组织手中,而不应流转到基层政府手中;乡镇政府还要规避农村模糊产权条件下与下乡公司形成利益"捆绑",对农村资源实施非法侵占。"以工哺农"的政策背景下,乡镇政府要推动农业生产经营体系的构建,针对本区域农业生产条件的现实要求,对农业基础设施建设实施项目建设的方式,积极与上级农业部门沟通,对区域农业基础设施建设提供全面的规划和建设。特别是河南省山区丘陵地带,农业水利设施相对比较薄弱,调查发现,即使在合作社推动现代农业生产经营体系构建的条件下,多数山区丘陵地带的农业还处于靠天吃饭的状态。同时合作社支撑下的规模化和专门化农业种植大户的农副产品流通,经常因为市场波动而出现滞销,在农业保险和流通体系不完善的情况下,经常出现农户销毁农副产品的现象,乡镇政府在服务项目上应为合作社的产品流通提供市场信息和拓宽市场流通渠道服务。对于农业养殖畜牧业的发展,无论是农户经营还是村集体经营的养殖畜牧业大户,在产品质量和疫情防治方面都面临技术供给和服务不足的局面,尽管乡镇都设有畜牧站和动物检疫站等服务网点,但是,河南省依然出现受到疫情侵袭给养殖大户造成严重损失的情况[1]。乡镇政府在扶持农业产业化经营的主要渠道就是保证产业化农业的经营主体最大限度地降低市场的生产经营风险,并不是单纯为了提升财政收入,才将基层政府作为招商引资、发展地方农村工业的主要机构。因此,逐步实现从行政型管理职能向服务型治理职能转变,这是乡镇政府在"以工哺农"政策背景下基层政府职能改革的主要内容。

---

[1] 从4月7日起,河南省孟津县麻屯镇杜铁山的养鸡场在不到3天的时间,已有近千只鸡子死亡,损失约有7万多元。孟津县畜牧局专家建议杜铁山降低养鸡密度,饲料中添加兽药等。可是,杜铁山按照专家的说法精心照料后,第二天早上又看到了大量成年公鸡死亡。县畜牧局有关人员说,因为死因不是禽流感,所以无法得到补偿。参见《孟津一养鸡场3天死近千只鸡,专家:死因并非禽流感》,大河网2013年4月11日。

三 "以工哺农"深化阶段：农业经营实现现代化的阶段

河南省"以工哺农"政策实施的深化阶段是继续推动农业现代化、农民市民化和农村城镇化的阶段，不过在深化"以工哺农"政策实施的过程中，工农业部门之间、城市与乡村之间、城乡居民的收入和消费之间等方面逐渐实现公平化和均等化的状态。当然，通过实施"以工哺农"政策，使河南省工农业关系发展到深化政策实施的阶段，这还需要"以工哺农"中期阶段工农业的持续协调发展。从世界先起工业化国家工农业发展的经验和历程来看，当工业化发展到高级阶段或者已经完成工业化阶段进入信息化知识经济阶段的情况下，在国内经济发展层面都会遭遇到投资渠道有限、工农业发展空间萎缩、政府财政赤字剧增、经济增长乏力的局面。当前欧美发达国家都不同程度出现因福利型财政开支数量巨大带来巨额财政赤字的问题，因人口老龄化衍生的社会保障问题，因虚拟经济膨胀带来实体经济萎缩的问题，因国际市场竞争激烈带来的国际贸易摩擦加剧问题等，这些经济层面的问题是发展问题，而发展问题对农业经济发展也产生了巨大影响。不过发达国家在工农业发展遭遇到困境的情况下，始终坚持对农业发展实施补贴和政策支持，这种局面不只因为发达国家不存在农村和农民问题，还在于发达国家长期的农业补贴和支持政策已经培育和形成了农业的产业集群，农业产业集群支撑着庞大的既得利益群体和产业规模。因此尽管发达国家的农民收入主要来源不是农业生产经营收入，而是来自政府对农业的巨额财政补贴。但是，这些国家并没有改变对农业的支持和保护政策，即使是在本国农业发展不能实现农副产品自给自足的情况下也是如此。当前发达国家更是将农业发展当成高科技和信息化的产业来对待，农业不只是供给食品需求，农业发展承载着文化欣赏、科技控制、无土种植和观光休闲等主要功能，也就是说农业不只是生活消费的产业，更是文化消费的行业。这是信息化高科技手段对农业发展的支撑和推动，也是农业发展无公害、环保型和产业化的全新形态。河南省在工业化发展水平上处于中级发展阶段，在工农业发展层面上还面临着农业现代化的任务，农业发展整体上对市场资源和现代生产要素的利用和依赖程度还有待提升，工农业发展始终面临人口与资源、环境之间的紧张矛盾，农业发展始终将成为满足社会农产品消费需求的产业，这意味着河南省在实施"以工哺农"的完成或深化阶段，依然要致力于农业生产和经营的现代化进程。那么，在河南省"以工哺农"政策实施的深化阶段，农业发展、农民身份和农村建设将在何种层面上发展，这是需要探讨的问题。对这个问题的探讨既是对河南省工农业发展的前瞻性思考，也是河南省农业、农民和农村发展的重要目标内容。

首先，农业现代化生产体系更加成熟。即农业资源公益化和长久化、农业形态科技化和生态化、农业要素流动化和权益化、农业经营集约化和规模化、经营模式专门化和合作化、产品流通市场化和资本化、服务体系信息化和国际化。所谓农业资源的公益化和长久化就是保持农业生产经营制度的稳定，河南省不可能完全实现所有土地的规模化流转，也不可能如发达国家和地区那样使城市化率提高到农业人口只占5%以下的水平，因此，保持家庭承包责任制的长久性是必要的。同时农业资源的公益化和无公害利用和开发将成为必然趋势，一方面是国际贸易竞争的需要，另一方面是顺应社会市场的需求。农业经营的集约化和规模化是降低农业生产经营成本，吸纳生产要素资源的必要条件，只有实施集约化经营才能延伸农业生产经营链条，增加农业附加值，提高农民的收入。农业规模化是农业生产服务的规模化和产品流通的规模化，由此可以增强农业生产经营者的市场话语权和谈判权。农业经营模式的专门化是指河南省依据区域地理气候条件的差异，实施不同的农副产品专门化经营，形成规模化和专门化的农业生产产业带。专门化的农业产业带有利于社会化和市场化的农业生产服务的介入和农副产品的市场化流通。农业合作化是农民与大市场对接的有效通道，合作化发展需要政府的财政支持和政策扶持。农业合作化条件下对农业生产实现生产和流通以及市场化经营服务，这是现代农业的主要特色。产品流通的市场化是指农副产品采取实物流通、期货流通、物流储藏、工业加工等方式，实现农副产品的增值和品牌创立。产品流通的资本化是指下乡公司与农业生产者实现生产加工和产品流通的市场化对接，形成农产品流通的工商业资本，农副产品流通的工商业资本对于农副产品的品牌效应具有打造和扩展的功能。农业服务体系的信息化是指农业生产经营服务实现市场化和网络化，农业生产经营对于区域市场农副产品的供需信息的把握，对于掌握市场对农副产品品质和种类的偏好，对于农副产品市场化流通的消费者心理等，都存在专门的信息咨询机构和市场化服务网络。发达国家和地区农业现代化的主要特色就是从事农业服务的就业人员超过从事农业生产经营的人员。农业服务的国际化是指随着农业产品的跨国流通，对农副产品国际信息的了解和把握对于农业生产经营者日益重要，建立跨国性的国际化的农业市场服务信息网络和专门服务机构对于现代农业的发展将起到极大推动作用。

其次，农民社会身份发生根本性变革。即农民趋向组织化和权利化、农民身份市民化和主体化、农民流动自主化和多元化、农民教育长效化和规范化。河南省在"以工哺农"的深度阶段，农民逐渐实现社区化聚居，这不但有利于城乡实现公共服务的均等化，同时也有利于农民趋向合作和组织。乡村民主治理在农民实现社区聚居化的条件下，农民出于集体共同利益和认同的需要会去想合作。由此在实现社区民主化治理层面将由于农民实现组织化而趋向生成和建构。民主化治理的前提是农村生成公民社会，聚居后的农民在实施城乡一体化公共服务产品供给的条件下，社会身份已经发生根本性的变革，即从农民身份转化为市民身份。农民是从事农业生产的居民，这只是传统意义上从事农业生产的小农，而从事规模化和集约化的大农已经不是农民的社会身份，而是有着与城市市民相类似的农业工人身份或家庭农场主身份。组织化的农民是权利主体，其利益诉求和表达通过组织形式来实现。社区化农民已经改变散居在乡村时的以血缘宗族化伦理为联系纽带的状态，逐步趋向以市场伦理和制度伦理为主要行为规范和准则。农民身份以集体的共同利益承载，农民广泛参与社区管理实务成为体现社区居民民主能力的主要渠道。农民的社会市场主体地位以农民合作化组织承载和保障，实现社区居民与市场的有机连接。同时，城乡居民相互迁徙和流动的户籍制度壁垒将被打破，伴随农村社区化的农村城镇化进程将改变城市居住的公共服务供给的优势地位，农村良好的生态环境和浓厚的乡土气息将在城市的钢筋丛林之外成为休闲娱乐的选择场所。农民从业不再限制在传统的工农业部门，而是随着城乡终身教育和多元化教育渠道的构建，农民职业技术培训和继续教育将成为农民的主要消费对象。政府在为农村社区提供文化教育、居民健身、团体文化消费、网络服务和体系建设等方面提供有力的支持。

最后，城乡一体化建设趋向完成。即城乡公共服务实现均等化和一体化、农村发展实现社区化和城镇化、农村治理实现民主化和公开化、农村文化实现多样化和民族化、农村建设实现法制化和参与化。城乡公共服务均等化是指政府提供的公共服务产品在城乡之间、不同社会群体之间和不同发展水平的区域之间实施均等的供给，公共服务包括城乡公共设施建设、文化教育设施、医疗卫生等事业，指的是"具有准公共产品或公共产品特征的社会服务事业"；基本公共服务包括义务教育、公共卫生和基本医疗、基本社会保障、公共就业服务和公共安全等，是"建立社会安全网、保障全体社会成员基本生存权和发展权所必须提供的公共服务"[①]。城乡公共服务产品供给的一体化是城乡居民在国家提供的社会福利待遇层面上的一体化，欧美发达国家在实施"以工哺农"政策推动农业发展的同时，在推进城乡公共服务的社会化福利待遇方面也实现同步进行。美国在"反哺农业"时出台的《社会保障法》就是对城乡居民福利待遇保障的立法，欧洲国家在第二次世界大战后开始实施"以工哺农"政策，在国民福利待遇方面也形成相对稳定的财政投入体制，如今欧美国家的福利化政策已经遇到财政支撑能力的困境，但是，这些国家没有办法予以减少或取消。河南省依据中央的部署在2009年已经在全省全面推开农村新型合作医疗制度，养老保险体系已逐渐在广大的农村形成网络化发展。尤其是各地推行的农村社区化建设试点，在基础设施建设和居民福利待遇方面不只是进行政府和市场相互支撑的探索，更重要的是要在推行城乡公共服务产品一体化供给方面形成有益的制度探索。

---

① 丁元竹：《现阶段基本公共服务均等化》，《中国经济时报》2007年5月28日。转引自安应民等《构建均衡发展机制：我国城乡基本公共服务均等化研究》，中国经济出版社，2011，第2~4页。

结　语

　　2004 年，时任中共中央总书记胡锦涛提出工农业发展"两个趋向"的论断，即在工业化发展的进程中存在"以农养工"和"以工哺农"两个阶段。这两个阶段都是围绕工农业关系展开的发展阶段，应该说工农业发展关系问题是国家和地区工业化进程中的基本问题。尤其是在工业化初始阶段，工业发展依赖汲取农业剩余来实施资金积累的政策设计和制度安排，对全国范围内的工农业发展产生了重要的影响。影响所及的深度和广度不只是在全国工农业关系层面是工农业结构的畸形发展，同时这种发展战略导向下的制度体系对农业大省的影响更深远。因为全国范围内工业发展受到全国各省农业部门的支撑，在国家层面只需关注农业部门发展对工业发展的支撑能力和内在约束程度，对河南省来说在服从全国战略需要的同时，工农业发展是否存在完整持续的发展规划和实施方案，这是需要深入探讨的问题。因为在工农业发展的"以农养工"阶段，各省农业对工业的支持是普遍的倾向，不过依据各省工农业发展资源的差异，各省对工农业发展的侧重又有所差异。对于河南省来说，首先是一个农业大省和国家商品粮供应基地，这就要求河南省工农业发展首先要保证国家的粮食供应。在整个工业化初始阶段，工业发展服从国家工业发展战略的需要，工业化发展水平低于全国工业化平均发展水平。河南省工业化水平落后全国平均水平的主要原因是政府对工业的投入不足，政府对工业的投入力度与河南省财政投入能力直接相关。在工业优先发展阶段工业发展就落后于全国平均水平，在改革开放的条件下，国家投资的重点多放在沿海开放区域，这样就造成国家对河南省投入不足，影响河南省的财政收入，而财政能力不足导致对工业发展支持不足的局面。由此，当2003年全国范围内进入工农业发展的"以工哺农"阶段时，河南省必须持续优先发展工业的战略。作为中部区域的省份，河南省工农业发展状况也是中部省份发展态势的集中体现，同时工农业关系状况决定着对中央反哺农业政策实施的滞后。因为中央制定工农业政策很大程度上是依据全国经济发展的平均水平的，但是全国各地之间又存在着较大的地区差异，这就决定河南省如果依据中央反哺农业的指示精神强力推行反哺农业政策，实际上存在过早反哺农业的问题。如果在反哺时机上过早实施反哺政策，在政府财政能力不足的情况下必然加大财政负担，从而造成各级政府的财政赤字。因此，在学界对全国工农业发展水平进行理论分析，从而得出何时实施反哺农业政策的结论，具体到河南省来说这种结论未必成立。同样在全国范围内实施"以工哺农"政策的同时，必然伴随农业产业化、农村城镇化和农民非农化的进程。而河南省在经济发展没有达到反哺农业水平的条件下，强力推行农业产业化必然遭遇农民不愿意流转土地的难题。而推行农村社区化建设以实现农民的聚居也是不可能的。

而工业发展和城市化的扩展必然带来对农业生产资源的侵占，农业如果不实施产业化和规模化的经营，不只是带来政府行政性推动对农民利益的损害，同时还带来农业生产率的持续低下问题。农业的产业化经营和农民的经济合作对农业生产经营，在增强市场竞争能力的同时，也实现了农户与大市场的对接。不过这只是农业生产经营模式的改变，并没有实现市场生产要素资源向农业的倾斜流动。实施农业多元化和产业化经营的市场主体受到政府的财政和政策支持，但是政府对农业的生产经营补贴多消耗于农业生产体系中的第二、三产业领域，直接对农业生产经营环节的政府补贴有限。也就是说，政府对农业生产的政策和财政支持主要是通过扶持农业生产龙头企业的方式实现的。在农业部门依然滞留大量剩余劳动力的前提下，农业家庭经营依然是主要方式，而政府对农业生产的家庭单位的支持力度有限。对于河南省来说，农业家庭经营不能快速通过土地资源集中的方式实现产业化和规模化经营，最主要的原因就是非农产业发展不足以有效转移农业剩余劳动力。尽管存在日益增长的农民工群体，但是农民工阶层的存在不是推动农业土地流转的动力，反而成为农业土地流转的迟滞因素。因此，河南省要有效转移农业剩余劳动力必须致力于发展非农产业。在发展模式上形成的对政府中心主义的路径依赖，导致政府依然保留模糊产权和对市场要素资源配置的主导地位。比如诸多服务行业的垄断严重阻碍了第三产业的发展，而河南省第三产业发展的滞后成为阻碍农业劳动力转移的主要因素。只要农业劳动力没有实现大规模的转移，农业产业化和农村城镇化就必然受到阻滞，同时农业产业化和规模化生产经营体系所依赖的现代化服务体系的构建也不可能形成市场化和社会化的规模效应。依据发达国家和地区反哺农业的经验，首先是实现农业生产结构从小农经营到规模化经营的调整，而真正能够保证农业规模化、产业化和专门化经营效能的是社会化的农业服务体系。是在农业劳动力大量转移到非农部门的前提下，从事农业服务体系的人员要远远超过从事农业生产的人员。当前河南省提出工业化、城镇化和农业现代化协调发展的问题，"三化"协调发展的首要条件是工业化必须发展到反哺农业的水平。而河南省工业化本身不只是工业在经济结构中的主导地位，同时也是与市场机制和资源环境协调发展并行不悖的过程。河南省在推动"三化"协调发展时如何通过改变政府职能，推动工农业资源的市场化配置，在工业发展的同时推动农业生产和服务体系的建立，这应是河南省保证反哺农业政策实施效能的核心问题。

河南省所实施的区域工业化进程是在中央政府设置的政策和制度框架内进行的，即采用政府主导下的城乡隔离的工农业发展进程。城市主要推动工业部门的发展，农村主要是农业集体化生产经营。城乡分离的工农业发展格局与当时河南省乃至全国范围的具体经济条件直接相关。从全国范围来看，工业发展的资本技术和工业设备等要素资源不可能从国内和国外市场上直接通过贸易的方式获得。也就是说，工业发展对市场资源的依赖程度有限，不是不选择对市场资源的依赖，而是没有市场资源可以依赖。这种发展的资源基础条件本可以用外来工业资源嵌入的方式来提供，但是，对一个大国来说，要建立比较完整的工业经济体系全部需要外来援助和支持，事实上是不可能的。因此，河南省作为全国推行工业化的省份，在工业化推进方面采取的是内部运行的工业化建设。即依赖工业对农业部门的挤压和汲取来强力推行工业化建设。这一点与先起工业化国家和地区发展工业化的方式有着明显的区别，由此也形成独特的工农业发展结构和关系。工业发展为何必须以农业集体化为保障形式，还是取决于资源的紧缺现状。如果农业和工商业不实施改造，依然保持农业家庭经营和工商业的多种成分经营，政府推进工业化进程可以对市场形成依赖。但是成本必然是市场价格，政府既不能实现低成本的资源配置，又不能实施劳动积累资本。如果说河南省工业资金积累是采取汲取农业生产剩余的方式，那么农民的义务性劳动对工业发展也提供了巨大的贡献。农业集体化有利于劳动替代资本，工商业的改造规避了私营资本与政府争夺生产要素资源。这种扭曲市场价格的方式既不利于工业部门形成积累，也不利于农业部门的积累。因为工业部门在缺失市场竞争机制的条件下实施不计成本的高投入和高消耗运营，农业部门因被汲取生产剩余不可能形成本部门积累。由此，工业既不能带动农业发展，农业部门又要承受与工业部门进行产品交换所产生的工农业价格"剪刀差"。这种发展模式与西方先起工业化国家的发展路径存在明显差别。我国从中央到地方实施的都是政府公司主义的工业化发展路径，而先起工业化国家采取的都是市场中心主义的发展路径。政府公司主义衍生的政府对资源配置的主导作用和地位，即使是实施经济体制的市场化改革，工农业经济发展也不能摆脱对政府公司主义的路径依赖。先起工业化国家尽管采取市场中心主义的发展路径，崇尚经济自由主义的模式最终也因出现世界性的经济危机而出现调整，不过改变的只是国家宏观财政政策，没有改变市场中心主义的基础本位和资源配置功能。

对于全国采取政府公司主义发展路径的原因，有人认为是出自于国家工业化建设的需要，一切为了服务于国家工业化发展；还有人认为新中国成立后实施工业优先发展的国家工业化战略是为了与苏联在制度和发展模式上的对接；新中国成立以来党的若干历史问题决议对新中国工业化战略给予充分肯定，指出偏差不过是社会改造进程过快了；对于国家发展战略，有人还提出应该发挥比较优势，充分利用中国当时的资源优势和人力优势，发展劳动密集型产业，实现工业部门积累后再发展重工业。对于上述的观点，笔者认为都是从不同视角探讨工业化建设进程中发展战略和制度安排的合理性和不合理性。工业化战略的合理性显示出当时中国只能是如此选择，不合理性显示出可以有其他选择。当时中国已经完成民族独立的政治发展任务，摆在中国共产党人面前的主要任务是国家富强。而要实现国家富强，除了发展大机器工业没有其他选择。但是，发展大机器工业的任务不足以决定实施方式的选择，决定发展战略实施方式选择因素的是中国当时的现实条件。如果当时中国具备完整成熟的市场经济体制和稳定的国际环境，完全可以发挥比较优势，采取出口导向型发展战略，如东亚"四小龙"先发展劳动密集型产业，然后再发展重工业。或者说市场经济体制非常成熟，各种生产要素资源可以从市场上获得，中国当时没有这些条件。如工业化发展所需要的技术、资本、原料、设备等生产要素资源，在国内市场上是不能通过市场交易方式获得的。这就决定中国共产党在发展工业化时不可能利用国内市场资源来进行。不过中国可以采取国际易货贸易的形式通过出口产品获得资本资源，又可以通过进口获取设备和技术资源。而随着西方国家对我国的贸易封锁和物资禁运的实施，这些条件同样无法实现。我国只有从苏东国家取得工业发展资源，而苏联工业化也是内部运行的工业化，并不是市场经济条件下的工业化。我国要从苏联获得技术和资本以及设备，在政府控制所有经济资源的条件下，我国政府只有获得苏联政府的支持才能得到这些资源。而要获得苏联政府的经济援助，必须首先获得苏联政府政治上的认同。中苏结盟和抗美援朝使苏联消除了中国会成为东方南斯拉夫的顾虑，中苏在结盟谈判的同时获得了苏联援助的大型工业项目和贷款以及苏联的技术专家。由此，我国解决了工业化发展所需要的资金和技术要素问题，但现代化的大机器工业建设所需要的其他要素都需要国内提供。如果依赖市场供给必然会增加成本，降低成本的最有效方式即是国家计划掌控所有的经济资源，以此实现对工业建设项目资源的优先配置。结果是市场要素资源的流动受到政府计划的限制，尤其是人口流动遭遇到根本性的制度障碍。

政府对生产资源的计划掌控是通过社会主义改造的方式实现的。改造快速成功的根本原因在于对资源的国有产权设置和安排以及对农民的组织化和阶级化的教育和改造。试想没有革命年代对农民的组织化和革命化改造，农民以组织形式来表达阶级利益和诉求在建设年代的延续，对农业的集体化改造不可能得到农民的广泛支持而顺利实施。如果当时没有对农民流向城市的户籍制度限制，那么农民在失却组织化整合的同时必然对城市带来强大的冲

结 语

击。因为当时城市没有足够的生产部门来吸纳流向城市的大量农民，规避农民流向城市也就是避免城市现代工业部门发展承载进城农民带来的负担。对农业人口流动的限制在保证城市工业发展的同时，也使农业部门滞留大量的剩余劳动力。在集体化体制内农业部门滞留大量剩余劳动力，一方面造成农业生产效率无法得到有效的提升，同时农业的资源禀赋决定对农业机械应用推广的排斥。即使政府对农业实施科技推广和提供农业机械，农业部门也会因这些现代生产要素占用分配份额而依然保持对传统生产方式的偏好。农业的技术选择决定于工业部门发展对劳动力转移的功能，只要农业劳动力没有转移的合理空间和渠道，工业发展受制于农业的支撑能力，农业发展也无法承接工业部门的支持。工农业发展的演进结果是工农业部门都没有积累能力，即依靠汲取农业剩余来发展的工业部门，因农业部门的发展滞后而扩张有限；农业部门剩余全部流出而导致农民在没有解决温饱的层面上徘徊。为保证工业部门的优先发展使农民失去流动的自由，城乡工农业发展的相互隔离使农业人口流动遭遇到刚性的制度障碍。直到改革开放初期，工农业发展实施市场取向，工业部门在保持继续汲取农业剩余的同时，并没有脱离政府的计划政策保护，区别是农业生产经营方式的调整使农民拥有流动的自由，不过这种人口流动主要是农民从事多元经营的生产性流动，而不是消除城乡隔离户籍控制的农业人口流动。

在国有企业吸纳农业人口存在制度性障碍的条件下，城市必须扩大吸纳农业人口的空间，这种空间就是允许非公有制市场主体的存在，由此在改革初期非公有制经济和乡镇集体所有制经济得到迅速发展。私营企业的发展主要在城乡物资流通业和第二产业内兴起，在乡镇政府支持下乡镇企业充分利用市场资源的基础，是市场的发展主体。这些市场主体在发展初期主要是传统产业部门，为农业剩余劳动力的转移提供了有利的渠道。不过，市场资源的配置和流动很大程度上还在政府部门的掌控之下，也就是说政府通过掌控资源的配置来保证国有企业的经营，而私营企业和乡镇企业在政府主导资源配置的背景下，通过依赖市场资源，在获得持续发展的同时也营造了公平竞争的宏观市场经济环境。非农产业的发展相对于农业部门有着较高的市场比较收益，结果导致家庭经营农业的市场主体农民形成对非农产业要素投入的偏好，对农业生产经营投入出现停滞和徘徊的低增长状态。农业部门因为失去了集体经济体制条件下生产剩余的隐形转移，农民的负担在各方面显示出生产剩余流出的显性特征。农业的市场收益较低和农民负担的增加是农业发展出现徘徊局面的主要原因。工农业发展关系的严重失衡与政府主导资源配置导致市场主体拓展资源利用的范围有限，由此带来市场资源供给不足从而出现市场价格上涨的状态，价格上涨引发的工农业经济波动迫使工农业经济发展进入调整时期。调整的主要对象就是逐步减轻政府主导资源配置的程度，而要根本扭转政府主导的计划经济的资源配置方式，必须确立市场对资源配置的主体地位。党的十四大确定建立社会主义市场经济体制的改革目标，使市场资源的配置方式发生了根本性的转折。这种资源配置的转变对工业部门的影响是随着现代企业制度的建立，为培育非农产业的市场主体地位提供了政策导向和制度保障，对农业部门的影响使农业逐渐进入政府政策保护的视野，市场经济条件下随着农业生产要素的资本化进程，农业市场主体地位的培育具备了有利的市场空间条件。

  市场机制作用的发挥有赖于市场主体活力的支撑，而支撑市场机制发挥的因素主要是乡镇企业和私营企业的市场主体地位的确立。市场中具有活力的非公有制经济主体和乡镇企业主体与缺乏市场活力的国有企业形成鲜明的对比。在市场对资源配置起着基础性作用的条件下，改革国有企业的运营机制和调整国有企业的所有制结构成为改革的重点。在工业部门通过改革经营体制带来市场竞争活力的同时，由于农民的不完全市场主体地位而使农业产业化进程受到严重的阻碍。公司加工与农户生产相结合的农业产业化实现方式，由于缺失对公司和农户履行市场契约的有效监管，公司与农户之间的违约现象导致农业产业化经营缺乏持续性发展的动力。同时乡镇基层政府对农业市场主体的"三乱"收费也增加了农业发展的阻力。市场机制作用下资源流动倾向于收益较高的非农产业部门，从而导致农业生产要素资源逆向流动，因为农业的弱质性和价格弹性较差，工业支持农业发展无法实现，农业引领工业发展的农业加工行业和服务行业，因为工业对农业的挤压始终没有扩大市场发育的空间。由此政府开始实施工农业发展政策从"以农养工"向"以工哺农"的转型，这种政策转型包括对农业和农民的财政补贴、农民工福利保障的供给、农业基础设施的建设和农业现代化生产经营体系的培育等。这种政策转型主要是通过各级政府对农业和农村发展的财政支持和补贴来实施的，对于农民来说更多是从事农业生产的福利性补贴。对于河南省来说，由于在中央政府政策转型时农业部门还滞留着大量的剩余劳动力，对农业和农村补贴的结果是强化小农经营，而不是形成农业规模化经营对小农经营的替代。因为，在农业人口远超过城市非农业人口的情况下，规模化农业经营的市场比较收益并不能有效带动生产要素资源向农村和农业倾斜性流动。同时非农产业对市场主体来说还存在长足发展和带来市场巨大收益的空间和预期，在非农人口比例小于农业人口比例的条件下，少数人对多数人进行补贴也就意味着城乡非农产业通过财政分配渠道对农业实施补贴。而农业劳动力数量过多则意味着河南省城乡非农产业发展不足以保证各级政府在财政上对农业实施大规模的补贴。如果在政府财政能力没有达到补贴农业的水平时强制性地实施补贴政策，必然会增加各级政府的财政负担，从而增加地方基层政府的财政压力。本书对2008年河南省经济结构和财政收支能力以及社会固定资产的投资结构进行考察，认为河南省在2008年具备大规模反哺农业的能力，但这种分析主要是从整体上进行的研判。而河南省各地区之间也存在着较大的差异。这种差异显示出河南省各地发展不平衡的格局，西部和西北部山区丘陵地带工业生产能力较强，但是农业资源条件相对较差。而东部和东南部以及南部农业资源条件较好，工业生产资源较为稀缺，而中部以郑州为核心的周边区域工农业发展条件较为均衡。因此，河南省实施反哺农业政策的合适区域是郑州周边的地区。而对于河南省的其他区域，因为存在工业发展水平不足或农业资源稀缺等制约因素，政府即使对农业实施补贴推动产业化经营，不是由于政府支持农业发展的力度有限，就是因为农业资源条件有限而限制了农业产业化的发展空间，由此补贴带来的结果是农业的家庭经营可以降低农业生产经营成本，而实施农业产业化和市场化经营的动力支撑严重不足。

"以工哺农"伴随着农民市民化、农业产业化和农村城镇化的进程，三者之间并行不悖。而推进农村城镇化既体现出政府反哺农业政策的效能，又是实施大规模反哺农业的条件。因为农村城镇化既能节约非农业生产用地，又能有效转移农业劳动力。农村城镇化不只是实现农民聚居的城镇化，而是有着产业支撑、政府主导推动和公民社会重塑的城镇化。反哺农业条件下的城镇化不同于我国城市发展的传统模式。城市发展的传统模式都是在政府主导下采取政治方式控制经济资源，用经济方式控制社会的模式。无论是计划经济条件下的城市化推进，还是当前各地兴起的"造城"运动，都是政府在掌控经济资源前提下实施的行政化推进方式。用经济方式来控制社会主要是通过经济资源配置的方式来控制社会财富的分配，最主要的表现就是政府通过土地流转的环节，土地出让收益成为财政的主要来源，而严重的地区贸易保护完全取决于地方政府对外部市场主体市场准入权的掌控，同时国有工业企业在政府政策保护之下低效运营的局面并没有得到根本的改变。这种城市发展模式并不能保证农村城镇化的持续发展。因此，新型农村城镇化必须采取创新的模式，以此来保证反哺农业背景下对农业产业化的推进效能。

这种新型的农村城镇化推进模式是在政府主导下由市场主体推进的城镇化，新型农村城镇化必须建立在产业发展支撑的基础上。无论是苏南地区自下而上的市场推动型城镇化，还是自上而下由政府投资大中型工业企业项目推进的城镇化，都显示出我国多数地区政府与市场双重动力推动城镇化的特征。不过从中可以看出，城镇化主要是政府主体和市场主体的外部推动，而不是区域内居民在市场经济条件下的内源性和内部推动型的城镇化。新型农村城镇化要规避政府主导下由房地产开发带动的城镇化，也要规避政府操控社会资源配置带来的社会分配格局差异较大的城镇化，同时也要规避沿袭原有社会利益格局的城镇化。从本质上说，新型城镇化带动的市场资源向农村的倾斜流动的突破口，必须从调整政府与市场关系视角入手。因为政府与市场关系的调整问题直接关系到社会利益的公平分配问题。新型城镇化就是一种全新的利益分配的过程，而利益分配公平与否的前提是看政府对市场资源掌控的强弱程度，如果政府掌控资源的配置和流动，必然会造成某些行业市场主体的政策保护或资源流动的倾斜配置。如果政府放开对资源配置的监管，社会资源形成市场化的配置和流动，弱势产业和弱势群体的财富分配必然要求政府实施宏观调控。比如对农业的反哺和对农村城镇化的推进，对农业反哺是对弱势产业的反哺，对农村城镇化的政府主导推进是农村现代生产要素资源不足条件下的一种调控。但是政府调控主要是采取财政经济方式，而不是利用农村城镇化单纯实现市场利益群体和政府收益增加的宏观调控。

参考文献

一 经典著作、文献及资料选编

1. 薄一波：《若干重大决策与事件的回顾》上卷，中共中央党校出版社，1991。

2. 《陈云文集》第 1～3 卷，人民出版社，2005。

3. 《陈云文选》第 2 卷，人民出版社，1995。

4. 《陈云文选》第 3 卷，人民出版社，1995。

5. 《陈云文选 1949～1956》，人民出版社，1984。

6. 《陈云传》下，中央文献出版社，2005。

7. 《邓小平年谱 1975～1997》上，中央文献出版社，2004。

8. 《邓小平思想年谱 1975～1997》，中央文献出版社，1998。

9. 《邓小平文选》第 2 卷，人民出版社，1994。

10. 《邓小平文选》第 3 卷，人民出版社，1993。

11. 国家农委办公厅编，《农业集体化重要文件汇编》下，中共中央党校出版社，1981。

12. 《马克思恩格斯选集》第 1 卷，人民出版社，1995。

13. 中共中央文献研究室编《毛泽东文集》第 1～8 卷，人民出版社，1993、1996、1999。

14. 《江泽民文选》1～3 卷，人民出版社，2006。

15. 《建国以来毛泽东文稿》第1~13册，中央文献出版社，1991~1998。
16. 《朱德年谱》，人民出版社，1985。
17. 中央文献研究室编《建国以来刘少奇文稿》（1~7），中央文献出版社，2005~2008。
18. 中央文献研究室编《陈云传》，中央文献出版社，2005。
19. 《建国以来重要文献选编》第1册，中央文献出版社，1992。
20. 《建国以来重要文献选编》第2册，中央文献出版社，1992。
21. 《建国以来重要文献选编》第3册，中央文献出版社，1992。
22. 《建国以来重要文献选编》第4册，中央文献出版社，1993。
23. 《建国以来重要文献选编》第5册，中央文献出版社，1993。
24. 《建国以来重要文献选编》第9册，中央文献出版社，1994。
25. 《建国以来重要文献选编》第10册，中央文献出版社，1994。
26. 《建国以来重要文献选编》第11册，中央文献出版社，1995。
27. 《建国以来重要文献选编》第14册，中央文献出版社，1997。
28. 《周恩来选集》上、下卷，人民出版社，1984。
29. 《李先念文选》，人民出版社，1989。
30. 中共中央文献研究室编《共和国走过的路——建国以来重要文献选编》，中央文献出版社，1991。
31. 中共中央文献研究室编《三中全会以来重要文献选编》上、下，人民出版社，1982。
32. 中共中央文献研究室编《新时期经济体制改革重要文献选编》上、下，人民出版社，1998。
33. 《中共中央文件选编》，中共中央党校出版社，1992。
34. 中共中央文献研究室编《中共十三届四中全会以来历次全国代表大会中央全会重要文献选编》，中央文献出版社，2002。
35. 《十三大以来重要文献选编》中，人民出版社，1991。
36. 《十三大以来重要文献选编》上，人民出版社，1991。
37. 《十四大以来重要文献选编》上，人民出版社，1996。
38. 《十四大以来重要文献选编》中，人民出版社，1997。
39. 《十四大以来重要文献选编》下，人民出版社，1999。
40. 《十五大以来重要文献选编》上，人民出版社，2000。

41. 《十五大以来重要文献选编》中，人民出版社，2001。
42. 《十五大以来重要文献选编》下，人民出版社，2003。
43. 《十六大以来重要文献选编》上，人民出版社，2005。
44. 《十六大以来重要文献选编》中，人民出版社，2006。
45. 《十六大以来重要文献选编》下，人民出版社，2008。
46. 《十七大以来重要文献选编》上，人民出版社，2009。
47. 《十七大以来重要文献选编》上，人民出版社，2011。

二 统计资料

1. 河南统计局：《河南统计年鉴1992》，中国统计出版社，1992。
2. 河南统计局：《河南统计年鉴1993》，中国统计出版社，1993。
3. 国家统计局：《新中国50年（1949~1999）》，中国统计出版社，1999。
4. 国家统计局：《中国固定资产投资统计资料1950~1985》，中国统计出版社，1987。
5. 河南统计局：《河南统计年鉴1985年》，中国统计出版社，1986。
6. 河南统计局：《河南统计年鉴2000年》，中国统计出版社，2000。
7. 河南统计局：《河南统计年鉴2003》，中国统计出版社，2003。
8. 河南统计局：《河南统计年鉴2005》，中国统计出版社，2005。
9. 河南统计局：《河南统计年鉴2001》，中国统计出版社，2001。
10. 河南统计局：《河南统计年鉴2008》，中国统计出版社，2008。
11. 河南统计局：《河南统计年鉴2010》，中国统计出版社，2010。
12. 河南地方史志编纂委员会编《中原崛起之路——河南省60年回顾发展》，文心出版社，2009。
13. 国家统计局农村社会经济调查司编《改革开放三十年农业统计资料汇编》，中国统计出版社，2009。
14. 河南省社会科学院编《河南改革开放30年》，河南人民出版社，2009。
15. 韩俊主编《中国经济改革三十年：农村经济卷》，重庆大学出版社，2008。
16. 中华人民共和国农业部计划司编《中国农村经济统计大全1949~1986》，农业出版社，1989。
17. 〔英〕安格斯·麦迪森：《世界经济千年史》，北京大学出版社，2003。

18. 〔英〕安格斯·麦迪森：《世界经济千年统计》，北京大学出版社，2009。

19. 张淑英主编《中国农业统计资料汇编1949~2994》，中国统计出版社，2006。

20. 河南省统计局编《河南经济统计年鉴1991》，中国统计出版社，1991。

21. 河南省统计局编《河南经济统计年鉴1992》，中国统计出版社，1992。

三 专著资料

1. 〔德〕鲁道夫·吕贝尔特：《工业化史》（中译本），上海译文出版社，1983。

2. 谭崇台：《发展经济学》，上海人民出版社，1989。

3. 〔英〕伊特韦尔等编《新帕尔格雷夫经济学大辞典》（中译本）第2卷，经济科学出版社，1992。

4. 赵晓雷：《中国工业化思想及发展战略研究》，上海社会科学院出版社，1992。

5. 张培刚：《农业与工业化（上卷）——农业国工业化问题初探》，华中科技大学出版社，2002。

6. 张德元、何开荫等：《变迁——安徽农村改革述论》，安徽大学出版社，2007。

7. 汪海波：《新中国工业经济史》，经济管理出版社，1986。

8. 祝合良：《开放条件下的中国工业化》，经济管理出版社，2002。

9. 姜华宣等主编《中国共产党重要会议纪事》，中央文献出版社，2001。

10. 马良华、郑志耿：《经济增长、充分就业和农业发展》，浙江人民出版社，2004。

11. 上海财经大学课题组：《中国经济发展史1949~2005》，上海财经大学出版社，2007。

12. 王义祥：《当代中国社会变迁》，华东师范大学出版社，2006。

13. 陈锦华：《第八个五年计划期中国经济和社会发展报告》，中国物价出版社，1996。

14. 郭克莎：《工业增长质量研究》，经济管理出版社，1998。

15. 吴敬琏：《当代中国经济改革》，上海远东出版社，2004。

16. 邹新树：《中国城市农民工问题》，群言出版社，2007。
17. 杜润生：《中国农村改革决策纪事》，中央文献出版社，1999。
18. 张培刚：《发展经济学通论——农业国工业化问题》，湖南出版社，1991。
19. 王钰：《中国社会主义政治经济学四十年》第1卷，中国经济出版社，1991。
20. 〔美〕西蒙·库兹涅茨：《现代经济增长》，北京经济学院出版社，1989。
21. 武义青：《中国区域工业化研究》，经济管理出版社，2002。
22. 〔美〕H. 钱纳里等：《工业化和经济增长的比较研究》，三联书店上海分店，1989。
23. 〔美〕亨廷顿等：《现代化：理论与历史经验的再探讨》，上海译文出版社，1993。
24. 方甲等：《西方经济发展理论》，中国人民大学出版社，1989。
25. 刘伟、杨云龙著《中国产业经济分析》，中国国际广播出版社，1987。
26. 史东辉：《后起国工业化引论》，上海财经大学出版社，1999。
27. 吴敬琏：《中国增长模式抉择》，上海远东出版社，2005。
28. 刘国光：《中国十个五年计划研究报告》，人民出版社，2006。
29. 吴敬琏：《中国增长模式抉择》，上海远东出版社，2005。
30. 林毅夫、蔡昉等：《中国的奇迹：发展战略与经济改革》，三联书店上海分店，1994。
31. 武力：《中华人民共和国经济史》上卷，中国经济出版社，1999。
32. 马洪：《现代中国经济事典》，中国社会科学出版社，1982。
33. 胡鞍钢：《胡鞍钢集》，黑龙江教育出版社，1995年。
34. 庾德昌：《中国工农业协调机制研究》，中国物价出版社，1993。
35. 董辅礽：《中华人民共和国经济史》上卷，经济科学出版社，1999。
36. 苏东海、方孔木：《中华人民共和国风云实录》上卷，河北人民出版社，1994。
37. 杨胜群、田松年主编《共和国重大决策的来龙去脉》，江苏人民出版社，1995。
38. 胡乔木：《胡乔木回忆毛泽东》，人民出版社，1994。

39. 王骏：《毛泽东与中国工业化》，福建教育出版社，2001。
40. 孙冶方：《社会主义经济的若干理论问题》，人民出版社，1984。
41. 盛彬：《中国国情报告》，辽宁人民出版社，1991。
42. 武力、郑有贵：《解决"三农"问题之路》，中国经济出版社，2004。
43. 罗平汉著《农村人民公社史》，福建人民出版社，2006。
44. 郭剑雄：《二元经济与中国农业发展》，经济管理出版社，1999。
45. 陈吉元：《中国农村社会经济变迁（1949～1989）》，山西经济出版社，1993。
46. 周尔鎏、张雨林：《城乡协调发展研究》，江苏人民出版社，1991。
47. 〔美〕吉尔伯特·罗兹曼：《中国的现代化》，江苏人民出版社，2003。
48. 中国（海南）改革发展研究院：《强农惠农——新阶段的中国农村综合改革》，中国经济出版社，2008。
49. 〔美〕威廉·阿瑟·刘易斯：《二元经济论》，北京经济学院出版社，1989。
50. 李溦：《农业剩余与工业化资本积累》，云南人民出版社，1993。
51. 牛若峰：《中国农业的变革和发展》，中国统计出版社，1997。
52. 胡鞍钢：《中国政治经济史论1949～1976》，清华大学出版社，2008。
53. 陆益龙：《户籍制度——控制与社会差别》，商务印书馆，2003。
54. 张培刚：《发展经济学通论——农业国工业化问题》，湖南出版社，1991。
55. 薛暮桥：《薛暮桥回忆录》，天津人民出版社，1996。
56. 杜润生：《杜润生自述：中国农村体制变革重大决策纪实》，人民出版社，2005。
57. 柳随年、吴群敢：《"大跃进"和调整时期的国民经济》，黑龙江人民出版社，1984。
58. 《经济研究》编辑部：《建国以来社会主义经济理论争鸣》，中国财政经济出版社，1985。
59. 林毅夫：《制度、技术与中国农业发展》，上海三联书店，1992。
60. 苏星、杨秋宝：《新中国经济史资料选编》，中共中央党校出版社，2000。
61. 祝合良：《开放条件下的中国工业化》，经济管理出版社，2002。

62. 张新华:《新中国探索"三农"问题的历史经验》,中共党史出版社,2007。

63. 连玉明:《2004中国数字报告》,中国时代经济出版社,2004。

64. 董锁成:《中国百年资源、环境与发展报告》,湖北科学技术出版社,2002。

65. 安应民等:《构建均衡发展机制:我国城乡基本公共服务均等化研究》,中国经济出版社,2011。

66. 河南省地方史志编辑委员会:《中原崛起之路——河南省60年发展回顾》,文心出版社,2009。

67. 河南省社会科学院:《河南改革开放30年》,河南人民出版社,2008。

四 论文资料

1. 金碚:《中国工业改革开放30年》,《新华文摘》2008年第16期。

2. 贺跃民:《扩权让利:国有企业改革的突破口——访袁宝华同志》,《百年潮》2003年第8期。

3. 陈先勇:《二元结构与经济发展》,《武汉大学学报》(哲社版)2007年第1期。

4. 刘双:《关于农民负担问题的思考》,《农业经济》1996年第12期。

5. 郭永中:《当前中国农民负担问题》,《人民文摘》2002年第4期。

6. 刘国光、董志凯:《新中国50年所有制结构的变迁》,《当代中国史研究》1999年第5~6期。

7. 蔡昉:《"工业反哺农业、城市支持农村"的经济学分析》,《中国农村经济》2006年第1期。

8. 崔晓黎:《统购统销与工业积累》,《中国经济史研究》1988年第4期。

9. 胡世明:《工业反哺农业、城市支持农村的社会经济分析》,《农村经济》2007年第2期。

10. 林毅夫:《中国还没有达到工业反哺农业阶段》,《南方周末》2003年7月17日。

11. 宋德勇、姚宏斌等:《工业与农业相互依存的内生增长模型》,《经济学家》2007年第4期。

12. 郭克莎:《80年代中期以来我国城乡经济发展的失衡态势分析》,《社会科学战线》1997 年第 3 期。

13. 罗平汉：《1958~1962 年粮食产销的几个问题》，《新华文摘》2006 年第 7 期。
14. 王德文：《城市化和城乡一体化相关理论与国际经验》，《社科论坛》2005 年第 5 期。
15. 李强：《我国农村产业结构与就业结构的偏差与纠正》，《华南师范大学学报》（社科版）1997 年第 1 期。
16. 国家计委经济研究所课题组：《二元结构矛盾与 90 年代的经济发展》，《经济研究》1993 年第 7 期。
17. 刘鹏：《农业剩余劳动力转移的动力机制与阶段分析》，《昌潍师专学报》1999 年第 1 期。
18. 姜爱林：《国内外工业化发展阶段不同划分方法》，《首都经济杂志》2002 年第 5 期。
19. 陈孝兵：《我国经济结构转换中的二元性分析》，《黄冈师专学报：社科版》1996 年第 3 期。
20. 韩永文：《我国农业在国家工业化建设进程中的贡献分析》，《当代中国史研究》1999 年第 2 期。
21. 河北工业化问题研究课题组：《对工业化阶段的判断及思考》，《价值工程》2000 年第 1 期。
22. 康云海：《农业现代化过程中的工农业关系》，《云南社会科学》1990 年第 4 期。
23. 《党的文献》编辑部：《毛泽东读苏联〈政治经济学〉（教科书）谈话记录选载（1959 年 12 月~1960 年 2 月）》，《党的文献》1993 年第 4 期。
24. 江时学：《论拉美国家的工农业关系》，《中国农村经济》1995 年第 11 期。
25. 姜爱林：《中国工业化发展的历史变迁》，《南都学坛（人文社会科学学刊）》2002 年第 3 期。
26. 吕政、郭克莎：《为什么要走新型工业化道路》，《经济日报》2003 年 2 月 19 日。
27. 郭克莎：《中国工业化的进程、问题与出路》，《中国社会科学》2000

年第 3 期。
28. 胡长顺：《对中国工业化阶段的判断》，《经济管理》2003 年第 5 期。
29. 谢德禄、李琼、王小明：《试析新型工业化的指标体系与评价标准》，载《改革》2004 年第 4 期。
30. 马晓河、蓝海涛：《工业化中期阶段的农业发展政策研究》，《农业经济问题》1999 年第 8 期。
31. 陈一鸣、全海涛：《试划分我国工业化发展阶段》，《经济问题探索》2007 年第 11 期。
32. 武力、温瑞：《1949 年以来中国工业化的"轻、重"之辨》，《经济研究》2006 年第 9 期。
33. 武力：《中国工业化道路选择的历史分析》，《教学与研究》2004 年第 4 期。
34. 简新华：《论中国的重新重工业化》，《中国经济问题》2005 年第 5 期。
35. 吴敬琏：《增长模式与技术进步》，《宏观经济》2006 年第 2 期。
36. 牛若峰：《国家工业化发展阶段与宏观政策方向》，《农业经济问题》1995 年第 1 期。
37. 冯海发：《经济发展与反哺农业》，《学习与探索》1995 年第 6 期。
38. 施红：《工业化不同发展阶段的农业保护措施》，《农业经济问题》1997 年第 3 期。
39. 马良华：《论对后起国工农两部门发展关系协调性的诊断和矫正》，《社会科学战线》2002 年第 2 期。
40. 康云海：《农业现代化过程中的工农业关系》，《云南社会科学》1990 年第 4 期。
41. 马晓河、蓝海涛、黄汉权：《工业反哺农业的国际经验与及我国的政策调整思路》，《管理世界》2005 年第 7 期。
42. 蔡昉：《"工业反哺农业、城市支持农村"的经济学分析》，《中国农村经济》2006 年第 1 期。
43. 张玉山：《韩国经济的非均衡发展及启示》，《贵州师范大学学报》（社科版）2005 年第 4 期。
44. 剧锦文：《新中国工业化模式导入的经济史考察》，《中国经济史研究》1994 年第 2 期。

45. 范毅：《从"农业支持工业"到"工业反哺农业"——"两个趋向"的路径依赖之中外比较》，《中州学刊》2006年第3期。

46. 沈宏达：《中国工业化阶段划分初析》，《中国工业经济研究》1994年第2期。

47. 马良华：《论对后起国工农两部门发展关系协调性的诊断与矫正》，《社会科学战线》2002年第2期。

48. 马晓河：《论我国工农业发展的比例关系》，《教学与研究》1995年第4期。

49. 尚启君：《两种工业化模式下的工农业关系比较》，《学术研究》1999年第1期。

50. 曾国安：《试论工业化阶段的划分》，《经济评论》1999年第3期。

51. 冯海发、李溦：《试论工业化过程中的工农业关系》，《经济研究》1989年第12期。

52. 郑有贵：《中国共产党对工农业发展关系的认识》，《教学与研究》2001年第9期。

53. 朱佳木：《由新民主主义向社会主义的提前过渡与优先发展重工业的战略抉择》，《当代中国史研究》2004年第5期。

54. 〔苏〕廉·伊·科瓦利：《关于苏联援助中国进行第一个五年计划建设的会谈》，《中共党史研究》1990年第3期。

55. 徐向艺：《中国工业化进程的实证分析》，《山东大学学报》（哲学社会科学版）1995年第3期。

56. 张发玲、武力：《略论1949~1994年我国经济发展战略的形成及其转轨》，《中国经济史研究》1996年第3期。

57. 武力：《中国计划经济的重新审视和评价》，《当代中国史研究》2003年第7期。

58. 吴敬琏、刘福垣：《转变经济增长方式刻不容缓》，《四川党的建设》（城市版）2006年第3期。

59. 辛逸：《试论人民公社的历史地位》，《当代中国史研究》2001年第5期。

60. 吴林海、曹炳汝：《工业化发展阶段的评估研究》，《学海》2004年第2期。

61. 宋士云：《1992～2001年中国居民收入的实证分析》，《中国经济史研究》2007年第1期。

62. 武力：《1949～1978年中国"剪刀差"差额辨正》，《中国经济史研究》2001年第4期。

63. 武力：《试论建国以来农业剩余及其分配制度的变化》，《福建师范大学（哲社版）》2004年第3期。

64. 孙高峰：《城乡平等发展与构建工业反哺农业机制》，《生产力研究》2005年第12期。

65. 郑有贵：《半个世纪中农业对国民经济的贡献》，《古今农业》1999年第3期。

66. 武力：《农村基层政权职能与农民负担关系的历史分析》，《江苏行政学院学报》2004年第5期。

67. 王秋成、武力：《五十年来我国粮食增长的历史考察》，《聊城师范学院学报》1999年第3期。

68. 苏星：《土地改革后我国农村社会主义和资本主义两条道路的斗争》，《经济研究》1965年第7期。

69. 赵德馨：《"之"字路及其理论结晶——中国经济50年的路径、阶段与基本经验》，《中南财经大学学报》1999年第6期。

后 记

中原农村发展研究中心（英文简称"RDRC"）暨华中师范大学中国农村研究院河南省调研基地是在与教育部人文社会科学重点研究基地"华中师范大学中国农村研究院"合作基础上成立的学术研究机构，是直属许昌学院的一个跨学科的、开放性的实体研究机构。同时，也是中原经济区"三化"协调发展河南省协同创新中心的重要研究团队之一。

中原农村发展研究中心立足河南、辐射中原，以加快实现"三化"协调与"四化"同步发展为宗旨，以农村综合改革、"三化"协调与"四化"同步发展、农业经营体制创新为研究方向，对整个中原经济区"三农"问题研究中的典型案例、实践探索进行跟踪调查和深入研究，通过挖掘、提炼、总结好的经验和有效模式，研究、探索破解难题的方法、措施和政策，重点研究解决我国中原农村发展进程中面临的重大理论和实际问题，为地方政府和相关职能部门提供咨政服务和决策参考，以实际行动为服务中原经济区建设做出积极贡献。

"中原农村发展研究·智库系列"是中原农村发展研究中心的系列研究成果。自 2011 年以来，中原农村发展研究中心学术团队先后出版了《南农实验：农民的民主能力建设》和《中国工农业发展关系研究（1949~2003）》等学术著作。经过多年的调研积累，团队又形成了以家庭农场、现代农业与新型城镇化以及河南省工农业发展转型为主题的三部学术著作。研究内容主要依托"中原百村观察数据库"平台，以及中原地区"百村调研"资料，调研资料主要集中在家庭农场、现代农业、土地流转、新型城镇化建设和乡村治理等领域，由调研资料形成的多份咨政研究报告受到了中央及省政府领导的多次批示。因此，研究内容具有时效性、针对性、原创性和客观性。

本书在写作的过程中，时值中原经济区"三化"协调发展成为国家经济发展的战略选择，同时许昌学院创建华中师范大学政治学研究院在河南省的调研基地，并成立中原农村发展研究中心，成为研究中原经济区"三化"协调发展的重要学术平台。2013年，中原农村发展研究中心成为中原经济区"三化"协调发展河南协同创新中心理事单位，本论题的研究得以依托这些学术研究平台顺利展开。在本论题的研究中，无论是资料收集还是观点提炼，也无论是书稿最后的统稿还是图书的出版等事宜，中原农村发展研究中心主任汪庆华教授、执行主任马华教授，研究团队成员徐冠军博士、马洪伟博士，以及中心负责行政管理的张江涛、金凡、鲁小亚、喻林等同人，都给予了细致入微的关怀和帮助。在此，笔者对各位领导和同人致以诚挚的谢意。

在中原经济区"三化"协调发展河南协同创新中心负责人李小建教授、仉建涛教授的支持下，本书与另外两本研究河南省家庭农场和新型城镇化的学术专著形成"中原农村发展研究·智库系列"的第一批成果，并被列入中原经济区"三化"协调发展河南协同创新中心项目成果，给予资助出版。

在本书付梓之际，写上这么一段话，以示感激之情。

作者
2015年6月18日

图书在版编目(CIP)数据

从"以农养工"到"以工哺农":以河南省为例/高军峰著.
—北京:社会科学文献出版社,2015.8
(工业化、城镇化和农业现代化协调发展研究丛书)
ISBN 978-7-5097-7127-3

Ⅰ.①从… Ⅱ.①高… Ⅲ.①工业经济-关系-农业经济发展-研究-河南省 Ⅳ.①F427.61 ②F327.61

中国版本图书馆 CIP 数据核字(2015)第 032517 号

工业化、城镇化和农业现代化协调发展研究丛书
从"以农养工"到"以工哺农"
—— 以河南省为例

著　　者 / 高军峰

出 版 人 / 谢寿光
项目统筹 / 周　丽　冯咏梅
责任编辑 / 蔡莎莎

出　　版 / 社会科学文献出版社·经济与管理出版分社 (010) 59367226
　　　　　 地址:北京市北三环中路甲 29 号院华龙大厦　邮编:100029
　　　　　 网址:www.ssap.com.cn

发　　行 / 市场营销中心 (010) 59367081　59367090
　　　　　 读者服务中心 (010) 59367028

印　　装 / 三河市东方印刷有限公司

规　　格 / 开　本:787mm×1092mm　1/16
　　　　　 印　张:25.75　字　数:420 千字

版　　次 / 2015 年 8 月第 1 版　2015 年 8 月第 1 次印刷

书　　号 / ISBN 978-7-5097-7127-3

定　　价 / 89.00 元

本书如有破损、缺页、装订错误,请与本社读者服务中心联系更换

▲ 版权所有 翻印必究